普通高等学校经管类精品教材

# 客户关系管理实务

主　　审　何七荣
主　　编　张　兵　余育新
副 主 编　武　丹　陈小秀　张　江
　　　　　沈　捷　张梦雨
编写人员　张　兵　余育新　武　丹
　　　　　陈小秀　张　江　沈　捷
　　　　　张梦雨　张晓云　卢　苑

中国科学技术大学出版社

## 内 容 简 介

本书基于客户关系管理工作岗位的人才需求设计内容结构,详尽介绍了客户关系管理的概念、方法和典型应用,旨在满足高素质客户服务技能人才培养的需求,培养能够开发潜在客户、正确处理客户投诉、进行客户满意度和忠诚度维护且善沟通、团队意识强的企业基层客户服务人员。

**图书在版编目(CIP)数据**

客户关系管理实务/张兵,余育新主编. —合肥:中国科学技术大学出版社,2019.2(2021.1重印)

ISBN 978-7-312-04614-8

Ⅰ.客… Ⅱ.①张…②余… Ⅲ.企业管理—供销管理 Ⅳ.F274

中国版本图书馆 CIP 数据核字(2018)第 290298 号

**客户关系管理实务**
KEHU GUANXI GUANLI SHIWU

| | |
|---|---|
| 出版 | 中国科学技术大学出版社 |
| | 安徽省合肥市金寨路 96 号,230026 |
| | http://press.ustc.edu.cn |
| | https://zgkxjsdxcbs.tmall.com |
| 印刷 | 安徽省瑞隆印务有限公司 |
| 发行 | 中国科学技术大学出版社 |
| 经销 | 全国新华书店 |
| 开本 | 787 mm×1092 mm　1/16 |
| 印张 | 19.5 |
| 字数 | 499 千 |
| 版次 | 2019 年 2 月第 1 版 |
| 印次 | 2021 年 1 月第 2 次印刷 |
| 定价 | 39.80 元 |

# 前　言

客户关系管理课程在我国高校开设已经有十几年的时间,翻译而来的国外教科书及国内高校教师编写的相关教材已有不少,但这些已经出版的教材的结构、内容、侧重点甚至一些概念都不完全一样。有鉴于此,编者希望有一本综合性强、内容更加规范、理念与技术并重的教材,以供应用型高职院校的市场营销和电子商务专业教学使用。这既是编者编写这本书的初衷,也是编者尽力追求的目标,更希望成为本书的特色。

本教材以服务社会为宗旨,以提高学生职业素养和技能为指导方针,突出应用能力的培养,把重点放在概念、结论和方法的实际应用和技能训练上。作为经济管理类学生专业基础课的配套教材,本书在内容上紧密结合当前客户关系管理实践中遇到的关键性问题,重在提高学生分析问题和解决问题的能力。此外,本课程在具体实施时注重实践性教学环节,注重教、学、做相结合,主张理论与实践的一体化,并有针对性地采取了案例研讨、任务驱动、项目导向等行动导向的教学模式,体现理论性、实践性和开放性的要求,力求通过本课程的教学,培养学生企业经济管理素质和技能。

本书为集体创作成果,一方面注重让新、老教师各自展其所长,另一方面在偏重理论研究型教师的编写队伍中补充了具有丰富实践经验的"双师型"教师。在内容的编排上,本书采用任务驱动模式,以模块化形式组织课程体系,每个模块又分别包括了若干章节的内容,全面讲述企业客户关系管理岗位所需掌握的理论知识和实践技能。每个课题列出了本章节的知识、技能要求,明确了主要的知识点和技能点。为了增加可读性,本书在论述的基础上增加了大量图表,并在每章节后面设有综合案例。为了巩固学习效果,每个项目末尾都有相应的复习思考题,这些复习思考题既突出主要知识点,又注重对学生操作技能的培养。

九江职业技术学院张兵、九江职业大学余育新为主编;江西财经职业学院武丹,九江职业技术学院陈小秀、张江、沈捷、张梦雨为副主编;九江职业技术学院张晓云、卢苑为参编。张兵负责本书的整体策划和统稿工作,并执笔项目一;余育新执笔项目六和项目十一;武丹执笔项目九;陈小秀执笔项目五;张江执笔项目三和项目八;沈捷执笔项目二;张梦雨执笔项目四;张晓云执笔项目七;卢苑执笔项目十。

在本书的编写过程中,参考和引用了大量的图书和论文,也在百度、客户世界等网站搜集了大量的资料,在此对这些文献资料的作者深表感谢。由于我们水平有限,加之客户关系管理理论和实践仍处于不断发展之中,书中难免有不妥和疏漏之处,敬请广大读者和专家批评赐教。

编　者

# 目 录

前言 ………………………………………………………………………………（ⅰ）

**项目一　认识客户关系管理工作** …………………………………………………（1）
　一、学习导航 ………………………………………………………………………（1）
　二、实例导入与工作任务 …………………………………………………………（1）
　三、知识与技能 ……………………………………………………………………（2）
　　学习单元一　客户关系管理的产生 ……………………………………………（2）
　　学习单元二　客户关系管理的内涵和分类 ……………………………………（5）
　　学习单元三　实施客户关系管理的作用 ………………………………………（12）
　　学习单元四　客户关系管理典型岗位介绍 ……………………………………（16）
　四、实例研讨 ………………………………………………………………………（29）
　五、学习测评 ………………………………………………………………………（31）

**项目二　开发潜在客户** ……………………………………………………………（32）
　一、学习导航 ………………………………………………………………………（33）
　二、实例导入与工作任务 …………………………………………………………（33）
　三、知识与技能 ……………………………………………………………………（33）
　　学习单元一　识别潜在客户 ……………………………………………………（33）
　　学习单元二　开发潜在客户的方法和渠道 ……………………………………（41）
　　学习单元三　潜在客户的资料信息管理 ………………………………………（45）
　　学习单元四　潜在客户的评估 …………………………………………………（46）
　　学习单元五　开发客户的技巧 …………………………………………………（47）
　四、实例研讨 ………………………………………………………………………（58）
　五、学习测评 ………………………………………………………………………（61）

**项目三　管理客户信息** ……………………………………………………………（62）
　一、学习导航 ………………………………………………………………………（62）
　二、实例导入与工作任务 …………………………………………………………（63）
　三、知识与技能 ……………………………………………………………………（63）
　　学习单元一　客户信息的基本内容 ……………………………………………（63）
　　学习单元二　客户信息的收集方法与途径 ……………………………………（66）
　　学习单元三　客户信息的分类管理 ……………………………………………（76）
　四、实例研讨 ………………………………………………………………………（90）
　五、学习测评 ………………………………………………………………………（90）

## 项目四　网络客户服务 （91）
一、学习导航 （91）
二、实例导入与工作任务 （92）
三、知识与技能 （92）
　　学习单元一　认识网络客户服务 （92）
　　学习单元二　网络客户服务岗位应具备的素质 （95）
　　学习单元三　网络客户服务工具 （97）
　　学习单元四　网络客户服务技巧 （99）
　　学习单元五　网络客户服务语言规范 （105）
四、实例研讨 （122）
五、学习测评 （125）

## 项目五　电子商务中的客服体验 （126）
一、学习导航 （127）
二、实例导入与工作任务 （127）
三、知识与技能 （127）
　　学习单元一　网店客服的工作流程 （128）
　　学习单元二　完美的售前客服体验 （132）
　　学习单元三　满意的售后客服体验 （142）
　　学习单元四　客服体验的评价指标 （147）
四、实例研讨 （152）
五、学习测评 （154）

## 项目六　客户服务管理技巧 （155）
一、学习导航 （155）
二、实例导入与工作任务 （155）
三、知识与技能 （156）
　　学习单元一　客户服务的内涵 （157）
　　学习单元二　客户服务人员要求及客户服务基本方法 （171）
　　学习单元三　客户服务过程技巧 （174）
　　学习单元四　处理客户服务异议与客户服务投诉技巧 （180）
四、实例研讨 （183）
五、学习测评 （185）

## 项目七　分析客户满意度 （186）
一、学习导航 （187）
二、实例导入与工作任务 （187）
三、知识与技能 （187）
　　学习单元一　客户满意的内涵 （188）

学习单元二　影响客户满意度的因素 …………………………………………………（190）
　　学习单元三　客户满意度的指标与测评 …………………………………………（195）
　　学习单元四　提升客户满意度的策略 ……………………………………………（201）
　四、实例研讨 …………………………………………………………………………（207）
　五、学习测评 …………………………………………………………………………（210）

## 项目八　客户忠诚度管理 …………………………………………………………（211）
　一、学习导航 …………………………………………………………………………（212）
　二、实例案例与工作任务 ……………………………………………………………（212）
　三、知识与技能 ………………………………………………………………………（213）
　　学习单元一　客户忠诚度的内涵 …………………………………………………（213）
　　学习单元二　影响客户忠诚度的因素 ……………………………………………（218）
　　学习单元三　客户忠诚度的指标与测评 …………………………………………（223）
　　学习单元四　提升客户忠诚度的策略 ……………………………………………（231）
　四、实例探讨 …………………………………………………………………………（237）
　五、学习测评 …………………………………………………………………………（241）

## 项目九　正确处理客户投诉 ………………………………………………………（242）
　一、学习导航 …………………………………………………………………………（242）
　二、实例导入与工作任务 ……………………………………………………………（242）
　三、知识与技能 ………………………………………………………………………（243）
　　学习单元一　正确认识客户投诉 …………………………………………………（243）
　　学习单元二　客户投诉心理分析及应对 …………………………………………（245）
　　学习单元三　正确处理客户投诉的原则和方法 …………………………………（248）
　　学习单元四　客户投诉的处理技巧 ………………………………………………（253）
　　学习单元五　特殊客户投诉有效处理技巧 ………………………………………（255）
　　学习单元六　投诉管理工具 ………………………………………………………（256）
　四、实例探讨 …………………………………………………………………………（259）
　五、学习测评 …………………………………………………………………………（261）

## 项目十　大客户管理 ………………………………………………………………（262）
　一、学习导航 …………………………………………………………………………（262）
　二、实例导入与工作任务 ……………………………………………………………（263）
　三、知识与技能 ………………………………………………………………………（263）
　　学习单元一　大客户的定义 ………………………………………………………（263）
　　学习单元二　大客户信息的收集和管理 …………………………………………（267）
　　学习单元三　大客户战略与目标管理 ……………………………………………（269）
　　学习单元四　大客户管理 …………………………………………………………（270）
　四、实例研讨 …………………………………………………………………………（273）

五、学习测评 ……………………………………………………………………（273）

**项目十一　运用 CRM 系统管理客户** ………………………………………………（274）
　　一、学习导航 ……………………………………………………………………（276）
　　二、实例导入与工作任务 ………………………………………………………（277）
　　三、知识与技能 …………………………………………………………………（278）
　　　　学习单元一　熟悉 CRM 系统 ……………………………………………（278）
　　　　学习单元二　CRM 系统与提升客户服务效率 …………………………（288）
　　　　学习单元三　实施 CRM 系统 ……………………………………………（291）
　　四、实例研讨 ……………………………………………………………………（296）
　　五、学习测评 ……………………………………………………………………（300）

**参考文献** ……………………………………………………………………………（301）

# 项目一　认识客户关系管理工作

## 课 前 导 读

请同学们分析讨论,引导并归纳出一粒麦子大致的三种命运:第一,加工后食用;第二,作为种子播种后,来年收获更多的麦子;第三,保管不善,霉烂或被老鼠吃掉。提出问题:通过比较我们发现哪种命运最好呢?从而引出本项目的主题——客户就是那粒麦子,管理有方才能创造出更大的价值。

## 一、学习导航

**1. 学习目标**

(1) 掌握客户关系管理的含义;
(2) 了解客户关系管理产生的原因;
(3) 了解客户关系管理的作用;
(4) 理解企业管理观念与人们消费观念的关系;
(5) 掌握客户关系管理的功能;
(6) 理解客户关系管理流程。

**2. 学习重点**

本章的学习,重点掌握客户关系管理产生的原因及实施客户关系管理能给企业带来哪些竞争优势,了解为什么客户关系这样一个古老的话题到如今才被广泛重视。

**3. 主要学习方法**

案例学习、角色扮演、仿真练习。

## 二、实例导入与工作任务

学生小王应聘到一家企业做客户服务代表,公司安排小王到客服部试岗,客服部经理给了小王三个月试用期。小王的目标是在三个月的试用期内达到公司对自己的要求,并顺利转正。

为了达到客服部的工作要求,小王一方面在公司的岗前培训中努力学习;另一方面仔细观察,并虚心向有经验的同事请教,同时分析整理出自己在实习期间应该完成的工作任务,并加强对"客户关系管理实务"课程的理论学习。"究竟客户关系管理是做什么的?客户关系管理能给企业带来什么样的优势?"小王带着满腹疑问与期望开始了对该课程的学习。

## 三、知识与技能

为了实现以上学习目标和工作任务,需要掌握以下知识和技能。

# 学习单元一　客户关系管理的产生

现在,市场正发生着很多的变化,就消费者市场而言,这些变化包括人口老龄化,农村城镇化,晚婚、离婚现象增加,家庭变小,出现越来越多的具有个性化需求的小消费群体,消费者生活方式多样化等。

## (一)我们所处的环境

与以往相比,经济大环境正在发生着巨大的转变,在当今时代,供求关系发生了根本性变化,短缺经济不再是经济的主体;全球经济一体化,竞争不分国界;信息技术迅速发展,企业生产、管理呈数字化;客户(Customer)、竞争(Competition)与变化(Change)成为时代特征(3C时代)。如图1-1所示。

图1-1　我们所处的环境

总体来讲,当今时代经济环境有四大特点:

(1)企业的关注点从有形资产价值向无形资产价值转移。企业扩张活动越来越频繁,与旧经济时代相比,更加注重对无形资产的利用和控制,同时也更加关注无形资产所带来的价值。

(2)企业竞争力的转变。价值创造者从提供产品的企业转移到同时提供低价格、高度个性化产品的企业,或者能够提供问题解决方案的企业。

(3) 信息技术成为经济活动的载体。过去的经济是建立在制造业基础之上的,以标准化、规模化、模式化、讲求效率和层次化为特点。而当今和未来的经济,则是建立在信息技术基础之上,追求的是差异化、个性化、网络化和速度。

(4) 大规模的广告传播已不合适。广告代理将渐渐转变为传播代理;营销人员的职能发生了转变,不仅仅是传递产品信息,更重要的是利用新的营销方式为客户提供全方位的服务;网上商店的商品价格更为公开,竞争更为激烈,传统的店面经销遇到了强劲的挑战。

## (二) 客户关系管理的背景

客户关系管理的理论基础来源于西方的市场营销理论,在美国最早产生并得以迅速发展。市场营销作为一门独立的管理学科存在已有将近百年的历史,它的理论和方法极大地推动了西方国家工商业的发展,深刻地影响着企业的经营观念及人们的生活方式。信息技术的快速发展,为市场营销管理理念的普及和应用搭建了一个新的平台,开辟了更广阔的空间。

在工业经济时代,企业是通过提高工效并最大限度地降低成本,同时建立质量管理体系以控制产品质量,从而取得市场竞争优势的。可以说,工业经济时代是以"产品生产"为导向的卖方市场经济时代,也可称作产品经济时代。产品生产的标准化及企业生产的规模大小决定其市场竞争地位,企业管理最重要的指标是成本控制和利润最大化。

生产力的不断发展,逐步改变了社会生产能力不足和商品短缺的状况,并导致了社会生产能力过剩。商品的极大丰富并出现过剩,使客户选择空间及选择余地显著增大,与此同时,客户的需要开始呈现出个性化特征。为了提高客户满意度,企业必须完整掌握客户信息,准确把握客户需求,快速响应个性化需要,提供便捷的购买渠道、良好的售后服务与经常性的客户关怀等。企业尝试着去衡量每一个客户可能带来的盈利能力,并委派专门的客户代表负责管理客户。在这种情况下,企业将为客户送去他们需要的产品,而不是让客户自己去寻找他们需要的产品。在这种时代背景下,客户关系管理理论不断地被提升,并逐渐得到完善。

客户关系管理被企业重视的另一个重要因素应当归功于近年来资本市场的发展。一个新成立的企业尤其是服务类企业,在没有取得利润前,会计师事务所及投资公司都将企业客户资源作为对企业价值进行评估时的重要指标,因此促使了客户资源的重要性上升。这一点在对网络公司的价值评估中表现得最为显著。

## (三) 客户关系管理产生的原因

从1999年年中开始,客户关系管理受到了诸多媒体的关注,国内外很多软件商(如甲骨文、中圣、惠普等)推出了以客户关系管理命名的软件系统,一些企业开始实施以客户关系管理命名的信息系统,这是有一定必然性的。

**1. 需求的拉动**

(1) 客户的需求。客户的购买行为已进入"情感消费阶段",产品的特性不再是人们选择产品时考虑的首要因素。企业提供的附加利益,企业对客户个性化需求的满足程度以及企业与客户之间的相互信任,都成为影响客户购买的主要因素。

在这一阶段,客户的选择标准是"满意"与"不满意"。

(2) 企业的需求。由于新技术使新产品的生命周期越来越短及售后服务的易模仿性,使得忠诚客户成为企业能够保持竞争优势的重要资源：吸引一个新客户的成本是留住一个老客户的6～8倍；忠诚于企业的客户数目增长为企业带来的利润增长远大于其数量的增长；从"80/20原则"——20%的客户为企业贡献80%的利润来看，企业必须关注重点客户。

在很多企业中，销售、营销和服务部门虽然已经建立了信息系统，但信息化程度已越来越不能适应业务发展的需要。企业的销售、营销和客户服务部门难以获得所需的客户互动信息，来自销售、客户服务、市场、制造、库存等部门的信息分散在企业内，这些零散的信息使得企业无法对客户有全面的了解，各部门难以在统一信息的基础上面对客户，这就需要各部门对面向客户的各项信息和活动进行集成。

在对顾客、销售、营销和服务人员、企业经理的调查中我们经常遇到这样的问题：从市场部提供的客户线索中很难找到真正的顾客怎么办？老顾客现在的需求有哪些新的变化？如何开发新的客户群体？顾客对我们的产品看法怎样？其中有多少人已经与销售人员接触了？应该和哪些真正的潜在购买者多接触？谁是真正的潜在购买者？客户的行为如何预测？这些都是亟需解决的问题。

**2. 技术的推动**

计算机、通信技术、网络应用的飞速发展使得上述问题的解决不再停留在梦想阶段。办公自动化程度、员工计算机应用能力、企业信息化水平、企业管理水平的提高都有利于客户关系管理的实现。值得庆幸的是，现在信息化、网络化的理念在我国很多企业已经深入人心，很多企业都有一定的信息化基础，建立和使用了管理信息系统（MIS），正在利用企业资源计划（ERP）系统管理企业。电子商务在全球范围内开展得如火如荼，正在改变着企业经营的方式。通过互联网，可开展营销活动，向客户销售产品，提供售后服务，搜集客户信息。更重要的是，这一切的成本越来越低。

在可以预期的将来，我国企业的通信成本将会大幅度降低。这将推动计算机与电话（CTI）技术的发展，进而推动呼叫中心的发展。网络和电话的结合，使得企业可以以统一的互联网平台面对客户。

**3. 管理理念的更新**

（1）以市场为中心的营销理念不再适应新形势的发展，如何满足客户个性化的需求成为企业营销活动的重点。

对于广大的最终消费者，随着社会物质财富的逐渐丰富，人们的生活水平逐步提高，其消费价值选择标准也不断发生改变，其过程如图1-2所示。

图1-2 消费观念的变更

在理性消费时代，消费者不但重视价格，而且更看重质量，追求的是物美价廉和经久耐用，此时，消费者价值选择的标准是"好"与"差"。随着生产能力的扩大，产品出现过剩，进入感觉消费时代，消费者的价值选择不再仅仅是经久耐用和物美价廉，而是开始注重产品的形象、品牌、设计和使用的方便性等，选择的标准是"喜欢"和"不喜欢"。而随着信息技术的广泛使用，各厂家的产品和服务的差别越来越小，人们进入感情消费时代，消费者越来越重视心灵上的充实和满足，更加着意追求在商品购买与消费过程中心理上的满足感，这时的价值选择标准是"满意"与"不满意"。

同理,企业管理观念也随着市场环境的变化经历了五个阶段的演变,其过程如图 1-3 所示。

图 1-3 企业管理观念的发展

从图 1-3 中可以看出,最初企业所处的市场环境为卖方市场,产品销售基本上不存在竞争,只要生产出产品就能卖得出去,故企业管理的目标是如何更快更好地生产出产品。后来随着生产能力的不断加大,市场出现了竞争,企业生产出的产品如果卖不出去,就无法实现资本循环,为了实现从商品向货币的转换,取而代之的是"销售额中心论",企业一方面提高产品的质量,另一方面强化促销,所追求的目标是产品的销售额。随着市场竞争的加剧,企业发现在单纯追求高销售额时,由于生产成本和销售费用越来越高,利润反而下降,这绝不是经营者所期望的效果,因此,企业转而追求利润的绝对值,通过在生产和营销部门的各个环节上最大限度地削减生产成本和压缩销售费用来实现利润最大化。众所周知,成本是由各种资源构成的,不可能无限制地去削减,当企业对利润的渴求无法或很难再从削减成本中获得时,自然就将目光转向了客户,并希望通过削减客户的需求价值来维护其利润,为此,企业开始从内部挖潜转向争取客户,进入了以客户为中心的管理阶段。需求构成了市场,也构成了企业的获利潜力,客户的满意就是企业效益的源泉,这样客户的满意程度就成为当今企业管理的中心和基本观念,形成客户满意中心论,这也正是客户关系管理产生及近年来成为一个新热点的原因。

(2) 市场营销组合理论从 4P 理论发展到 4C(满足客户需要和欲望),再发展到 4R(与客户主动建立双赢关系)与 4S(客户满意理论)。

4P:Product(产品)、Price(价格)、Place(地点)、Promotion(促销)。

4C:Consumer(客户)、Cost(成本)、Convenience(便利)、Communication(沟通)。

4R:Relevance(关联)、Response(反应)、Relationship(关系)、Reward(报酬)。

4S:Satisfaction(满意)、Service(服务)、Speed(速度)、Sincerity(诚意)。

现在是一个变革的时代、创新的时代。比竞争对手领先一步,哪怕是一小步,就可能意味着成功。

## 学习单元二 客户关系管理的内涵和分类

CRM 是英文"Customer Relationship Management"的缩写,一般译作"客户关系管理",也译作"顾客关系管理"。在实际中,Customer 译作"客户"所表示的意义更为广泛,它包括过去购买和正在购买的消费者,以及还没有购买但今后可能产生购买行为的"潜在消费者",所指更为准确。

### (一) 客户的定义

《现代汉语词典》对于客户的解释有两种,分别是:① 旧时指以租佃为生的人家(跟"主户"相对);② 工商企业或经纪人称来往的主顾;客商。那么对于企业来说,客户到底是谁?客户的概念具有狭义和广义之分,也有个人和组织之分。狭义的客户是指产品和服务的最终使用者或接受者。广义的客户要结合过程模型来理解,任何一个过程输出的接受者都是客户。用系统的观点看,企业可以看成是由许多过程构成的网络,其中某个过程既是前面过程的客户,又是后面过程的供方,如果划定了系统的边界,在企业内部就存在着内部供方和内部客户,在企业外部就存在着外部供方和外部客户。因此,企业内部下一道工序是上一道工序的客户指的就是广义的客户。个人客户是指消费者,即购买最终产品与服务的零售客户,通常是个人或家庭,他们构成消费者市场;企业客户是指企业将购买的产品或服务附加在自己的产品上一同出售给另外的客户,或者附加到他们企业内部业务上以增加盈利或服务内容的客户,企业客户构成企业市场。

客户的概念具有其特定的内涵和外延:客户的外延是指市场中广泛存在着的、对企业的产品或服务有不同需求的个体或群体消费者;客户的内涵则是指企业的供应商、分销商以及下属的不同职能部门、分公司、办事处、分支机构等。从中我们可以看出,企业的客户不但包括外部客户,也包括内部客户。客户是把需求和利润带到我们面前的人,也是企业获胜的重要资源,是企业生存和发展的基础。对客户的争夺才是市场竞争的实质,让客户满意是企业的职责。

## (二) 客户关系管理的定义

客户关系管理是指企业为提高核心竞争力,利用相应的信息技术以及互联网技术协调企业与顾客间在销售、营销和服务上的交互,从而提升其管理方式,向客户提供创新的个性化的客户交互和服务的过程。其最终目标是吸引新客户、保留老客户以及将已有客户转为忠实客户,增加市场份额。

不同的研究机构对于客户关系管理的定义有不同的表述。综合现有的客户关系管理定义或概念,大致上可以分为以下三类:

第一类:客户关系管理遵循客户导向的战略,对客户进行系统化的研究,通过改进对客户的服务水平,提高客户的忠诚度,不断争取新客户和商机,同时以强大的信息处理能力和技术力量确保企业业务行为的实时进行,力争为企业带来长期稳定的利润。这类概念的主要特征是基本上都从战略和理念的宏观层面对客户关系管理进行界定,往往缺少对于明确的实施方案的思考和揭示。

第二类:客户关系管理是一种旨在改善企业与客户之间关系的新型管理机制,它实施于企业的市场营销、销售、服务与技术支持等与客户相关的领域,一方面通过对业务流程的全面管理来优化资源配置、降低成本;另一方面通过提供优质的服务吸引和保持更多的客户,增加市场份额。这类概念的主要特征是从企业业务管理模式、经营机制的角度对客户关系管理进行定义。

第三类:客户关系管理是企业通过技术投资,建立能搜集、跟踪和分析客户信息的系统,或可增加客户联系渠道、增强客户互动以及增强客户渠道和企业后台整合能力的功能模块,主要范围包括销售自动化、营销自动化、呼叫中心等。这主要是从微观的信息技术、软件及其应用的层面对客户关系管理进行的定义,在与企业实际情况和发展的结合中往往存在一定的偏差。

## （三）客户关系管理的内涵

综合所有CRM的定义，可以将其理解为管理理念、商务模式以及技术系统三个层面。其中，管理理念是CRM成功的关键，它是CRM实施应用的基础；商务模式是决定CRM成功与否、效果如何的直接因素；技术系统是CRM成功实施的手段和方法。三者构成CRM稳固的"铁三角"，如图1-4所示。

图1.4　CRM"铁三角"

### 1. CRM内涵之一：新管理理念

客户关系管理是企业为提高核心竞争力，达到竞争制胜、快速成长的目的，树立以客户为中心的发展战略，并在此基础上开展的包括判断、选择、争取、发展和保持客户所实施的全部商业过程。

必须肯定，CRM作为目前全世界范围内各种企业热烈讨论的一个重要概念，首先体现为这是一个触及企业内所有独立的职能部门和全部的业务流程的商业理念。简单地说，在客户关系管理的理念和思想指导下，企业将着力去建立新的以客户为中心的商业模式，通过集成前台和后台资源，依托办公系统整套应用的支持，确保直接关系到企业利润的客户满意的实现。企业高层和经营管理人员必须贯彻这一思想，实践这一理念，树立并领导执行这一商业战略。在此层面上，客户关系管理对企业的成长、发展具有关键的影响和决定作用，但如果仅靠业务流程改进和技术应用来体现显然是远远不够的。以前企业只注重运营效率的提高，但随着网络经济和电子商务的发展，人们在大量的探索和实践中逐渐认识到，建立并维持良好的客户关系，已成为获取独特竞争优势的最重要的基础。

客户关系管理作为企业的经营指导思想和业务战略，其核心理念主要体现在以下几个方面：

（1）客户价值的理念。客户关系管理是涉及选择和管理客户的经营思想和业务战略，目的是实现客户价值的最大化。客户关系管理的实践，促使企业树立新的客户观念，重新认识客户关系和客户的价值所在。也就是说，客户关系管理重新定义了企业的职能并对其业务流程进行了重组，要求企业真正用以客户为中心的理念来支持有效的营销、销售和服务过程。企业关注的焦点必须从内部运作转移到客户关系上来，通过加强与客户的交流，全面了解客户的需求，并不断对产品和服务进行改进和提高，以持续满足客户需求，完成将注意力集中于客户的商业模式的转变。企业的客户关系管理理念，一定要反映在上至公司高层、下至每位员工的所有可能与客户发生关系的环节上，促使他们充分地沟通，共同围绕客户关系的中心展开工作。从更广的范围讲，客户关系管理不仅促使企业与顾客之间进行良好的交流，也为企业与合作伙伴之间共享资源、共同协作提供了基础。而在帮助企业真正做到以客户为中心的解决方案中，完整的、智能的CRM系统可以根据不同的客户建立不同的联系，根据其特点提供服务,这充分体现了客户关系管理的核心思想和理念内涵。

(2) 市场经营的理念。客户关系管理要求企业的经营以客户为中心,在市场定位、市场细分和价值实现中必须坚持贯彻这一理念。客户资源是企业最重要的资产之一,客户满意度大小直接关系到企业能否获得更多的利润,因而对现有客户的管理及潜在客户的培养和挖掘是企业在市场上获得成功的关键。今天的企业在市场上面临着更大的竞争和不稳定性,只有瞄准以个性化需求的满足为特征的细分市场,企业的资产回报率才能提高。

(3) 业务运作的理念。客户关系管理要求企业从"以产品为中心"的业务模式向"以客户为中心"的模式转变。在具体的业务活动中,客户关系管理的理念指导企业搜集、整理和分析每一个客户的信息,号召为客户提供最合适的个性化服务,力争能把客户想要的产品和服务送到他们手中,以及观察和分析客户行为对企业收益的影响,从而使企业与客户的关系以及企业盈利都实现最优化。

(4) 技术应用的理念。客户关系管理要求以客户为中心的商业运作流程实现自动化及通过先进的技术平台来支持、改进业务流程。首先,客户关系管理理念的实践,即在企业范围内实现协调、信息传达和责任承担,需要一个技术方案来实现企业新的商业策略;其次,考虑到业务流程的整合和较高的客户服务期待,不提及企业中信息技术支持和应用的状况是不可行的;最后,当前信息技术领域的多种进步最终都会汇集到一点上,使客户关系管理的重要性和实效性不断得到加强。

**2. CRM 内涵之二:新商务模式**

客户关系管理还是企业以客户关系为重点,开展系统化的客户研究,通过优化企业组织体系和业务流程,提高客户满意度和忠诚度,提高企业效率和利润水平的工作实践。

CRM 作为一种旨在改善企业与客户之间关系的新型管理机制,实施于企业市场营销、服务与技术支持等与客户有关的业务领域,与传统的生产、销售的静态商业模式存在根本区别。客户关系管理系统的建立意味着企业在市场竞争、销售及支持、客户服务等方面形成动态协调的全新的关系实体,形成持久的竞争优势,从而实现企业客户资源的最优化管理。这些新型管理机制的变革集中地体现在市场营销、销售实现、客户服务和决策分析等与客户关系有关的重要业务领域。

(1) 市场营销。客户关系管理中的市场营销包括对传统市场营销行为和流程的优化和自动化。个性化和一对一成为当前营销的基本思路和可行做法,实时营销的方式转变为电话、传真、网站、E-mail 等的集成,客户可以自己的方式、在方便的时间获得他需要的信息,获得更好的体验。

(2) 销售实现。客户关系管理扩展了销售的概念,从销售人员的不连续活动到涉及企业各职能部门和员工的连续进程都被纳入到销售实现中。在具体流程中它被拓展为包括销售预测、过程管理、客户信息管理、建议产生及反馈、业务经验分析等一系列工作。

(3) 客户服务。客户关系管理模式把客户服务视为最关键的业务内容,视同企业的盈利而非成本来源。企业提供的客户服务已经超出传统的帮助平台,成为能否保留并拓展市场的关键,只有提供更快速和更周到的优质服务才能吸引和保持更多的客户。客户服务必须能够积极主动地处理客户各种类型的询问、信息咨询、订单请求、订单执行情况反馈,以及提供高质量的现场服务。

(4) 决策分析。客户关系管理的另一个重要方面在于创造并具备了使客户价值最大化的决策和分析能力。首先,通过对客户数据的全面分析,规范客户信息,消除交流和共享障碍,并预测客户的需求,衡量客户满意度,以及评估客户带给企业的价值,提供管理报告、建议和完成各种业务的分析;其次,在统一的客户数据的基础上,将所有业务应用系统融入分析环境中开展智能分析,在提供标准报告的同时又能提供既定量又定性的即时分析,分析结果反馈给管理层和整个企业各职能部门,增加了信息分析的价值,更能使企业领导者权衡信息,做出全面及时的商业决策。

**3. CRM 内涵之三:新技术系统**

客户关系管理也是企业在不断改进与客户关系相关的全部业务流程,整合企业资源,实时响应客户,最终实现电子化、自动化运营目标的过程中所创造并使用的先进的信息技术、软硬件以及经过优化的管理方法、解决方案的总和。这主要是从企业管理中的信息技术、软件及应用解决方案的层面对 CRM 进行定义。

(1) 应用软件系统。客户关系管理系统可以理解为企业运用信息技术实现客户业务流程自动化的软件系统,其中涉及销售、市场营销、客户服务等软件。

(2) 方法和手段。客户关系管理也可以是它所体现的方法论的统称,指可用于帮助企业管理客户关系的一系列信息技术或手段。例如,建立能精确描绘客户关系的数据库,建成实现客户信息的集成、综合各类客户接触点的电话中心或联络中心等。

客户关系管理的解决方案从方法论上讲,对于大多数行业和企业而言,其以客户为中心的业务流程分析思路中主要包含的内容具有一定的共性,简称"7P":

(1) 客户概况分析(Profiling),包括客户的层次、风险、爱好、习惯等。

(2) 客户忠诚度分析(Persistency),指客户对某个产品或商业机构的忠诚程度、持久性、变动情况等。

(3) 客户利润分析(Profitability),指不同客户所消费产品的边际利润、总利润、净利润等。

(4) 客户性能分析(Performance),指不同客户所消费的产品按种类、渠道、销售地点等指标划分的销售额。

(5) 客户预测分析(Prospecting),包括客户数量、类别等情况的未来发展趋势和争取客户的手段等。

(6) 客户产品分析(Product),包括产品设计、关联性、供应链等。

(7) 客户促销分析(Promotion),包括广告、宣传等促销活动的管理。

在 CRM 的应用系统中,解决方案主要集中在以下方面:业务操作管理(涉及的基本商业流程包括营销自动化、销售自动化、客户服务)、客户合作管理(对客户接触点的管理,如联络中心和电话中心建设、网站管理、渠道管理等)、数据分析管理(主要涉及为实现决策分析智能化的客户数据库的建设、数据挖掘、知识库建设等工作)等。

在客户关系管理的应用方案中,将客户作为公司业务流程的中心,通过与企业管理信息系统的有机结合,日益丰富客户信息,并使用所获得的客户信息来满足客户个性化需求,努力实现企业前后台资源的优化配置。CRM 应用系统在管理企业前台方面,提供了搜集、分析客户信息的系统,帮助企业充分利用其客户关系资源,扩展新的市场和业务渠道,提高客户的满意度和企业的盈利能力;在与后台资源的结合方面,CRM 应用系统要求同企业资源规划等传统企业管理方案实现有机结合,率先实现内部商业流程的自动化,提高生产效率。

客户关系管理在企业内部、企业与客户和业务伙伴之间建立的无缝协作的能力,随着网络技术的发展将展示出更为巨大的价值。在传统意义上,技术只是管理的辅助手段,但现在信息技术已成为越来越多的企业运营管理的重要途径和工具。

## （四）客户关系管理体系结构和流程

客户关系管理体系的结构和流程如图1-5所示。

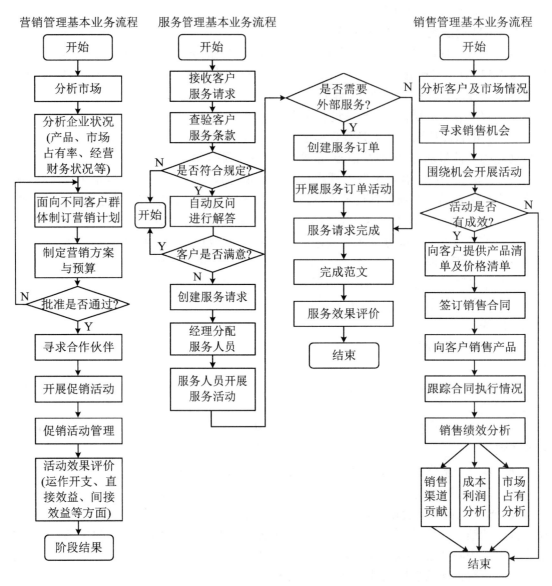

图1.5 客户关系管理体系

在该体系结构中，最初，运营数据（企业与客户之间已发生的业务处理记录）是从客户"接触点"搜集的。这些运营数据，连同遗留下来的内部客户数据和外来的市场数据经过整合和变换，装载进数据仓库。之后，联机分析处理工具和数据挖掘等技术被用来从数据中分析和提取相关规律、模式和趋势。最后，利用报表工具，使有关客户信息和知识在整个企业内得到有效的流转和共享。这些信息和知识将转化为企业的战略和战术行动，用于提高在所有渠道上同客户交互的有效性和针对性，把适当的产品和服务，通过适当的渠道，在适当的时间，提供给适当的客户。

## (五)客户关系管理分类

客户关系管理涵盖了直销、间接销售及互联网销售等所有的销售渠道,能帮助企业改善包括营销、销售、客户服务和技术支持在内的与客户关系有关的业务流程。在新技术和新应用的推动下,全球 CRM 市场正以每年 50%的速度增长,逐渐成为一个价值数十亿美元的软件和服务大市场。随着 CRM 市场的不断发展,新公司的加入和现有公司以合并、联合以及推出新产品的方式重新定位,这一领域可谓日新月异,CRM 解决方案呈现出多样化的发展。为便于了解 CRM 的全貌,可以从以下几个角度对 CRM 进行分类。

### 1. 按客户目标分类

并非所有的企业都能够执行相似的 CRM 策略,而当同一公司的不同部门或地区机构在考虑 CRM 策略的实施时,可能事实上有着不同的商务需要。同时,另一个需要考虑的因素是不同的技术基础设施。因此,根据客户的行业特征和企业规模来划分目标客户群,是大多数 CRM 的基本分类方式。在企业应用中,越是高端应用,行业差异越大,客户对行业化的要求也越高,因而有一些专门的行业解决方案,比如,银行业、电信业、大型零售商等 CRM 应用解决方案。而对于中低端应用,一般采用基于不同应用模型的标准产品来满足不同客户群的需求。一般将 CRM 分为三类:以全球企业或者大型企业为目标客户的企业级 CRM,以 200 人以上、跨地区经营的企业为目标客户的中端 CRM,以 200 人以下的企业为目标客户的中小企业 CRM。

在 CRM 应用方面,大型企业与中小企业相比有很大的区别:首先,大型企业在业务方面有明确的分工,各业务系统有自己跨地区的垂直机构,形成了企业纵横交错的庞大而复杂的组织体系,不同业务、不同部门、不同地区实现信息的交流与共享极其困难,同时,大型企业的业务规模远大于中小企业,致使其信息量巨大;其次,大型企业在业务运作上强调严格的流程管理,而中小企业在组织机构方面更加轻型、简洁,业务分工不一定明确,但运作上更具有弹性。因此,大型企业所用的 CRM 软件比中小企业的 CRM 软件要复杂、庞大得多。而一直以来,国内许多介绍 CRM 的报道和资料往往是以大型企业的 CRM 解决方案为依据的,这就给人以一种错觉:CRM 都是很复杂、庞大的。其实,价值几千美元的面向中小企业的 CRM 软件也不少,其中不乏简洁、易用的。

不过,有关公司规模方面的要求现在越来越随意,因为越来越多的 CRM 供应商依据不同情况来提供不同产品。主要的 CRM 提供商一直以企业级客户为目标,并逐渐向中型市场转移,因为后者的成长潜力更大。以企业级客户为目标的公司包括 Siebel、Oracle 等。另外一些公司,如 Onyx、Pivotal、Multiactive 和 SalesLogix 等公司瞄准的是中小企业,它们提供的综合软件包虽不具有大型软件包的深度功能,但功能丰富、实用。

### 2. 按应用集成度分类

CRM 涵盖整个客户生命周期,涉及众多的企业业务,如销售、技术支持服务、市场营销以及订单管理等。CRM 既要完成单一业务的处理,又要实现不同业务间的协同,同时,作为整个企业应用中的一个组成部分,CRM 还要充分考虑企业的其他应用,如与财务、库存、ERP、供应链(SCM)等应用进行集成。

但是,不同的企业或同一企业处于不同的发展阶段时,对 CRM 整合应用和企业集成应用有不同的要求。为满足不同企业的不同要求,CRM 在集成度方面也有不同的分类。从应用集成度方面可以将 CRM 分为 CRM 专项应用、CRM 整合应用、CRM 企业集成应用。

（1）CRM 专项应用。以销售人员为主导的企业与以店面交易为主的企业，在核心能力上是不同的。销售自动化（SFA）是以销售人员为主导的企业的 CRM 应用关键，而客户分析与数据库营销则是以店面交易为主导的企业的 CRM 应用关键。

在专项应用方面，还有著名的呼叫中心（Call Center）。随着客户对服务要求的提高和企业服务规模的扩大，呼叫中心在 20 世纪 80 年代得到迅速发展，与 SFA 和数据库营销一起成为 CRM 的早期应用。到目前为止，这些专项应用仍然具有广阔的市场，并处于不断发展中。其代表厂商有 AVAYA(Call Center)、GoldMine(SFA) 等。

对于中国企业特别是对于中小企业而言，CRM 的应用处于初期阶段，根据企业的销售与服务特点，选择不同的专项应用不失为一条现实的发展道路。当然，在启动专项应用的同时，应当考虑后续的发展，特别是业务组件的扩展性和基础信息的共享，应选择适当的解决方案。

（2）CRM 整合应用。由于 CRM 涵盖整个客户生命周期，涉及企业众多的业务，因此，对于很多企业而言，必须实现多渠道、多部门、多业务的整合与协同，必须实现信息的同步与共享，这就是 CRM 整合应用。CRM 业务的完整性和软件产品的组件化及可扩展性是衡量 CRM 整合应用能力的关键。这方面的代表厂商有 Siebel（企业级 CRM）、Pivotal（中端 CRM）、MyCRM（中小企业 CRM）。

（3）CRM 企业集成应用。对于信息化程度较高的企业而言，CRM 与财务、ERP、SCM 以及群件产品如 Wxchange/MS-Outlook 和 Lotus Notes 等的集成应用是很重要的。这方面的代表厂商有 Oracle、SAP 等。

**3. 按系统功能分类**

（1）操作型 CRM。用于自动集成商业过程，包括销售自动化、营销自动化和客户服务与支持三部分业务流程。

（2）合作型 CRM。用于同客户沟通所需途径（包括电话、传真、网络、电子邮件等）的集成和自动化，主要有业务信息系统、联络中心管理和 Web 集成管理。

（3）分析型 CRM。用于对以上两部分所产生的数据进行分析，为企业的战略、战术决策提供支持，包括数据仓库和知识仓库建设，以及依托管理信息系统的商业决策分析。

# 学习单元三　实施客户关系管理的作用

美国公司满意度索引（ACSI）的数据显示，具有最高客户满意度的公司增长的市值是具有最低客户满意度的公司的两倍多。换句话说，客户满意度能直接转化为公司价值。客户满意度如果提高 5%，企业的利润将翻倍。

一个非常满意的客户的购买意愿将 6 倍于一个满意的客户。2/3 的客户离开其供应商是因为供应商对客户关怀不够。93% 的 CEO 认为客户管理是企业成功和更富竞争力的最重要因素。50% 以上的企业利用互联网是为了整合企业的供应链和管理后勤。

经济全球化趋势和电子商务的快速发展正以前所未有的广度和深度改变着企业传统的业务运作方式。企业一般可以采用两种方式保持竞争优势：一是在能够发挥自身优势的业务领域以超过竞争对手的速度增长；二是要比竞争对手提供更好的优质客户服务，而提供优质服务的前提是实施客户关系管理。

归纳起来，客户关系管理的目标主要包括降低销售及服务成本、增加盈利、巩固客户关系、提高客户满意度、改进信息提交方式、加快信息提交速度、简化客户服务过程等。具体可以归纳为以下几个方面。

## （一）全面提升企业的核心竞争能力

进入新经济时代，以往代表企业竞争优势的企业规模、固定资产、销售渠道和人员队伍已不再是企业在竞争中处于领先地位的决定因素。由于新竞争对手和新机遇不断涌现，企业必须创造出新的结构以适应不断变化的需求。依赖于客户生存的企业必须学会如何对待具有不同背景的客户，并通过语言识别和人工智能等手段将技术"人性化"，提高对客户的吸引力。

在新的经济模式下，企业应当在管理客户关系方面做得更好，CRM将成为一种企业核心的竞争能力。通过使用正确的工具、技术，CRM可以为所有企业提供"看得见的优势"。

今天，竞争的基础和竞争优势的本质已经发生了变化，这主要是因为信息时代的地理和环境不再具有以往的意义，规模和权力也不再能确保市场份额。技术发展和全球化趋势增强甚至消除了许多过去妨碍经济增长的障碍，人们可以在全球范围内建立人与人以及人与信息之间的连接，不仅使客户可以随时、随地寻找到能够满足其需求的最佳服务供应商，而且消除了现存市场和机遇固有的防卫壁垒。在市场中获胜所需的条件，例如土地、人力、资本、信息等，可以很快被竞争对手复制；然而，详细而灵活的客户信息，即有关客户及其爱好的信息和良好的客户关系本身，却很难被复制。

如果土地、人力和资本不再是企业增长的核心，那么如何才能保持业务领先呢？可以采用的一个方法就是比竞争对手提供更好的客户服务。优质的服务可以促使客户回头购买更多的产品或服务，而价格的高低将不再是客户做出选择时所考虑的第一因素。这可以通过建立以忠诚度为目标的持续不断的关系来实现，企业的整个业务也将从每位客户未来不断的采购中扩大。

此外，企业应采用所有可以直接与客户接触的方式，如人员接触，通过电话或电子邮件接触等。企业每天都拥有成千上万个这样的交流机会。采用CRM意味着通过技术的应用将这些与客户的交流从简单的活动变为对双方都有用的获取商业经验的方式。反过来，这种转换将使企业的业务代表持续提供卓越的客户服务，从而为企业建立起一种战略性竞争优势。

CRM系统并不仅仅针对第一次接触CRM系统的客户或优质服务，它针对的是整个客户接触生命周期以及如何处理这些接触，企业采取这种客户关系管理方式可以使其从竞争中脱颖而出。退一步讲，从价格、服务和客户知识等方面展开全面的竞争要优于单纯的价格竞争。进一步讲，CRM的实施可以按照企业的意图改变整个竞争格局。

## （二）提升客户关系管理水平

CRM系统不是孤立的解决方案，它是企业管理的重要组成部分。人们已经深刻地认识到，仅仅从某些方面去解决企业的问题无法从根本上解决问题。在电子商务时代，企业从大规模生产体系转向灵活敏捷的竞争体系，CRM要满足用户在提升客户价值、通过合作提高竞争力、建立适应变化的组织、充分利用人员与信息的杠杆作用方面的需要，最终帮助企业造就一个获利稳定的经营基础。

**1. 客户研究与客户挖掘**

需求和产品多样化使客户选择的负担日益增加，供应商有责任帮助顾客确定其需要和要求,这一切意味着应"研究和培育"顾客,深知顾客做什么、想什么和应该做什么。客户关系管理支持用户描述其经营范围、经营网络、业务流程。两者的变化意味着需求的变革,意味着客户服务的扩展和升级。企业在这一点上反应不准确,就会迅速失去客户。

采集未来的客户信息、描述客户的形成过程可以使企业获得捕捉到新的客户的机会。客户挖掘过程,就是把潜在客户培养为现实客户,并进一步变为支持者的过程。客户关系管理可对潜在客户的数据采集和需求验证、可能客户的简介编制和定位选择、支持者的地位作用及喜好动机进行描述。

**2. 客户响应与交易记录**

在电子商务环境下,为了与用户进行实时通信,企业必须建立一个以现代通信基础设施为依托的客户接待前台。在处理各类信息的接收、发送与记录的基础上,客户关系管理着重支持客户要求、服务跟踪和客户查询。前台系统把客户要求分配给相关部门并跟踪服务回应,客户通过数据系统查询自己的交易数据。这样做可以降低企业的响应成本,并有利于实现企业数据系统与客户数据系统一体化,进而增进彼此的忠诚度。客户以自己喜欢的方式与企业进行交流,可以方便地获取信息并得到更好的服务。客户的满意度得到提高,可帮助企业保留更多的老客户,并更好地吸引新客户。

**3. 客户追踪与客户评价**

客户服务追踪、客户反馈和善后管理是联系在一起的。客户关系管理提供主动追踪服务,支持企业接收、处理客户反馈数据,其善后管理包括维护工作预约和派遣、备件管理、服务收费及欠款催收等。

CRM系统不只是一套产品,而是触及企业内部许多部门的商业理念。企业的商业理念一定要反映在CRM系统上,并且从高层到每位员工都要有充分的认识。其核心思想是将企业的客户(包括最终客户、分销商和合作伙伴及内部客户)作为最重要的企业资源。通过完善的客户服务和深入的客户分析来满足客户的需求,保证实现客户的终身价值。

在激烈的竞争环境中,任何企业要发展都需要有一流的客户关系,越来越多的企业认识到了服务对于企业发展的重要性。对于那些迫切需要提高客户关系管理水平的企业来说,选择合适的CRM解决方案将带来事半功倍的效果。

## (三) 重塑企业营销功能

企业实施CRM就是要全面重塑企业营销功能,这种重塑要求来自于企业所处的竞争环境发生的结构性变化,企业正在从一个大量市场产品和服务标准化、寿命周期长、信息含量小、在一次性交易中交换的竞争环境向新的全球竞争的环境转变,在这一新的竞争环境中,产品和服务呈现出个性化、寿命周期短、信息含量大的特征,并处在客户基础不断变化的交易过程中。

企业经营从以生产设备为支点变为以顾客为支点,营销变为企业活动的重要因素;飞速发展的计算机网络、日益开放的全球技术经济市场使企业不能再固守一隅。在这样的环境中,客户、竞争、品牌成了密不可分的要素,捕捉顾客机会和迎合顾客需求的准确性和速度决定着企业的存亡,企业需要一个信息畅通、行动协调、反应灵活的CRM系统。

## (四) 提升销售业绩

CRM的运用直接关系到企业的销售业绩。它可以重新整合企业的用户信息资源,使以往"各自为战"的销售人员、市场推广人员、电话服务人员、商店维修人员等开始真正地开展协调与合作,组成秉持"满足客户需求"这一核心宗旨的强大团队。CRM 实施成果经得起销售额、用户满意度、用户忠诚度、市场份额等指标的检测,它为企业新增的价值是看得见、摸得着的。因此,CRM 的实施必将确实地改变企业的销售文化,让企业中每一个成员都切身感受到信息时代带来的机遇和挑战。

## (五) 降低成本、提高效率

CRM 的运用使得团队销售的效率和准确率大大提高,服务质量的提高也使得服务时间和工作量大大降低,这些无疑都将降低企业的运作成本。

通过实施完整的 CRM 策略,企业允许内部人员、供应商和合作伙伴通过网络进行联系,共享客户信息。

**1. IT 管理的加强和成本的降低**

Oracle 公司原来在全球分布有 97 个数据中心,现在减少到了 4 个,不仅更好地加强了信息的集中管理和资源的充分共享,而且降低了设备维护和人员管理的成本。将 IT 的管理集中到了几个大的中心,管理的效率和系统的可靠性也得到了进一步加强。仅此一项,就为公司节省了 1100 万美元。另外,通过把大量内部培训课程移植到网上,也节省了 250 万美元。通过全球财务数据的自动合并和整合管理,每年亦可为公司节约 350 万~500 万美元的费用。

**2. 公司整体效率的提高和成本的降低**

Oracle 公司通过将大量工作和日常业务处理转移到网络上,日常工作量减少了 25%,业务处理更快捷,员工的工作效率明显提高。这种自助式服务与过去一年相比为公司节省了 240 万美元的日常开支,每笔费用报告的成本从 25 美元减少到 10 美元。电子商务的战略采购管理,预计在未来 5 年内将为公司节省 9800 万美元。

Oracle 为中国银行和美的集团等许多企业实施了 Oracle 的客户关系管理解决方案,都取得了令人非常满意的效果。

## (六) 利用整合信息提供卓越服务,提高客户忠诚度

利用客户资料,针对顾客需求完善对顾客的服务,提高客户对服务的满意度,通过整理分析客户的历史交易资料,强化与客户的关系,提高客户再次光顾的次数或购买数量,通过确认顾客、吸引顾客和保留顾客提高获利率。

例如,在与客户洽谈汽车保险续约时,如果发现客户资料中没有人寿保险的记录,可尝试推销人寿保险;又如,银行或信用卡公司经常寄产品目录或旅游信息给客户,借以提升公司获利机会,这些都是常见的营销手段。

通过客户关系管理的实施,客户和潜在顾客感觉企业对他们的需求很重视,也具有响应客户要求的能力,就会考虑成为该企业的忠诚支持者。因此,实施客户关系管理将提升公司的竞争优势。

例如,T 牌汽车运用最新工作流程计算机化技术,引进顾客关系管理系统中最重要的"顾客抱怨追踪系统",以实现"顾客第一"的理念。有了这个系统的协助,企业可以方便地查询顾客历史资料、疑难处理经验,利用计算机掌握、追踪客户投诉处理进度,对客户投诉问题进行交叉分析。这不仅使每一位顾客的声音都被快速充分地考虑,而且还能提供产品及服

务改善的方向,永葆企业的竞争优势。

# 学习单元四 客户关系管理典型岗位介绍

## (一) 客户服务管理岗位设计示例

客户服务管理岗位设计具体示例如图1-6所示。

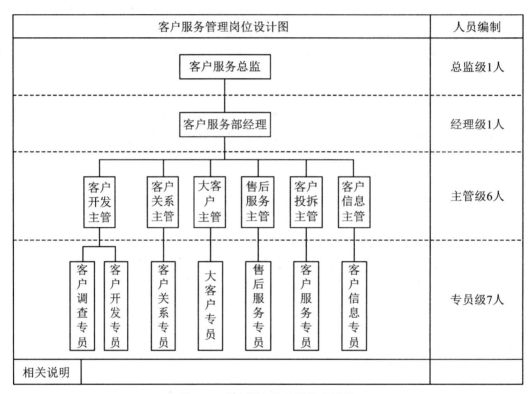

图1-6 客户服务管理岗位设计图

## (二) 客户服务各岗位目标分解

**1. 客户管理岗位工作目标**

客户管理岗位工作目标如表1-1所示。

表1-1 客户管理岗位工作目标

| 总体目标 | 目标细化 |
|---|---|
| 客户服务体系建设目标 | 1. 规范客户服务标准,完善客户服务体系 |
| | 2. 按时组织制定客户服务计划,并保证服务计划100%得到贯彻执行 |
| | 3. 及时编制各项客户服务管理制度,并确保各项制度100%得到执行 |
| 客户开发目标 | 1. 及时组织针对目标客户的市场调查活动,完成客户市场调研任务 |
| | 2. 按时组织制定客户开发计划,监督开展客户开发工作,确保按时完成客户开发计划 |

**2. 客户开发岗位工作目标**

客户开发岗位工作目标如表 1-2 所示。

表 1-2　客户开发岗位工作目标

| 总体目标 | 目标细化 |
| --- | --- |
| 客户调研目标 | 1. 做好目标客户相关信息的调查与收集工作,确保收集信息的准确、及时 |
| | 2. 对调查的信息进行汇总分析,准确了解目标客户现状,并对客户需求进行评估 |
| 客户开发管理目标 | 1. 根据对客户调研结果的分析,及时编制具体的客户开发计划 |
| | 2. 与相关部门配合,按时完成客户开发工作 |
| 客户资料管理 | 1. 及时整理客户调研及客户开发的相关资料,确保资料完整率达到100% |
| | 2. 及时将需要归档的材料送交档案管理人员,保证资料及时归档 |

**3. 大客户管理岗位工作目标**

大客户管理岗位工作目标如表 1-3 所示。

表 1-3　大客户管理岗位工作目标

| 总体目标 | 目标细化 |
| --- | --- |
| 大客户开发目标 | 1. 做好大客户开发的前期调查工作,准确把握客户需求 |
| | 2. 组织实施大客户开发工作,确保大客户开发计划100%完成 |
| 大客户服务目标 | 1. 制定完善的大客户管理制度,并根据大客户的实际情况,制定相应的服务方案 |
| | 2. 及时了解大客户的需求与反馈意见,保证公司与大客户之间沟通的及时性与畅通性 |
| 大客户维护目标 | 1. 根据工作需要和相关标准,进行大客户回访,针对大客户的回访率达到____% |
| | 2. 维护并巩固公司与大客户的关系,不断提高公司服务水平,使大客户满意度评价达到____分 |
| 大客户资料管理 | 1. 及时对大客户管理的相关资料进行整理,确保资料完整率达到100% |
| | 2. 建立完善的大客户档案,并根据大客户实际情况的变化及时对相应的信息进行变更,将需要归档的材料送交档案管理人员,保证资料及时归档 |

**4. 客户关系岗位工作目标**

客户关系岗位工作目标如表 1-4 所示。

表 1-4　客户关系岗位工作目标

| 总体目标 | 目标细化 |
| --- | --- |
| 客户关系维护目标 | 1. 负责草拟客户关系维护计划,经领导审核后100%贯彻执行 |
| | 2. 做好客户回访、接待、提案等客户关系维护工作,确保客户满意度达到____% |
| | 3. 做好客户关系维护工作总结,及时提出改善客户关系的建议 |
| 客户资料管理目标 | 1. 及时对客户关系维护过程中产生的资料进行整理,确保资料完整率达到100% |
| | 2. 及时将需要归档的材料送交档案管理人员,保证资料及时归档 |

### 5. 售后服务岗位工作目标

售后服务岗位工作目标如表 1-5 所示。

**表 1-5　售后服务岗位工作目标**

| 总体目标 | 目标细化 |
|---|---|
| 售后服务目标 | 1. 严格执行各项售后服务制度,确保各项服务标准得到 100% 贯彻执行<br>2. 做好售后服务管理工作,提升客户对售后服务工作的满意度,使大客户满意率达到____%,一般客户满意率达到____%以上 |
| 客户投诉管理目标 | 1. 及时处理客户投诉,确保客户投诉解决及时率达到____%<br>2. 努力提高业务水平,确保客户对投诉解决的满意率达到____%以上 |
| 客户关系管理目标 | 1. 根据公司的需要,合理安排相关人员对客户进行回访,确保客户回访率达到____%<br>2. 对客户提交的提案进行处理,并将处理结果及时反馈给客户 |
| 信息收集目标 | 1. 了解和掌握客户对公司产品或服务的意见及要求,确保信息收集的及时性、有效性<br>2. 将客户反映的信息及时反馈给公司相关部门,确保信息反馈及时率达到____%以上 |

### 6. 客户投诉岗位工作目标

客户投诉岗位工作目标如表 1-6 所示。

**表 1-6　客户投诉岗位工作目标**

| 总体目标 | 目标细化 |
|---|---|
| 客户投诉管理目标 | 1. 严格按照客户投诉处理规章制度执行,确保客户投诉处理及时率达到____%以上<br>2. 密切保持与其他相关部门的联系,使客户投诉解决率达到____%<br>3. 努力提高业务水平,确保客户对投诉解决的满意率达到____%以上 |
| 客户关系维护目标 | 1. 通过电话、邮件等方式做好客户投诉回访工作,使客户回访率达到____%以上<br>2. 将客户投诉过程中产生的提案及时转交给相关部门,并将处理结果反馈给客户 |
| 客户资料管理目标 | 1. 客户投诉信息记录规范,确保记录完整率达到 100%<br>2. 及时将需要归档的材料送交档案整理人员,保证资料归档及时 |

### 7. 客户信息岗位工作目标

客户信息岗位工作目标如表 1-7 所示。

**表 1-7　客户信息岗位工作目标**

| 总体目标 | 目标细化 |
|---|---|
| 信息管理目标 | 1. 严格按照客户信息管理制度的要求,及时完成收集各类客户信息的任务<br>2. 通过对客户信息的整理与分析,按时编制并提交客户信息分析报告 |
| 客户信用管理目标 | 1. 制定的客户信用等级评定制度合理、可行<br>2. 对公司客户的信用风险进行评估与预测,确保准确率达到____%以上 |

续表

| 总体目标 | 目标细化 |
| --- | --- |
| 客户数据库建设目标 | 1. 根据公司对客户数据库建设的要求,具体推进数据库建设工作,并确保按时完成率达到100% |
| | 2. 做好数据库信息的更新工作,确保数据信息及时、准确、有效 |
| | 3. 做好数据库系统的日常维护工作,确保数据库系统平稳、安全运行 |
| 客户档案管理目标 | 1. 客户档案完备,确保客户信息更新及时率达到100% |
| | 2. 做好客户档案日常管理工作,杜绝客户档案丢失、损坏事件 |

**8. 呼叫中心岗位工作目标**

呼叫中心岗位工作目标如表1-8所示。

表1-8 呼叫中心岗位工作目标

| 总体目标 | 目标细化 |
| --- | --- |
| 呼叫中心运营目标 | 1. 按照呼叫中心建设规划,按时完成呼叫中心系统建设任务 |
| | 2. 做好呼叫中心各项管理工作,确保呼叫中心各项工作计划按时完成率达到____% |
| 呼叫中心服务目标 | 1. 严格按照呼叫中心服务标准执行,确保呼叫中心服务水平有所提高 |
| | 2. 及时处理客户投诉,使客户投诉解决及时率达到____% |
| | 3. 努力提高业务水平,使客户满意率达到____%以上 |
| 资料管理目标 | 1. 做好呼叫业务记录,确保记录完整率达到100% |
| | 2. 及时将需要归档的材料送交档案管理人员,保证资料及时归档 |

## (三)客户服务管理岗位工作职责与工作明细

**1. 客户服务管理岗位工作职责**

依据所在企业的类型及与企业实际工作的相关性,客户服务管理岗位的工作职责可以概括为以下几个方面:负责所经营区域客户的咨询解答;参与制定并执行客服流程、服务标准、客服工作计划;负责产品介绍、演示及解答客户使用中的问题等;负责客户电话回访,跟进及处理客户投诉等问题;维护客户关系,及时组织相关人员对客户进行回访和调研,收集客户对产品和服务的反馈意见;负责团队人员工作的分配,安排值班、倒班;负责工作日志、周报、月报的撰写,须及时对反馈的信息进行统计、分析和汇报;进行新客服的培训、考核与甄选;完成上级安排的其他工作任务。

**2. 客户服务管理岗位工作明细**

(1)客户总监岗位工作明细如表1-9所示。

表 1-9 客户总监工作明细表

| 工作大项 | 工作细化 | 目标与成果 |
| --- | --- | --- |
| 客户服务规划 | 1. 收集和分析行业及市场情况,制定公司服务策略 | 公司服务策略 |
| | 2. 制定业务发展方向、竞争策略、售后服务和预算等相关计划 | 相关工作计划 |
| | 3. 负责本部门的业务管理及处理关键任务,提高客户满意度 | 客户满意度评价达到____分以上 |
| 客户开发管理 | 1. 根据公司发展目标,制定客户开发计划与大客户管理策略 | 1. 客户开发计划<br>2. 大客户管理策略 |
| | 2. 根据公司的发展目标与客户开发计划进行客户开发、管理和维护工作 | 客户开发计划全面完成 |
| 客户服务管理 | 1. 了解客户需求,组织人员做好公司客户的售后服务工作,巩固和增进公司与客户的合作关系 | 客户服务达标完成率达到____% |
| | 2. 及时进行客户投诉处理的监督和检查,及时发现其中存在的问题,提升公司的服务水平 | 客户投诉处理解决率达到____% |
| | 3. 建立与完善客户资料库 | 客户资料完备率达到____% |
| 部门人员管理 | 1. 负责客户服务团队建设及日常工作管理,规范运作流程,提高客户服务质量 | 部门人员任职资格达标率达到____% |
| | 2. 为团队成员提供业务培训与指导,以保证团队专业能力不断提高 | 部门培训计划完成率达到____% |
| | 3. 负责与公司其他部门和团队的协调与沟通 | 部门协作满意度评价达到____分以上 |

(2) 客户经理工作明细如表 1-10 所示。

表 1-10 客户经理工作明细

| 工作大项 | 工作细化 | 目标与成果 |
| --- | --- | --- |
| 客户开发管理 | 1. 根据公司的发展目标和业务特点,制定客户开发计划 | 客户开发计划 |
| | 2. 根据客户开发计划,安排人员进行客户关系的开发与拓展、维护与管理工作 | 1. 客户开发计划全面完成<br>2. 客户保持率达到____% |
| 客户关系管理 | 1. 根据公司的相关规定,对本公司客户的信用进行评定 | 客户信用评定表 |
| | 2. 安排人员进行客户关系维护工作,为公司开拓市场、开发新客户奠定基础 | 客户保持率达____% |
| | 3. 客户档案管理 | 客户档案完备率达到____% |

续表

| 工作大项 | 工作细化 | 目标与成果 |
|---|---|---|
| 大客户管理 | 1. 围绕公司营销目标,制定公司大客户开发计划 | 大客户开发计划 |
| | 2. 保持与大客户良好的合作关系,提高大客户满意度 | 大客户满意度评价达到____分 |
| 售后服务管理 | 1. 组织制定售后服务计划、标准并组织实施 | 售后服务计划、标准 |
| | 2. 安排人员做好客户咨询和相关的技术服务 | 客户满意度评价达到____分 |
| | 3. 提高客服人员的服务态度及综合素质,使其能妥善处理客户提出的问题,以提高客户投诉解决率 | 客户投诉解决率达到____% |
| | 4. 安排相关人员及时了解并汇总客户对产品(服务)的意见和要求,并及时将相关信息反馈到相关部门 | 客户意见调查表 |
| | 5. 安排相关人员对客户进行不同形式的回访工作,提高客户回访率 | 客户回访率达到____% |
| 客户信息管理 | 1. 组织人员做好客户信息的收集、统计与分析工作,保证各项信息完善、准确 | 信息收集及时、准确、完善 |
| | 2. 组织人员做好客户档案管理工作 | 客户档案完备率达到____% |
| 呼叫中心管理 | 1. 合理安排公司呼入、呼出业务,完成公司目标 | 各项任务完成率达到100% |
| | 2. 组织协调呼叫中心与其他相关部门的工作 | 部门协作满意度评价达到____分 |
| 部门人员管理 | 1. 根据工作需要,制定部门人员需求计划并负责人员的选拔工作 | 部门人员需求计划 |
| | 2. 对本部门人员工作进行指导与培训,提高其业务能力与服务水平 | 部门培训计划完成率达到____% |
| | 3. 对本部门人员实施考核 | 1. 考核工作按时完成<br>2. 部门人员考核达标率达到____% |

(3)客户开发主管工作明细如表 1-11 所示。

表 1-11　客户开发主管工作明细

| 总体目标 | 目标细化 | |
| --- | --- | --- |
| 客户开发管理制度制定 | 1. 根据公司发展目标，联系实际，协助客户服务部经理制定客户开发管理制度、工作流程及操作规范 | 各项规章制度 |
| | 2. 指导并落实各项规章制度的执行情况，根据公司实际情况及外部环境的变化对相关规章制度进行修订 | 各项规章制度得到全面执行 |
| 客户开发管理 | 1. 组织人员进行市场信息收集、客户信息收集工作 | 信息收集及时、准确 |
| | 2. 围绕公司的发展目标，制定客户开发计划并组织实施 | 客户开发计划 |
| | 3. 积极拓展客户开发渠道并组织客户开发工作 | 客户开发计划按时完成率达 100% |
| | 4. 对客户开发专员与客户签订的合同进行审核、审批 | 合同审批及时 |
| | 5. 与客户保持良好的合作关系并随时掌握客户的需求 | 客户满意度评价达到____分 |

（4）客户开发专员工作明细如表 1-12 所示。

表 1-12　客户开发专员工作明细

| 总体目标 | 目标细化 | |
| --- | --- | --- |
| 客户调查 | 1. 根据客户开发的需求，及时编制客户调查计划 | 客户调查计划 |
| | 2. 按照客户调查计划的要求，具体实施调查活动 | 调查计划按时完成率达到 100% |
| 客户开发 | 积极协助相关部门进行新客户的开发工作 | 客户开发计划按时完成率达 100% |
| 客户关系维护 | 1. 对客户进行定期或不定期回访 | 客户回访率达到____% |
| | 2. 建立客户资料档案，并根据实际情况对客户的相关资料进行及时更新 | 客户资料完备率达到____% |

（5）大客户管理岗位工作明细：
① 大客户主管工作明细如表 1-13 所示。

表 1-13　大客户主管工作明细

| 总体目标 | 目标细化 | |
| --- | --- | --- |
| 大客户服务管理 | 1. 配合公司营销部门制定大客户开发计划，并负责落实 | 大客户开发计划 |
| | 2. 根据公司实际情况，针对大客户制定适当的服务方案和激励政策 | 服务方案和激励政策 |
| | 3. 对大客户与本公司业务往来的情况进行分析，为公司相关部门提供决策依据 | 相关分析报告 |

续表

| 总体目标 | 目标细化 | |
| --- | --- | --- |
| 大客户关系维护 | 1. 安排人员对大客户进行定期或不定期回访，及时了解大客户在使用公司产品或与公司发生的其他业务中遇到的问题 | 客户回访率达到____% |
| | 2. 关注大客户的新动态，并及时给予相关协助 | 大客户相关信息 |
| | 3. 负责与公司重要客户进行日常沟通与关系维护 | 信息沟通及时 |
| 售后服务管理 | 1. 安排人员收集大客户的相关反馈信息并及时将其反映给相关部门 | 信息收集及时、准确 |
| | 2. 根据公司的相关制度和售后服务标准，组织实施和检查相关人员对大客户咨询、投诉、意见反馈等事项的执行情况 | 大客户满意度评价达到____分 |

② 大客户专员工作明细如表 1-14 所示。

表 1-14　大客户专员工作明细

| 总体目标 | 目标细化 | |
| --- | --- | --- |
| 信息收集 | 1. 了解和掌握大客户的需求 | 大客户需求信息 |
| | 2. 收集并整理与大客户有关的新动态、新的发展方向等信息 | 大客户的相关信息 |
| 大客户关系维护 | 1. 主动为大客户提供新业务、新技术等方面的咨询服务 | 咨询解答准确、客户满意度评价达到____分 |
| | 2. 根据公司的安排，拜访大客户，不断增进双方之间的了解，以保持良好的合作关系 | 客户回访率达到____% |
| | 3. 妥善处理大客户投诉 | 客户投诉解决率达到____% |
| 大客户资料管理 | 1. 负责大客户的档案建立和资料管理 | 大客户档案 |
| | 2. 根据实际情况适时地对大客户的资料进行更新 | 资料更新及时、准确 |

(6) 客户关系岗位工作明细：

① 客户关系主管工作明细如表 1-15 所示。

表 1-15　客户关系主管工作明细

| 总体目标 | 目标细化 | |
| --- | --- | --- |
| 规章制度制定 | 1. 协助客户服务部经理制定有关客户关系管理的各项规章制度 | 各项规章制度 |
| | 2. 组织实施客户关系管理的各项制度并监督其实施情况 | 各项规章制度得到全面执行 |

续表

| 总体目标 | 目标细化 | |
|---|---|---|
| 客户关系维护 | 1. 进行有效的客户管理和沟通,了解并分析客户需求 | 客户需求调查表 |
| | 2. 掌握公司所有客户的信息,对其进行分类统计,按不同的客户类型开展客户关系维护工作 | 客户的相关信息资料 |
| | 3. 发展与维护良好的客户关系 | 客户满意度评价达到____分 |

② 客户关系专员工作明细如表 1-16 所示。

表 1-16 客户关系专员工作明细

| 总体目标 | 目标细化 | |
|---|---|---|
| 信息收集 | 1. 对客户进行深入了解,包括客户需求、购买力等并将此信息反映给相关领导 | 信息收集及时、准确 |
| | 2. 对收集的信息进行统计分析,提出改善客户关系的相关建议或措施 | 相关建议或措施 |
| 客户关系维护 | 1. 主动了解客户需求,维护客户关系 | 客户需求信息 |
| | 2. 接待来访客户,协助处理客户提出的一般性问题 | 客户满意度评价达到____分 |
| | 3. 根据公司的安排拜访客户 | 对客户的回访率达到____% |
| 客户档案管理 | 1. 对收集到的客户信息进行归档管理 | 客户档案完备率达到____% |
| | 2. 对客户档案进行及时更新与日常维护 | 信息更新及时率达到____% |

(7) 售后服务岗位工作明细:

① 售后服务主管工作明细如表 1-17 所示。

表 1-17 售后服务主管工作明细

| 总体目标 | 目标细化 | |
|---|---|---|
| 规章制度制定 | 1. 协助客户服务部经理制定公司各类售后服务标准、制度、规范等 | 售后服务标准、制度、规范等 |
| | 2. 制定的各项规章制度经领导审批后组织实施 | 各项售后服务规章制度得到全面执行 |

续表

| 总体目标 | 目标细化 | |
|---|---|---|
| 售后服务管理 | 1. 负责制定售后服务计划、方案、费用预算等，并组织实施 | 售后服务计划、方案 |
| | 2. 安排人员开展售后服务和技术服务 | 客户满意度评价达到____分 |
| | 3. 妥善处理和解决客户投诉 | 客户投诉解决率达到____% |
| | 4. 安排人员进行客户回访工作，了解客户需求及公司客户服务人员的现场工作情况，提高公司客户服务质量 | 对客户的回访率达到____% |
| | 5. 按照公司要求，组织编制售后服务工作总结报告 | 售后服务工作总结报告 |
| 信息管理 | 1. 组织相关人员及时了解并汇总客户对公司产品或服务的意见和要求，并将相关信息及时反馈给相关部门 | 客户反馈的信息 |
| | 2. 及时处理现场服务人员及客户的反馈信息，对于重大质量事故及时通知相关部门，并参与对质量问题的分析和解决 | 相关措施 |
| | 3. 收集统计售后服务过程中发现的质量问题并予以处理 | 相关措施 |
| 客户关系管理 | 1. 组织人员对公司的客户进行定期或不定期的回访，以保持公司与客户良好的合作关系 | 对客户的回访率达到____% |
| | 2. 根据大客户的实际情况，制定相位的售后服务方案和措施，维护并巩固与大客户的关系 | 客户满意度评价达到____分 |

② 售后服务专员工作明细如表 1-18 所示。

表 1-18 售后服务专员工作明细

| 总体目标 | 目标细化 | |
|---|---|---|
| 售后服务 | 1. 处理客户的信息咨询 | 客户满意度评价达到____分 |
| | 2. 处理客户的售后服务及技术事宜，将需要服务的客户的信息转交给相关部门 | 客户满意度评价达到____分 |
| | 3. 通过电话、网络等方式对售后服务过程进行监督，保证公司的售后服务质量 | 客户满意度评价达____分 |
| | 4. 根据需要，对公司的客户进行各种形式的回访和调查，以获取客户的直接反馈 | 客户回访率达到____% |
| 投诉处理 | 1. 受理与记录客户投诉、纠纷 | 客户投诉记录表 |
| | 2. 妥善解决客户的投诉，对重大或特殊的投诉要及时转交相关领导处理 | 投诉解决率达到____% |

续表

| 总体目标 | 目标细化 | |
|---|---|---|
| 资料管理 | 1. 客户资料的日常维护与管理 | 客户的相关资料 |
| | 2. 售后服务文件的整理、存档 | 售后服务文件 |

（8）客户投诉岗位工作明细：

① 客户投诉主管工作明细如表1-19所示。

表1-19　客户投诉主管工作明细

| 总体目标 | 目标细化 | |
|---|---|---|
| 规章制度制定 | 1. 协助客户服务部经理制定客户投诉管理制度、投诉处理流程与工作标准 | 客户投诉管理制度及其相关流程 |
| | 2. 制定的规章制度、流程及标准经领导审批通过后组织实施 | 各项规章制度得到全面执行 |
| 投诉处理 | 1. 组织人员处理客户咨询、投诉、电话回访等各项客户服务业务 | 各项工作顺利进行，客户满意度评价达到＿＿＿分 |
| | 2. 落实客户对公司产品、服务及其他方面的投诉并予以妥善解决 | 客户投诉解决率达到＿＿＿% |
| | 3. 负责重大或特殊投诉事件的受理及跟踪处理 | 客户投诉解决率达到＿＿＿% |
| | 4. 督促完成各类工作报表的制定及上报、汇总、统计工作，分析各类投诉，便于公司制定相应措施和解决方案 | 各类工作报表 |

② 客户投诉专员工作明细如表1-20所示。

表1-20　客户投诉专员工作明细

| 总体目标 | 目标细化 | |
|---|---|---|
| 投诉处理 | 1. 负责对客户投诉事件进行登记并受理 | 客户投诉记录表 |
| | 2. 在投诉处理过程中与相关部门进行协调，及时解决客户投诉 | 客户投诉解决率达到＿＿＿% |
| | 3. 将投诉处理结果提交到公司相关部门 | 投诉处理结果报告表 |
| 编制报表 | 编制投诉报表和投诉分析报告，为改进客户服务提供支持 | 相关报表编制及时 |
| 资料管理 | 投诉资料的归档管理 | 资料归档及时、完备 |

（9）客户信息岗位工作明细：

① 客户信息主管工作明细如表1-21所示。

**表 1-21　客户信息主管工作明细**

| 总体目标 | 目标细化 | |
|---|---|---|
| 客户信用管理 | 1. 安排相关人员收集与调查公司客户信息,确保信息收集或调查内容的准确性 | 客户信息调查表 |
| | 2. 根据客户信用调查的结果及公司的相关规定对其进行信用级别评定 | 客户信用级别评定结果 |
| 客户信息管理系统的管理 | 1. 安排人员进行客户信息的收集、分析、统计等工作,保证客户信息准确、完善 | 客户相关信息 |
| | 2. 负责建立客户信息管理系统,完善客户信息 | 客户信息管理系统 |

② 客户信息专员工作明细如表 1-22 所示。

**表 1-22　客户信息专员工作明细**

| 总体目标 | 目标细化 | |
|---|---|---|
| 客户信息调查 | 1. 根据公司需要,对客户的相关信息进行调查与收集 | 客户相关信息 |
| | 2. 对收集到的客户信息进行整理与分析,并提交给公司相关部门 | 客户相关信息 |
| 客户信用管理 | 1. 负责进行客户信用调查 | 客户信用调查表 |
| | 2. 协助客户信息主管对客户信用进行评估,并对客户信用进行分级管理 | 客户信用等级评定表 |
| 客户档案管理 | 1. 客户资料的建档及管理 | 客户档案 |
| | 2. 维护客户信息系统 | 客户信息系统 |

（10）呼叫中心岗位工作明细:

① 呼叫中心经理工作明细如表 1-23 所示。

**表 1-23　呼叫中心经理工作明细**

| 总体目标 | 目标细化 | |
|---|---|---|
| 规章制度制定 | 1. 组织制定本部门的各项规章制度、工作流程、质量规范等 | 各项规章制度 |
| | 2. 指导并落实各项规章制度的执行情况,根据公司实际情况及外部环境的变化对相关规章制度进行修订 | 部门各项规章制度得到全面执行 |
| 日常运营管理 | 1. 负责呼叫中心的整体运作,指导其日常运营,带领本部门人员完成工作目标 | 各项工作有序进行 |
| | 2. 组织人员做好日常业务咨询、业务受理、业务投诉处理等工作 | 客户满意度评价达到____% |
| | 3. 根据本公司业务模式及外部市场环境,进行项目的设计与开发 | 新项目开发情况 |
| | 4. 对相关数据进行分析,为公司决策提供依据 | 分析报告 |

续表

| 总体目标 | 目标细化 | |
|---|---|---|
| 质量监控 | 1. 监督并提高呼叫中心的服务质量 | 服务水平提高程度 |
| | 2. 与客户建立良好的关系,并通过呼叫中心业务监督质量规范密切关注客户需求的变化 | 客户满意度评价达到___分 |
| 部门人员管理 | 1. 根据公司实际需求,制定本部门人员招聘计划 | 人员需求计划 |
| | 2. 合理安排部门人员的各项日常事务与工作 | 部门任务完成率达到___% |
| | 3. 对部门人员工作进行指导与培训 | 部门培训计划完成率达到___% |
| | 4. 负责本部门人员的绩效考核工作 | （1）考核工作按时完成<br>（2）部门人员考核达标率达到___% |

② 坐席班长工作明细如表1-24所示。

表1-24 坐席班长工作明细

| 总体目标 | 目标细化 | |
|---|---|---|
| 呼叫业务管理 | 1. 负责提升本组人员的工作绩效,实现本部门的业绩目标 | 部门任务完成率达到___% |
| | 2. 处理来自客户的抱怨、投诉及复杂的客户咨询 | 客户满意度评价达到___分 |
| | 3. 确保客户服务部新服务或新项目的顺利进行 | 领导满意度评价达到___分 |
| | 4. 提出业务改进措施,经相关领导批准后组织实施 | 相关业务改进措施 |
| 员工管理 | 1. 制定合理的人力安排计划及人员招聘计划 | 人员需求计划 |
| | 2. 对坐席员的工作进行指导与监督,并对其工作绩效进行评估 | 部门培训、考核工作按计划全面完成 |

③ 坐席员工作明细如表1-25所示。

表 1-25　坐席员工工作明细

| 总体目标 | 目标细化 | |
| --- | --- | --- |
| 受理客户咨询 | 1. 处理呼入、呼出业务工作 | 工作任务按时完成率达到100% |
| | 2. 负责客户咨询、信息查询及疑难问题的解答工作 | 客户满意度评价达到____分 |
| | 3. 协助客户进行信息登记和更新工作 | 信息登记准确、更新及时 |
| 投诉受理 | 1. 对客户投诉做好相应的记录,并予以解决 | 客户投诉解决率达到____% |
| | 2. 对于重大投诉,需要公司统一协调的,报相关领导处理解决 | 报告及时 |
| | 3. 对客户的投诉进行总结与分析,将相关信息反映给直属上级 | 相关分析、总结报告 |
| 客户回访 | 1. 负责客户日常的(电话)回访工作,接受客户反馈的意见 | 对客户的回访率达到____% |
| | 2. 负责对客户反馈的意见进行记录、分类并整理,对客户提出的相关意见给予答复,同时将相关意见反映给直属上级 | 客户相关信息 |

## 四、实例研讨

### 案例一　体验客户关系管理

下面是客户开车时给披萨店打电话订餐的过程。
(××披萨店的电话铃响了,客服拿起电话。)
**客服**:这里是××披萨店,非常高兴为您服务,请问您有什么需要?
**顾客**:你好!我想订餐。
**客服**:先生,请把您的会员卡号告诉我。
**顾客**:15989×××891。
**客服**:周先生,您好!您住在×××路44号12楼5室,您家的电话是8237××××,您单位的电话是3886××××,您的手机号码是1331883××××。请问您想订什么餐?
**顾客**:你怎么知道我的这些信息?
**客服**:周先生,因为我们联机到了客户关系管理系统。
**顾客**:我想订一个海鲜披萨。
**客服**:周先生,海鲜披萨不太适合您。
**顾客**:为什么?
**客服**:根据您的医疗记录,您的血压和胆固醇都偏高。
**顾客**:既然这样,你们有什么可以推荐的?
**客服**:您可以试试我们的低脂健康披萨。

顾客：好,那我要一个家庭特大号的,需要多少钱？

客服：99元,这个足够您一家五口吃了,不过要提醒您,您的母亲应该少吃,因为她上个月刚刚做了大手术,处于恢复期,饮食应清淡。

顾客：可以刷卡吗？

客服：周先生,对不起！请您付现款,因为您的信用卡已经严重透支了,您现在还欠银行14 885元,而且另外还有房屋贷款未还。

顾客：那我先去附近的取款机取款。

客服：周先生,根据您的记录,您已经超过今日取款限额。

顾客：算了,你们直接把披萨送我家吧,家里有现金。你们多久送到？

客服：大约10分钟。如果您自己来取会更快。

顾客：为什么？

客服：根据全球定位系统及车辆行驶自动跟踪系统记录,您正在开着一辆车号为×××
×的别克轿车,即将从我们店的门口经过……

### 案例二 美国联邦快递(FedEx)的客户关系管理

联邦快递公司是美国物流行业的领先企业,也是世界物流和配送业的主导型企业。其业务范围不仅包括各种针对一般客户的快递业务,更包括与多家企业合作,负责其物流配送,比如联邦快递为惠普公司的打印机提供库存管理和配送服务,为以直销闻名的戴尔公司提供在接到客户的订单后的供应物料、组装、配送等服务。

联邦快递的业务迅速发展与其一贯坚持的"以客户为重的战略、同客户建立良好的互动关系"是分不开的。在联邦快递看来,虽然公司的一个客户一个月只为公司带来1 500美元的收入,但是如果着眼于将来的话,假如该客户的生命周期是10年,那么这个客户可以为公司带来180 000美元的收入。如果再考虑到口碑效应,一个满意的、愿意和公司建立长期稳定关系的客户给公司带来的收益会更多。因此,联邦快递加强与所有客户的互动和信息交流,联邦快递的所有顾客都可通过其网站www.fedex.com同步追踪货物的状况。网站的在线交易软件Business Link可协助客户整合线上交易的所有环节,从订货到收款、开票、库存管理再到货物交到收货人手中。此外,联邦快递还特别强调针对顾客的特定需求如生产线地点、办公地点等,与客户一起制定配送方案。这种以客户为中心的高附加值的服务主要有：提供整合式维修运送服务,充当客户的零件和备料仓库角色,协助顾客简化、合并业务流程。联邦快递提供的这些服务,与它利用的先进客户信息和服务系统,以及全体员工秉持的客户至上理念和努力是分不开的。

联邦快递的客户服务信息系统有一系列向顾客提供的自动运送软件,主要有三个版本：DOS版的Power Ship、视窗版的FedEx Ship和网络版的FedEx interNetShip。利用这套系统,客户可以方便地安排取货日程、追踪和确认运送路线、列印条码、建立并维护寄送清单、追踪寄送记录。而联邦快递则通过这套系统了解顾客打算寄送的货物,预先得到的信息有助于运送流程的整合、货舱机位和航班的调派等,从而建立起全球的电子化服务网络。目前联邦快递有2/3的货物量通过Power Ship、FedEx Ship和FedEx interNetShip的订单处理、包裹追踪、信息储存和账单寄送等功能进行处理。

此外,联邦快递还拥有一个客户服务线上作业系统COSMOS。这个系统最早的建立时间可以追溯到20世纪60年代,当时联邦快递从航空业的电脑定位系统中受到启发,从IBM

和美国航空等处聘请专家成立了自动化研发小组,建起了COSMOS,后来又增加了主动跟踪、状态信息显示等功能。

联邦快递实施客户关系管理的最突出特点在于:它强调了全体员工应树立客户至上的理念,认识到员工在客户关系中扮演重要角色,认识到了良好的客户关系不是单靠技术就能实现的,从而突出地强调员工的主观能动性。联邦快递主要通过以下三个方面的措施鼓励和管理员工,努力提高客户的满意度。首先是建立呼叫中心,听取来自客户的意见和需求,比如联邦快递在某地的分公司,700名员工中有80人在呼叫中心工作。其主要任务除了接听来自客户的询问电话外,还包括主动打电话与客户联系、搜集客户信息等。联邦快递为提高与客户接触的一线员工的素质及使他们能给客户留下良好的印象,对员工进行了严格的培训。呼叫中心的员工要先经过一个月的课堂培训,再接受两个月的操作训练,学习与顾客打交道的技巧,考核合格后,才能正式上岗,接听和回应客户的来电。其次是着力提高一线员工的素质。为保证与客户接触的运务员符合企业形象和服务要求,联邦快递在招收新员工时要进行心理和性格测验;在新进员工的入职培训中进行深刻的企业文化教育;新员工须先接受两周的课堂训练,接下来是在服务站内的训练,然后让正式的运务员带半个月,最后才独立作业。再次联邦快递还采取了有效的激励和奖励机制,以鼓励员工与客户建立良好的关系。联邦快递认为只有善待员工,才能让员工热爱工作,不仅要做好自己的工作,而且能主动为客户提供服务。所有这些措施都保证了在客户面前,联邦快递的所有员工,从话务员、运务员到经理都体现出较高的整体素质和以客户为中心的企业理念。

## 五、学习测评

1. 客户关系管理产生的原因是什么?
2. 客户关系管理有哪些作用?
3. 客户关系管理的定义是什么?
4. 根据企业需求的不同层次,可以将客户关系管理的功能分为哪几类?每一类具体有什么样的功能?
5. 实践训练:拨打10086等客户服务电话体验客户服务,结合体验结果谈一谈感受。

# 项目二　开发潜在客户

## 课 前 导 读

**谁是你的潜在客户？中国老胶鞋在欧美市场走出时尚舞步**

中国既"古老"又"大众"的品牌正在欧美市场成为时尚流行品。继回力鞋之后，解放鞋、飞跃鞋这些完全由中国制造并保留了20世纪"中国味"的鞋子，现今已作为带有"很中国"元素的时髦商品，不仅售价翻了几十倍，而且还进入了欧美时尚界的视野。飞跃鞋在国外走红，与欧洲时尚界热衷复古潮流、着迷中国元素有关。住在上海的法国人帕特里斯·巴斯蒂安对"板鞋"的追求异常执着。2005年，他不经意间发现了中国这个名叫"飞跃"的胶底鞋，勾起了他在板鞋方面的复古情怀。于是，他与自己的好友、设计师查尔斯·穆卡一道成立了新的"飞跃"创意小组。法国人为它建立了一个英法双语的国际网站，称其为"Feiyue"，还特别对品牌含义做了解释——"Flying Forward"（向前飞）。法国设计师对飞跃鞋重新包装，每款鞋子都拥有个性鲜明的名字，其中一双针对女性消费者的粉红色款型，被命名为"甜蜜的风"。设计者还专门制作了与消费者互动的飞跃网站，网站上别出心裁地记录着飞跃鞋的"个人档案"——出生地：上海；状况：单身；星座：天蝎。现在，飞跃的专柜已经在欧美发散开来，更有日本代理商加入了销售行列。如果你不知道"飞跃"，那么总该知道军绿色的解放鞋，这款在30多年前的中国几乎人脚一双的胶底鞋，如今在欧美市场上名为"Ospop"。该品牌的创始人是来自美国新泽西州的班·沃特斯，他在上海售货亭买了一双中国人俗称的"解放鞋"，这款鞋子装在纸袋里出售，每双售价不到2美元。他注意到，中国矿工、工厂工人和农民大多穿这种设计简单、印有一个"工"字的胶底鞋。Ospop的灵感便来自中国工人，沃特斯说："这些人，正是把事情搞定的人。"于是有了Ospop："One Small Point of Pride"（一丁点儿骄傲）的名称。Ospop牌子的解放鞋目前有两个系列，分别是Skywolf（天狼）和Departure（启程）。就在这些"名牌""大众"鞋几乎要在中国销声匿迹的时候，却被外国人拯救了。经过策划和包装，面向欧美市场的新"飞跃"系列鞋，每双价格从50欧元到120欧元不等（折合人民币500～1 200元/双）；根据解放鞋设计的本来每双售价不到2美元的鞋子，改良后变成了每双75美元。

回力鞋、解放鞋、飞跃鞋，这些地道的中国货在国内沦为地摊货，几乎销声匿迹，可为什么在外国人手中，变得如此时髦和畅销呢？这一切源于创意、包装和运作！创意是品牌的灵魂，包装为品牌增添附加值，品牌的运作则是核心竞争力。成功的客户开发要依据产品或服务的特征进行准确的客户群定位，并对潜在客户进行分析。

**任务1**：客户需求分析报告。在推销之前对客户的消费心理、消费方式、消费习惯、消费需求等进行分析，形成客户需求分析报告。

**任务2**：依据产品或服务的特征进行准确的客户群定位。你的安防产品是定位在楼盘、景点，还是在奥运场馆、地铁站？你的酒店是五星级酒店还是普通连锁酒店？在营销中，产品客户群定位非常关键，只有明确自己产品所适合的消费群体，才能有针对性地推销自己的产品。

## 一、学习导航

**1. 学习目标**

(1) 通过对市场信息的了解和分析,确定目标市场的潜在客户;
(2) 进行市场调查,了解挖掘潜在客户的方法和渠道;
(3) 掌握针对潜在客户的资料信息管理方法;
(4) 做好对潜在客户的评估。

**2. 学习重点**

通过本章学习,重点掌握开发潜在客户的流程,了解挖掘潜在客户的方法和渠道。

**3. 主要学习方法**

案例学习、角色扮演、仿真练习。

## 二、实例导入与工作任务

小王进入了一家保险公司,承担市场营销方面的工作。随着对企业业务的不断熟悉和了解,他列出了300位已经寄送了销售信函的潜在客户,这些潜在客户对保险都有相当正确的认识,基于各种原因,目前并没有立即投保,但他相信他们一两年内有可能投保。他不可能每个月都亲自去追踪这300位潜在客户,因此他每个月都为这300位潜在客户寄一封别出心裁的卡片,卡片上不提保险的事情,只祝贺每月的代表性节日,例如春节、情人节……每个月的卡片颜色都不一样,每一位潜在客户接到第四、第五封卡片时都被小王的热情感动,就算是自己不立刻投保,当朋友间有人提到保险时他们都会主动地介绍小王。

## 三、知识与技能

在进行客户开发工作的时候,我们发现很多客户服务人员存在恐惧、疑惑、犹豫不决等心理现象。例如:每次打电话拜访客户之前,无论是否必要,一定要去卫生间磨蹭好长时间;如果要找的客户不在,很快就放下电话,长出一口气,如释重负;在拜访客户的路上,设想很多个不好的假设,还没到客户那里,就紧张到极点。其实,进行客户开发工作需要客户服务人员的智慧和开展有针对性的行动。面对以上的学习目标,需要掌握以下知识和技能。

## 学习单元一 识别潜在客户

### (一) 谁是你的客户

不掌握你公司当前客户的详细情况,就不能弄清楚你的目标市场,无法进行市场细分或改善你的营销能力。如果你的产品提供给单个的消费者,你需要了解他们喜欢什么,他们的年龄、性别、收入、处在人生的什么阶段以及受教育程度如何;如果你的产品提供给企业市场,你需要了解他们是谁,他们的购买水平和地理分布怎样,谁在做采购决策,处于哪个市场区段，会买哪些产品，他们可为你提供什么样的信息。

对公司而言，成功不只是意味着把产品或服务出售给个别的购买者。成功意味着了解谁是你的客户，了解客户的背景并能比其他竞争对手更好地满足客户的要求。要想清楚地了解客户，最好的办法之一就是帮助你的客户，这就意味着必须对重点客户的业务了如指掌，特别是重点客户所面对的市场需求情况。如果能比客户自己更早发现潜在的市场机会，然后同客户一道共同策划、挖掘并把握这些潜在的机会，以此来提高客户的竞争实力，这样双方都会获益良多。

洞察潜在的市场机会，并非单纯地去探听客户的隐私或者客户的需求，而是要对客户业务的战略思想、客户本身以及客户所面对的市场有深入的了解，要有分析、研究的技巧及开放的思想，对未知事物有好奇心以及开拓创新的精神。挖掘潜在的市场机会要耗费大量的精力，正因为如此，只能有选择性地针对重点客户进行。在执行时，必须与客户结成团队，发掘出对其具有重要价值的机会，并帮助其付诸实施，"谁是你的客户"调查表如表 2-1 所示。

表 2-1 谁是你的客户

| | |
|---|---|
| 1. 描述你的当前客户：<br>　年龄<br>　性别<br>　收入水平<br>　职业<br>　如果是企业，那么：<br>　企业类型<br>　规模 | 个人<br><br><br><br><br>企业 |
| 2. 他们来自何处？ | □本地<br>□国内其他地方<br>□国外 |
| 3. 他们买什么？<br>　产品<br>　服务<br>　利益 | |
| 4. 他们每隔多长时间购买一次？ | □每天<br>□每周<br>□每月<br>□随时<br>□其他 |
| 5. 他们买多少？<br>　按数量<br>　按金额 | |

续表

| 6. 他们怎么买? | □赊购<br>□现金<br>□签合同 |
|---|---|
| 7. 他们是怎样了解到你的企业的? | □广告：报纸、广播或电视<br>□口头<br>□位置关系<br>□直接销售<br>□其他(要注明) |
| 8. 他们对你的公司、产品、服务怎么看?<br>(客户的感受) | |
| 9. 他们想要你提供什么?<br>(他们期待你能够或应该提供的利益是什么?) | |
| 10. 你的市场有多大?<br>　　按地区<br>　　按人口<br>　　潜在客户 | |
| 11. 在各个市场上,你的市场份额是多少? | |
| 12. 你想让市场对你的公司产生怎样的感受? | |

## (二) 市场细分

市场细分是对你认为将购买你的产品的那些人或企业加以组织和分类的一种方法。

市场细分应描述这样的客户：你能用相似的方式对你的产品和服务做出反应,这些方式与其他的客户群体有所不同。一个成功的市场细分能使你满足一类客户中所有人的特殊需求。客户的要求越多样,你就有更多的方式把他们分类。

曾有一段时间,轻便运动鞋只是孩子们在玩耍或参加运动会时穿的橡胶底帆布鞋。那时,大多数买者是家长,穿这种鞋的大多是男孩子。如果你想在运动鞋市场上开展竞争,你只需注意那些男孩子们的需要。

而今天,运动鞋市场就大不一样了。不仅年轻男士穿这种鞋,蹒跚学步的儿童也穿这种鞋,还有青少年、爱运动的老人等,几乎所有的人都需要不同式样和颜色的运动鞋。这些鞋子有不同的特点,价格也各不相同。

毫无疑问,现在已经有了很多种运动鞋的细分市场,每一种都有自己的特点。例如：对耐克公司来说,试图用一种全能的运动鞋占领市场是不可能的。

市场细分的方法有多种,基本的市场细分标准如表2-2所示。事实上,想象力和创造力运用得越多,你就越会成功地进行独特而有效的市场细分。

**表 2-2　基本的市场细分标准**

运用下述分类作为描述你的客户的基础依据，并找出相应的客户群体。这些都有助于指导进一步的营销努力。

人口统计：
　　年龄段
　　性别
　　家庭大小
　　收入水平
　　职业
　　宗教信仰
　　民族
　　教育程度
　　社会阶层

地理特征：
　　国家
　　省/市
　　地区
　　县/镇
　　人口规模
　　人口密度
　　气候

生活方式：
　　爱好
　　习惯
　　看电视的习惯
　　社会活动
　　度假选择
　　运动

性格分析：
　　领导者还是追随者
　　外向还是内向
　　追求成功还是满足现状

消费者行为：
　　使用率
　　寻求的利益
　　使用方法
　　使用频率
　　购买频率

续表

企业市场：
  企业类型（制造商、零售商、批发商、服务商等）
  行业
  企业规模
  经营年限
  财务状况
  员工人数
  结构
  销售管理水平
  分配形式
  特殊要求

## （三）谁是你的最佳客户和最差客户

最佳客户是指对你微笑，喜欢你的产品或服务，使你有生意可做的那些客户。他们是你希望的回头客。

**1. 好的客户会这样做**

（1）让你做你擅长的事。

（2）认为你做的事情有价值并愿意为此买单。

（3）通过向你提出新的要求来提高你的技术或技能，丰富你的知识，使你充分合理地利用资源。

（4）带你走向与其战略和计划一致的新方向。

**2. 差的客户会这样做**

（1）让你做那些你做不好或做不了的事情。

（2）分散你的注意力，使你改变方向，与你的战略和计划脱离。

（3）只买很少一部分产品，使你消耗的成本远远超过可能带来的收入。

（4）提出很多的服务要求和特别的注意要求，以至于你无法把精力放在更有价值且能够带来更多利润的客户上。

（5）尽管你已尽了最大努力，但他们还是不满意。

提示：应对差客户，你可以这样做：

（1）找出他们是谁。

（2）把他们变成好客户或者放弃他们。

市场细分作业单如表 2-3 所示，可用于分析你的每一种产品或服务，并列出你针对不同的客户所采取的进一步行动。

表 2-3　市场细分作业单

| 按产品或服务划分的市场区段 | 最佳客户 | 最差客户 | 进一步行动 |
| --- | --- | --- | --- |
| 1. | | | |
| 2. | | | |
| 3. | | | |
| 4. | | | |
| 5. | | | |

## （四）谁是你的潜在客户

**1. 客户需求分析**

对于潜在客户而言，企业最需要的就是建立其对企业服务或产品的信心，他们对企业的服务或产品的信任度或认可度决定了他们上升为新客户的可能性，但也可能就此丧失信心，从而让企业失去这个客户。以下一些因素对使潜在客户提升为客户有一定的影响。

（1）外界评价。对该企业业务评价的高低将会影响客户对企业业务的信心和兴趣。

（2）客户的层次。客户所属的层次越高，对企业业务了解得越多，就越能明白自己的行为，受到外界的影响就越少，更易在询问之后确定购买。

（3）客户所属的行业。客户的行业与企业业务有联系，有助于客户做出选择。

**2. 分析成为潜在客户的条件**

潜在客户是营销人员的最大资产，他们是营销人员赖以生存并得以发展的根本。你打算把你的产品或者服务销售给谁，谁有可能购买你的产品，谁就是你的潜在客户。潜在客户必须具备两个要素：用得着和买得起。

首先要用得着，或者说是需要这样的消费。不是所有人都需要你的产品，需要的人一定是一个具有一定特性的群体。例如，大型交换机的用户对象是集团、社团、企业等组织，有谁会去买一台交换机放在家里呢？其次是买得起，对于一个想要又掏不出钱的潜在客户，你付出再多的努力也不能最后成交。例如，在保险业中，人人都希望买保险，但保险销售人员却在从事着最辛苦的寻找潜在客户的工作，购买保险的群体必定具有一个共同的特征——买得起。如把保险销售给一个维持最低生活标准的家庭，按理说他们太需要保险了，但无论你的技巧有多高明，结果一般都不会成功。

定位潜在客户，可以参考"MAN"原则。

M(Money)，代表"金钱"。这是最为重要的一点，所选择的对象必须有一定的购买能力。营销人员找到准客户就要想：他有支付能力吗？他买得起这些东西吗？一个月收入3 000元的上班族，你向他推销一辆奔驰车是徒劳的。

A(Authority)，代表"购买决定权"。它指购买对象对购买行为有决定、建议或反对的权力。他有决定购买权吗？很多营销人员最后未能成交的原因就是找错了人，找的是没有购买决定权的人。有这样一个例子，小张在广告公司做广告业务，与一家啤酒公司副总谈了两个月广告业务，彼此都非常认同，但总经理最终否决了刊登广告的提案。

N(Need)，代表"需求"。它指购买对象有这方面（产品、服务）的需求，推销的对象除了有购买能力和决定权之外,还要看他有没有需求。例如,刘先生刚买了一台空调,你再向他推销空调,尽管他具备购买能力和决策权,但他没有了那样的需求,自然不是你要寻找的人。

潜在客户应该具备以上特征,但在实际操作中,会碰到以下情况,应根据具体状况采取具体对策,如表 2-4 所示。

表 2-4 潜在客户分析要素

| 购买能力 | 购买决定权 | 需求 |
| --- | --- | --- |
| M(有) | A(有) | N(有) |
| m(无) | a(无) | n(无) |

M+A+N:有成交希望的客户,理想的销售对象;
M+A+n:可以接触,配上熟练的销售技术,有成功的希望;
M+a+N:可以接触,并设法找到具有决定权的人;
m+A+N:可以接触,需调查其业务状况、信用条件等给予融资;
m+a+N:可以接触,应长期观察、培养,使之具备另一条件;
m+A+n:可以接触,应长期观察、培养,使之具备另一条件;
M+a+n:可以接触,应长期观察、培养,使之具备另一条件;
m+a+n:非客户,停止接触。

由此可见,潜在客户有时欠缺了某一条件(如购买能力、需求或购买决定权),仍然可以开发,只要应用适当的策略,便能使其成为企业的新客户。

**3. 精准定位产品客户群**

在营销中,产品客户群定位非常关键,只有明确了自己产品所适合的消费群体,才能有针对性地推销自己的产品。作为营销员,首先应该问问自己:是否知道自己的客户群体是哪类人,也就是说,是否合理定位了自己的产品客户群。在儿童节目频道或者儿童节目播出前后,插播的都是儿童食品、儿童玩具、儿童用品等的相关广告。其实,这就是商家对客户群的定位。产品客户群定位不准确是营销中最不该犯的错误,找不对客户群,产品自然不能销售出去,或者说销售效果会很差。那么如何定位客户群,为自己创造有利的营销环境呢?

首先,要了解客户自身的消费属性,即客户性别、年龄、宗教信仰、家庭收入、社会地位、消费价值观等因素。销售人员可以根据产品的特点,结合客户的自身属性,来合理定位自己的客户群。

其次,要了解影响客户消费的外在属性。客户的外在属性是影响其消费的重要组成部分,如客户所在地域、客户所拥有的产品现状和客户的组织归属。对于客户的外在属性,概况性的数据比较容易调查,对其消费层次可以做一个大概的了解,但是要想掌握较为详细的情况,还需营销员多做工作,开展大量的资料收集和调查工作。

对于处在大众营销阶段的企业,客户定位通常较为简单。但是,随着营销精准化的日趋盛行,客户群定位的方法也变得多样化,要通过长时间的市场营销实践研究和总结才能得到较为准确的具体定位。

# (五) 客户生命周期

客户关系发展的阶段划分是客户生命周期研究的基础。目前这方面已有较多的研究,其中以 DWyer、Schurr 的研究最具代表性。他们提出了买卖关系发展的五阶段模型，并首次明确强调，买卖关系的发展是一个具有明显阶段特征的过程。这一观点被广泛接受，取代了当时盛行的把交易完全看作离散事件的观点。以五阶段模型为基础，将客户关系的发展划分为考察期、形成期、稳定期、退化期四个阶段，称为四阶段模型。其中，考察期是客户关系的孕育期，形成期是客户关系的快速发展期，稳定期是客户关系的成熟期，退化期是客户关系水平发生逆转的时期。考察期、形成期、稳定期的客户关系水平依次增高，稳定期是供应商期望达到的理想阶段，但客户关系的发展具有不可跳跃性，客户关系必须经过考察期、形成期才能进入稳定期。各阶段的特征简要描述如下。

**1. 考察期：客户关系的探索和试验阶段**

在这一阶段，双方需要考察和测试目标的相容性、对方的诚意、对方的绩效，考虑如果建立长期关系双方潜在的职责、权利和义务。双方相互了解不足、不确定性是考察期的基本特征，评估对方的潜在价值和降低不确定性是这一阶段的中心目标。在这一阶段，客户会尝试性地下一些订单。

**2. 形成期：客户关系的快速发展阶段**

双方关系能进入这一阶段，表明在考察期双方相互满意，并建立了一定程度的信任和依赖。在这一阶段，双方获得的回报日趋增多，交互依赖的范围和深度也日益增加，逐渐意识到对方有能力提供令自己满意的价值（或利益）和履行其在关系中担负的职责，因此愿意发展一种长期关系。在这一阶段，随着双方了解和信任的不断加深，关系日趋成熟，双方的风险承受意愿增加，由此双方的交易量也在不断增加。

**3. 稳定期：客户关系发展的最高阶段**

在这一阶段，双方或含蓄或明确地对持续长期关系做了保证。这一阶段有以下明显特征：双方对对方提供的价值高度满意；为能长期维持稳定的关系，双方都做了大量有形和无形的投入；大量交易。因此，在这一阶段，双方的相互依赖水平达到整个关系发展过程中的最高点，双方关系处于一种相对稳定的状态。

**4. 退化期：客户关系发展过程中关系水平逆转的阶段**

关系的退化并不总是发生在稳定期后，实际上，在任何一个阶段，关系都可能退化，有些关系可能永远越不过考察期，有些关系可能在形成期退化，有些关系则经过考察期、形成期而进入稳定期，并在稳定期维持较长时间后退化。引起关系退化的原因很多，如一方或双方经历了一些不满意的事件、发现了更合适的关系伙伴、需求发生变化等。退化期的主要特征有：交易量下降；一方或双方正在考虑结束关系甚至物色候选关系伙伴（供应商或客户）；开始交流结束关系的意图等。

## （六）马斯洛需求层次理论

马斯洛需求层次理论，亦称"基本需求层次理论"，是行为科学的理论之一。其是由美国心理学家、人本主义心理学的创立者亚伯拉罕·马斯洛于 1943 年在《人类激励理论》中提出的。

该理论将人类的需求分为五种，并将五种需求进行了等级的划分，即生理需求、安全需求、社交需求、尊重需求、自我实现的需求，依次由较低层次到较高层次排列，如图 2-1 所示。马斯洛认为，当人的低层次需求被满足之后，会转而寻求实现更高层次的需求。

（1）五种需求像阶梯一样从低到高，按层次逐级递升，但这种次序不是完全固定的，可以变化,但也有例外情况。

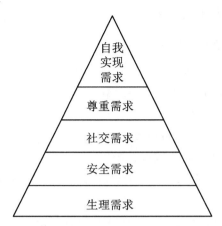

图 2-1　马斯洛需求层次理论

（2）需求层次理论有两个基本出发点:一是人人都有需求,某层需求获得满足后,另一层需求才会出现;二是在多种需求未获满足前,首先满足迫切需求,迫切需求满足后,后面的需求才显示出其激励作用。

（3）一般来说,某一层次的需求相对满足了,就会向高一层次发展,追求更高层次的需求就成为驱使行为的动力。相应地,已获得基本满足的需求就不再是一股激励力量。

（4）五种需求可以分为两级,其中生理上的需求、安全上的需求和感情上的需求都属于低一级的需求,这些需求通过外部条件就可以满足;而尊重的需求和自我实现的需求是高级需求,他们通过内部因素才能满足,而且一个人对尊重和自我实现的需求是无止境的。同一时期,一个人可能有几种需求,但每一时期总有一种需求占支配地位,对行为起决定作用。任何一种需求都不会因为更高层次需求的发展而消失。各层次的需求相互依赖和重叠,高层次的需求发展后,低层次的需求仍然存在,只是对行为影响的程度会大大减小。

根据五种需求层次,可以划分出五个消费者市场:

（1）生理需求→满足最低需求层次的市场,消费者只要求产品具有一般功能即可。

（2）安全需求→满足对"安全"有要求的市场,消费者关注产品对自身的影响。

（3）社交需求→满足对"交际"有要求的市场,消费者关注产品是否有助于提高自己的交际形象。

（4）尊重需求→满足对产品有与众不同要求的市场,消费者关注产品的象征意义。

（5）自我实现需求→满足对产品有自己判断标准的市场,消费者拥有自己固定的品牌。消费者的需求层次越高,就越不容易被满足。

经济学上,"消费者愿意支付的价格⊆消费者获得的满意度",也就是说,同样的洗衣粉,满足消费者需求层次越高,消费者能接受的产品定价也就越高。市场的竞争,总是产品越低端竞争越激烈,价格竞争显然是将"需求层次"降到最低,消费者感觉不到其他层次的"满意",愿意支付的价格当然也较低。

## 学习单元二　开发潜在客户的方法和渠道

企业界流传一句销售格言:"亲戚朋友是生意的扶手棍。"查阅电话号码黄页和利用私人关系,是客户开发人员开发新客户的基本方法。成功的客户开发人员是爱动脑筋、富有创意的人,他们善于用独到的方法开发新客户。

## (一) 寻找潜在客户的原则

没有任何通用的原则可供指导所有企业或所有销售人员寻找潜在客户。以下提出一些共性的原则,在具体销售过程中应结合实际情况灵活使用。

**1. 量身定制的原则**

也就是选择或定制一个满足你自己企业具体需要的寻找潜在客户的原则。不同的企业,对寻找潜在客户的要求也不同。因此,销售人员必须结合自己企业的具体需要灵活应对。任何拘泥于形式或条款的原则都可能有悖于企业的发展方向。

**2. 重点关注的原则**

即"80/20"法则,该法则指导我们事先确定寻找客户的轻重缓急,首要的是把重点放在具有高潜力的客户身上,把潜力低的潜在客户放在后边。

**3. 循序渐进的原则**

即对具有潜力的潜在客户进行访问,最初的访问可能只是交换一下名片,随着访问次数的增加,可以增加访问的深度。

## (二) 寻找潜在客户的通用方法

寻找潜在客户的方法有很多,下面介绍一些常用的方法。

**1. 资料查寻法**

通过分析各种资料寻找潜在客户,主要查询以下几种资料:

(1) 统计资料。国家有关部门的统计调查报告、行业在报刊或期刊上刊登的统计调查资料、行业团体公布的调查统计资料等。

(2) 名录类资料。客户名录(现有的客户、旧时的客户、失去的客户)、同学名录、会员名录、协会名录、职员名录、名人录、电话黄页、厂家年鉴等。

(3) 报纸、杂志类资料。报纸(广告、产业或金融方面的消息,零售消息,迁址消息,晋升或委派消息,订婚或结婚消息,建厂消息,诞生或死亡的消息,事故、犯罪记录,相关个人消息等),专业性报纸和杂志(行业动向、同行活动情形等)。

**2. 建立新关系**

优秀的客户开发人员不仅善于利用现有关系,更善于建立新关系。例如:许多品牌经销商经常参加老乡会、同学会、战友会,还加入企业家协会,到干部培训中心拜访学员,参加高层次的培训课程等,结识一个又一个的潜在客户。

**3. 连锁介绍法**

让现有客户帮助客户开发人员介绍新客户,被誉为客户开发人员的黄金法则。优秀客户开发人员有1/3以上的新客户是现有客户推荐的,尤其是团购决策者在行业内都有担任类似职位的朋友,他们能为客户开发人员推荐一大批新客户。

要想让现有客户推荐新客户,关键是客户开发人员要让现有客户满意,树立自己的个人品牌形象,这样客户才会乐意为你推荐新客户。

如何让现有客户为你推荐新客户呢?

某企业要求客户开发人员在拜访客户时,要了解客户单位员工的重要社会关系,并建立客户关系档案。

**4. 光辉效应法**

该法又称为中心辐射法、名人效应法或影响中心法等。它是指客户开发人员在某一特定的区域内,首先寻找并争取有较大影响力的中心人物为客户,然后利用该中心人物的影响与协助把该区域内可能的潜在客户发展为潜在客户的方法。

该法的得名来自于心理学上的"光辉效应"法则。心理学原理认为,人们对于在自己心目中享有一定威望的人物是信服并愿意追随的。因此,一些中心人物的购买与消费行为,就可能在他的崇拜者心目中形成示范作用与先导效应,从而引发崇拜者的购买行为与消费行为。光辉效应法适合于一些具有一定品牌形象,具有一定品位的产品或服务的销售,比如高档服饰、化妆品、健身等。

**5. 会议寻找法**

客户开发人员在各种展览会、信息交流会、信息发布会、订货会、技术交流会等会议上,能开发许多新客户。

**6. 强强联合**

互补性产品可以与其相关的企业合作,共享客户。例如:某食用油企业经常与做团购的饮料、肉制品、日化品等企业合作,互相利用对方的客户来扩大销量。

**7. 利用网络寻找相关客户**

登录一些企业发布供求信息的贸易网站,寻找相关有需求的客户。同时也可以把你的产品信息贴到网上,吸引一些客户。另外,政府采购信息也会刊登在网上,上网就能查询到政府的采购需求信息,这样也可以开展业务。

**8. 代理人法**

代理人法,是指通过代理人寻找潜在客户的办法。在国内,大多由客户开发人员所在企业出面,采取聘请信息员与兼职销售人员的形式实施,其佣金由企业确定并支付,实际上这种方法是以一定的经济利益换取代理人的关系资源。

**9. 直接邮寄法**

在有大量的可能的潜在客户需要某一产品或服务的情况下,用直接邮寄的方法来寻找潜在客户不失为一种有效的方式。直接邮寄法具有成本较低、接触的人较多、覆盖的范围较广等优点,不过,该法的缺点是时间周期较长。

**10. 电话营销法**

电话营销法,是指利用电信技术和受过培训的人员,针对可能的潜在客户群进行有计划的、可衡量的市场营销沟通。运用电话寻找潜在客户的方法可以在短时间内接触到分布在广阔地区内的大量潜在客户。

**11. 滚雪球法**

滚雪球法,是指在每次访问客户之后,客户开发人员都向客户询问其他可能对该产品或服务感兴趣的人的名单,这样就像滚雪球一样,在短期内很快就可以开发出数量可观的潜在客户。滚雪球法,尤其适合于服务性产品,比如保险和证券等。

**12. 市场咨询法**

市场咨询法,是指销售人员利用社会上各种专门的市场信息咨询机构或政府有关部门所提供的信息来寻找潜在客户的方法。使用该法的前提是存在发达的信息咨询行业,目前中国市场的信息咨询业正处于发展阶段。

### 13. 观察法

观察法，是指营销人员通过自己对周围环境的分析和判断来寻找潜在客户的方法。比如，房地产代理商可以亲自出门寻找门前挂有"出售"字样告示牌的人家；卖天花板的销售人员可以沿街观察谁家的顶棚坏了等。同时，作为营销人员应该随时对无意中听到的信息保持一定的敏感度，特别是在一些公共场所，如吃饭、购物和休闲场所。这种方法具有成本低等优点，但是它对营销人员的观察能力和分析判断能力的要求较高，而且要求判断要尽可能客观。

除了上述的方法外，还可以从朋友和熟人以及没有竞争关系的其他销售人员中获取相关信息，也可以通过参加商业展览获得资料。总之，寻找潜在客户是一项艰巨的工作任务，需要营销人员综合运用以上各种方法与技巧，才能取得最终的成功。

## （三）开发潜在客户的渠道

你的日常活动不会在隔绝的状态下展开，这说明你已经认识了一大批人，这批人有可能成为你的产品或服务的潜在客户。

### 1. 熟识圈

在您的熟识圈中可能有些人就需要您的产品，或者他们知道谁需要。在寻找的过程中，您的任务就是沟通，让他人知道你、了解你，这将成为你获得交易机会的开始。你需要做的是开始交谈。

你认识的人有多少呢？不可否认，即便是一个社交活动很少的人，他也有一群朋友、同学和老师，还有他的家人和亲戚，这些都是资源。一个人带动一个圈，这是销售人员结交人的最快速的办法。你的某一个朋友不需要你的产品，但是你能肯定你的朋友的朋友不需要吗？去认识他们，你会结识很多人。

### 2. 开展商业联系

开展商业联系比开展社会联系更容易，借助于私人交往，你应尽快地进行商业联系。不但要考虑在生意中认识的人，还要考虑协会、俱乐部等行业组织，这些组织带给你的是其背后庞大的潜在客户群体。

### 3. 利用客户名单

进入一个行业 3 年的企业应该有完备的客户名单，你要向企业的所有者或者经理提出问题：这段时间有多少人进入和离开销售队伍。即使有些服务人员并没有离开，但是现在已经在企业的其他岗位任职。如果有这样的人，他们的客户是怎样处理的？如果他们的客户还没有让别的客服人员来负责，可以要求授权你与他们联系。

### 4. 把握技术进步的潮流

当你有了新产品，或产品的价格和外观发生了改变，你就有了充分的理由与你的老客户再次联系。很自然，他们希望了解最新的发展变化。本策略成功的关键是知道如何与老客户联系。

### 5. 了解产品、服务及技术人员

你要让企业里的其他人在听到有价值的信息时会想到你。比如，财务部的某人知道你的一个客户近来几次延迟交纳货款，这是销售中有价值的信息。由于你认识那个客户，你可以为他重新安排供货。也许产品销售增长不如料想得那么高，或者企业的产品和服务对他们来说太昂贵了。与其让客户溜走，不如帮助客户削减设备支出或制定其他的资金使用计划，他们不会忘记你，将成为你的忠诚客户。如果你不采取行动，你将失去这个客户。

# 学习单元三　潜在客户的资料信息管理

## （一）潜在客户的管理

优秀的客户开发人员常常拥有一定数量的"潜在客户"，这会给他们带来自信和安心。要保持这种数量，就必须定期开发、补充新的潜在客户。此外，还必须区分潜在客户的重要性，将客户划分为不同的等级。这是用来保证"潜在客户"数量与质量的一种有效方法。优秀的客户开发人员懂得如何管理好潜在的客户资源，他们既不会在永远无望的可能客户身上浪费时间，更不会放过任何一个捕捉重要客户的机会。实践表明，客户开发人员对潜在客户的管理主要从紧迫性和重要性两个方面入手。

**1. 根据紧迫性分类**

紧迫性描述的是潜在客户在多长的时间范围内做出对企业的产品或服务的购买决定。通常情况下，在1个月内能做出购买决定的潜在客户，称为渴望型客户；在2个月内能做出购买决定的潜在客户，称为有望型客户；在3个月内能做出购买决定的客户，则称为观望型客户。优秀的客户开发人员会根据客户的不同类型，制定不同的拜访计划，包括拜访频次和拜访深度等。

**2. 根据重要性分类**

重要性描述的是潜在客户可能购买企业产品或服务的数量的多少。虽然每个潜在客户对销售人员来说都是非常重要的，但根据80/20法则，优秀的客户开发人员更应该关注带来80%利润的20%的关键客户。为此，可以根据公司的业务情况，将客户分为三类：最重要的是关键客户，这类客户需要销售人员投入更多的时间和精力增加访问频次，增加访问深度；其次是重要客户，对这类客户应该安排合适的访问频次和内容；最后一类是一般客户，对这类客户维持正常的访问频次与内容即可。

## （三）潜在客户名单创建

搜集到潜在客户的名单后，必须登记并管理潜在客户的资料。建立客户资料卡（包括"企业"潜在客户卡、"个人"潜在客户卡两类）后，客户开发人员通过"客户资料卡"决定何时及如何进行拜访，从而提高拜访效率及增强效果。有可能虽然你运用各种方法，得到了许多客户信息，但并不是每个人都会成为你的现实客户。因此，我们就需要对这些客户资料进行分析和研究，这就是对客户信息的整理。通过对信息的整理和分析，你才能发现最有可能成为现实客户的潜在客户，而且还会创造性地发现一些市场空白点，找到新的寻找潜在客户的途径。

整理客户信息、创建客户名单也是实行以客户为中心的销售方式的体现。

**1. 名单分类**

名单首先要制成卡片，然后将其分类，并区分层次。虽然每个企业所使用的方法各有不同，但一般情况下，依据性别、年龄、职业、收入、阶层、商品、地区来划分，是最普遍而常用的方法。

之所以要对卡片进行分类，原因就在于要进行市场细分，针对不同的客户发出最适合的广告。例如，一般以妇女为对象的妇女用品广告，最好选出年龄在20~30岁的女性客户名单,对她们发出适合该年龄段女性使用的商品的广告,可以收到比较好的效果。以上班族为对象发出的鼓励储蓄的直邮广告,可以以企业为单位向其员工发送,这样比较有亲切感,从而给人留下好印象。

可见,要进行成功的市场细分,就先要将名单加以分类与管理。只有进行了有效的分类,才能根据不同类别客户的消费特性、购买习惯和方式,与之进行最适宜的沟通。例如,配眼镜企业的客户名单上有一栏记录,标明该客户在某年某月某日配了什么样的眼镜,于是,可根据这项资料适时发出一些信息,如"对于新配的眼镜感觉如何!""你所配的眼镜已满一周年了,请让我们为你做一周年的售后服务。"这时候,如果建议客户更换新眼镜,则较易被客户接受。此外,如果是汽车销售企业,就可以按照汽车卖出的日期来分类,如此一来,在车辆检验到期的时候,就可以发出直邮广告或用电话与车主联系了。

**2. 名单的修整**

已经制好的名单卡片,会因为客户的某些变化而失效,因此有必要不断对名单加以追加、订正、删除。从工作的难度来看,追加客户轻松而容易,而订正及删除客户的工作则较为困难,因此容易被忽略。

要将客户从名单上删除,到底应该依照什么样的标准,实在很难把握。以某女性鞋店为例,鞋店营销人员在联系不上的客户的资料卡上每6个月画一条红杠,画满5条红杠,也就是两年半的时间,就删除该资料卡。该鞋店的客户多半是年轻女性,经常因结婚等因素而变更住址,而每年因住址不详退回的邮件占所发邮件总数的12%,因此需要将这样的资料卡删除。实践表明,经常修整的名单较之漫不经心整理的名单的客户的回应率要高出24%。

有时候,即使企业的客户名单上有5万人,但因企业的营销预算与其他因素的限制只能给其中的2万人发出营销广告。这时,如果在建立卡片时加上了等级分类,按照客户购买可能性的高低,将其分成几个等级,把广告发给那些最有可能购买的人,对他们进行广告宣传,会取得更好的营销效果。

需要说明的是,在删除资料卡时,除了住址不详而退回的资料卡一概删除之外,因为无暇顾及而删除的卡片不必急着丢弃,可以把它们保管起来以备将来使用。

## 学习单元四 潜在客户的评估

大量的潜在客户并不能转变为目标客户。获得潜在客户名单仅仅是客户服务人员工作过程中"万里长征"的起始阶段,因此,需要对潜在客户进行及时、客观的评估,以便从众多的潜在客户名单中筛选出目标客户。作为优秀的客户服务人员,需要掌握一些评估潜在客户的常用方法,从而帮助他们事半功倍地完成工作。

### (一) 潜在客户的评估

在挑选、评估潜在客户之前,客户服务人员需要先自问三个问题:一是潜在客户是否有你能够给予满足的需求;二是在你满足其需求之后,这些潜在客户是否具有提供适当回报的能力;三是客户服务人员所在公司是否具有或能够培养比其他公司更能满足这些潜在客户需求的能力。

**1. 帕累托法则**

帕累托法则,即"80/20"法则,这是意大利经济学家帕列托于1897年发现的一个极其重要的社会学法则。该法则具有广泛的社会实用性，比如20%的富有人群拥有整个社会80%的财富；20%的客户带来公司80%的营收和利润，等等。帕列托法则要求客户服务人员分清主次，锁定重要的潜在客户。

**2. "MAN"法则**

"MAN"法则将引导客户服务人员如何去发现潜在客户的支付能力、决策权力以及需要。作为客户服务人员，可以从下面三个方面去判断某个个人或组织是否为潜在客户：一是该潜在客户是否有购买资金M(Money)，即是否有钱，是否具有消费此产品或服务的经济能力，也就是有没有购买力或筹措资金的能力；二是该潜在客户是否有购买决策权A(Authority)，即你所极力说服的对象是否有购买决定权，在成功的销售过程中，能否准确地了解真正的购买决策人是销售的关键；三是该潜在客户是否有购买需要N(Need)，在这里还包括需求。需要是指存在于人们内心的对某种目标的渴求或欲望，它由内在的或外在的、精神的或物质的刺激所引发。客户需求具有层次性、复杂性、无限性、多样性和动态性等特点，能够反复地激发每一次的购买决策，而且具有接受信息和重组需要结构并修正下一次购买决策的功能。

作为优秀的客户服务人员，你必须对需求具有正确的认识：需求不仅可以满足，而且可以创造。事实上，普通的客户服务人员总是去满足需求、适应需求，而优秀的客户服务人员则是去发现需求、创造需求。

## （二）如何把潜在客户变为真正的客户

很多企业都存在一个共性问题，即没有一个有效的工具系统地管理企业有价值的潜在客户，没有把潜在客户变为实际客户的能力。每个公司的市场部门所做的工作就是通过宣传，尽可能地去寻找更多的潜在客户，接下来如何对这么多的潜在客户进行甄别、跟进，如何把这么多的潜在客户尽可能地转变为实际客户，成为企业不可或缺的资源等，大多数企业没有切实可行的办法，更多的是依靠销售人员自己的能力和经验。开发新客户的关键是将"潜在客户"升华为"客户"，提高开发成功率的方法有多种，主要有以下几类：邮寄广告资料；登门拜访；邮寄私人性质的信函；邀请其参观展览会；在特别的日子里，寄送庆贺或慰问的信件。

为了有效地拜访潜在客户，必须把潜在客户按可靠程度进行分类，以便分别处理。分类项目可以划分为"应继续跟进访问的""拟间隔一段时间进行再次访问的"和"放弃访问的"三类。对于前两类客户，分别拟定重复拜访的频率。

# 学习单元五　开发客户的技巧

## （一）开发客户的技巧

**1. 尽可能多地打电话**

在寻找客户之前，永远不要忘记花时间准确定义你的目标市场。这样，在电话中与你交流的人，都会是市场中最有可能成为你客户的人。如果你仅给最有可能成为客户的人打电话，那么每一个电话都将是高质量的，因为你联系到了最有可能大量购买你产品或服务的准客户。由于每一个电话都是高质量的，多打总比少打好。

**2. 电话要简短**

开发客户的电话的目标是获得一个约会,客户开发人员不可能在电话上销售一种复杂的产品或服务,而且客户开发人员也不希望在电话中讨价还价。

在打电话之前应预先准备一个名单。电话应该持续大约 3 分钟,而且应该专注于介绍自己及企业的产品,大概了解一下对方的需求,以便给出一个很好的理由让对方愿意花费宝贵的时间和你交谈,最重要的是别忘了约定与对方见面。

**3. 专注工作**

正如任何重复性工作一样,在相邻的时间片段里重复该项工作的次数越多,你就会变得越优秀。

**4. 规范整理客户资料**

客户资料应井井有条,规范使用客户关系管理系统。

**5. 对结果有合理的预期**

客户开发人员在开展客户开发工作开始之前先要预见结果。Tephen Covey 博士在他的《成功人士的七个习惯》一书中,告诫我们在工作开始之前就要预见结果。他的意思是,我们要先设定目标,然后制定一个计划朝着这个目标努力。

## (二) 开发客户——电话拜访的技巧

**1. 有较强的心理承受能力**

作为客户开发人员首先要克服自己对电话拜访的恐惧或排斥及心理障碍,勇敢地跨出第一步。并不是人人都能具备较强者的心理承受能力的,除具备专业知识及素养外还需具有超人的耐力及敏锐的观察力。

**2. 保持愉快心情**

在进行电话拜访时,尽管对方看不见你的表情及态度,但会将你的声音作为第一印象来判断。所以,保持愉快心情才能有悦耳的音调,同时也可减低对方的排斥感,如此便能做到有亲和力。

**3. 问候语**

适当的问候语能拉近彼此的距离,使对方认为我们是朋友,而非只是电话客服人员。通常在电话拜访时应注意以下几点:

(1) 在周一,通常每一个人都会很忙,且上班族最不喜欢的也是这一天,所以在这一天不要太早做电话拜访,避免花许多时间却得不到理想的成绩。

(2) 依不同行业调整电话拜访时间。

(3) 在电话拜访时应对此行业有初步的认知,规划好可电话拜访的时间。

(4) 若已知对方职务,直接称呼对方职务会使对方有被重视感。

(5) 访问结束时,应表达感谢之意,并说声"对不起,耽误您不少时间"。

**4. 如何开口说第一句话**

在电话拜访中,常会遇到如下的状况:

(1) 总机不愿转接:先说声谢谢并挂掉电话,待整个拜访计划大致完成后再重新打,有可能当时他人正在忙或心情不好。

(2) 对方表示相关业务已有专人负责:婉转询问对方状况,并研判是否另找时间再度进行电话拜访。

(3) 对方表示无专人负责:将对方基本资料询问完整,以便日后再度进行电话拜访。
(4) 专人不在:请对方告知负责人之全名及职务,并了解通常何时会在。
(5) 拨不通或无人接:应通过查询台(如114)查询对方电话是否有误。
(6) 不愿多谈即将电话挂掉:另找时间进行电话拜访,并检讨自己的表达方式或时机是否合适。

**5. 完成客户资料卡**

顺利通过第一关后应可顺利完成访谈,因为,成功的第一步已踏出,接下来是该如何完成一份完整的客户资料卡。

(1) 应保持客户资料卡书写工整。
(2) 将访谈重点摘录出来。

此外,还要注意的事项有:

填完客户资料卡后应加注电话拜访日期及电话拜访人员姓名;

询问对方主要销售或制造的产品的内容及行业类别;

若有可能则进一步询问对方企业状况、产品需求及对其他供应厂商的印象。

电话拜访的大约流程如下:收到电话拜访资料后先略整理→做好准备并调适心情→开始电话拜访→每拜访完一个客户即填写一张客户资料卡。

**6. 如何做好心理调适**

(1) 一般人认为电话拜访是一件简单的不得了的工作,但事实并非如此,要真正做好电话拜访是一件相当不简单的事,所以不妨告诉自己在从事一种"伟大"的工作。

(2) 电话拜访工作,并不如一般工作那样,只要付出同等努力便可得到同等价值的掌声,而有可能是付出十分努力只得到一分掌声。但不要灰心,只要努力不懈,说不定这一分的掌声所带来的是更高的成就感及满足感,为何不勇于向自己挑战?成功的电话拜访人员在未成功前所忍受的挫折感是相当大的,所花的时间之多也是无法想象的。

(3) 许多公司会通过电话拜访来筛选有希望合作的潜在客户,而电话拜访人员的素质不一常会因此造成一些困扰。如受访对象一听是要做电访,不是把电话挂掉便是推说没空,此时电话拜访人员不可因被挂几通电话而沮丧,因为一位成功的电话拜访员他在成功前不知被挂了多少次电话,即便在成功后仍有可能被挂电话。

(4) 如果碰到受访者语气不好时,更应维持自己的好语气,不要受这种情绪波动的影响,礼貌性地将电话挂掉,并重新确定下一次的电话拜访日。

(5) 遇到滔滔不绝的受访者时,切记不要与对方闲聊,应尽快切入访谈重点,婉转暗示对方此次电话拜访的目的,并适时将通话结束。

(6) 如果遇到一位不肯开口的受访者时,就要开展耐力战,使对方在不知不觉中说出我们所要获得的信息。

(7) 不要一开始就抱着太高的成功期望,但也不需要抱持着一定失败的心理,两者应各占50%。没有一件事是绝对的,凡事都有变数。期望太高,失败后不容易重新开始;期望太低,也不易品尝到成功的滋味。

(8) 电话拜访人员应将被挂电话或被对方拒绝当作一种磨炼,进而做到自我提升,如此会有所进步。

(9) 如何才算成功,这是很难下定义的。不妨给自己一段时间完成自己心中所欲达成的目标,量力而为,工作起来才会愉快。

## (三）建立客户体验平台

企业应以服务为平台,以商品为道具,围绕消费者,创造出值得消费者回忆的活动。在客户体验中企业提供的不仅仅是商品和服务,同时提供的也是最终的体验,应给客户留下美好的感情记忆。

**1. 客户体验**

产品是有形的,服务是无形的,而两者所创造出的体验是令人难忘的。在客户体验中,企业提供的不仅仅是商品或服务,它提供最终体验,并充满了感情的力量,给客户留下难以忘却的愉悦记忆。它的作用就在于使客户个人以个性化的方式参与其中,通过体验对品牌产生情感寄托,从而成为品牌的忠诚客户。

**2. 客户体验的五种模式**

（1）客户的感官体验。感官体验的目标是创造知觉体验,包括视觉、听觉、触觉、味觉与嗅觉。

（2）客户的情感体验。创造情感体验,其范围可以是一个温和、柔情的正面情绪,也可以是欢乐、自豪甚至是强烈的激动情绪。制造情感体验,常用的联系纽带有友情、亲情、恋情。缘于血缘关系的亲情,如父爱、母爱、孝心等可以说是任何情感都无法替代的。爱没有重量,爱不是负担,而是一种喜悦的关怀与无求的付出。

（3）客户的思考体验。思考体验是以创意的方式引起客户的惊奇、兴趣,对问题进行集中或分散的思考,为客户创造认知和解决问题的体验。

（4）客户的行动体验。行动体验的目标是影响客户的有形体验、生活形态与互动。行动体验简单说就是"互动"。

（5）客户的关联体验。关联体验是为了改进个人渴望,要别人（如亲戚、朋友、同事、恋人或是配偶和家庭）对自己产生好感。其可以让人和一个较广泛的社会系统（一种亚文化、一个群体等）产生关联,从而建立个人对某种品牌的偏好,同时进而让使用该品牌的人们形成一个群体。

## (四）直接拜访客户的步骤

**1. 第一步:拜访前的准备**

与顾客进行面对面的沟通是迈向成功的第一步。只有在充分的准备后拜访顾客才能取得成功。那么,如何成功地进行上门拜访呢?

（1）成功拜访的形象。"只要肯干活,就能卖出去"的观念已经过时了！取而代之的是"周详计划,省时省力!"拜访时的参与者只有顾客,要想取得进步首先要以挑剔的眼光看待自己的努力,然后决定做什么。

上门拜访顾客尤其是第一次上门拜访顾客,双方难免相互存有一点儿戒心,不容易放松心情,因此,我们要特别重视留给别人的第一印象,成功的拜访形象可以助你一臂之力。

外部形象:服装、仪容、言谈举止乃至表情动作上都应力求自然,保持良好的形象。

控制情绪:不良的情绪是成功的大敌,我们要学会控制自己的情绪。

投缘关系:清除顾客的心理障碍,建立投缘关系就相当于建立了一座可以和顾客沟通的桥梁。

诚恳态度:"知之为知之,不知为不知"这是古语告诉我们的做人的基本道理。

自信心:信心来自于心理层面,只有做到"相信公司、相信产品、相信自己",才可以树立较强的自信心。

(2)计划准备。

计划目的:由于我们的销售模式具有连续性,所以上门拜访的目的不仅是推销产品,还要推销自己和企业文化。

计划任务:营销人员的首先任务就是把自己"陌生之客"的立场短时间内转化成"好友立场"。脑海中要清楚与顾客进行电话沟通时的情形,对顾客性格作出初步分析,选好沟通切入点,计划好推销产品的数量,最好提供打电话、送函、沟通一条龙服务。

计划路线:按事先规划好的路线来进行拜访,制定访问计划。今天的拜访是昨天的延续,又是明天的起点。销售人员要做好路线规则,统一安排好工作,合理利用时间,提高拜访效率。

计划开场白:如何进门是我们遇到的最大的难题,好的开始是成功的一半。

(3)外部准备。"第一印象的好坏90%取决于仪表",上门拜访要想成功,就要选择与个性相适应的服装,以体现专业形象。通过良好的个人形象向顾客展示品牌和企业形象。最好的形象是统一穿公司服装,让顾客觉得公司正规,企业文化良好。男士上身穿公司统一上装,戴公司统一领带,下身穿深色西裤,穿黑色平底皮鞋,不留长发、染发,不佩戴任何饰品。女士上身穿公司统一上装,戴公司统一领带,下身穿深色西裤或裙子,穿黑色皮鞋,不散发、染发,不佩戴任何饰品。

(4)资料准备。"知己知彼,百战不殆。"要努力收集顾客资料,要尽可能了解顾客的情况,并把所得到的信息加以整理,当作资料。你可以向别人请教,也可以参考有关资料。作为营销人员,不仅仅要获得潜在顾客的基本情况,例如:对方的性格、教育背景、生活水准、兴趣爱好、社交范围、习惯嗜好以及要好的朋友的姓名等;还要了解对方目前得意或苦恼的事情,如乔迁新居、结婚、喜得贵子、子女考取大学,或者工作紧张、经济紧张、充满压力、失眠、身体欠佳等。

(5)工具准备。"工欲善其事,必先利其器。"一位优秀的营销人员除了具备锲而不舍的精神外,一套完整的销售工具是绝对不可缺少的。调查表明,销售人员在拜访顾客时,充分利用销售工具可以降低50%的劳动成本,提高10%的成功率。销售工具包括产品说明书、企业宣传资料、名片、计算器、笔记本、钢笔、价格表、宣传品等。

(6)时间准备。若提前与顾客预约了时间,则应准时到达,到得过早会给顾客增加一定的压力,到得过晚会给顾客传达"我不尊重你"的信息,同时也会让顾客产生不信任感,最好是提前5~7分钟到达,做好进门前的准备工作。

(7)内部准备。

信心准备:事实证明,营销人员的心理素质是决定成功与否的重要原因,要突出自己最优越的个性,让自己人见人爱,还要保持积极、乐观的心态。

知识准备:上门拜访是销售活动前的热身活动,这个阶段最重要的是制造机会,而制造机会的方法就是提出对方关心的话题。

拒绝准备:大部分顾客是友善的,换个角度去想,通常在接触陌生人的初期,每个人都会本能地抗拒和产生保护自己的言行,这并不是真正讨厌你。

微笑准备:如果你希望别人怎样对待你,你首先就要怎样对待别人。

(8)拜访的十分钟法则。

开始十分钟:我们与从未见过面的顾客之间是没有沟通过的,因此,开始的十分钟很关键,这十分钟主要是为消除陌生感而进行的沟通。

重点十分钟:熟悉了解顾客需求后自然过渡到谈话重点,为了避免顾客产生戒心,千万不要超过十分钟。这十分钟主要是通过情感沟通了解顾客是否是我们的目标顾客。

离开十分钟:为了避免顾客反感导致拜访失败,我们最好在重点交谈后十分钟内离开,给顾客留下悬念,使其对产品及企业产生兴趣。

**2. 确定进门**

敲门:进门之前应先按门铃或敲门,然后站立门口等候。敲门以三下为宜,声音有节奏但不要过重。

询问:"××叔叔在家吗?""我是××公司的小×!"主动、热情、亲切的话语是顺利打开顾客家门的金钥匙。

态度:进门之前一定要显示出自己诚实大方的态度!同时避免傲慢、慌乱、卑屈、冷漠、随便等不良态度。

严谨的生活作风能代表公司与个人的整体水准,千万不要让换鞋、放雨伞等小细节影响拜访工作效果。

**3. 赞美及观察**

在拜访过程中会遇到形形色色的顾客,每一个顾客的认知观和受教育程度是不同的,但有一件事需要强调,即"没有不接受产品和服务的顾客,只有不接受推销产品和服务的营销人员的顾客"。顾客都是有需求的,区别在于选择哪一种品牌的产品或服务而已。

赞美:人人都喜欢被他人赞美,这叫作"标签效应"。赞美是最有效的销售武器。

话语:"您家真干净""您今天气色真好"。重点词:房间干净,房间布置,顾客气色、气质和穿着。

层次:赞美分为直接赞美(××,您看上去真年轻)、间接赞美(××,墙上那照片是您儿子吧,一定是个知识分子,相信阿姨一定是个教育有方的好妈妈)、深层赞美(××,您看上去真和蔼,像我妈妈一样善良、温和)三个层次,赞美的主旨是真诚,赞美的大敌是虚假。

观察举例:

(1) 如果这位顾客家装饰精美,房屋面积很大,家里很干净,还有一个保姆等,可以确定这位顾客是一个较为富有的人,营销人员可以充分地与其沟通。

(2) 如果这位顾客家装饰普通,房屋又小,地面又不干净,几个子女与其住在一起,可以确定这位顾客并不是一个富有的人,营销员可以适当围绕重点沟通。

(3) 如果这位顾客房屋装饰具有古典风格,可以说明这位顾客是一个很有修养的人,素质较高,文化底蕴丰富,营销员可以与其充分地沟通。

观察:你站在一户人家门前的时候会对这户人家产生一种这是自己家的感觉,这种感觉被称为"家庭的味道",这种味道不是用嘴来品尝的,而是用眼睛来观察的。通过观察可以了解顾客的身份、地位、爱好等,从而确认其是否是目标顾客。

观察六要素:门前的清扫程度,进门处鞋子的摆放情况,家具摆放及装修状况,家庭成员及气氛,对宠物、花、鸟、书画等的爱好状况,屋中杂物摆放状况。

赞美是一个非常好的沟通方式,但不要作夸张的赞美,夸张的赞美只能给人留下不好的印象。

**4. 有效提问**

我们的目的是让顾客主动和我们进行有效的沟通,因此,有效的提问就尤为重要。

(1) 提问的目的。通过沟通来了解我们的顾客是不是我们所要寻找的目标顾客。

(2) 提问要点。确实清楚谈话目的,熟悉自己的谈话内容,交流时才有信心。若要预测是否能给对方留下良好的第一印象,应努力在见面最初的15~45秒的开场白中进行提问。

(3) 寻找话题的技巧:

① 仪表、服装:"××,这件衣服料子真好,您是在哪里买的?"顾客回答:"在××买的。"营销员就要立刻有反应,顾客在这个地方买衣服,一定是较为富有的人。

② 乡土、老家:"听您口音是××人吧!我也是……"营销员不断以这种提问拉近关系。

③ 气候、季节:"这几天热得出奇,去年……"。

④ 家庭、子女:"我听说您家女儿是……"营销员了解顾客的家庭情况。

⑤ 饮食习惯:"我发现一家口味不错的餐厅,下次咱们一起尝一尝。"

⑥ 住宅、摆设、邻居:"我觉得这里布置得特别有品位,您是搞这个专业的吗?"了解顾客的工作性质并确定是不是目标顾客。

⑦ 兴趣、爱好:"您的歌唱得这么好,真想跟您学一学。"营销员可以用这种提问技巧推销公司的企业文化,加深顾客对企业的信任。"××老年大学中有唱歌这门课,不知你有没有兴趣参加呢?"

(4) 提问技巧:

① 先让对方喜欢自己之后再提问,向对方表示亲密之情,尊敬对方。

② 尽可能以对方的立场来提问,谈话时应注意对方的眼睛。

③ 提出一些特定性问题可以展现你的专业身份,由小及大、由易及难地多问一些引导性问题。

④ 提出问二选一的问题,帮助犹豫的顾客决定。

⑤ 先提问对方已知的问题,再引导性地提问对方未知的问题。

⑥ 切忌"事不关己高高挂起",我们如果想做成功的营销者就要学会问顾客关心的问题。

**5. 倾听、推介**

(1) 仔细地倾听能够进一步了解顾客的基本情况以及消费心理、需求,可以洞察顾客产生异议的原因。以聊天的方式寻求与顾客的共鸣点,让顾客感到一种"错觉",认为你与他是同类型人,从而增进好感,达到产生共鸣的效果,同时可借机多了解顾客的家庭背景。

(2) 耐心、详细地为每一位顾客介绍一些公司情况、产品机理、优惠政策,选择合适的切入点,反应要灵活,抓住精要内容引起顾客的购买欲望。

(3) 对迟疑的新顾客,不可过分强调产品,应以促进其对产品知识的了解为重点。

(4) 对一些仍未下决心的顾客,千万不可勉强,这说明火候未到,可以先搁置一边,然后再沟通或当作一般顾客下次再拜访。

**6. 克服异议**

(1) 克服心理上的异议:我们必须学会如何面对顾客心理上的异议,并了解顾客心理上的异议的根源所在。

(2) 化异议为动力:优秀的销售人员要明白顾客的拒绝是正常反应,并不是不接受产品和服务,而是有短暂的犹豫。

(3) 不要让顾客说出异议：要善于利用顾客的感情，控制交谈气氛，顾客就会随着你的所想，不再轻易地拒绝。

(4) 转换话题：遇到异议时不要一味穷追不舍，避免让顾客产生厌烦感，可用转换话题的方式暂时缓解紧张氛围。

(5) 适当运用肢体语言可以吸引顾客的注意，可以很好地克服异议。

(6) 逐一击破：顾客为两人以上时，你可以用各个击破的方法来克服异议。

(7) 同一立场：和顾客站在同一立场上，千万不要和顾客辩驳，否则你无论输赢，都会使交易失败。

(8) 树立专家形象：学生对教师很少有质疑，病人对医生很少有质疑，顾客是不会拒绝专家的。

### 7. 确定达成

(1) 抓住成交时机：有时顾客的举止、言谈已表露出成交信号，抓住这些信号就抓住了成交的契机。

(2) 成交达成方式：

① 邀请式成交："您为什么不试试呢？"

② 选择式成交："您决定一个人去还是两个人一起去？"

③ 二级式成交："您感觉这种活动是不是很有意思？""那您就和爱人一起来吧！"

④ 预测式成交："××肯定和您的感觉一样！"

⑤ 授权式成交："好！我现在就给您填上两个人的名字！"

⑥ 紧逼式成交："您这样的情况真应该试试我们的产品！"

### 8. 致谢告辞

时间：初次拜访时间不宜过长，一般控制在 20～30 分钟。

观察：根据当时情况细心观察，如发现顾客有频繁看表、经常喝水等动作时应及时致谢告辞。

简明：我们在说清楚事情之后，不要再作过多修饰。

真诚：虚假的东西不会长久，用真诚的赞美让顾客永远记住你！

初次见到客户时，不能迫不及待地向客户灌输产品情况，那样无疑将导致客户与你面谈两三分钟即表露出不耐烦的情绪。所以，陌生拜访要先学会聆听，即营销人员只是一名学生和听众，让客户扮演导师和讲演者的角色。

## （五）客户开发工作计划表与客户开发记录表

客户开发工作计划表如表 2-6 所示。

表 2-6 客户开发工作计划表

| 时间 | 访问客户 | | | | | | 约定时间 | 访问情况简述 | 客户分类 |
|---|---|---|---|---|---|---|---|---|---|
| | 序号 | 客户名称 | 访问时间 | 拜访对象 | 职务 | 所属部门 | 联系方式 | | |
| | | | | | | | | | |
| | | | | | | | | | |

续表

| 时间 | 访问客户 | | | | | | | 约定时间 | 访问情况简述 | 客户分类 |
|---|---|---|---|---|---|---|---|---|---|---|
| | 序号 | 客户名称 | 访问时间 | 拜访对象 | 职务 | 所属部门 | 联系方式 | | | |
| | | | | | | | | | | |
| | | | | | | | | | | |
| | | | | | | | | | | |

客户开发记录表如表 2-7 所示。

表 2-7 客户开发记录表

| 客户名称 | |
|---|---|
| 地址 | |
| 联系方式 | |
| 负责人 | |
| 销售产品 | |
| 第一次交易金额 | |
| 开发经过说明 | |
| 备注 | |
| 批示 | |

## （六）调查分析流程与工作执行

### 1. 客户调查分析工作流程

客户调查分析工作流程如表 2-8 所示。

表 2-8 客户调查分析工作流程

| 工作目标 | 知识准备 | 关键点控制 | 细化执行 | 流程图 |
|---|---|---|---|---|
| 根据公司的发展目标、业务特点收集相关客户信息，确保信息收集的及时性、准确性，为公司相关部门的工作提供依据 | 1. 信息收集的方法<br>2. 信息收集的内容 | 1. 确定调查目标<br>客户服务部经理根据公司运营的要求和需要，确定调查目标 | | |
| | | 2. 确定调查内容<br>客户服务部经理根据调查目的与工作需要，确定调查的内容 | 客户调查的内容 | |
| | | 3. 制定调查计划 | | |

续表

| 工作目标 | 知识准备 | 关键点控制 | 细化执行 | 流程图 |
|---|---|---|---|---|
| 根据公司的发展目标、业务特点收集相关客户信息，确保信息收集的及时性、准确性，为公司相关部门的工作提供依据 | 1. 信息收集的方法<br>2. 信息收集的内容 | (1) 客户服务部经理在上述内容确定的基础上，制定客户调查计划<br>(2) 在客户调查计划中，应列明调查时间、调查所需的相关工具、人员安排等内容 | 客户调查计划 | 1. 确定调查目标<br>↓<br>2. 确定调查内容<br>↓<br>3. 制定调查计划<br>↓<br>4. 调查实施<br>↓<br>5. 资料收集与整理<br>↓<br>6. 资料分析<br>↓<br>7. 编写客户调查分析报告 |
| | | 4. 调查实施<br>根据制定的客户调查计划，客户服务部经理组织人员进行客户调查工作 | 客户调查计划 | |
| | | 5. 资料收集与整理<br>客户服务部人员收集客户的相关资料，并去掉一些不必要、不可靠的资料，对有效的资料或信息进行整理 | 客户的相关信息 | |
| | | 6. 资料分析<br>客户服务部人员对收集与整理的资料进行综合分析 | | |
| | | 7. 编写客户调查分析报告 | | |
| | | 在客户调查工作结束后，客户服务部相关人员撰写客户调查分析报告，为公司进行客户开发或开展其他方面的工作提供依据 | 客户调查分析报告 | |

**2. 客户调查分析执行工具与模板**

(1) 客户调查计划表如表 2-9 所示。

表 2-9　客户调查计划表

| 调查目标 | | |
|---|---|---|
| 调查对象 | 重点客户 | |
| | 其他客户 | |
| 调查内容与调查项目说明 | | |

续表

| 调查实施进度安排 | |
|---|---|
| 调查方法 | |
| 调查负责人及调查人员 | |
| 调查费用预算 | |
| 备注 | |

(2) 客户信息调查表如表 2-10 所示。

表 2-10　客户信息调查表

| 客户名称 | | | |
|---|---|---|---|
| 地　　址 | | | |
| 邮　　编 | | 联系电话 | |
| 公司性质 | | 法人代表 | |
| 经营范围 | | | |
| 公司规模 | | | |
| 经营状况 | 经营方式 | | |
| | 同行业中所处的地位 | | |
| | 价格水平 | | |

| 与本公司业务往来 | 时间 | 主要采购的产品 | 金额 | 旺季每月 | 淡季每月 |
|---|---|---|---|---|---|
| | | | | | |
| | | | | | |

(3) 客户需求调查表如表 2-11 所示。

表 2-11　客户需求调查表

尊敬的客户：

　　您好！

　　感谢您对本公司的关注和支持，希望我们为您提供的产品和服务能满足您的需求，并令您感到满意。为了及时了解您的反馈信息及需求，请协助我们填写下表（选择性的问题请在您认为合适的选项上画"√"）。我们将会在第一时间回复您！非常感谢您的支持！

| 客户名称 | |
|---|---|
| 地　　址 | |
| 联系方式 | |

1. 您希望本公司的产品能为您提供哪些方面的服务？

续表

2. 如果我们公司对您进行回访,您希望以下列哪种方式进行?
 □上门回访　　□电话沟通　　□其他,请说明

3. 如果您需要相关信息,希望采用下列哪种联系方式(可多选)?
 □上门拜访　　□E-mail　　□邮寄　　□电话联系　　□传真

4. 其他要求

(4) 客户调查分析报告表如表2-12所示。

表2-12 客户调查分析报告表

| 调查背景 | | |
|---|---|---|
| 调查目的 | | |
| 调查方式 | | |
| 实施部门 | | |
| 调查对象 | 年龄结构 | |
| | 性别比例 | |
| | 收入水平 | |
| 调查时间 | | |
| 客户需求分析调查结果统计 | | |
| 1. 客户选择产品或服务时重视的因素 | | |
| 2. 价格承受能力 | | |
| 3. 期望得到的相关服务 | | |

## 四、实例研讨

### 案例一 名扬北京城

老字号"北京内联升"鞋业有限公司名扬天下。我国著名诗人郭沫若先生还特意写诗赞扬内联升鞋店:

凭谁踏破天险,助尔攀登高峰。
志向务求克己,事成不以为功。
新知虽勤摩挲,旧伴每付消融。
化作纸浆造纸,升华变幻无穷。

"头戴马聚源,身穿瑞蚨祥,脚蹬内联升,腰缠四大恒"的顺口溜也曾风靡老北京的大街小巷。一个小小的鞋厂为何有着如此大的名气呢?

其实这都源于内联升鞋业的创始人赵廷的辛苦经营。赵廷十几岁起就在鞋铺当学徒，学得一手好手艺。出师后，在一位官员的帮助下，赵廷开办了自己的鞋店，取名"内联升"。"内"指皇宫大内，"联升"指穿上他做的千层底布鞋就会连升三级，准确地把客户群定位为朝廷官员。

有一次，一位在朝做官的人派仆人来鞋店买鞋，因为这位官员的脚型与常人不一样，所以店内没有适合他的鞋子。赵廷便向仆人要了鞋样，用了一天的工夫做了一双鞋，并亲自送到府上。这位官员看到鞋后非常满意。

赵廷想：我为什么不把这些人所需鞋的型号和特点都记下来呢？于是便自编了一本叫《履中备载》的书。他把所有来店里做过鞋的官员的尺码等相关信息都记了下来，这样，就省去了每次到官员家量尺寸、画脚型的麻烦。官员们只要派人告诉内联升要什么材料的鞋、要几双，赵廷就可以根据店里的记录为官员做鞋了。他做的鞋，料子好、手工精细、穿着舒服，深受朝廷大小官员的喜爱。同时，"内联升"恭贺他人高升的吉利寓意也招人喜欢，久而久之，内联升"不见人、不量尺寸，就能做出可心可脚的鞋"的名声便逐渐传开。

清朝灭亡后，内联升的招牌在北京城依然响亮如故。

仔细品味"内联升"的故事，我们不禁感慨万千，也感悟到了其成功的要诀：定位客户群，掌握客户资料，站在客户的立场帮助客户并满足其实际需求。一个能够周到地为他人着想的鞋店，生意怎能不兴隆呢？

### 案例二  如何跟进大的潜在客户

以下是一位销售人员的自述：

这个客户是我在展会上认识的，当时对我们的产品表示了浓厚的兴趣，并下了12个样机订单，这在我们公司还是第一次。这个客户很大，在美国有1000多家店，很多大公司都是他的客户，如果这个订单可以谈下来的话，就是好几百万美元的生意。

展会结束后，我马上把在展会上的报价等资料整理好，发给客户，第三天收到了回信。客户收到样品后，要求我给他一个正式报价。我感到很困惑，因为报价一开始就发给他了，但当时发的是正常销售的报价。由于当时他说要做独家代理，大家都知道做独家代理是有很多东西要谈的，不是只有价格这一项。于是我又把之前给他的报价发给了他，并告诉他这个是按照我们的最小起订量来报的。关于独家代理，我们还有很多要谈，所以到时候再来协商价格，并信心满满地告诉他我们一定在价格上、质量上、交货期上支持他，并且顺便问了一下，大概有个什么样的量。于是客户回复我说他一定在量上面支持我，还说一定会有个相当大的数量。

由于老板说我们的产品在客户那里是有竞争力的，要摆高姿态，于是我稍微吹嘘了一下我们的产品，说跟那些国际大品牌的质量是一样好的。然后客户有力地回击了我，说我们的质量不是很好，并且还列出了几个毛病，并要求我们给出一个好的价格。不过，我知道产品并没有客户说的那么糟糕，对于产品我一直都很有信心。相信客户之所以说产品有那些缺点，应该就是为了得到一个好的价格。于是我计划跟客户谈独家代理的事情，谈合作方式、时间、数量、价格等。老板说先不要谈，让客户给出一个数量再来谈。我只能在产品上跟客户纠缠了，可后面发给客户的邮件，他都没有回复我。

我真的很困惑，我自己感觉这个潜在客户是很有可能成为正式客户的。可是当所有的样品都寄出去之后，竟然没了回音。哪里出了错呢？我现在该怎么跟这个客户联系呢？客户现在最关注的到底是什么,是价格吗?花了这么多精力跟进的客户,不希望就这样没了音信。

如果是你,你会如何跟进规模较大的潜在客户?

### 案例三 知彼知己——建立客户档案卡

庄学忠先生是南洋商贸公司的总裁。由于业务关系,他经常到苏州出差。每次到苏州,他必定下榻"蓝天大酒店"。这一点颇令他的朋友们纳闷,凭庄先生的财力和身份,完全可以入住四、五星级的高档酒店,为何独钟于三星级的"蓝天大酒店"?其实庄先生只是"蓝天大酒店"庞大的客户网络中的一员。自酒店开业至今,几乎每一个入住、光临过"蓝天大酒店"的顾客都很快成为"蓝天"的忠实拥护者。庄先生预备来苏时,一个预订电话、报上姓名,一切手续就都已安排妥帖,而且还会有意想不到的特殊安排在等着他。"蓝天大酒店"引起了人们的关注,作为苏州酒店业中的佼佼者,它成功的奥妙何在?

"蓝天大酒店"的营销总监梁先生为公众揭开了谜底:顾客是酒店的客户,也是活生生的有七情六欲的人。酒店与客人之间不能只是一种商业交往的经营行为,更重要的是人与人之间的情感沟通,要真正做到宾至如归,必须对客人的嗜好、习惯、消费需求等特殊的个性化信息了如指掌,在此基础上提供的产品和服务就有明显的针对性,从而能获得顾客的好感。每一个入住"蓝天大酒店"的客人,尤其是那些入住次数较多的熟客,在酒店的营销部都有一份详细的资料档案卡。档案卡上记载着顾客的国籍、职业、地址、特别要求、个人爱好、喜欢什么样的娱乐活动、饮食口味和最喜欢的菜肴、酒水等。对于入住频繁的客户,甚至连他喜欢什么样的香波、摆什么样的花、看什么报纸都作了记载。

庄学忠先生是酒店的老客户,每次他预订房间后,酒店就根据他的资料卡显示的情况,为他安排靠近西村公园的房间,号码是他的幸运数字16;再在房间里摆上总经理亲笔签名的欢迎信,旁边摆着他最喜欢的康乃馨鲜花篮。他听力不好,电话铃声需调大;卫生间里要换上茉莉花型的沐浴液;浴巾要用加大型的。他是一个保龄球迷,每逢酒店有保龄球晚会,酒店绝对不会忘了通知他。

对客人情况的搜集,来源于全体员工细致的服务。例如,餐厅服务员发现某位客人特别喜欢吃桂林腐乳,就将这个信息传递给营销部,存入资料库;下次该客人再来时,计算机里便会显示出这一点,餐厅就可以迅速作出反应。所有这些,都无需客人特别叮嘱,当他再次光临时,他便能惊喜地发现,怎么"蓝天大酒店"这么神通,什么都替他想到了。久而久之,也就成了酒店的常客。

酒店就是一个浓缩了的小社会。在这个小社会里,所有的客人既有共同的特性和需求,又各有特点;他们对于酒店提供的服务既有相同的要求(如服务热情、周到、规范),又有不同的个性化要求,这是由他们不同的个性特点决定的。要想超越服务的现有水平,提供富有针对性的服务,就必须深入了解每位客户的需求特点。

了解客户的需求特点,是提供个性化服务的基础。在实践中,我们往往发现,由于企业客户数量很多,而他们的要求和特点五花八门,客户服务人员感到千头万绪,能按程序和规范要求做好份内工作就已经不错了,如果还要充分照顾到客户的个性化要求,则是心有余而力不足。

解决这个问题的最好办法就是建立客户信息档案,将日常工作中收集到的有关客户的信息全部以资料的形式、以制度化的规范文本记载下来。对于那些力图做好市场营销工作、使服务工作更有成效的企业来说,客户档案是一个有效的工具。同时,建立客户档案以拥有全面、详尽的客户资料有助于提高企业经营决策的科学性。具体到操作上来说,各部门各工种的服务人员将对某位客户的特点的认识集中汇报给营销中心,营销中心再将所有关于该客户的资料汇总到其档案卡上,备录下来,并输入客户资料库。在以前,这类工作大都是通过手工操作来完成的,速度慢、工作量大、管理困难、调用不方便,随着计算机和信息技术的普及与应用,这个难题已经得到了基本解决。无论是从竞争的需要来看还是从现实的硬件条件来看,建立客户信息档案都是十分必要而又力所能及的。充分收集客户资料之后,营销人员才能了解客户的基本需求,才可以进行销售。比如我们要了解:客户具有什么样的性格?企业规模有多大?员工有多少?一年内采购类似产品的预算是多少?这些都是客户背景资料。

## 五、学习测评

1. 列举开发潜在客户的方法或途径,不少于十种。
2. 寻找和评估潜在客户的原则是什么?并简述应对潜在客户的具体策略。
3. 怎样才能更好地筛选潜在客户?

# 项目三　管理客户信息

## 课 前 导 读

### 丽思酒店特色客户服务

几年前,丽思·卡尔顿酒店在开始建立客户服务系统时,给每个员工发了一本笔记本,用于记录客人的喜好以及他们观察到的或引起他们注意的客人关注的事情。例如,某个最近戒酒的客人希望在他入住前把房间内的迷你酒吧清空。有位有着严重过敏症状的女士要在她的房间放十盒纸巾她才觉得舒服。如果打扫房间时发现某位客人把床的左侧或右侧调低了,就要记下,晚上铺床时也要把这一侧调低。以后每次客人来住店时,无需开口,丽思·卡尔顿的员工就能主动满足其要求,以此表示对客人的尊重——不管他们下次入住的是世界上哪一家丽思酒店,都能享受到这样的服务。

丽思·卡尔顿的管理团队认识到这才是客户真正想要的东西,他们不断寻找更好的、更符合客户需求的服务模式。

请同学们谈谈自己对丽思·卡尔顿酒店经营模式的理解,并讨论一下一个企业成功的秘诀有哪些。

## 一、学习导航

**1. 学习目标:**
(1) 掌握客户信息管理的含义;
(2) 了解收集客户信息的渠道;
(3) 知晓客户信息管理有哪些作用;
(4) 理解企业管理与信息管理之间的关系;
(5) 理解客户信息管理流程。

**2. 学习重点**
(1) 清楚管理客户信息所包含的内容;
(2) 了解客户信息收集的主要渠道;
(3) 掌握客户档案的管理方法。

**3. 主要学习方法**
案例学习、数据分析、仿真练习。

## 二、实例导入与工作任务

小王在平时生活中非常细心,善于观察身边的事物。在某商场工作了一个月后,他发现了某些客户的个人喜好,甚至可以在他们下次来买东西的时候能猜到他们会买什么。小王觉得很有趣,便请教身边有经验的同事,询问这是什么原因,是否能将这个变成数据,计算出客户喜欢什么。同事夸小王很不错,在短短的一个月时间就能自主地学习并有所发现,并把《客户关系管理实务》这本书交给小王,让他好好学习一下。小王拿到这本书后,心中想着:"这到底是一本什么书,有这么神奇吗?客户信息管理是什么?怎么进行客户信息管理呢?"带着一肚子疑问,小王翻开了书,开始了对客户信息管理的学习。

## 三、知识与技能

为了实现以上的学习目标和工作任务,需要掌握以下知识和技能。

**1. 知识点**

(1) 企业如何有效地管理客户信息;
(2) 了解客户信息管理的主要内容;
(3) 开展客户信息管理能为企业带来的好处。

**2. 能力点**

(1) 正确认识企业管理客户信息的重要性;
(2) 能够分析出开展管理客户信息所带来的优势;
(3) 可以独立自主地设计客户资料卡。

## 学习单元一　客户信息的基本内容

客户信息数据对企业信息化至关重要,有句话描述了数据的重要性——"三分技术、七分管理、十二分数据"。

### (一) 客户信息的概念

客户信息是指客户喜好、客户类别细分、客户需求、客户联系方式等一些客户的基本资料。

客户信息主要分为描述类信息、行为类信息和关联类信息三种类型。

客户描述类信息主要是指用来理解客户的基本属性的信息,如个人客户的联系信息、地理信息和人口统计信息,企业客户的社会经济统计信息等。这类信息主要来自于客户的登记信息以及通过企业的运营管理系统收集到的客户基本信息。这类信息的内容大多是描述客户基本属性的静态数据,其优点是大多数的信息内容比较容易采集到。但是一些基本的客户描述类信息内容有时缺乏差异性,而其中的一些信息往往涉及客户隐私,如客户的住所、联络方式、收入等信息。对于客户描述类信息最主要的评价要素就是数据采集的准确性。在实际情况中,经常有一些企业知道为多少客户提供了服务,以及客户购买了什么,但是往往到了需要主动联络客户的时候,才发现缺乏能够描述客户特征的信息和与客户建立联系的方式,或是这些联络方式已经失效了,这都是因为企业没有很好地规划和有意识地采集和维护这些客户描述类信息。

客户的行为类信息一般包括客户购买服务或产品的消费记录、客户与企业的联络记录、客户的消费行为、客户偏好和生活方式等相关信息。

掌握客户行为类信息的主要目的是帮助企业的市场营销人员和客户服务人员在客户分析中掌握和理解客户的行为。客户的行为信息反映了客户的消费选择或决策过程。行为类数据一般都来源于企业内部交易系统的交易记录、企业呼叫中心的客户服务和客户接触记录,营销活动中采集到的客户响应数据,以及与客户接触的其他销售人员与服务人员收集到的数据信息。有时企业从外部采集或购买的客户数据,也会包括大量的客户行为类数据。客户偏好信息主要是描述客户的兴趣和爱好的信息。比如有些客户喜欢户外运动,有些客户喜欢旅游,有些客户喜欢打网球,有些客户喜欢读书。这些数据有助于帮助企业了解客户的潜在消费需求。企业往往记录了大量的客户交易数据,如零售企业记录了客户的购物时间、购物商品类型、购物数量、购物价格等信息。电子商务网站也记录了客户网上购物的交易数据,如客户购买的商品、交易的时间、购物的频率等。

客户关联类信息经常是客户分析的核心目标。以移动通信企业来说,其核心的关联类信息就包括了客户的终生价值、客户忠诚度、客户流失倾向、客户联络价值、客户呼叫倾向等。关联类信息所需的数据往往较难采集和获得,即使获得了也不容易结构化后导入到业务应用系统和客户分析系统。规划、采集和应用客户关联类信息往往需要一定的创造性,往往是为了实现与市场管理或客户管理直接相关的业务目标,如提高客户满意度、提高客户忠诚度、降低客户流失率、提高潜在客户发展效率、优化客户组合等核心的客户营销问题。

很多企业没有意识到应采集这类信息,对于高端客户和活跃客户来说,客户关联类信息可以有效地反映客户的行为倾向。对于很多企业来讲,尤其是服务类企业,有效地掌握客户关联类信息对于客户营销策略和客户服务策略的设计与实施是至关重要的。一些没能很好地采集和应用这些信息的企业往往会在竞争中丧失竞争优势和客户资源。

**1. 客户信息是企业发展的重要手段**

在企业信息化进程中,越来越多的企业将客户数据的管理作为重点内容。然而,很多企业在进行客户数据的管理方面还仅仅是收集和管理一些与企业业务直接相关的简单信息。这些数据仅仅能保证对客户情况有一个粗浅反映,还不足以发挥为企业带来附加价值、进行市场引导的作用,客户数据的价值特征还不明显。以客户服务中心的兴起和客户管理实用化为基础,企业对客户数据的管理要求迅速提高。全面收集客户数据、分析客户数据,将客户数据应用于产品设计、市场规划、销售过程成为企业发展的重要手段。

**2. 客户信息是重要资源**

以前不会有人将客户数据的重要性摆到与企业存亡紧密相关的位置上。随着经济的发展,原有的市场格局被打破,买方市场的形成进一步加剧了企业资源重新整合的压力。在深入挖掘企业潜力、提高产品创新能力的同时,企业越来越关注的一个重要资源就是客户数据。"谁拥有客户,谁就拥有未来",客户在企业生存、发展的进程中的地位是毋庸置疑的,而客户数据成为企业的重要资源却是近年来市场规模、地域范围、产品种类迅速膨胀,客户群体迅速扩大带来的必然结果。

客户是企业的宝贵资源,一直以来,由于客户的外部性(客户是企业外部的要素)造成了企业无法以资源的角度去看待客户,客户仅仅是企业价值实现的外部因素。随着市场的发展,客户的资源特性已经越发明显,传统的关注与客户之间的关系、维系客户的思想已经不能够适应企业发展的要求,把客户作为企业资源进行管理和开发已经成为企业发展的新的方向。从资源的角度看客户,客户本身具有价值,在企业内部直接反映到客户数据上。在客户数据中,企业不但能够发现给企业带来收入的客户在哪里,客户的最大贡献价值是多少,客户价值的消耗和再生是如何进行的,而且能够通过客户数据的发展变化来识别客户资源的占有量、流失、消亡和再生。这对企业的生存和发展起到至关重要的作用。

**3. 客户信息是宝贵财富**

如果问任何一家对客户关系管理感兴趣的企业,他们最希望客户关系管理系统帮助他们解决的问题是什么,他们最先想到的答案十之八九是要有效地管理好他们最宝贵的财富:客户的资料。因为现在越来越多的企业的管理者们已经了解到对客户信息的管理貌似简单,但实际情况却复杂得多。

**4. 客户数据是企业开展生产的指导**

充分而有效的客户数据反映了市场的需求和对产品的特性要求,这为企业设计什么样的产品产生了直接的指导作用。产品的功能、性能、价格要求将直接作用于产品的设计和生产过程。

**5. 客户数据是企业进行市场营销的指导**

产品的市场定位已经越来越依赖于对客户数据的分析。以奥迪A6为例,正是通过大量的市场调查和对消费者信息的收集和分析,生产厂商才能够将A6定位为"政府用车""企业领导用车",这些都对后期的市场宣传、产品包装起到了重要的指导作用。

**6. 客户数据是企业开展客户服务的基础**

没有完整的客户数据,没有认真地分析客户数据,客户服务就会沦为低水平的"应对客户问题"的服务。充分掌握客户数据,并加以有效分析后,分析的成果可以直接指导客户服务的操作,为客户提供更为有效的服务行为。这无疑将会带动新一轮销售行为,使企业的客户资源进入良性的企业价值实现过程中,不断为企业创造收益。

## (二)管理客户信息的价值

**1. 客户信息是企业决策的基础**

信息是决策的基础,如果企业想要做"事前诸葛亮",想要维护与客户建立起来的关系,就必须充分掌握客户的信息,就必须像了解自己的产品或服务那样了解客户,像了解产品库存的变化那样了解客户的变化。

任何一个企业总是在特定的客户环境中经营发展的,有什么样的客户环境,就应有与之相适应的经营战略和策略。如果企业对客户的信息掌握不全、不准,判断就会失误,决策就会有偏差;而如果企业无法制定出正确的经营战略和策略,就有可能失去已建立起来的客户关系。所以,企业必须全面、准确、及时地掌握客户的信息。

**2. 客户信息是客户分级的基础**

企业只有全面收集客户信息,特别是他们与企业的交易信息,才能够知道自己有哪些客户,才能知道他们分别有多少价值,才能识别哪些是优质客户,哪些是劣质客户,才能识别哪些是贡献大的客户,哪些是贡献小的客户,才能根据客户带给企业的价值大小和贡献不同,对客户进行分级管理。

**3. 客户信息是客户沟通的基础**

大众营销、大众广告、大众服务都不能实现有针对性地与客户沟通，实际上还拉大了企业与客户之间的距离。随着市场竞争的日趋激烈，客户情报越显珍贵，拥有准确、完整的客户信息，既有利于了解客户、接近客户、说服客户，也有利于与客户沟通。

如果企业能够掌握详尽的客户信息就可以做到"因人而异"地进行一对一的沟通，就可以根据每个客户的不同特点，有针对性地实施营销活动，如发函、打电话或上门拜访，避免大规模的高额广告投入，从而使企业的营销成本降到最低点，而使成功率达到最高点。一般来说，广撒网式的邮寄宣传品的反馈率较低。但是，在了解客户"底细"的基础上有针对性地邮寄宣传品，反馈率就可以有所提高。

**4. 客户信息是客户满意的基础**

在竞争激烈的市场上，企业要满足客户的需求、期待和偏好，就必须掌握客户的需求特征、交易习惯、行为偏好和经营状况等信息，从而制定和调整营销策略。

如果企业能够掌握详尽的客户信息，就可以在把握客户需求特征和行为偏好的基础上，有针对性地为客户提供个性化的产品或者服务，满足客户的特殊需要，从而提高他们的满意度。这对于保持良好的客户关系、实现客户忠诚将起到十分重要的作用。

如果企业能够及时发现客户的订货持续减少的信息，就可以赶在竞争对手之前去拜访该客户，同时采取必要的措施进行补救，从而防止他们的流失。

如果企业能够及时掌握客户对企业的产品或服务的抱怨信息，就可以立即派出得力的人员妥善处理和解决，从而消除他们的不满。

如果企业知道客户某个纪念日的日期，就可以在这个日子送上适当的礼物、折扣券、贺卡或电影票，或在知道客户正被失眠困扰时，寄一份"如何治疗失眠"的资料给他，这些都会给客户带来意外的惊喜，从而使客户对企业产生依赖感。

# 学习单元二  客户信息的收集方法与途径

在过去，由于技术的限制，企业只能对掌握的信息进行简单的分析。现在，随着 IT 技术的发展，企业可以利用数据仓库来整合、管理信息，预测客户未来的行为。

中国有句古话："知己知彼，百战不殆。"开发客户也是同样的道理，当客户服务人员接近一个客户的时候，要做的第一件事情就是搜集相关信息。一项调查显示，能否给予客户以人文化、个性化的对待，已成为未来企业成功与否的关键。这就要求企业必须积极地搜寻和保存客户的行为资料，并对此进行分析。

## （一）建立客户来源

### 1. 建立客户来源的意义

拥有每一位客户的详细资料对企业来说相当关键。可以这样说，没有理想的客户资料就不可能实现客户管理。这就意味着，客户管理人员对客户资料要进行深入细致的调查和了解。对实行客户管理的企业来讲，关键的一步就是能否直接挖掘出一定数量的企业客户，特别是具有较高服务价值的企业客户，建立自己的客户来源，并与之建立良好的关系，以最大限度地提高客户的服务价值。

**2. 明确建立客户来源的条件**

建立客户来源对客户服务人员提出了较高的要求,客户服务人员要具有容易被客户接近的良好气质,从而尽快得到客户的认同;同时客户服务人员要人缘广、乐于助人。通过客户服务人员与客户的沟通,使客户认可企业产品,认可客户服务人员。

**3. 确定目标市场**

(1) 目标市场的含义。企业期望并有能力占领和开拓的具有大体相近需求的,能为企业带来最佳营销机会与最大经济效益的,且企业决定以相应商品和服务去满足其需求并为其服务的消费者群体。

(2) 开发目标市场的意义:

第一,找到有价值的市场,将力量用在刀刃上——市场切入点。

第二,减少客户开发人员对市场的盲目开发。

第三,降低客户开发人员对市场的恐惧感、挫折感。

第四,充分、合理地利用客户源。

第五,提高客户拜访效率。

(3) 目标市场的分类。目标市场可以按照年龄、性别、文化程度、职业、收入、区域等分类。

## (二) 定义客户信息的原则

企业了解客户的第一步是搞清楚这个阶段需要掌握哪些客户信息与资料。尽管对企业而言,尽可能多地掌握客户信息是其有效制定客户关系管理战略的基础,但是每个企业所拥有和掌握的资源都是有限的,企业无法全面掌握客户的所有信息,因此需要有选择地调查、了解主要的客户信息。在界定所需信息的范围时,企业应当遵循如下两点原则。

**1. 根据自身的需求界定所需信息的范围**

这是企业在界定需要掌握的信息之前必须遵守的原则。这是因为,首先,不同的行业之间存在很大的差异,例如制造业与服务业,两者所处的行业环境相差很大,同时行业内的竞争态势也有很大不同。因此,由于行业的不同,企业对客户信息的需求自然也会存在差异。

其次,在相同的行业中,也存在不同规模的企业。对大型企业而言,面对的是更大更为广阔的市场,同时由于其具备雄厚的资金与实力,故可以详细地收集客户的信息与资料;而对小企业而言,由于受到资金、实力、资源等方面的限制,并不能大规模地收集客户信息与资料,只能获取自己最需要的部分。

第三,不同的企业有不同的战略导向。即使是在相同的产业中,不同企业的战略导向也会存在差异,企业的定位也会有所不同。例如,有的企业将自己的注意力集中在降低成本上,希望通过低成本、低价格来赢得顾客的青睐,而有的企业则是追求产品的高质量和差异化。在这些不同战略导向的指引下,企业关注的目标市场存在很大差异,客户的消费偏好和习惯也存在很大差异,企业所要掌握的客户信息与资料也大相径庭。

**2. 根据客户的特点确定收集信息的范围**

客户与企业的关系经历了一个类似生命周期的发展过程。处于不同阶段的客户有着不同的消费习惯,企业必须根据不同的关系特点来确定所需要了解和掌握的信息。例如,对于处于潜在获取期的客户而言,企业需要了解客户的年龄、职业、消费偏好等信息;而对于处于成熟期的客户而言,企业需要了解这些客户对企业产品和服务的意见、以往购买的频率与偏好、客户对于企业的抱怨或不满等情况。

此外，企业面临的客户包括消费者、产业客户、中间客户、公共利益客户等不同类型，这些不同的客户有各自不同的要求和特点。例如，消费者和产业客户都是以消费为目的，但是作为个体的消费者与产业客户之间在要求上存在很大差异。相比较产业客户，消费者购买的批量少，对价格更为敏感，与企业之间的互动少。因此，对企业而言，在收集信息的时候，有必要根据客户的特点来确定信息收集的方法、途径和侧重点。

### （三）应当掌握的客户信息

**1. 个人客户的信息**

个人客户的信息应当包括以下几个方面的内容：

（1）基本信息：姓名、户籍、籍贯、血型、身高、体重、出生日期、性格特征、身份证号码、家庭住址、固定电话、手机、电子邮箱，所在单位的名称、职务、单位地址、固定电话等。

（2）消费情况：消费的金额、消费的频率、消费的规模、消费的档次、消费的偏好、购买渠道与购买方式的偏好、消费高峰时点、消费低峰时点、最近一次的消费时间等。

（3）事业情况：以往就业情况、单位名称及地点、职务、年收入、对单位的态度、对事业的态度、长期事业目标、中期事业目标、最得意的个人成就等。

（4）家庭情况：已婚或未婚，结婚纪念日，如何庆祝结婚纪念日，配偶姓名、生日及血型、教育情况、兴趣专长及嗜好，有无子女，子女的姓名、年龄、生日、教育程度，对婚姻的看法，对子女教育的看法等。

（5）生活情况：过去的医疗病史及目前的健康状况，是否喝酒（种类、数量）及对喝酒的看法，是否吸烟（种类、数量）及对吸烟的看法，喜欢在何处用餐，喜欢吃什么菜，对生活的态度，有没有座右铭，休闲习惯及度假习惯，喜欢的运动和聊天话题，最喜欢的媒体，个人生活的中期目标、长期目标等。

（6）教育情况：高中、本科、研究生的起止时间，最高学历、所修专业、主要课程，在校期间所获奖励、参加的社团、最喜欢的运动项目等。

（7）个性情况：曾参加过的俱乐部或社团及目前所在的俱乐部或社团，个人重视的事情，性格是否固执，是否有宗教信仰，喜欢看的书。

（8）人际情况：亲戚情况及与亲戚相处的情况，最要好的朋友情况，邻居情况及与邻居相处的情况。

个人客户档案资料如表 3-1 所示。

表 3-1 个人客户档案资料

| 姓名 | | 性别 | | 出生年月日 | |
|---|---|---|---|---|---|
| 曾用名 | | 民族 | | 手机 | |
| 星座 | | 学历 | | 所学专业 | |
| 毕业学院 | | | | 毕业时间 | |
| 爱好 | | | | E-mail | |
| 信仰 | | | | 喜欢的颜色 | |
| 喜欢的书籍 | | | | 崇敬的名人 | |

续表

| 家庭地址 | | 家庭电话 | | | |
|---|---|---|---|---|---|
| 家庭成员 | | | | | |
| 姓名 | 称呼 | 出生年月 | 单位 | 职务 | 电话 |
| | | | | | |
| | | | | | |

个人简历

**2. 企业客户的信息**

企业客户的信息内容应当由以下几个方面组成：

（1）基本信息：企业的名称、地址、电话、创立时间、组织方式、业务种类、资产等。

（2）客户特征：规范程度、服务区域、经营观念、经营方向、经营特点、企业社会形象等。

（3）业务状况：销售能力、销售业绩、发展潜力与优势、存在的问题及未来的对策等。

（4）交易状况：订单记录、交易条件、信用状况及出现过的信用问题、与客户的关系及合作态度、客户对本企业及竞争对手的产品及服务的评价、客户的建议与意见等。

（5）负责人信息：所有者、经营管理者、法人代表的姓名、年龄、学历、个性、兴趣、爱好、家庭情况、能力、素质等。

企业客户档案资料范例如表3-2、3-3和3-4所示：

表3-2 企业客户档案资料1

| 企业名称 | | 企业电话 | |
|---|---|---|---|
| 企业地址 | | 企业传真 | |
| 企业网址 | | 企业性质 | |
| 注册时间 | | 注册资金 | |
| 所属行业 | | 员工人数 | |
| 企业宗旨 | | | |
| 企业文化 | | | |
| 所获荣誉 | | | |
| 经营项目 | | | |
| 经营范围 | | | |
| 经营产品 | | | |
| 企业其他主要成员情况 | | | | | | | |
| 姓名 | 性别 | 职务 | 出生年月 | 电话 | 传真 | 手机 | E-mail |
| | | | | | | | |
| | | | | | | | |

续表

| 企业曾参加过的活动 ||||| 
|---|---|---|---|---|
| 时间 | 名称 | 参加人员 | 评价 | 备注 |
|  |  |  |  |  |
|  |  |  |  |  |

企业简介：

**表 3-3  企业客户档案资料 2**

| 企业名称 |  |  |  | 地址 |  |  |
|---|---|---|---|---|---|---|
| 负责人 |  |  |  | 住所 |  |  |
| 创业日期 |  | 年 月 日 | 营业项目 |  | 经营方式 | 独资（ ）合伙（ ）公司（ ） |
| 开始交易日期 |  | 年 月 日 | 营业区域 |  | 经营地点 | 市场（ ）住宅（ ）郊外（ ） |

| 负责人 | 性格 | 温柔（ ）开朗（ ）古怪（ ）自大（ ） | 气质 | 稳重（ ）寡言（ ）急躁（ ）饶舌（ ） |
|---|---|---|---|---|
|  | 兴趣 |  | 荣誉 |  |
|  | 学历 | 大学（ ）高中（ ）初中（ ）小学（ ） | 出生地 |  |
|  | 经历 |  | 谈话能力 | 能说（ ）口拙（ ）普通（ ） |
|  | 思想 | 稳健派（ ）保守派（ ）革新派（ ） | 嗜好 | 酒：饮（ ）不饮（ ）香烟：吸（ ）不吸（ ） |
|  | 长处 |  | 特长 |  |
|  | 短处 |  | 技术 | 熟练（ ）不熟练（ ）不会（ ） |

| 银行账号 |  | 银行信用 | 很好（ ）好（ ）普通（ ）差（ ）很差（ ） |
|---|---|---|---|

表 3-4　企业档案资料 3

| 单位 | | | 电话 | | 地址 | | | |
|---|---|---|---|---|---|---|---|---|
| 人员情况 | 负责人 | | 电话 | | 年龄 | | 性格 | |
| | 总经理 | | 电话 | | 年龄 | | 性格 | |
| | 接洽人 | | 电话 | | 职位 | | 负责事项 | |
| 经营状况 | 经营方式 | □积极□保守□踏实□不定□投机 | | | | | | |
| | 业务状态 | □兴隆□成长□稳定□衰退□不定 | | | | | | |
| | 业务范围 | 每年　　　,月销量　　　,淡季　　　,旺季 | | | | | | |
| | 销售对象 | □股份有限公司□责任有限□合伙店铺□独资 | | | | | | |
| | 价格 | □合理□偏高□偏低□削价 | | | | | | |
| | 业务金额 | | | | | | | |
| | 组织形式 | | | | | | | |
| | 员工人数 | | | | | | | |
| | 同业地位 | □领导者□具有影响□一级□二级□三级 | | | | | | |
| 付款方式 | 态度 | | | | | | | |
| | 付款期 | | | | | | | |
| | 方式 | | | | | | | |
| | 手续 | | | | | | | |
| 与本企业往来 | 年度 | 主要采购产品 | | 金额 | | 旺季/每月 | 淡季/每月 | |
| | | | | | | | | |
| | | | | | | | | |
| | | | | | | | | |
| | | | | | | | | |

**3. 心理与态度信息**

此方面的信息主要是关注个人客户购买产品或者服务的动机是什么、客户有哪些性格特征、客户喜欢什么样的生活方式等。具体而言,主要包括以下四方面的信息:

(1) 关于个人客户购买动机的信息。动机体现了个人客户购买产品的目的。即使是购买相同的产品,不同的个人客户动机也会存在差异。例如,两个 30 岁的年轻男性,拥有同样的职业和同样类型的家庭生活,两个人都去购买手机,一个是为自己买,而另一个是为女朋友买,那么这两个人对手机的要求就会存在差异。

(2) 关于个人客户个性的信息。菲利普·科特勒认为个性指的是一个人独特的心理特征,并且这些特征能使一个人对他所处的环境产生相对稳定和持久的反应。一个人的个性通常体现为性格特征,例如内向、外向、自信、适应能力、进取心等。研究表明,个性特征对个人客户选择产品或者服务有一定影响。

(3) 关于个人客户生活方式的信息。生活方式是一个人的生活模式,体现在个人的日常生活之中。学者们和许多调研公司都致力于划分个人客户的生活方式。一些学者根据活动(工作、爱好、社会活动等)、兴趣(家庭、娱乐、时尚等)和观点(自我、社会问题、产品等)三个维度来区分不同的生活方式。另外,有些咨询公司侧重对生活方式进行具体分类,其中最著名的是 SRI 咨询公司的价值和生活方式(VALS)分类。VALS 根据人们如何花费金钱和支配时间,以自我导向和资源这两个主要的维度将个人客户的生活方式划分为不同的类型。

(4) 关于个人客户信念和态度的信息。个人客户的信念和态度决定了他们对某些品牌或产品的感觉,以及他们对产品的态度,并由此影响他们对产品和品牌的选择。例如,李宁公司曾经做过一次市场调研,发现消费者将李宁公司产品定位为民族的、亲和的、体育的、荣誉的,这与李宁公司努力塑造的年轻、时尚的品牌形象差异很大。这就需要调整战略,以便使李宁的定位与客户的感知相符。许多企业都在试图弄清个人客户对产品、服务、品牌的态度是如何形成的,以便利用多种营销手段来改变这些信念和态度。

**4. 行为信息**

此方面的信息涉及个人客户的购买频率、种类、金额、途径等。此类信息通常容易为企业所获取,并且能够分析出对企业有价值的资料。

需要注意的是,在不同的行业中,企业所需要记录的个人客户行为信息存在差异。例如,在超市中,需要记录的是个人客户的购买频率,购买商品的种类、数量以及金额;而在通信行业中,需要记录的则是客户通话的时长、本地通话或是长途通话、付款记录、信用记录等。

此外,行为信息只适用于现有客户,对于潜在客户,由于消费行为还没有开始,当然无法记录其消费行为。

## (四) 收集客户信息的渠道

收集客户的信息只能从点滴做起,可通过直接渠道和间接渠道来完成。

**1. 直接渠道**

直接收集客户信息的渠道,主要是指客户与企业的各种接触机会。如从客户购买前的咨询开始到售后服务,包括处理投诉或退换产品,这些都是直接收集客户信息的渠道。以电信业为例,客户信息的直接收集渠道包括营业厅、呼叫中心、网站、客户经理等。也有很多企业通过展会、市场调查等途径来获取客户信息。

具体来说,直接收集客户信息的渠道如下:

(1) 在调查中获取客户信息。即调查人员通过面谈、问卷调查、电话调查等方法得到第一手的客户资料,也可以通过仪器观察被调查客户的行为并加以记录而获取信息。例如,美国尼尔逊公司就曾通过计算机系统,在全国各地 1250 个家庭的电视机里装上了电子监视器,每 90 秒扫描一次电视机,只要节目被收看 3 分钟以上,就会被监视器记录下来,这样就可以得到家庭、个人收视偏好的信息。

优秀的营销人员往往善于收集、整理、保存和利用各种有效的客户信息。如在拜访客户时,除了日常的信息收集外,还会思考:这个客户与其他客户哪里相同? 有什么不同? 并对重点客户进行长期的信息跟踪。目前,某公司在已有市场经理、销售经理职位的基础上,增设了客户关系经理,其职责是尽可能详尽地收集一切相关的客户资料,追踪所属客户的动向,判断和评估从客户那里还能获得多少盈利的机会,并且努力维护和发展客户关系,以争取更多的生意。

(2) 在营销活动中获取客户信息。例如,广告发布会进行后,潜在客户或者目标客户与企业联系——或者打电话,或者剪下优惠券寄回,或者参观企业举办的展览等。一旦有所回应,企业就可以把他们的信息添加到客户数据库中。又如,与客户的业务往来函电,包括询价、发盘、还盘、接受、合同执行、争议处理等函电,既可以反映出客户的经营品质、经营作风和经营能力,也可以反映出客户关注的问题及其交易态度等,因此,往来的函电也可以帮助企业获取客户经营信息,是收集客户信息的较好的来源。

在与客户的谈判中,客户的经营作风、经营能力以及经营状况等资料将充分显现,所以谈判也是收集客户信息的极好机会。

另外,实行会员制度,成立客户联谊会、俱乐部等,也可以收集到客户的有效信息。

此外,由于博览会、展销会、洽谈会针对性强且客户群体集中,因此可以成为迅速采集客户信息、达成购买意向的场所。

(3) 在服务过程中获取客户信息。对客户的服务过程是企业深入了解客户、联系客户、收集客户信息的最好时机。

在服务过程中,客户通常能够毫无避讳地讲述自己对产品的看法和期望,对服务的评价和要求,对竞争对手的认识,其信息量之大、准确性之高是在其他条件下难以实现的。因此,可以在服务记录、客户服务部的热线电话记录以及其他客户服务系统中收集到客户信息。

此外,客户投诉也是企业了解客户信息的重要渠道,企业可将客户的投诉意见进行分析整理,同时建立客户投诉的档案资料,从而为改进服务、开发新产品提供基础数据资料。

(4) 在终端收集客户信息。终端是直接接触最终客户的前沿阵地,通过面对面的接触可以收集到客户的第一手资料。例如,星巴克的收银员要在收银机上输入客户的性别和年龄段,否则收银机就打不开,这样就可很快知道客户的消费时间、消费内容、消费金额以及客户的性别和年龄段等。又如,服装商场要求客户在优惠卡上填写基本情况,如住址、电话、邮编、性别、年龄、家庭人数等,当客户付款时,只要在收款处刷一下,就可以将采购信息记录在数据库中。商场通过客户采购商品的档次、品牌、数量、消费金额、采购时间、采购次数等,可以大致判断顾客的消费模式、生活方式、消费水平以及对价格促销的敏感程度等。

这些信息不仅对商场管理和促销具有重要的价值,因为可据此确定进货的种类和档次以及促销的时机、方式和频率,而且对生产厂家也具有非常重要的价值——通过这些信息,生产厂家可以知道什么样的人喜欢什么颜色的衣服,何时何地购买,在什么价格范围内购买,这样生产厂家就可以针对特定的客户来设计产品,以及制定价格策略和促销策略。

但是,应当看到,通过终端收集客户信息一般难度较大,因为这会增加商家的成本,因此,生产企业要通过激励机制调动商家的积极性,促使商家乐意去收集客户信息。

(5) 网站和呼叫中心是收集客户信息的新渠道。随着电子商务的发展,客户越来越多地转向网站去了解企业的产品或者服务,以及即时下订单等操作,因此企业可以通过客户注册的方式建立客户档案资料。

此外,客户拨打客服电话,呼叫中心可以自动将客户的来电记录在计算机数据库内。另外,在客户订货时,通过询问客户的一些基本送货信息,也可以初步建立起客户信息数据库,然后逐步补充。

信息技术及互联网技术的广泛使用为企业开拓了新的获得客户信息的渠道,同时,由于网站和呼叫中心收集客户信息的成本低,所以通过网站、呼叫中心收集客户信息越来越受到企业的重视,已经成为企业收集客户信息的重要渠道。

在以上这些渠道中,客户与企业接触的主动性越强,客户信息的真实性和价值就越高,如客户呼入电话,包括投诉电话、请求帮助或者抱怨时所反馈的客户信息就比呼叫中心呼出电话得到的客户信息价值高。

同时,客户与企业接触的频率越高,客户信息的质量就越高,如在营业厅或呼叫中心获取的客户资料要比在展会中得到的客户信息真实,而且成本较低。

**2. 间接渠道**

间接收集客户信息的渠道,是指企业从公开的信息中或者通过购买获得客户信息,一般可通过以下渠道获得:

(1) 各种媒介。国内外各种权威报纸、杂志、图书和国内外各大通讯社、门户网站、电视台发布的有关信息,这些往往都会涉及客户信息。

(2) 工商行政管理部门及驻外机构。工商行政管理部门一般掌握客户的注册情况、资金情况、经营范围、经营历史等,是可靠的信息来源。对国外客户,可委托我国驻各国大使馆、领事馆的商务参赞帮助了解,另外,也可以通过我国一些大公司的驻外业务机构帮助了解客户的资信情况、经营范围、经营能力等。

(3) 国内外金融机构及其分支机构。一般来说,客户均与各种金融机构有业务往来,通过金融机构调查客户的信息,尤其是资金状况是比较有效的。

(4) 国内外咨询公司及市场研究公司。国内外咨询公司及市场研究公司具有业务范围较广、速度较快、信息准确的优势,可以充分利用这个渠道对指定的客户进行全面调查,从而获取客户的相关信息。

(5) 从已建立客户数据库的公司租用或购买。小公司由于实力有限或受其他因素的限制,自己无力去收集客户信息,对此可通过向已经建立客户数据库的公司借用或者购买来获取客户的信息。

## (五) 收集客户信息的方法

企业通过直接或间接渠道收集客户信息时,可以使用多种方法,这些方法主要包括:

**1. 人员访谈法**

人员访谈法是指企业直接与客户对话,通过与客户交流来弄清客户的需求。对企业而言,经常面对众多客户,因此就要求企业从中挑选部分客户作为访谈对象。在实践中,面对组织客户,很多企业会定期与客户交流,了解客户的需求等信息。例如作为一家大型的制造企业,海尔要求其销售员工定期拜访客户,了解客户的需求及对海尔售后政策、服务等方面的意见和建议。面对个人客户,由于其数量众多,企业只能从中选一些客户进行访谈,这些访谈经常发生在售后环节,主要是了解客户对企业产品或者品牌的态度。

**2. 观察法**

观察法是指企业直接观察客户的行为,从中了解客户的需求。观察法可以用在客户日常的购买行为分析及营销活动中。观察法可以采用仪器进行观察。比如,在国外,有许多超市在购物车上安装了能够记录客户在超市行走路线的仪器,通过记录客户在超市的行走路线以及在不同货架前停留时间的长短,超市就能获得有关客户购买习惯和偏好的数据。除了使用机器之外,还可以安排人员直接观察客户的行为和习惯。

**3. 调查问卷**

企业可以通过设计结构化或者开放式的调查问卷来了解客户的信息。调查问卷包括网上调研、电子邮件调研、电话调研、短信调研等多种方式。

企业可以向客户邮寄纸制调查问卷,在问卷中可以涉及多方面的问题,此种方法的优点是可以向众多的客户发放问卷,能够全面了解客户的信息,缺点是难以保证问卷的回收率。

随着网络的兴起,网上调研成为许多企业采用的一种方式。现在有许多专业从事问卷调研的网站。例如,www.zhijizhibi.com 就是一家专门从事问卷调研的网站。网上调研的优势在于费用低廉,只需将问卷公布在网上,而无需印刷问卷。另外,调研获得的数据可以直接输入数据库之中,省却了数据入录这一环节。网上调研的缺点在于:首先,和邮寄问卷一样,难以保证回收率;其次,难以保证覆盖到企业所关心的客户,很多时候,企业所关心的客户并不一定会上网,难以保证问卷调研所获数据的真实性。

电子邮件调研也是企业常用的一种方式,主要是通过向目标客户发送附带问卷的电子邮件来收集客户的信息。与网上调研一样,电子邮件调研的方式成本低廉,而且速度很快,并且企业可以事先选择发送电子邮件的对象,确保问卷调研的针对性。同样的,电子邮件调研也无法保证问卷的回收率。此外,通过电子邮件发送问卷需要企业事先清楚客户的电子邮件地址,否则就无法向目标客户发送问卷。

电话调研是企业直接通过打电话来了解客户的信息。电话调研的优势在于能够及时回收客户的信息,并且能针对客户的回答进行更深入的访谈。相较于邮寄问卷、网上调研等方式,电话调研的回收率较高。但是统计表明,大概有三分之一的被调查者拒绝回答。此外,与邮寄问卷、网上调研、电子邮件调研等方式比较,电话调研的内容要简单得多,因为客户不太愿意长时间接听电话。

短信调研是随着手机的普及而新兴起的一种调研方式。它通过直接向企业选定的客户群体发送短信的方式来了解客户的信息和态度。例如,国家大剧院就利用发短信的方式,向在国家大剧院网站注册的会员发送短信,询问会员在歌剧、话剧、音乐剧、京剧中更喜欢哪一种。与电话调研类似,短信调研也只限于少数几个问题,否则客户就会拒绝参与调研。此外,短信调研还需要事先知晓客户的手机号码,否则就无法发送短信。

**4. 其他方法**

除了上述三种方法之外,企业还可以利用其他途径来收集客户信息。例如,通过客户的投诉和抱怨来获得信息,通过组织客户俱乐部的形式来了解客户需求,采用直接购买的方法来获得客户信息,等等。

## (六) 客户资料分析

**1. 信用"5C"标准**

"5C"是美国银行家爱德华在 1943 年提出的,此标准认为企业信用的基本形式由 Character(品格)、Capacity(能力)、Capital(资本)、状况(Condition)和担保品(Collateral)构成。由于该五个英文单词都以 C 打头,故称"5C"。

(1) 品格(Character)。品格是指企业和管理者在经营活动中的行为和作风,是企业形象最为本质的反映。

(2) 能力(Capacity)。能力是仅次于品格的信用要素。能力包括经营者能力(如管理、资金运营和信用调度等)和企业能力(如运营、获利和偿债等)。

(3) 资本(Capital)。资本主要考察企业的财务状况。一个企业的财务状况基本反映了该企业的信用特征。若企业资本来源有限,或资本结构比例失调,大量依赖别人的资本,则会直接危及企业的健康。

(4) 担保品(Collateral)。许多信用交易都是在有担保品作为信用媒体的情况下顺利完成的,是否有担保品成为这些交易的首要考虑因素。

(5) 状况(Conditions)。状况,又称经济要素,大到政治、经济、环境、市场变化、季节更替等因素,小到行业趋势、工作方法、竞争等因素,诸如此类可能影响企业经营活动的因素都可归为状况。

**2. 信用"5P"标准**

"5P"从不同角度将信用要素重新分类,条理上更加易于理解。它包括人的因素(Personal Factor)、目的因素(Purpose Factor)、还款因素(Payment Factor)、保障因素(Protection Factor)和展望因素(Perspective Factor)。

**3. 信用"6A"标准**

"6A"是美国国际复兴开发银行提出的,他们将企业要素归纳为经济因素(Economic Aspects)、技术因素(Technical Aspects)、管理因素(Managerial Aspects)、组织因素(Organizational Aspects)、商业因素(Commercial Aspects)和财务因素(Financial Aspects)。

**4. 法人信用信息管理**

所谓法人信用信息管理,是指从合法性角度对客户进行的基本签约资格或履约能力的信息考察。

# 学习单元三　客户信息的分类管理

## (一) 整合、管理客户信息

在过去,由于技术的限制,企业只能对掌握的信息进行简单的分析。现在,随着IT技术的发展,企业可以利用数据仓库来整合、管理信息,预测客户未来的行为。

通常,企业客户资料的基本信息中应包括基础资料、客户特征、业务状况、交易现状等四个方面的内容。客户资料的基本内容如表3-5所示。

表3-5　客户资料的基本内容

| 类别 | 详细内容 |
| --- | --- |
| 基本资料 | 主要包括客户的名称、地址、电话、所有者、经营管理者、法人代表及他们个人的性格、爱好、家庭、学历、年龄、创业时间,与本公司的起始交易时间,企业组织形式、业务种类、资产等 |
| 客户特征 | 主要包括服务区域、发展潜力、经营观念、经营方向、经营政策、企业规模、经营特点等 |
| 业务状况 | 主要包括销售实绩、经营管理者和销售人员的素质、与其他竞争对手之间的关系、与本公司的业务关系及合作态度等 |
| 交易现状 | 主要包括客户的销售活动现状、存在的问题、保持的优势、未来的对策、企业形象和声誉、信用状况、交易条件以及出现的信用问题等方面 |

**1. 数据仓库体系的组成部分**

(1) 数据源。数据源是数据仓库系统的基础,是整个系统的数据源泉,也就是前面提到的企业收集和掌握的客户信息。

(2) 数据的存储与管理。数据的存储与管理是整个数据仓库系统的核心与关键。数据仓库的组织管理方式决定了它有别于传统数据库。决定采用什么产品和技术来建立数据仓库的核心，需要从数据仓库的技术特点着手分析，对现有各业务系统的数据进行抽取、清理，并有效集成，按照主题分别组织。按照数据的覆盖范围，数据仓库可以分为企业级数据仓库和部门级数据仓库(数据集市)。

（3）OLAP 服务器。OLAP 服务器可对需要分析的数据进行有效集成，按多维模型予以组织，以便进行多角度、多层次的分析，并发现发展趋势。其具体实现可以分为 ROLAP、MOLAP 和 HOLAP。ROLAP 基本数据和聚合数据均存放在 RDBMS 之中；MOLAP 基本数据和聚合数据均存放于多维数据库中；HOLAP 基本数据存放于 RDBMS 之中，聚合数据存放于多维数据库中。

（4）前端工具。前端工具主要包括各种报表工具、查询工具、数据分析工具、数据挖掘工具以及各种基于数据仓库或数据集市的应用开发工具。其中，数据分析工具主要针对 OLAP 服务器，报表工具、数据挖抓工具主要针对数据仓库。

**2. 利用数据仓库整合、管理信息的步骤**

（1）信息整理。企业从直接和间接渠道、利用不同方法收集的信息并不能直接为企业所用，必须要对这些信息进行分类、整理。这是因为企业所收集的信息分散在企业各个不同部门之中，企业必须要对所掌握的信息进行筛选、整理，从中找到最有价值的信息。

（2）客户信息录入。当企业完成了信息整理之后，第二步就是将掌握的信息录入到数据仓库之中。在录入信息的过程中，首先要对信息进行编码。良好的编码能够让企业员工更为方便地处理信息，同时也提高了数据的运算处理速度。其次，要保证录入信息的准确性。一方面，要对信息的来源进行检查，确保信息来源的可靠性和真实性。另一方面，要保证信息录入过程的准确性。确保信息录入准确性的简单办法是：两次录入，然后比对两次录入是否存在差异，如存在差异则表明在信息录入时发生了错误。

（3）客户信息的分析与整理：

首先，数据仓库能帮助企业了解自身所有客户的基本信息。例如，了解个人客户的性别、年龄段、职业状况等基本信息。

其次，数据仓库能够帮助企业分析客户行为。客户行为可划分两个方面：整体行为分析和群体行为分析。整体行为分析用来发现企业所有客户的行为规律，但仅有整体行为分析是不够的。企业的客户千差万别，众多客户在行为上可以划分为不同的群体，这些群体的有着明显的行为特征。对企业而言，不仅要了解客户整体行为，还必须掌握客户群体乃至客户个人的信息，以便于企业协调与客户的关系。

在了解客户的行为基础上，企业应当利用数据仓库了解客户的具体行为特征，包括：① 哪些人具有这样的行为？② 哪里的人具有这样的行为？③ 具有这些行为的人能给企业带来多少利润？④ 具有这样行为的人是否对本企业忠诚？

最后，数据仓库还能帮助企业分析客户行为规律。一般来说，客户行为规律分析包括以下内容：① 这些客户购买了企业的哪些产品？② 这些客户的购买高峰期是什么时候？③ 通常这些客户的购买行为在哪里发生？

## （二）更新客户信息

对于企业而言，通过直接、间接渠道收集信息是企业了解客户的重要途径。但是，企业并不是开展一次大规模的收集信息活动就能一劳永逸。对企业而言，及时更新客户信息与收集客户信息同等重要。在市场竞争激烈的今天,客户的需求和偏好在不断发生着变化,如果企业不能及时更新客户信息,采用过时的数据来分析客户特征,企业便不能确切了解客户的要求。一旦对客户特征把握不准确,就将对企业产品设计、客户沟通等策略带来严重干扰,使得企业的投入不能取得预定的成效。

在更新客户信息中,企业需要把握如下几个方面:

**1. 信息更新的及时性**

客户的需求、行为习惯在不断发生变化,需要企业时刻关注客户的变化。及时更新信息需要企业各个部门的全力配合。例如,当有客户来反映售后服务问题时,售后服务部门应及时记录客户的维修信息,并将其汇总到企业的客户数据库之中。在企业的促销活动中,营销部门应及时记录并更新营销活动信息。

**2. 抓住关键信息**

对于一个企业而言,它所拥有的资源是有限的,一方面,企业不可能每次都记录所有的客户信息;另一方面,客户信息包括了许多方面,既包含基本信息,也包含行为、态度等方面的信息。客户不同方面特征的变化速度也是不同的。因此,在更新信息时,需要注意三个方面:① 哪些客户信息经常发生变化?② 在这些经常发生变化的信息中,哪些对客户关系的影响更大?③ 如何能快速收集到这些信息?

**3. 及时分析信息**

企业更新信息并不是让信息存储在数据库中,而是希望通过这些客户信息来认识、了解客户,弄清客户特征发生了什么样的变化。因此,对企业而言,及时录入新的客户信息是客户信息更新的第一步。更为关键的一步是从时间序列的角度分析客户信息的变化,需要考虑三个方面:① 与过去相比,客户信息发生了哪些变化?在哪些方面发生了变化?② 这些变化对企业的利润有何影响?③ 未来的变化趋势是什么?

**4. 及时淘汰无用信息**

更新客户信息并不是仅仅是在数据库中添加新的客户信息,同时还包括了及时淘汰无用的数据信息。在某些行业,例如银行业、电信业,一些客户的账号长期不用,如果不予以及时处理,就会长期占用企业的资源,降低数据库的利用率。

## (三) 企业客户信息的安全

对于客户信息安全,企业主要回答两个问题:其一,企业的客户信息是否泄露?其二,在收集、更新客户信息的过程中,是否侵犯了客户隐私?

对任何一个企业而言,其所掌握的客户信息都是一笔重要的资产。这些客户信息不仅是企业制定客户关系管理策略的重要依据,同时也是企业制定营销战略乃至企业发展战略的重要基础。客户信息一旦泄露,将会对企业的发展造成不可估量的损失。因此,对企业而言,如何保护客户信息是一个极其重要的问题。

在保护客户信息数据库不外泄的过程中,企业需要从如下几个方面入手。

**1. 培养信息保密意识**

这是有效保护企业客户信息的第一步,也是最关键的一步。从企业高层到普通员工,都需要重视客户信息安全,认识到客户信息是企业的宝贵资产。为了做到这一点,首先,企业高层必须对客户信息安全高度重视。其次,应培育相应的企业文化,让员工在工作中注意保护客户信息与资料。这需要企业运用多种手段和方式,从点滴中培养员工的保密意识。

**2. 建立相应的制度体系**

应在整个企业中建立相关规章制度,规范员工访问和使用客户信息数据库的行为,并对滥用或者盗取客户信息数据库的行为进行惩罚。企业还须与员工签订保密协议。

**3. 分级管理**

分级管理包括两层含义:首先,需要对客户信息数据库中的信息进行区分,按照重要程度的不同划分为高度保密、中等机密、一般信息等不同的等级;其次,根据员工职位的不同进行不同的授权,不同职位的员工只能接触到部分数据库资料,而无法浏览整个客户信息数据库。

## (四) 保护客户个人信息

在网络时代,企业较之以前能够更容易地接触到各类客户信息,同时大量的企业意识到应当利用各种手段和方式及时获取各类信息。但是有不少企业在获取客户信息时却有意无意地侵犯了客户隐私。例如,在设计客户信息卡时,包含了许多与客户家庭或者职业相关的题项。除此之外,还有许多企业将客户信息泄露给其他企业。

随着国家立法的逐步完善,企业越来越需要加强对客户隐私信息的保护,企业可以通过如下问题来检查是否有侵犯或者泄露客户个人信息的行为:① 企业在收集客户信息时涉及的内容都是企业所必需的吗?② 企业有没有采取有力措施保护客户个人信息?③ 企业有没有将客户信息泄露给其他企业?

## (五) 建立客户档案

现在越来越多的企业管理者已经了解,对客户信息的管理貌似简单,实际情况却复杂得多。以国内某著名计算机制造厂商为例,其客户相关资料与以下部门有关。

(1) 渠道发展部。负责发展渠道商,完成中低端产品的销售,客户信息主要来自渠道商的反馈。

(2) 大客户部。负责对集团客户等大客户的直接销售,客户信息直接由大客户部向客户收集。

(3) 在 27 个省有办事处,设渠道经理及行业经理,分别负责各省的渠道商及行业客户。

(4) 在大的省份下又有区域办事机构,负责该区域内的各类客户。

上述纷繁复杂的情况,在大多数企业中都不同程度地存在着。这种由多个部门来接触客户的现实,造成客户资料被割裂存放在不同的系统中,通常会具有不同格式,也可能会重复出现,无法实现真正的信息共享,从而无法以真实、完整、统一、实时的客户信息来对营销、销售及服务的各个环节提供有效支持。

如何才能保存最完整、真实有效的客户信息?一个有效的 CRM 系统能按照信息的各种内在的真实逻辑并考虑到不同数据之间的联系,对客户信息进行有效的、有条不紊的管理。一种比较好的做法就是建立客户档案:第一次接触客户后,就为其在 CRM 系统中建立档案。输入相关信息,如联系人、公司、联系方式等,系统自动为客户生成一个编号。以后,只要我们与该客户发生业务往来或其他联系,在进行系统记录时,首先在系统中通过客户名称、代码或其他搜索元素找到此客户(客户编号),然后为其创建各个业务记录(活动),比如电话沟通记录、电子邮件记录以及其他活动记录等,这样就可以很方便地对其业务数据进行记录且便于日后的查询。

无论什么时候,如果此客户的信息发生变化,都可以直接在系统内进行修改,从而保证数据的一致性,同时也不会影响到与此客户相关的业务记录。

在 CRM 系统中,可以创建多种不同的角色,除了客户,还有潜在经销商、流失客户、供应商以及员工等,系统中的客户都可以归纳为这些角色的一个或者多个,这样就可以基于角色来对客户的业务操作权限进行授权控制了。

客户资料信息管理流程如图 3-1 所示。

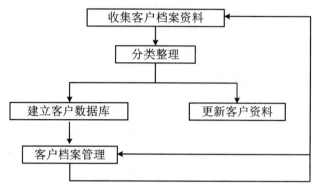

**图 3-1　客户资料信息流程**

对客户资料卡进行"建档管理"应注意下列事项:
(1) 是否在访问客户后立即填写此卡。
(2) 卡上的各项资料是否填写完整。
(3) 是否充分利用客户资料并保持其准确性。
(4) 主管应指导业务员尽善尽美地填写客户资料卡。
(5) 最好在办公室设立专用档案柜放置"客户资料卡",并委派专人保管。
(6) 自己或业务员每次访问客户前先查看该客户的资料卡。
(7) 应分析"客户资料卡"资料,并作为拟订销售计划的参考。

与客户资料卡相关的表格如表 3-6、表 3-7、表 3-8、表 3-9 所示。

**表 3-6　客户统计表**

| 产品 | 地址 | 客户数 | 销售额 | 平均每位客户年销售额 | 销售额前三名客户名称及销售额 | | | | | |
|---|---|---|---|---|---|---|---|---|---|---|
| | | | | | 名称 | 金额 | 名称 | 金额 | 名称 | 金额 |
| | | | | | | | | | | |
| | | | | | | | | | | |

**表 3-7　客户地址分类表**

| 项次 | 客户名称 | 地址 | 经营类别 | 不宜访问时间 | 备注 |
|---|---|---|---|---|---|
| | | | | | |
| | | | | | |
| 访问路线图 | | | | | |

表 3-8　与本企业交易记录

| 年度 | 订购日期 | 出货日期 | 批号 | 产品名称 | 数量 | 金额 | 备注 |
|---|---|---|---|---|---|---|---|
|  |  |  |  |  |  |  |  |
|  |  |  |  |  |  |  |  |
|  |  |  |  |  |  |  |  |

表 3-9　客户情报报告书

| 地址 |  | 编号 |  |
|---|---|---|---|
| 客户名称 |  | 等级 |  |

| 序号 | 内容 | 具体情况 | 备注 |
|---|---|---|---|
| 1 | 销售 | 急增、急减,渐增、渐减、不变(20%以上/5%以上) |  |
| 2 | 毛利 | 急增、急减、渐增、渐减、不空(20%以上/5%以上)<br>急增、急减时的原因<br>　特定商品<br>　特定的客户<br>　季节性商品<br>　此倾向今后仍会继续<br>　其他原因 |  |
| 3 | 购入 | 急增、急减、渐增、渐减、不变 |  |
| 4 | 本公司采购 | 急增、急减时的原因<br>　因为销售的增减<br>　特定的商品<br>　特定的供应商<br>　季节性的商品<br>　此倾向今后仍会继续<br>　其他原因<br>主要供应商和交易商有重大的变更<br>出现抢购和购买的倾向<br>没有特别工作,但本公司的采购增加<br>突然产生的大量订单<br>有 A 商品、B 商品、C 商品等的大批订单<br>以前由他公司采购的产品线突然转换为本公司 |  |
| 5 | 库存 | 急增、急减、渐增、渐减、不变<br>急增、急减时的原因<br>　特定的商品<br>　暂时的现象 |  |
| 6 | 付款 | 付款状态,变好,变差,不变<br>票据期限延长,缩短,不变<br>同业者的评语,良好,不佳,普通<br>是否向其他公司要求票据延期 |  |

## （六）客户档案管理

为提高销售业绩、扩大市场份额、与客户建立长期稳定的业务联系，企业需要对客户档案进行有效管理。为确保客户档案资料能有效发挥最大作用，管理时应遵循集中、动态、分类管理的原则。

**1. 集中管理**

企业客户资料分散化通常有两种情况：一是分散在业务人员手中，二是分散在企业各个部门。如果是第一种情况，就可能导致客户是业务人员的客户而不是企业的客户，因为企业的管理层并不熟悉每一个客户，所以当业务人员离开企业后，客户业务也随之离去，给企业造成重大的经济损失。如果客户资料分散在各个部门，虽然可以杜绝个人掌握企业客户资源的问题，但也会导致部门之间因沟通、配合等方面的问题影响到客户满意度。因此，针对客户资料分散化的问题，企业唯一的解决办法就是对客户档案进行集中管理。集中管理客户档案后，企业可以进行统一授信、全面跟踪，及时抑制可能出现的问题。在集中管理的模式下，企业仍然要注意加强对客户档案管理部门工作人员的职业道德教育，使其意识到客户档案是企业的特殊资产，也是企业商业秘密中的重要内容。

**2. 动态管理**

所谓动态管理，是指对于客户档案信息要不断进行更新。客户本身的情况是在不断变化的。就客户的档案信息报告来讲，它是一份短期的客户档案，有效期一般在三个月到一年。超出这个时间，就要对客户进行新的调查。同时对客户档案实施动态管理的另一个目的是，随着客户的财务、经营、人事变动情况，定期调整对客户的授信额度。长期积累客户信息也非常重要，通过完整的历史记录可以看到客户的发展趋势，更好地对客户的发展潜力进行分析。此外，历史积累数据是进行统计分析的基础，有助于挤掉客户财务报表的部分"水分"，提供相对比较准确的预测基础。总之，客户档案不是静态的，而是一个动态变化的集成过程。

**3. 分类管理**

对客户档案进行恰当的分类，一方面基于客户对企业的重要性和客户档案管理费用进行考虑，企业客户规模的大小不一，对企业销售额的贡献程度也相应不同，理应区别对待；另一方面进行客户档案管理也要考虑到成本效益原则，尽量使有限的资源发挥最大的经济效用。考虑客户对企业的重要性因素，信用管理部门可以将客户分成普通客户和核心客户。划分的标准是企业与客户的年平均交易额，同时要考虑与客户交往的时间长短。核心客户与企业的交易量大，是利润的主要来源，一旦将某客户划入到核心客户范围，对其档案进行管理的复杂程度就会提高，对应的档案管理费用也会有所提高。费用提高的主要原因在于，对核心客户要进行深层次的资讯调查，同时要保证信息的及时更新。对于核心客户的重点管理并不意味着对普通客户的管理可以放松。值得注意的是，企业有一些多年保持生意来往的中小客户，尽管企业与它们的年交易额并不高，也要给予必要的关注，不能因其是老客户、交易额不大而忽视对它们的风险防范。

"客户资料卡"应适当保存，并在开展业务过程中充分加以利用。充分利用"客户资料卡"的功能可以有效地提升业绩。请调查某企业客户，并填写表3-10和表3-11。

表 3-10　客户资料卡

| 客户名称 | | | | 地址 | | | | |
|---|---|---|---|---|---|---|---|---|
| 电话 | | | | 传真 | | | | |
| 性质 | A. 个体　B. 集体　C. 合伙　D. 国营　E. 股份公司　F. 其他 | | | | | | | |
| 类别 | A. 代理商　B. 一级批发商　C. 二级批发商　D. 重要零售商　E. 其他 | | | | | | | |
| 等级 | A 级　　　B 级　　　C 级 | | | | | | | |
| 人员 | 姓名 | 性别 | 出生年月 | 民族 | 职务 | 婚否 | 电话 | 住址 | 素质 |
| 负责人 | | | | | | | | | |
| 影响人 | | | | | | | | | |
| 采购人 | | | | | | | | | |
| 售货人 | | | | | | | | | |
| 工商登记号 | | | | 税号（国税） | | | | |
| 往来银行及账号 | | | | | | | | |
| 资本额 | | | 流动资金 | | | 开业日期 | | |
| 营业面积 | | | 仓库面积 | | | 雇员人数 | | |
| 店面 | ○ 自有<br>○ 租用 | | 车辆 | | | | | |
| 运输方式 | ○ 铁路　○ 水运　○ 汽运　○ 自提　○ 其他 | | | | | | | |
| 付款方式 | | | 经营额 | | | | | |
| 经营品种及比重 | | | | | | | | |
| 辐射范围 | | | | | | | | |
| 开发日期及开发人 | | | | | | | | |

表 3-11　人脉关系检查表

| | | | |
|---|---|---|---|
| 内部人脉关系 → | 同事·后进同事姓名 | 专长·职务 | 备注 |
| | | | |
| | 前辈·上司姓名 | 专长·职务 | 备注 |
| | | | |
| 外部人脉关系 → | 同乡姓名 | 专长·单位 | 备注 |
| | | | |
| | 同窗好友姓名 | 专长·单位 | 备注 |
| | | | |

| 外部人脉关系 | 顾客名称 | 专长·单位 | 备注 |
|---|---|---|---|
| | | | |
| | 联谊会会员姓名 | 专长·单位 | 备注 |
| | | | |
| | 其他人姓名 | 专长·单位 | 备注 |
| | | | |

## (七) 信用分析的标准

**1. 客户构成分析**

进行客户构成分析能使客户经理及时了解每个客户在总交易量中所占的比例及客户的分布情况,并从中发现客户服务中的问题,从而针对不同客户情况采取不同的沟通策略。

**2. 客户经营情况分析**

企业客户的经营情况分析一般是指在了解企业基本情况的基础上,通过对其财务报表的分析,揭示客户的资本状况和盈利能力,从而了解客户的过去、现在和未来的经营情况,具体可以通过表 3-12 和表 3-13 反映。

表 3-12　企业收入汇总表

| 年　度 | 工业总产值 | 销售收入 | 利　润 | 税　金 | 创　汇 |
|---|---|---|---|---|---|
| 上年实际 | | | | | |
| 本年预计 | | | | | |
| 主要产品名称 | 产　量 | 销售量 | 单　位 | 销售额 | 利　润 |
| | | | | | |
| | | | | | |
| | | | | | |

表 3-13　企业财务状况分析

| | 企业资本金合计 | | | 企业资产总额 | | |
|---|---|---|---|---|---|---|
| 其中 | 国家资本金 | | 其中 | 流动资产总额 | | |
| | 其他资本金 | | | 流动资产余额 | | |
| | 企业负债总额 | | | 固定资产总额 | | |
| 其中 | 流动负债 | | 其中 | 固定资产净值 | | |
| | 长期负债 | | | 生产设备净值 | | |
| | 企业资产负债率 | | | 技术开发经费总额 | | |

同时,企业的经营状况可以通过财务状况分析进行,主要分析方法如下:

(1) 企业偿还能力分析。企业偿债能力的大小,是衡量企业财务状况好坏的标志之一,是衡量企业运转是否正常,是否能吸引外来资金的重要指标。反映企业偿债能力的指标主要有:流动比率、速动比率、现金比率、变现比率、负债流动率、资产负债率(负债比率)。

**3. 客户信用分析**

在利用客户档案记录的详细内容动态反映客户行为及其状况的特点的同时,还要进行客户信用情况分析,以便对客户的信用进行定期的评判和分类。

具体客户信用调查分析表如表 3-14、表 3-15、表 3-16、表 3-17 所示。

表 3-14 客户信用调查表

| 企业名称 | | | 地址 | | 电话 | |
|---|---|---|---|---|---|---|
| 负责人 | | | 住所 | | 电话 | |
| 创业日期 | | 年 月 日 | 营业项目 | | 经营方式 | 独资( )合伙( )公司( ) |
| 开始交易日期 | | 年 月 日 | 营业区域 | | 经营地点 | 市场( )住宅( )郊外( ) |
| 负责人 | 性格 | 温柔( )开朗( ) | | 气质 | 稳重( )寡言( )<br>急躁( )饶舌( ) | |
| | 兴趣 | | | 名誉 | | |
| | 学历 | 大学( )高中( )<br>初中( )小学( ) | | 出生地 | | |
| | 经历 | | | 谈话能力 | 能说( )口拙( )普通( ) | |
| | 思想 | 稳健派( )保守派( )<br>革新派( ) | | 嗜好 | 酒:饮( )不饮( )<br>香烟:吸( )不吸( ) | |
| | 长处 | | | 特长 | | |
| | 短处 | | | 技术 | 熟练( )不熟练( )<br>不会( ) | |

表 3-15 客户信用度分析表(企业)

| 类别 | 具体表现 | 分析结果 |
|---|---|---|
| 业界动向 | 1. 生意往来企业的业界动向如何<br>2. 现今经济环境发展情况如何<br>3. 金融环境如何<br>4. 业界未来发展情况如何 | |
| 经营素质 | 1. 生意往来伙伴是法人还是个人<br>2. 资本、资金状况如何<br>3. 同行的评价如何<br>4. 总公司、关系企业、主要合作银行对其的信赖程度如何<br>5. 资本结构如何 | |
| 评语 | 1. 是否有不当交易的谣传<br>2. 是否有组织变动的谣传<br>3. 与外部团体的联系如何 | |

表 3-16　客户信用度分析表(管理人员)

| 类　别 | 具体表现 | 分析结果 |
| --- | --- | --- |
| 负责人的素质 | 1. 负责人的人品是否可以信赖<br>2. 负责人的领导能力如何<br>3. 负责人的健康情况如何<br>4. 负责人的年龄<br>5. 经营理念是否坚定 | |
| 负责人的个人条件 | 1. 负责人的家庭是否圆满<br>2. 是否有花边新闻<br>3. 酒品如何<br>4. 是否赌博<br>5. 是否兴趣广泛 | |
| 负责人的评价 | 1. 在商场上的声誉如何<br>2. 是否受职员尊敬<br>3. 是否与不良团体有关联<br>4. 是否有犯罪的丑闻 | |
| 负责人的经营能力 | 1. 负责人的经营能力如何<br>2. 业绩如何<br>3. 指导部属是否有效<br>4. 是否费心地培育后继人才<br>5. 客户或主要合作银行对其的评价如何 | |
| 负责人的资产 | 1. 负责人的个人资产与其经营规模是否成正比<br>2. 个人贷款是否过多<br>3. 是否有个人的事业<br>4. 凡事是否都不编列预算随意支出<br>5. 抵押状况如何 | |
| 评价 | | |

表 3-17　客户信用度分析表(职员)

| 类　别 | 具体表现 | 分析结果 |
| --- | --- | --- |
| 士气 | 1. 全员的士气很高昂<br>2. 很多诚实、亲切的人<br>3. 很多职员都有谦虚的品性<br>4. 职员间很和睦 | |

续表

| 类 别 | 具体表现 | 分析结果 |
|---|---|---|
| 向上心 | 1. 经常教育、训练职员<br>2. 了解公司商品的知识<br>3. 热心于产品开发<br>4. 热心于设备的革新<br>5. 热心于技术的革新 | |
| 评语 | 1. 没有派系对立的传闻<br>2. 没有花边新闻<br>3. 没有职员受贿赂的丑闻<br>4. 没有劳资对立的谣传<br>5. 没有职员间对立的谣传 | |
| 工作态度 | 1. 勤勉<br>2. 服装整洁<br>3. 工作岗位的整理、整顿做得很彻底<br>4. 有机敏的工作态度<br>5. 富有效率 | |
| 薪资等级 | 1. 薪金在一般水平<br>2. 没有不公平的薪资制度<br>3. 没有延误发薪的传闻<br>4. 职员的储蓄率很高 | |
| 评价 | | |

**4. 客户对公司的利润贡献分析**

客户资产回报率是分析公司从客户处获利多少的有效方法之一。实践表明，不同的客户其资产回报率是不同的。通过对这一指标的分析，还可具体了解这种差距产生的原因。

为确保客户能够成为好客户，企业对客户要进行定期评价，并采取相应措施。今天，越来越多的企业强调要通过多种指标对客户进行评价，一般可按以下指标进行评价：

（1）积极性。客户的积极性是企业做好销售工作的最好保证。客户具有合作和业务拓展的积极性，就能主动地开展工作，而不是被动地听从企业安排或一味地向企业要支持。凡是销售业绩比较好的客户，都有强烈的积极性，不仅表现在态度上，还通过资金的支付、人员和物资的准备等行动表现出来。不少企业将客户的积极性列为衡量客户好坏的第一个指标。

评价客户积极性要细心地全面观察，谨防虚假的积极性，因为那往往是阴谋诈骗行为的开端。

（2）经营能力。衡量客户经营能力的大小，常有以下指标：

① 经营手段的灵活性。好的经销商往往很有经营头脑，经营思想新颖，开发能力强，管理也很有章法，不盲从、随大流。

② 分销能力的大小。此项主要看其有多少分销商,市场覆盖面有多大,与分销商的合作关系是否良好等。

③ 资金是否雄厚,这是衡量经销能力强弱的一个硬指标。

④ 手中畅销品牌的多少。好的经销商往往有多个畅销品牌的经销权。这个指标同时也是在考核经销商在本行业经销圈子中是否也树立起了自己的"品牌"。

⑤ 仓储能力和车辆、人员的多少也是衡量经销商实力的一个硬指标。这个指标对今后销售工作向细的、扎实的方向发展更为重要。

（3）信誉。经销商的信誉是与其合作的基础,不讲信誉的经销商,条件再好也不能与之合作。对于信誉,一不能超出经销商承受能力（此时信誉将变得没有意义）,二不能单看一时、一事,即要用变动的和长远的眼光对其进行考察。

（4）社会关系。社会关系是影响经销商经营状况的主要因素之一。社会关系主要指两个方面：一方面是家庭关系,包括家庭成员组成状况、从事什么职业、信仰情况、爱好兴趣、生活方式、家庭关系是否和睦、家庭成员健康状况、有无不良嗜好等,这些情况都会直接或间接地影响经销商的正常经营；另一方面是指社会地位,考察其在社会中有什么样的地位、影响,社会背景情况,与行政管理部门有何联系,等等。

除以上指标外,还常从销售管理水平、销售网络、促销能力、售后服务能力、与本公司的关系等方面对客户进行评价。

好的客户会给企业带来较丰厚的利润,而差的客户则会给企业带来很大的风险,甚至可能会拖垮一个企业。建立客户评价指标,对客户进行评价,一是可从中选择好的客户,二是可以在客户管理工作中建立起动态管理机制。在不断淘汰差的客户的同时,不断培养出更多的适合企业需要的好客户。

具体的客户信息管理流程见表 3-18。

**表 3-18　客户信息管理流程**

| 工作目标 | 知识准备 | 关键点控制 | 细化执行 | 流程图 |
| --- | --- | --- | --- | --- |
| 1. 规范客户信息管理行为<br>2. 为相关部门的决策提供依据 | 1. 熟悉客户信息收集的方法<br>2. 掌握客户信息分析的技巧 | 1. 制定客户信息管理制度<br>客户服务部根据公司对客户信息管理的要求,编制原客户信息管理制度,经客户服务总监审核通过,报送总经理审批 | | |
| | | 2. 确定客户信息收集的内容<br>客户服务部经理根据审批通过的客户信息管理制度确定客户信息收集内容 | | |

续表

| 工作目标 | 知识准备 | 关键点控制 | 细化执行 | 流程图 |
|---|---|---|---|---|
| 1. 规范客户信息管理行为 2. 为相关部门的决策提供依据 | 1. 熟悉客户信息收集的方法 2. 掌握客户信息分析的技巧 | 3. 收集客户信息 客户服务部人员及销售人员采用一定的收集信息方法收集客户信息，并按照具体的要求填写客户信息调查表 | 客户信息调查表 | 1. 制定客户信息管理制度 ↓ 2. 确定客户信息收集的内容 ↓ 3. 收集客户信息 ↓ 4. 更新客户信息库 ↓ 5. 客户信息整合与分析 ↓ 6. 建立相关的客户指标 ↓ 7. 编写客户信息分析报告 ↓ 8. 资料归档 |
| | | 4. 更新客户信息库 客户服务人员与销售人员将收集的客户信息汇总到客户服务部信息管理人员处，同时对客户信息库进行更新 | 客户信息管理统计表 | |
| | | 5. 客户信息整合与分析 客户服务部信息管理人员对客户的具体信息进行整合、分析 | 客户信息分析表 | |
| | | 6. 建立相关的客户指标 客户服务部信息管理人员根据对过往资料的统计分析和经验，并且在与其他部门充分讨论的基础上，建立相关的客户指标 | 客户指标 | |
| | | 7. 编制客户信息分析报告 客户服务部信息管理人员根据其他部门的要求，编制不同的客户信息分析报告 | 客户信息分析报告 | |
| | | 8. 资料归档 客户服务部信息管理人员将客户信息资料及相关分析报告按时归档 | 客户档案 | |

## 四、实例研讨

1. 迪克连锁超市是一家在威斯康星州乡村地区拥有8家分店的超级市场。它采用数据软件,对扫描设备里的数据加以梳理,即可预测出其顾客什么时候会再次购买某些特定产品。接下来,该系统就会"恰如其时地"推出特惠价格。

它是这样运行的:在迪克超市每周消费25美元以上的顾客每隔一周就会收到一份专门订制的购物清单。这张清单是由顾客以往的采购记录及厂家所提供的商品现价、交易政策或折扣共同派生出来的。顾客购物时可随身携带此清单,也可以将其放在家中。当顾客到收银台结账时,收银员就会扫描一下印有条形码的购物清单或者顾客常用的优惠会员卡。无论哪种方式,购物单上的任何特价商品都会被自动予以兑现,而且这位顾客在该店的购物记录会被刷新,生成下一份购物清单。迪克超市还依靠顾客特定信息,跨越一系列商品种类,瞄准各类最有价值的顾客为其定制促销品。

**思考:** 光收集大量的客户信息够吗?成败关键取决于哪些因素?

2. 一个客户说,十年前的一天他在香港丽晶饭店用餐时无意中说过他最喜欢胡萝卜汁,大约六个月后,当他再次住进丽晶饭店时,他在房间的冰箱里,意外地发现有一大杯胡萝卜汁。十年来,不管这个客户什么时候住进丽晶饭店,丽晶饭店都为他备有胡萝卜汁。他说,在最近一次旅行中,飞机还没在香港启德机场降落,他就想到丽晶饭店为他准备好的胡萝卜汁,顿时兴奋不已。十年间,尽管丽晶饭店的房价涨了3倍多,但他还是住这个饭店,就因为丽晶饭店每次都为他准备了胡萝卜汁。

**思考:** 企业能够培养出这么忠诚的客户的主要原因是什么?

3. 在一家超市里,有一个有趣的现象:尿布和啤酒赫然摆在一起出售。但是这个奇怪的举措却使尿布和啤酒的销量双双增加了。这不是一个笑话,而是发生在美国沃尔玛连锁店超市的真实案例,并一直为商家所津津乐道。原来,美国的妇女们经常会嘱咐她们的丈夫下班以后要为孩子买尿布。而丈夫在买完尿布之后又要顺手买自己爱喝的啤酒,因此,啤酒和尿布一起被购买的机会还是很多的。

**思考:** 请问是什么让沃尔玛发现了尿布和啤酒之间的关系呢?

## 五、学习测评

1. 客户信息的重要性体现在哪些方面?
2. 对于个人客户应当掌握哪些信息?
3. 企业客户的信息内容由哪些方面组成?
4. 在收集客户信息的过程中,企业可以使用哪些方法?
5. 信用"5C""5P""6A"标准分别是什么?

# 项目四　网络客户服务

## 课 前 导 读

随着网络经济时代的发展与进步,服务既是企业间竞争的焦点,也为企业的发展提供了机遇,服务将成为企业价值和利益的核心。现代市场竞争需要的不再是一味打价格战,客户服务战占了越来越大的比例。

近年来,互联网和电子商务的发展带动了企业的发展,客户服务工作也拥有了新的渠道。对于依托互联网的企业而言,网络客户服务是除产品之外,企业与消费者直接接触的纽带,其意义不言而喻,而语言、习惯、文化的地区差异,给企业的客户服务提出了非常高的质量要求。网络客户服务的重要性日益突出,也势必成为企业竞争的新热点。在产品趋同化的时代,管理、渠道、营销和服务成为影响企业竞争力的重要因素,越来越多的企业已经意识到客户服务对于品牌的作用,据统计:

- 网络客户服务做得不好,94%的客户会离去!
- 没有妥善解决客户的问题,89%的客户会离去!
- 每个不满意的客户,平均会向9个亲友叙述不愉快的经历!
- 不满意的用户中有67%的用户要投诉!
- 有效地解决用户投诉,可挽回75%的客户!

网络客户服务过程实质上是满足顾客除了产品以外的其他派生需求的过程,因此能否做好网络客户服务,直接影响企业生存。要想较好地开展网络客户服务,首先必须要了解网络客户的需求特征,掌握顾客需求层次,知己知彼才能百战百胜。当今时代科技发展迅猛,也可以说是信息的海洋,我们无时无刻不在和信息打交道,但是对于客户服务我们仍不可以掉以轻心,要树立"以客户为中心"的经营理念,维持客户关系已经成为当代企业成功不可或缺的因素之一。据统计,开发一个新用户的成本是留住一个老客户成本的5倍。所以,网络客户服务越发显得重要。现代企业要逐步提高网络客户服务水平,维持客户关系,不断培养客户的忠诚度,达到留住客户的目的,这需要建立在企业对客户充分的理解上,所以企业要充分重视和利用网络强大的信息搜集能力,以简单、便捷的方式和客户保持良好的沟通交流。网络客户服务将成为现代企业运营中一个不可忽略的重要环节!

## 一、学习导航

**1. 学习目标**

(1) 理解网络客户服务的特点和要素;
(2) 掌握网络客户服务工具的使用方法;
(3) 理解和掌握网络客户服务技巧;
(4) 理解和掌握网络客户服务语言规范。

**2. 学习重点**
（1）网络客户服务工作应具备的基本能力；
（2）网络客户服务工作需具备的相关知识；
（3）网络客户服务语言规范及说话技巧；
（4）不同情况下解决不同问题的能力。

**3. 主要学习方法**
案例学习、角色扮演、仿真练习。

## 二、实例导入与工作任务

小王的公司要进军互联网，企业网站、网店都陆续建设起来了，小王深刻认识到互联网时代的网络客户服务是直接影响企业生存的关键因素，他对传统的线下客户服务在其他课程的学习中已经有所了解，但是对网络客户服务了解甚少。网络客户服务工作是怎样工作的呢？它有什么优势？小王应该如何开展网络客户服务工作？

## 三、知识与技能

为了实现以上的学习目标和工作任务，需要掌握以下知识和技能。

# 学习单元一　认识网络客户服务

## （一）网络客户服务的概念

网络客户服务（Online Customer Service）指企业为满足客户的需求，通过互联网利用各种网络客户服务工具进行的包括售前、售中、售后等一系列服务工作，是构成网络营销产品的重要组成部分。

网络客户服务的目的是满足客户的服务需求，客户是否满意是评价企业客户服务工作成败的唯一指标。

## （二）网络客户服务的作用和意义

网络客户服务在企业品牌宣传、产品的销售以及售后的客户维护方面均起着极其重要的作用，不可忽视。

**1. 塑造企业形象**

对于一个企业网店而言，客户看到的商品都是一张张图片，既看不到企业，也看不到产品本身，无法了解各种实际情况，因此往往会产生距离感和怀疑感。这个时候，网络客户服务就显得尤为重要了。客户通过与客服在网上的交流，可以逐步了解企业的产品和服务，客服的一个笑脸（表情）或者一句亲切的问候，都能让客户真实地感觉到他不是在跟冷冰冰的电脑和网络打交道，而是跟一个善解人意的人在沟通，这样会帮助客户放下戒备，从而在客户心目中逐步树立起企业的良好形象。

**2. 提高成交率**

现在很多客户都会在购买之前针对不太清楚的内容询问商家,或者询问优惠措施等。网络客服能够随时回复客户的疑问,可以让客户及时了解需要的内容,从而立即达成交易。

有的时候,客户不一定对产品本身有什么疑问,仅仅是想确认一下商品是否与商品宣传相符,这个时候网络客服就可以打消客户很多的顾虑,促成交易。

同时,对于一个犹豫不决的客户,一个有着专业知识和良好销售技巧的客服,可以帮助客户选择合适的商品,促成客户的购买行为,从而提高成交率。

有时候客户拍下商品,但是并不一定是着急要的,这个时候网络客服可以及时跟进,通过向买家询问汇款方式等督促买家及时付款。

**3. 提高客户回头率**

当买家在网络客服人员的良好服务下,完成了一次令其满意的交易后,买家不仅了解了企业的服务态度,也对企业的商品、物流等有了切身的体会。当买家需要再次购买同样商品的时候,就会倾向于选择他所熟悉和了解的企业,从而提高客户再次购买的几率。

**4. 更好地服务客户**

如果把网络客服仅仅定位于和客户的网上交流,那么我们说这仅仅是开展网络客户服务工作的第一步。一个有着专业知识和良好沟通技巧的网络客服人员,可以给客户提供更多的购物建议,更完美地解答客户的疑问,更快速地对买家售后问题给予反馈,从而更好地服务客户。只有更好地服务于客户,才能获得更多的机会。

## (三) 网络客户服务的层次

面对日益激烈的市场竞争,越来越多的企业在营销中开始关注人的因素,最大限度地满足顾客需求。只有顾客满意才能引发顾客对企业的忠诚,才能长期保留顾客。研究表明,顾客所需服务按顺序划分为四个层次:

(1) 为满足个性化的需求,顾客需要了解产品和服务信息。企业应在网站上提供详细的产品和服务资料,利用网络信息量大、查询方便、不受时空限制的优势,满足顾客的需求。

(2) 顾客在进一步研究产品和服务时,可能遇到问题需要在线帮助。选购产品时或购买产品后,顾客还会遇到许多问题,需要企业帮助解决,这些问题主要包括产品的安装、调试、试用和故障排除等。

(3) 对于难度更大或者网络营销站点未能提供答案的问题,顾客希望能与企业人员直接接触,寻求更深入的服务,解决更复杂的问题。

(4) 顾客不仅需要了解产品和服务信息、在线获得帮助、进一步与企业人员接触,还有可能愿意积极参与到产品的设计、制造、配送、服务整个过程中,追求更符合个性要求的产品和服务。

顾客需求服务的四个层次之间相互促进,低层次的需求满足得越好,越能促进高一层次的服务需求。顾客得到满足的层次越高,满意度就越高,与企业的关系就越密切。顾客需求层次的提高过程,正是企业对顾客需求的理解逐步提高的过程,也是顾客对企业关心支持程度逐步提高的过程。

## (四) 网络客户服务的分类

根据网络营销交易的种类,可以划分为网上产品服务营销和服务产品营销。

网上产品服务营销主要是指前面两种服务,服务是产品营销的一个有机组成部分。网上服务产品营销是指可以通过互联网直接进行传输和消费的服务产品的营销活动。对于服务产品营销,除了关注服务销售过程的服务之外,还要针对服务产品的特点开展营销活动。

根据网络营销交易的时间间隔,可以将服务划分为销售前的服务、销售中的服务和销售后的服务。

### (五)网络客户服务的形式

网络客户服务包括客户自助服务和人工服务两种形式。

自助服务是指客户通过网站上的说明信息寻找相应的解答,或者加入网络社区获取需要的信息;人工服务则需要根据客户提出的问题,通过人工回复的方式给予回答。

### (六)网络客户服务的特点

(1)增强客户对服务的感性认识。
(2)突破时空限制。
(3)提供更高层次的个性化服务。
(4)客户寻求服务的主动性增强。
(5)服务效率提高。

### (七)网络客户服务的内容

**1. 产品及服务介绍**

产品及服务介绍指向顾客及所有感兴趣的网民和潜在顾客,提供企业全面、详尽和即时的产品及服务介绍。顾客及潜在顾客再也无需像以往那样只能通过电话、传真、邮件等方式获得企业产品及服务的简单信息。

**2. 顾客会员注册**

提供注册服务,使来访者成为企业的会员。一方面企业可以获得一定的顾客信息;另一方面,企业可以有针对性地开展营销。

**3. 优惠及服务**

为顾客提供产品的销售政策及举办的活动等信息,提供优惠和服务,如数量打折、现金折扣、功能折扣、保修服务等。

**4. 在线调查**

常年开展以顾客满意度为核心的在线调查,于无声中向顾客传递企业对用户的关爱。同时,通过调查还可以及时了解顾客对产品的需求动态,为企业及时改进产品提供有效信息。

**5. 在线投诉**

互联网提供了在线投诉的功能,能让顾客迅速把产品使用过程中遇到的问题反馈给企业,可以暂时缓解顾客的不满情绪,这在一定程度上维护了企业的信誉。如果企业及时给予回复,可以把顾客产生的不满情绪转化为顾客对企业的信任。

**6. 在线技术支持、培训**

企业可充分利用互联网的交互功能,开展消费者在线培训,使消费者了解产品的工作原理,学会科学地识别和选择产品,通过开展在线技术支持能及时解决用户在产品使用过程中遇到的问题。

**7. 在线交易**

在线交易使信息服务、网络营销、各种在线支持一气呵成,大大提高了交易效率和交易的可靠性、安全性。互联网强大的信息功能又使企业和顾客双方都能随时查询交易情况,需要时还可以迅速做出调整。

**8. 交易安全**

安全问题是制约电子商务发展的一个障碍。为解决顾客的安全疑虑,企业应当提供各种安全措施。

**9. 顾客论坛**

顾客论坛提供了一个顾客自由交流的空间,可让顾客自由发表各自对产品的看法、使用体会等。

## 学习单元二　网络客户服务岗位应具备的素质

### (一) 网络客户服务岗位应具备的基本能力

网络客服应具备一些基本能力,具体如下:

**1. 文字表达能力**

把问题说清楚!这是作为营销类网络客服的基本能力,如果真正做到把问题说清楚,就已经很了不起了,你不妨看看一些网店中的宝贝描述、产品说明,仔细分析一下他们有没有把问题说清楚。很多网店对买家希望了解的东西其实都没有说清楚。

**2. 资料收集能力**

收集资料主要有两个方面的作用:一是保存重要的历史资料;二是尽量使某个重要领域的资料齐全。如果能在自己的工作相关领域收集大量有价值的资料,那么对于自己将是一笔巨大的财富。

**3. 自己动手能力**

要深入网店营销,了解其中的各种问题,仅靠一般的体验是远远不够的,还需要自己动手、亲自参与网店营销过程中的各个方面。很多时候,一些问题若不自己动手是很难有深刻体会的,有些问题也只有自己动手去操作才能发现,并且找到解决的办法。在对网店营销学习的过程中自己动手的地方越多,对网店营销的理解就会越深刻。

**4. 代码了解能力**

网店营销与网页制作、数据库应用等常用程序密不可分,网店营销人员不一定要成为编程高手,但是对于一些与网店营销直接相关的基本代码,应该有一定的了解,尤其是 HTML、ASP、JSP 等。即使不会熟练地用代码编写网页文件,也应该了解其基本含义,并且在对网页代码进行分析时可以发现其中的明显错误,这样才能更好地理解和应用网店营销。

**5. 网页制作能力**

网页制作本身涉及很多问题,如图片处理、程序开发等,这些问题不可能都包括在网店营销专门课程中,但是一个网店营销人员对网页设计应该有初步的知识,起码应对网页设计的基本原则和方法有所了解。这些能力在进行网店营销策划时尤其重要,因为只有了解网页制作中的一些基本问题,才能知道策划的方案是否合理以及是否可以实现。

**6. 参与交流能力**

从本质上来说,网店营销的最主要任务是利用互联网的手段促成营销信息的有效传播,而交流本身是一种有效的信息传播方式,互联网提供了很多交流的机会,如论坛、微博等,都需要直接参与。

**7. 思考总结能力**

网店营销现在还没有形成非常完善的理论和方法体系,同时也不可能保持现有理论和方法长期不变,目前一个很现实的问题是,网店营销的理论与实践还没有有效结合起来,已经形成的基本理论也并未在实践中发挥应有的指导作用。因此,在网店营销实际工作中,很多时候需要依靠自己对实践中发现的问题进行思考和总结。

**8. 适应变化能力**

适应变化的能力,也可以称为不断学习的能力。由于互联网环境和技术的发展变化很快,如果几个月不上网,便会觉得网络比较陌生。对我们的网店营销学习和应用尤其如此,一本书从写出来到到达读者手中可能已经两年过去了,从学习到毕业后的实际应用可能又需要两年甚至更长的时间,因此一些具体的应用手段会发生很大变化,但网店营销的一般思想并不会随着环境的变化而发生根本的变化。

**9. 终身学习能力**

没有一个行业比电子商务行业发展得更快,技术、模式、用户、观念天天在变,要保持终身学习的心态。

**10. 深入了解网民的能力**

中国网民阶层众多,得从最低阶层开始了解,且要始终将自己置入广大网民中间去了解最新动态和热点。

**11. 建立品牌能力**

以后网店的数量会越来越多,要有保持品质、追求特色的能力。

**12. 耐心**

缺乏耐心始终是IT人的缺点,应具备耐心。

**13. 敏感、细致**

一家企业溃于蚁穴的例子在电子商务行业中屡见不鲜,要做到敏感及细致、认真地对待每一个错误和漏洞。

**14. 踏实、坚韧**

网店的成长越来越艰难,只有踏踏实实、坚强不屈、一步一步向前才能成功。

## (二) 网络客户服务岗位应具备的相关知识

**1. 商品知识**

(1) 商品的专业知识。客服应当对商品的种类、材质、尺寸、用途、注意事项等都有一定的了解,最好还应当了解行业的有关知识。同时对商品的使用方法、洗涤方法、修理方法等也要有一个大致的了解。

(2) 商品的周边知识。不同的商品可能会适合不同的人群,比如化妆品,存在皮肤性质的问题,不同的皮肤性质在选择化妆品上会有很大的差别;比如内衣,不同的年龄、不同的生活习惯都会有不同的需要;再比如玩具,有些玩具不适合太小的婴儿,有些玩具不适合太大的儿童,等等。这些情况都需要客服有基本的了解。

此外，对同类的其他商品也要有基本的了解，这样客服在回复客户关于不同类商品的差异的时候，就可以更好地回复和解答。

**2. 网站交易规则**

（1）一般交易规则。网络客服应该把自己放在一个商家的角度来了解网店的交易规则，更好地把握自己的交易尺度。有的时候，顾客可能第一次在网上交易，不知道该如何进行，这个时候，我们除了要指点顾客去查看网店的交易规则，在一些细节上还需要一步步地指导顾客如何操作。

此外，我们还要学会查看交易详情，了解如何付款、修改价格、关闭交易、申请退款等。

（2）支付宝等支付网关的流程和规则。了解支付宝及其他网关交易的原则和时间规则，可以指导客户通过支付网关完成交易、查看交易的状况、更改现在的交易等。

**3. 付款及物流知识**

（1）付款知识。现在网上交易一般通过支付宝或银行付款方式交易。客服应该建议顾客尽量采用支付宝等网关付款方式完成交易，如果顾客因为各种原因拒绝使用支付宝交易，我们需要判断顾客确实是不方便还是有其他考虑，如果顾客有其他考虑，应该尽可能打消顾客的顾虑，促成交易；如果顾客确实不方便，我们应该向顾客了解他所熟悉的银行，然后提供银行账户，并提醒顾客付款后及时通知我们。

（2）物流知识：

① 了解不同的物流及其运作方式：
- 邮寄：邮寄分为平邮（国内普通包裹）、快邮（国内快递包裹）和 EMS。
- 快递：快递分为航空快递和汽运快递。
- 货运：货运分汽运、铁路运输等。
- 国际邮包，包括空运、陆路、水路。

② 了解不同物流的其他重要信息：
- 了解不同物流方式的价格：如何计价及报价的还价空间有多大等。
- 了解不同物流方式的速度。
- 了解不同物流方式的联系方式：在手边准备一份包含各个物流公司电话的清单，同时了解如何查询各种物流方式的网点分布情况。
- 了解不同物流方式应如何追踪和查询。
- 了解不同物流方式的包裹撤回、地址更改、状态查询、保价、问题件退回、代收货款、索赔的处理等。
- 常用网址和信息的掌握：快递公司联系方式、邮政编码、邮费查询、汇款方式、批发方式等。

# 学习单元三　网络客户服务工具

传统的客户服务主要包括电话、信函、上门服务、设立服务网点等，而网络环境下企业则可采用常见问题解答、网络社区、电子邮件、在线表单、即时信息、网络客户服务中心等形式。下面具体介绍这几种形式：

## (一)常见问题解答(FAQ)

常见问题解答类似于 Windows 操作系统的帮助菜单,在公司网站中应该设置常见问题解答栏目或菜单。

商品发布到网上以后,顾客通过各种渠道看到了这件商品,但是可能会觉得商品介绍得还不够详细,因此希望通过直接咨询客服人员的方式来获取更细致和个性化的信息。一个成熟的企业网店会预先准备好常见问答,把一些顾客经常会关注的问题以文档的形式作为操作手册下发到每个在线客服手上,使客服人员尽快进入工作状态,遇到问题的时候也不慌张,可以根据常见问答的内容来回复顾客,以保证店铺内所有在线接待人员对同一问题的答复口径一致。对于一些专业性较强的商品问题,使用常见问答来解答不仅速度快,而且不容易回答错误,以免导致顾客对店铺的专业性表示怀疑。同时,常见问答也是对新员工进行上岗培训最好的教材,这些问题和答案可以通过平时的工作来收集和整理,也可以通过互联网搜索,或者去相关的专业论坛寻找。甚至可以把这个工作做得更细致一点,整理一个常见问答 200 问或 500 问,也可以根据不同类型的问题来整理出关于商品质量的常见问答、关于商品价格的常见问答、关于支付和发货的常见问答、关于售后服务和维修的常见问答等,一旦遇到某个方面的问题,就可以用最短的时间找到答案。

## (二)网络社区

网络社区包括论坛、讨论组等形式,企业设计网上虚拟社区就是让客户在购买后既可以发表对产品的评论,也可以提出针对产品的一些使用和维护经验,从而提高产品使用、维护水平。营造网上社区,不但可以让客户自由参与,同时也可以吸引更多潜在客户参与。

## (三)电子邮件

它是最便捷的沟通方式,通过客户登记注册,企业可以建立电子邮件列表,定期向客户发布企业最新消息,加强与客户的联系。

## (四)在线表单

在线表单一般是网站事先设计好的调查表格,可以调查客户的需求,也可以征求客户的意见等。

## (五)即时消息

包括 QQ、旺旺等聊天工具,是人们喜闻乐见的在线沟通方式。

## (六)网上客户服务中心

企业的网上客户服务中心提供服务热线、产品咨询、在线报修、软件下载等服务,可为客户提供系统、全面的在线服务。

## 学习单元四　网络客户服务技巧

### （一）网络客户服务沟通技巧

网购时因为看不到实物，所以给人感觉不踏实，为了促成交易，客服将扮演重要角色，因此客服沟通交谈技巧的运用对促成订单至关重要。

**1. 态度方面**

（1）树立端正、积极的态度。树立端正、积极的态度对网络客服人员来说尤为重要。尤其是当售出的商品有了问题的时候，不管是顾客的错还是快递公司的问题，都应该及时解决，不能回避、推脱。积极主动与客户进行沟通，尽快了解情况，尽量让顾客觉得他是受尊重、受重视的，并尽快提出解决办法。除了与顾客之间进行的金钱交易之外，还应该让顾客感觉到购物的满足和乐趣。

（2）要有足够的耐心与热情。我们常常会遇到一些顾客，喜欢打破砂锅问到底。这时就需要我们有足够的耐心和热情，细心地回复，从而给顾客一种信任感。绝不可表现出不耐烦，就算对方不买也要说声"欢迎下次光临"。如果你的服务够好，这次不成也许还有下次。砍价的客户也是常常会遇到的，砍价是买家的天性，可以理解。在彼此能够接受的范围内可以适当地让一点，如果确实不行也应该婉转地回绝。比如说"真的很抱歉，没能让您满意，我会争取努力改进"或者引导买家换个角度来看这件商品，让客户感觉货有所值，这样他就不会太在意价格了。也可以建议顾客先货比三家。总之要让顾客感觉你是热情真诚的。千万不可以说"我这里不还价"等伤害顾客自尊的话语。

**2. 表情方面**

微笑是对顾客最好的欢迎，微笑是生命的一种呈现，也是工作成功的象征。所以当我们迎接顾客时，在问候的同时也要送上一个真诚的微笑，虽然说网上与客户交流是看不见对方的，但只要你是微笑的，言语之间是可以感觉得到的。此外，多用些在线即时工具表情，也能收到很好的效果。无论使用在线即时工具的哪一种表情都会将自己的情感讯号传达给对方。比如在说"欢迎光临！""感谢您的惠顾"等时应轻轻地送上一个微笑，加与不加给人的感受完全是不同的。不要让冰冷的字体语言遮住你迷人的微笑。

**3. 礼貌方面**

俗话说"良言一句三冬暖，恶语伤人六月寒"，一句"欢迎光临"，一句"谢谢惠顾"，短短的几个字，却能够让顾客听起来非常舒服，产生意想不到的效果。

礼貌待客，顾客来了，先来一句"欢迎光临，请多多关照。"或者"欢迎光临，请问有什么可以为您效劳的吗？"诚心致意地"说"出来，会让人有一种十分亲切的感觉。并且可以先培养一下感情，这样顾客心理抵抗力就会减弱或者消失。

有时顾客只是随便到店里看看，我们也要诚心地感谢他说一声："感谢光临本店。"对于彬彬有礼、礼貌非凡的网络客服人员，谁都不会拒绝的。诚心致谢是一种心理投资，不需要很大代价。但可以收到非常好的效果。

沟通过程中其实最关键的不是你说的话，而是你如何说话。让我们看下面的例子，来感受一下不同说法的效果："您"和"MM 您"（MM 为网络用语，意指年轻漂亮的女性）比较，前者正规客气，后者比较亲切。"不行"和"真的不好意思哦"；"恩"和"好的，没问题"都是前者生硬,后者比较有人情味。"不接受见面交易"和"不好意思我平时很忙,可能没有时间和你见面交易,请你理解哦"相信大家都会认为后一种语气更能让人接受。多采用礼貌的态度、谦和的语气,就能顺利地与客户沟通。

**4. 语言文字方面**

（1）少用"我"字,多使用"您"或者"咱们"这样的字眼,让顾客感觉客服是在全心全意地为他考虑问题。

（2）常用规范用语：

- "请"是一个非常重要的礼貌用语。
- "欢迎光临""认识您很高兴""希望在这里能找到您满意的宝贝"。
- "您好""请问""麻烦""请稍等""不好意思""非常抱歉""多谢支持"……

平时要注意修炼自己的内功,同样一件事用不同的表达方式就会表达出不同的意思。很多交易中的误会和纠纷就是因为语言表述不当而引起的。

（3）在客户服务的语言表达中,应尽量避免使用负面语言。这一点非常关键。客户服务语言中不应有负面语言。什么是负面语言？比如说,"我不能""我不会""我不愿意""我不可以"等,这些都叫负面语言。

- 在客户服务的语言中,没有"我不能"：当你说"我不能"的时候,客户的注意力就不会集中在你所能给予的事情上,他会集中在"为什么不能""凭什么不能"上。

**正确方法：**"看看我们能够帮你做什么",这样就避开了跟客户说"不行""不可以"。

- 在客户服务的语言中,没有"我不会做"：你说"我不会做",客户会产生负面感觉,认为你在"抵抗"；而我们希望客户的注意力集中在你讲的话上,而不是注意力的转移。

**正确方法：**"我们能为你做的是……"

- 在客户服务的语言中,没有"这不是我应该做的"：客户会认为你觉得他不配提出某种要求,从而不再听你解释。

**正确方法：**"我很愿意为你做"。

- 在客户服务的语言中,没有"我想我做不了"：当你说"不"时,与客户的沟通会马上处于一种消极气氛中,为什么要客户把注意力集中在你或你的公司不能做什么,或者不想做什么上呢？

**正确方法：**告诉客户你能做什么,并且非常愿意帮助他们。

- 在客户服务的语言中,没有"但是"：你受过这样的赞美吗？——"你穿的这件衣服真好看！但是……",不论你前面讲得多好,如果后面出现了"但是",就等于对前面对所说的话进行否定。

**正确方法：**只要不说"但是",说什么都行！

- 在客户服务的语言中,有一个"因为"：要让客户接受你的建议,应该告诉他理由,不能满足客户的要求时,要告诉他原因。

**5. 在线即时工具方面**

（1）在线即时工具沟通的语气和表情的活用。利用在线即时工具和顾客对话,应该尽量使用活泼生动的语气,不要让顾客感觉到你怠慢了他。虽然很多顾客会想"她很忙,所以不理我",但是顾客心里还是觉得被疏忽了。这个时候如果实在很忙,不妨客气地告诉顾客"对不起,我现在比较忙,我可能会回复得慢一点,请理解",这样,顾客才能理解你并且体谅你。尽量使用完整、客气的语句来表达,比如告诉顾客不讲价,应该尽量避免直截了当地说:

"不讲价",而是礼貌而客气地表达这个意思"对不起,我们店商品不讲价",可以的话,还可以稍微解释一下原因。

如果我们遇到没有合适语言来回复顾客留言的时候,或者与其用"呵呵""哈哈"等语气词,不妨使用一下在线即时工具的表情。一个生动的表情能让顾客直接体会到你的心情。

(2) 在线即时工具使用技巧。我们可以通过设置快速回复来提前把常用的句子保存起来,这样在忙乱的时候可以快速地回复顾客。比如欢迎词、不讲价的解释、"请稍等"等,可以为我们节约大量的时间。在日常回复中,发现哪些问题是顾客问得比较多的,也可以把回答内容保存起来,达到事半功倍的效果。

通过在线即时工具的状态设置,可以给店铺做宣传,比如在状态设置中写一些优惠措施、节假日提醒、推荐商品等。

如果暂时不在座位上,可以设置"自动回复",不至于让顾客觉得好像没人搭理自己。也可以在自动回复中加上一些自己的话语,都能起到不错的效果。

**6. 针对性方面**

任何一种沟通技巧,都不是对所有客户一概而论的,针对不同的客户应该采用不同的沟通技巧。

(1) 顾客对商品了解程度不同,沟通方式也有所不同:

① 对商品缺乏认识,不了解:这类顾客缺乏商品知识,对客服依赖性强。对于这样的顾客需要我们像对待朋友一样去细心地解答,多从他的角度考虑向他推荐,并且告诉他你推荐这些商品的原因。对于这样的顾客,你解释得越细致,他就会越信赖你。

② 对商品有些了解,但是一知半解:这类顾客对商品了解一些,比较主观,易冲动,不太容易信任客服。面对这样的顾客,这时就要控制情绪,有理有节耐心地回答,向他展示你的丰富专业知识,让他认识到自己的不足,从而增加对你的信赖。

③ 对商品非常了解:这类顾客知识面广,自信心强,问问题往往都能问到点子上。面对这样的顾客,要表示出你对他专业知识的欣赏,表达出"好不容易遇到同行了"的感觉,和他探讨专业的知识,给他来自内行的推荐,告诉他"这个才是最好的,你一看就知道了",让他感觉到自己真的被当成了内行人的朋友,而且你尊重他,你给他的推荐肯定是最好的。

(2) 对价格要求不同的顾客,沟通方式也有所不同:

① 有的顾客很大方,你说不能砍价就不跟你讨价还价:对待这样的顾客要表达你的感谢,并且主动告诉他我们的优惠措施,我们会赠送什么样的小礼物,这样让顾客感觉物超所值。

② 有的顾客会试探性地问问能不能还价:对待这样的顾客既要坚定地告诉他不能还价,同时也要态度和缓地告诉他我们的产品是物有所值的,并且谢谢他的理解和合作。

③ 有的顾客就是要讨价还价,不讲价就不高兴:对于这样的顾客,除了要坚定重申我们的原则外,要有理有节地拒绝他的要求,不要被他各种威胁和祈求所动摇,适当的时候建议他再看看其他便宜的商品。

(3) 对商品要求不同的顾客,沟通方式也有所不同:

① 有的顾客因为买过类似的商品,所以对购买的商品的质量有清楚的认识,这样的顾客是很好打交道和沟通的。

② 有的顾客将信将疑,会问:广告图片和商品是一样的吗?对于这样的顾客要耐心向他们解释,在肯定我们是实物拍摄的同时,要提醒他难免会有色差等,让他有一定的思想准

备,不要把商品想象得太过完美。

③ 还有的顾客非常挑剔,在沟通的时候就可以感觉到,他会反复问:有没有瑕疵?有没有色差?有问题怎么办?怎么找你们?等等。这个时候就要意识到这是一个追求完美主义的顾客,除了要实事求是地介绍商品,还要实事求是地把一些可能存在的问题都介绍给他,告诉他没有东西是十全十美的。如果顾客还坚持要完美的商品,就应该委婉地建议他选择实体店购买需要的商品。

**7. 其他方面**

(1) 坚守诚信。网络购物虽然方便快捷,但唯一的缺陷就是看不到、摸不着。顾客面对网上商品难免会有疑虑和戒心,所以我们对顾客必须要用一颗诚挚的心,像对待朋友一样对待顾客,包括诚实地解答顾客的疑问,诚实地告诉顾客商品的优缺点,诚实地向顾客推荐适合他的商品。

坚守诚信还表现在一旦答应顾客的要求,就应该切实地履行自己的承诺,哪怕自己吃点亏,也不能出尔反尔。

(2) 凡事留有余地。在与顾客交流中,不要用"肯定、保证、绝对"等字样,这不等于你售出的产品是次品,也不表示你对买家不负责任,而是不让顾客有失望的感觉。因为我们每个人在购买商品的时候都会有一种期望,如果你满足不了顾客的期望,最后就会变成顾客的失望。比如卖化妆品的,本身每个人的肤质就不同,你敢百分百保证你售出的产品在几天或一个月内一定能达到顾客想象的效果吗?出售出去的货品在运输的过程中,我们能保证快递公司不误期吗?不会丢失吗?不会损坏吗?为了不要让顾客失望,最好不要轻易保证。如果用,最好用尽量、争取、努力等词语,效果会更好。多给顾客一点真诚,也给自己留有一点余地。

(3) 处处为顾客着想,用诚心打动顾客。让顾客满意,重要一点体现在真正为顾客着想。处处站在对方的立场,想顾客所想,把自己变成一个买家助手。

(4) 多虚心请教,多倾听顾客声音。当顾客上门的时候我们并不能马上判断出顾客的来意与其所需要的物品,所以需要先问清楚顾客的意图,需要什么商品,是送人还是自用,是送给什么样的人,等等。了解清楚了顾客的情况,准确地对其进行定位,才能做到只介绍对的不介绍贵的,以客为尊,满足顾客需求。

当顾客表现出犹豫不决或者不明白的时候,我们也应该先问清楚顾客困惑的内容是什么,哪个问题不清楚,如果顾客表述也不清楚,我们可以把自己的理解告诉顾客,问问是不是理解对了,然后针对顾客的疑惑给予解答。

(5) 做个专业卖家,给顾客准确的推介。不是所有的顾客对你的产品都是了解和熟悉的。当有的顾客对你的产品不了解的时候,在咨询过程中,就需要我们为顾客解答,帮助顾客找到适合他们的产品。不能一问三不知,这样会让顾客对你失去信任感,谁也不会在这样的店里买东西的。

(6) 坦诚介绍商品优点与缺点。我们在介绍商品的时候,必须要针对产品本身的缺点作出说明。虽然商品缺点本来是应该尽量避免触及,但如果因此而造成事后客户抱怨,反而会失去顾客的信任,得到差评也就在所难免了。所以,首先要坦诚地让顾客了解到商品的缺点,努力让顾客知道商品的其他优点,先说缺点再说优点,这样会更容易被客户接受。在介绍商品时切莫夸大其词地介绍商品,介绍内容与事实不符,最后将失去信用也将失去顾客。其实介绍自己的产品时,就像媒婆一样把产品"嫁"出去。如果你介绍:"这个女孩脾气不错,就是脸蛋差了些"和"这个女孩虽然脸蛋差了些,但是脾气好,善良温柔"虽然表达的意思是一样,但听起来感受可大不同!所以,在介绍自己产品时,可以强调一下:"东西虽然是次了些,但是东西功能齐全",或者说,"这件商品拥有其他产品没有的特色",等等。这样介绍收到的效果是完全不相同的。此方法建议用在特价商品上比较好。

(7) 遇到问题多检讨自己少责怪对方。遇到问题的时候,先想想自己有什么做得不到位的地方,诚恳地向顾客检讨自己的不足,不要上来先指责顾客。比如有些内容在商品说明书明明写了可是顾客没看到,这个时候千万不要一味地指责顾客没有好好看商品说明书,而是应该反省自己没有及时地提醒顾客。

(8) 换位思考、理解顾客的意愿。当我们遇到不理解顾客想法的时候,不妨多问问顾客是怎么想的,然后把自己放在顾客的位置去体会他的心情。

(9) 表达不同意见时尊重对方立场。当顾客表达不同的意见时,要力求体谅和理解顾客,表现出"我理解您现在的心情,目前……"或者"我也是这么想的,不过……"来表达,这样顾客能觉得你在体会他的想法,能够站在他的角度思考问题,同样,他也会试图站在你的角度来考虑。

(10) 保持相同的谈话方式。对于不同的顾客,我们应该尽量用和他们相同的谈话方式来交谈。如果对方是个年轻的妈妈,在给孩子选商品,我们应该站在母亲的立场,考虑孩子的需要,用比较成熟的语气来表述,这样更能得到顾客的信赖。如果你自己表现得更像个孩子,顾客会对你的推荐表示怀疑。

如果你常常使用网络语言,但是在和顾客交流的时候,有时候他对你使用的网络语言不理解,会感觉和你交流有障碍,有的人也不太喜欢太年轻态的语言。所以我们建议大家在和顾客交流的时候,尽量不要使用太多的网络语言。

(11) 经常对顾客表示感谢。当顾客及时地完成付款,或者很痛快地达成交易,我们都应该衷心地对顾客表示感谢,谢谢他这么配合我们的工作,谢谢他为我们节约了时间,谢谢他给了我们一个愉快的交易过程。

(12) 坚持自己的原则。在销售过程中,我们会经常遇到讨价还价的顾客,这个时候我们应当坚持自己的原则。如果作为商家在制定价格的时候已经决定不再议价,那么我们就应该向要求议价的顾客明确表示这个原则。比如说邮费,如果顾客没有符合包邮条件,而给其提供了包邮服务,钱是小事,但后果严重:

① 其他顾客会觉得不公平,使店铺管理失去纪律性。
② 给顾客留下经营管理不正规的印象,从而小看你的店铺。
③ 给顾客留下价格与产品不成正比的感觉,否则为什么你还有包邮的利润空间呢?
④ 顾客下次来购物还会要求享受和这次一样的特殊待遇,或进行更大尺度的议价,这样你需要投入更多的时间成本来应对。在现在快节奏的社会,时间就是金钱,珍惜顾客的时间也珍惜自己的时间,才是负责的态度。

## (二) 网络客户服务工作技巧

网络客服除了具备一定的专业知识及行业知识以外,还要具备一些工作方面的技巧,具体如下:

**1. 促成交易技巧**

(1) 利用"怕买不到"的心理:人们常对越是得不到、买不到的东西,越想得到它、买到它。你可利用这种"怕买不到"的心理来促成订单。当对方已经有比较明显的购买意向,但还在最后犹豫的时候。可以用以下说法来促成交易:"这款是我们最畅销的了,经常脱销,现在这批又只剩 2 个了,估计不要一两天又会没了,喜欢的话别错过了哦!"或者"今天是优惠价的截止日,请把握良机,明天你就买不到这种折扣价了。"

(2) 利用顾客希望快点拿到商品的心理:大多数顾客希望你在他付款后越快寄出商品越好。所以在顾客已有购买意向,但还在最后犹豫的时候可以说:"如果真的喜欢的话就赶紧拍下吧,快递公司的人再过 10 分钟就要来了,如果现在支付成功的话,马上就能为你寄出了。"对于使用网银转账或在线支付的顾客尤为有效。

(3) 当顾客一再出现购买信号,却又犹豫不决拿不定主意时,可采用"二选其一"的技巧来促成交易。譬如,你可以对他说:"请问您需要第 4 款还是第 6 款?"或是说:"请问要平邮给您还是快递给您?"这种"二选其一"的问话技巧,只要准顾客选中一个,其实就是你在帮他拿主意,帮他下决心购买。

(4) 帮助准顾客挑选,促成交易:许多准顾客即使有意购买,也不喜欢迅速签下订单,他总要东挑西拣,在产品颜色、规格、式样上不停地打转。这时候你就要改变策略,暂时不谈订单的问题,转而热情地帮对方挑选颜色、规格、式样等,一旦上述问题解决,你的订单也就落实了。

(5) 巧妙反问,促成订单:当顾客问到某种产品,不巧正好没有时,就得运用反问来促成订单。举例来说,顾客问:"这款有金色的吗?"这时,你不可回答没有,而应该反问道:"不好意思我们没有进货,不过我们有黑色、紫色、蓝色的,在这几种颜色里,您比较喜欢哪一种呢?"

(6) 积极地推荐,促成交易:当顾客拿不定主意时,需要你推荐的时候,你可以尽可能多地推荐符合他要求的款式(发送链接),在每个链接后附上推荐的理由,而不要找到一个推荐一个。"这款是刚到的新款,目前市面上还很少见""这款是我们最受欢迎的款式之一""这款是我们最畅销的了,经常脱销",等等,以此来尽量促成交易。

**2. 时间控制技巧**

除了回答顾客关于交易上的问题外,可以适当聊天,这样可以促进双方关系的融洽。但自己要控制好聊天的时间和度,毕竟,你的工作不是闲聊。你还有很多工作要做。聊到一定时间后可以以"不好意思,我有点事要走开一会"为由结束交谈。

**3. 说服客户的技巧**

(1) 调节气氛,以退为进。在说服他人时,你首先应该想方设法调节谈话的气氛。如果你和颜悦色地用提问的方式代替命令,并给人以维护自尊和荣誉的机会,气氛就会是友好而和谐的,说服也就容易成功;反之,在说服时不尊重他人,拿出一副盛气凌人的架势,那么说服多半是要失败的。毕竟人都是有自尊心的,就连三岁孩童也有他们的自尊心,谁都不希望自己被他人不费力地说服而受其支配。

(2) 争取同情,以弱克强。渴望同情是人的天性,如果你想说服比较强大的对手时,不妨采用这种争取同情的技巧,从而以弱克强,达到目的。

(3) 消除防范,以情感化。一般来说,在你和要说服的对象较量时,彼此都会产生一种防范心理,尤其是在危急关头。这时候,要想使说服成功,你就要注意消除对方的防范心理。如何消除防范心理呢?从潜意识上来说,防范心理的产生是一种自卫,也就是当人们把对方当作假想敌时产生的一种自卫心理,那么消除防范心理的最有效方法就是反复给予暗示,表示自己是朋友而不是敌人。这种暗示可以采用种种方法来进行：嘘寒问暖，给予关心，表示愿给予帮助，等等。

（4）投其所好，以心换心。站在他人的立场上分析问题，能给他人一种为他着想的感觉，这种投其所好的技巧常常具有极强的说服力。要做到这一点，"知己知彼"十分重要，唯先知彼，而后方能从对方立场上考虑问题。

（5）寻求一致，以短补长。习惯于顽固拒绝他人说服的人，经常都处于"不"的心理组织状态之中，所以自然而然地会呈现僵硬的表情和姿势。对于这一类人，在一开始提出问题时绝不能打破他"不"的心理。所以，你得努力寻找与对方一致的地方，先让对方赞同你远离主题的意见，从而使之对你的话感兴趣，而后再想法将你的想法引入话题，而最终求得对方的同意。

## （三）网络客户服务中应该避免的几种情况

（1）责任心缺失：态度冷漠，话语生硬，动作消极。
（2）立场欠妥：言语措词恶劣或欠妥，攻击或损伤顾客。
（3）不够专业：知识不够，技能不熟练，服务不到位。
（4）细心度不佳：对销售政策理解不深，对于细节不清楚，使顾客犯晕，效率较低。

# 学习单元五　网络客户服务语言规范

## （一）最高标准

微笑服务（在屏幕上显示出来）、有效解决。

## （二）最高原则

让顾客舒心、满意而归。

## （三）服务基本要求

**1. 反应及时**

关键词：反应快、训练有素。

顾客首次到访，打招呼的时间不能超过 15 秒。打字速度要快，至少要达到 50 字/分钟，且不能有错别字；每次回答顾客问题，顾客等待时间不能超过 20 秒。如回答太长，宜分次回答。

**2. 热情亲切**

关键词：赞美、热情、亲昵的称呼、自然、真诚。

用语规范，礼貌问候，让顾客感觉热情，不用很生硬的话语，做到称呼亲昵，自然亲切。

**3. 了解需求**

关键词：细心、耐心、有问必答、准确、找话题。

对顾客的咨询和需求给予准确的回应，并快速提供令顾客满意的答复，顾客需求不明确时引导顾客产生需求。

**4. 专业销售**

关键词：自信、随需应变、舒服。

以专业的言语、专业的知识、专业的技能，回答顾客异议，让顾客感觉我们是专家，自己享受着极好的服务。

**5. 主动推荐和关联销售**

善于向顾客推荐公司主推款产品，并给予关联推荐，从而实现更高的客单价。

**6. 建立信任**

关键词：建立好感、交朋友。

通过经验，找到和顾客共鸣的话题，想顾客所想，给顾客适当建议，建立信任关系。

**7. 转移话题，促成交易**

碰到顾客刁难、啰嗦或抓着产品弱点不放时，应迅速转移话题，促成交易。

**8. 体验愉悦**

关键词：解决问题、强化优势、欢送。

在服务过程中为顾客找准记忆点，强化顾客记忆，给顾客良好的体验并留下愉悦的回忆。

## （四）网络客户服务说话技巧（以淘宝网店为例）

**1. 售前说话技巧**

（1）接待开场白：

亲，您好，非常高兴为您服务，有什么可以为您效劳的？

亲，您看中的这款宝贝是有现货的，现在全场做活动，满××元有活动，您看一下。（发送活动商品链接）

（2）是否有货：

亲，您看中的这款宝贝是有现货的，您可以放心拍哦！

亲，非常抱歉，这款宝贝已经没有现货了，您可以看一下这款哦，两款宝贝的质量都是非常不错的，款式和价格也相差不多。

（3）什么时候发货：

亲，您拍下之后48小时内就可以为您安排发货。

（4）发什么快递：

亲，默认是发××快递，您这边可以收到吗？××不到的地方我们可以为您安排发×××，×××全国通达，但是×××是不包邮的，需要您补邮费10元（发××××快递与×××一样要补邮费20元）。

（5）什么时候到货：

亲，一般发货以后3天左右可以到货，您收到货以后可以仔细检查一下，如有任何质量问题，7天内可以无条件退换货，退货的邮费也是我们承担（××××快递一般两天内到货，偏远地区会延迟到货；×××一般3~5天到货，偏远地区7天左右到货）。

（6）可以便宜一点吗：

亲，非常抱歉，我们的定价已经是最低销售价格了，没有办法再优惠啦。

（7）质量问题：

亲，我们的商品是正品，质量都是有保证的，您这边可以完全放心拍。

(8) 结束语：

亲，非常感谢您的惠顾，我们会在第一时间为您安排发货，请您耐心等待，如果有任何问题请您及时联系我们客服。祝您购物愉快！

(9) 退换货问题：

亲，7天内是可以无条件退换货的，因商品存在质量问题您退换货的邮费都由我们承担；如果非质量问题您退回来的邮费以及我们给您换货发出的邮费由您承担。

(10) 包邮：

亲，非常抱歉，邮费是由快递公司收取的，我们只是代收，不能为您包邮。

(11) 实物和图片有差异：

亲，我们店铺的图片都是实物拍摄的，没有经特别的PS处理，但是图片拍摄过程中由于光照的影响可能会造成实物和图片有一点差异，但是请您放心，差异肯定是非常小的，基本是一样的。

(12) 什么材质的：

应根据宝贝的材质如实回答，同时说明产品特点。

(13) 会不会褪色，清洗是否方便：

亲，是非常好清洗的，您第一次洗的时候会有点未染上的颜色褪下来，就像我们把上面的灰尘等洗掉，但是第二次就不会有这种现象了，您可以完全放心，而且您洗过以后宝贝的色泽不会有任何变化（根据不同材质进行说明，告知客户清洗需要注意的地方，比如羽绒被只能干洗，等等）。

(14) 有什么赠品：

亲，我们这边会赠送您精美的包装盒子！（如果有其他的赠品便一起说）

**2. 售中说话技巧**

(1) 发票：

**顾客：**在吗？我买的东西比较多，请问您这里开发票吗？

**商家A：**本店提供正规发票，发票随货物一起发给您（您若有需要请您在拍下后备注下就可以了，请放心购买您心仪的宝贝）。

**商家B：**本店提供正规发票，只是我们是每月一开，集中寄出的（您若有需要请您在拍下后备注下就可以了，我们会统一以挂号信的方式寄给您，邮费我们出，请放心购买您心仪的宝贝）。

(2) 尺寸：

**顾客：**您好！我身高166 cm，体重59 kg，应该穿多大码才合适？

**商家A：**亲，宝贝详情页有对应身高尺码的，尺码表数据是根据实物测量得出的，亲可以根据自己的实际情况以及个人喜好的松紧度来选择尺码。

**商家B：**亲，我们根据您提供的数据，觉得您比较适合穿××尺码。但您比我们更加了解您自身的尺码。您可以参照宝贝详情页的尺码表再做定夺。

(3) 色差：

**顾客：**您好！请问您家的宝贝实物与宣传照片有色差吗？会不会跟实物的颜色有很大区别呢？

**商家A：**亲，您放心，我们是实物拍摄的。

**商家B：**亲，我们是专门请摄影师拍摄的，有时会由于电脑显示器的亮度调节不同导致出现色差,但是我们已把色差减到最小,您可以放心购买。

(4) 价格:

**顾客**:您好,掌柜!请问这个衣服可以再优惠些吗?

**商家 A**:亲,双十一期间,我们的商品现在正在做活动,已经很便宜了,质量有保证,性价比也很高,您可以看下其他买家对宝贝的评论。亲,如果想优惠的话参加我们的团购,我们可以给您免邮哦!

**商家 B**:亲,为了庆祝双十一,这个衣服我们可以给您免邮,您若有其他喜欢的宝贝也可以继续购买,购买越多,优惠越多哦!

(5) 质量:

**顾客**:掌柜,这个衣服质量有保证吗?出现问题可以退货吗?

**商家 A**:亲,我们家的宝贝都是自家生产的,生产流程严格监督,出现问题的宝贝是不允许出售的,您大可放心购买哦!如果还是出现质量问题,我们是支持 7 天内无理由退换的!

**商家 B**:亲,您放心,我们的衣服在发货之前都经过检查,保证质量,您也可以查看其他买家的评价。如果还是出现质量问题,我们是支持 7 天内无理由退换的。

(6) 快递:

**顾客**:这件衣服可以包邮吗?

**商家**:亲,双十一活动期间,衣服都是出低价销售的,您多买的话我们这边可以给您免邮。

**顾客**:掌柜,您家一般发什么快递呢?

**商家**:亲,我们一般发××、××快递,您想发其他快递可以拍下后备注,不同的快递,运费和达到时间也是不同的。

(7) 发货:

**顾客**:掌柜,已经拍下了,什么时候可以发货,多久可以到?

**商家 A**:亲,我们是统一下午 6 点发货,省内的一般 3 天之内到货,省外的一般 5~7 天到货。

**商家 B**:亲,我们是统一下午 6 点前发货,省内的一般 3 天之内到货,偏远地方如北方下雪区域可能就会久一些,一般是 10 天内到货,有突发情况我们随时联系您。

**3. 售后说话技巧**

(1) 买家抱怨或者不满时:

您好,是有什么问题让您不满意了吗?如果是我们或快递公司的原因给您造成不便,我们很抱歉给您添麻烦了!您可以把您遇到的状况叙述一下吗?

(2) 物流问题:

亲,非常抱歉,最近物流比较繁忙,发货比较慢(容易出错),您这边先不要着急,我先联系一下快递公司询问一下具体是什么情况,好吗?然后根据具体情况具体解决。

如果遇到发货的物品被安检部门没收的情况,应首先跟快递公司协商,并确认责任人,让快递公司赔偿损失。其次跟客户联系,协商一下事情的处理方法(退款、换货、赠礼品),以保证客户得到满意的答复。

(3) 产品使用中的售后问题:

客户购买产品后,在使用中出现了问题,就会向客服抱怨。这时客服人员首先要做的是先稳定客户情绪。详细询问客户遇到的状况,并详细记录下来。分析出现问题的原因。如果找不出问题发生的原因,就要——排除可能出现问题的状况。要耐心地解答客户的疑问。多用笑脸表情,让客户真正体会到你是在诚心诚意地为他解决问题。

这里要注意一下:在客户因产品使用问题而产生的投诉中,很多都是因为客户不懂得如何操作而断然地认为是产品质量上出现问题,所以客服人员首先要安抚客户,详细询问状况,之后要耐心地讲解产品的使用步骤和方法,让客户认识到不是产品的质量问题,而是自己的原因。还要告诉客户要是以后遇到任何问题都可以再来找我们。这也是维护老客户的很好的方法。

(4) 质量问题(发错、质量问题)退换货:

亲,请您放心哦,如果是我们的质量问题,一定会为您处理好的,您需要配合一下,请您发一张体现质量问题的图片给我们,好吗?

① 确认质量问题——退:亲,您要退是可以的,请您这边先给我寄回来,在您寄回来的包裹里面放上一张纸条,上面备注好您的订单编号、姓名、联系电话,注明因质量问题退货,您退货产生的邮费请您先垫付,我们收到货以后为您退款,同时退您垫付的邮费×元。

② 确认质量问题——换:亲,您要换是可以的,请您这边先给我寄回来,在您寄回来的包裹里面放上一张纸条,上面备注好您的订单编号、姓名、联系电话,注明因质量问题换货,您退货产生的邮费请您先垫付,我们收到货以后为您更换货物,同时退您垫付的邮费×元。

(5) 非质量问题退换货,买家退回来的邮费由买家自己承担,同时如果是换货的话,买家要支付产品更换以后再次发回去的邮费。

在遇到客户要求退换货时,先不要去追究是谁的责任,此时客服说话语气要温和,先让客户的情绪稳定下来。之后再询问客户遇到的情况,详细记录下客户要求退换货的原因,分析问题出在哪里、责任方是谁,并让客户对问题产品进行拍照后发图片给我们。经过协商后,要对退货产品进行备案并注明退货原因。

(6) 售后查询物流。每天由固定的客服查询发货3天的未成交的订单,分别对显示已派送的、显示已收货的、显示物流有异常的3种情况进行处理:

显示已派送:亲,您好,您在我们店铺购买的宝贝已经到达您的所在地了,快递人员会在近期为您安排派送,请您保持通信畅通,注意查收包裹,收到以后请您仔细检查,如果有任何问题请您及时联系我们的在线客服,将为您及时处理。对于收到的包裹,如果满意,不要忘记给我们一个五星评价。

显示已签收:亲,您好,您的包裹已经显示签收了,对于您收到的宝贝您还满意吗?满意的话,不要忘记给我们一个五星评价。后期如果有任何安装、使用上的问题,请您及时联系我们,在线客服,将为您及时处理,再次祝您购物愉快。

显示物流有异常:联系物流查询一下具体是什么原因异常,然后根据不同情况及时给客户留言。

(7) 回评。根据客户的评价进行回评,以维护公司的形象和产品的优质形象,对于有意见的客户及时收集客户的意见,对于公司发展有益的建议积极采取,对于损毁公司形象和产品的评论要坚决地驳回去,态度要有力并且坚定。

## (五) 网络客户服务语言示例

### 1. 关心品质

对于关心品质的问题的答复如表4-1所示。

表 4-1

| 问 题 | 提问背景 | 解 答 | 技 巧 |
| --- | --- | --- | --- |
| 你家卖的是正品吗? | 1. 网络假货泛滥,怕遇上<br>2. 无网购经历,顾客怕上当<br>3. 第一次到店铺的顾客<br>4. 对天猫不了解的顾客 | 1. 我家××店铺是以公司名义开设的,工商局有备案,所销售的产品均为本公司自有品牌,您可以放心购买的<br>2. 反问:您也许是第一次到天猫或第一次到我家店铺查看商品吧? 我们都是天猫官方评估验证后批准的店铺,您可以放心 | 1. 强调是公司官方自营商品旗舰店<br>2. 工商局备案,公信力高 |
| 怎么辨别呢? | 还是不相信客服 | 全国已经有好几万顾客成为我们店铺的顾客了,您可以随意看一下。需要我帮您简单介绍一下吗? | 1. 用证据说话:我家已经有好几万的老顾客了(打消疑虑)<br>2. 撇开这个话题,提出问题,了解顾客需求 |
| 支持专柜验货吗? | 懂得一些维权知识,对网络销售环境略有了解 | 支持啊,假一罚十 | 言语亲切,一下拉近距离 |
| 验货说是假的怎么处理呢? | 思维比较缜密,购物时很小心 | 1. 到目前为止我们销售出去的几万件商品,没接收到一件假货投诉<br>2. 很多个体小店铺抓住顾客贪便宜想法,说自己的商品是A货、外贸尾单等,货品渠道不正宗,到头来是顾客自己吃亏<br>3. 我们是可以提供正规发票的,对您是有保证的 | 1. 用证据说话<br>2. 进行对比<br>3. 提供商品发票 |

### 2. 希望价格优惠

对于希望价格优惠的问题的答复如表4-2所示。

表 4-2

| 问 题 | 提问背景 | 解 答 | 技 巧 |
|---|---|---|---|
| 价格能再少点吗？<br>能再打个折吗？ | 1. 顾客的习惯问法<br>2. 碰到较贵的商品<br>3. 女孩子的讨价还价心理 | 1. 我家的商品是工厂自营的，价格已经比线下低很多了<br>2. 售价是公司规定的，我们客服是没有权利议价的，希望您理解 | 1. 语气可以随和一些，缓和气氛<br>2. 告知网络购物已经比线下专卖店便宜很多了 |
| 你家卖得挺贵呀 | 顾客试探性话语 | 呵呵，不知道您是不是和我们开玩笑啊？贵与不贵是相对的，我们店铺不是靠低价起家的，如果您了解的话，我们更乐意为您提供超值的服务 | 缓和一下气氛，探听顾客言语背后有什么信息 |
| 送不送礼品啊？ | 1. 习惯性问法<br>2. 爱好此类优惠方法 | 1. 直接法：不好意思，公司只有在节假日搞促销活动的时候才会有礼品<br>2. 提醒法：公司在节假日都会有一些促销活动回馈新老顾客，但促销的类型也很多，不一定就是送礼品，届时您可以积极关注一下 | 回复后提醒他积极关注节假日活动，有必要可以告知他最近一次促销活动的情况，提早单独告知，让顾客感觉受到礼遇 |
| 别家都送礼品了（别家都可以再优惠），你家怎么这么死板啊？ | 其他家也许在促销 | 1. 各家各有各的"经"，天猫竞争也激烈，有的商家卖你很便宜，但是其他服务根本得不到保证，这个你们可要小心啊（试探地问，看客户否会说出别家的促销方式）<br>2. 公司拟定的商品价格不是随意定的，怎样的商品卖怎样的价格，公司是合理定价的 | 1. 强调即便其他卖家打折或送礼品，但服务不一定跟得上<br>2. 强调定价是公司行为，有其合理性 |
| 你们不优惠我就走了 | 提出威胁，但希望在我们家下订单的一种心理 | 1. 通过刚才的聊天，感觉您还是很识货呀，现在对产品能像您这样理解到位的，太少了<br>2. 对于其他商家的经营行为，我们是无法干涉的，许多老顾客在我们店铺买了又买，说实在的，我们公司是倡导为顾客提供价值的，而不是价格 | "三明治"策略<br>1. 先赞美顾客优点<br>2. 再强调公司理念"让顾客收获价值" |

续表

| 问题 | 提问背景 | 解答 | 技巧 |
|---|---|---|---|
| | | 3. 您来到我们店铺表明我们有缘,您放心,您买了我们的商品就能体会到我们的服务了。对了,这件商品这几天好像好多人问(买),我先帮您看下库存吧。(您如果觉得款式满意,就赶紧拍下吧,这家逛那家跑的,其实也挺累的) | 3. 最后促成交易行动 |
| 顾客再次声明,价格不便宜就走了 | 提出威胁,但希望在我们家下订单的一种心理 | 1. 您真的认为我们价格很贵吗?是觉得和您的心理价位有差距还是别家卖得比我们低呢?(可以先反问,2种假设,2选1)<br>2. 如果顾客回答与心理价位有差距,可缓和一下气氛,说:这样吧,我们聊来聊去,都挺辛苦,我也看出您买这件商品的诚意了,真是磨不过你呀,我帮您申请一个小礼品送给您吧,其他人可是没有这样机会的<br>3. 如果顾客回答竞争对手价位较低,可说:哦,竞争对手这样的价格呀,也太低了吧,换作是我,还真不敢买。这样吧,价格是不能再降了,我帮您申请一个代金券吧,其他顾客可是没有这样的特别照顾的 | 1. 最后一步,确认对方是因心理感觉贵还是因和竞争对手相比贵,提出单独申请以给顾客帮助,让顾客感觉获得特别荣耀<br>2. 事情快办完的时候,可以半开玩笑说,到时候可要给个好评哟 |
| 下次来会不会优惠点? | 这次没讨到便宜,希望下次优惠 | 1. 我们很希望老顾客多多光临我们店铺,下次碰到有活动,一定会有优惠的<br>2. 多买多优惠,下次您可要多买两件呀,我家店铺的商品在整个行业中的口碑还是不错的,希望您多关注 | 礼貌用语,提醒客户只有活动期间才有优惠,不作正面回答 |

续表

| 问题 | 提问背景 | 解答 | 技巧 |
|---|---|---|---|
| 能不能包邮？ | 商品价格也许还没有到包邮标准 | 1. 我们是全场满200元就包邮的<br>2. 有的店铺是280才免邮，我们已经为顾客作了充分考虑<br>3. 如果顾客特别希望免邮，或直接说没有免邮就不买了，第一种：满180元的，说可以申请一下看，但不能保证能批准，先给个心理暗示，批准下来后，顾客喜悦程度将超过期望值，体验是不一样的，会更认同我们；第二种：未满180元的，建议看看其他商品，这时候进行主动推荐 | 1. 告知政策<br>2. 灵活应对，180元以上也可以免邮 |
| 能多配××赠品吗？ | 顾客以前买过，顺带问问 | 1. 反问确认：您以前买××产品收到过赠品吗？<br>2. 公司商品部给我们信息，和您看到的图片信息一样，只能是根据每个厂家的具体情况处理，一般情况下，只有一个赠品 | 提醒每个厂家情况不一样 |
| 你们价格怎么这么便宜呢？ | 质疑产品价格以及货源 | 1. 反问：是吗？您以前都是在专卖店买吧？<br>2. 网络销售省却了传统企业很多渠道和门店费用，商品价格一般都要比线下优惠，所以现在有越来越多的人热衷网络购物，也挺时尚的，我家商品新款多且齐全，价格方面很有优势，您可以挑选一下 | 针对对方进一步的问题说话 |

**3. 关心商品其他信息（发货包装、发票）**

对于关心商品其他信息的问题的答复如表4-3所示。

表 4-3

| 问题 | 提问背景 | 解答 | 技巧 |
| --- | --- | --- | --- |
| 是不是新品呀？ | 1. 希望买的是新品<br>2. 如果不是新品，希望价格优惠 | 1. 确认是新品：我家某某店铺主打新品销售，每月新增500款以上，您看中的这款产品是新品<br>2. 确认是过季产品：哦，您看的这款是刚过季的，我们价格已经下调了，购买是很划算的<br>3. 不太确认：我家是以卖新品为主的，特价货品也会有一些。其实，这些国际品牌，每年款式的变化不是很大，因此，只要自己喜欢就好，您说呢？ | 1. 除非确认是特价品，一般默认都是主打新品<br>2. 强调自己喜欢是最重要的，新款也并非人人都喜爱 |
| 商品会不会是样品？ | 1. 有买过样品的经历<br>2. 对终端销售了解一些，知道有些陈列的样品产品质量上会有变化 | 我们店铺货品都是工厂自营的，不会有样品流入仓库，这个您放心 | 有时候，需要与顾客确认：您指的样品，怎么理解较好？ |
| 发货前要帮忙检查一下。商品上不要有污渍。尺寸不要发错 | 1. 以前自己有类似经历，所以进行提醒<br>2. 送朋友的，给予交代 | 我们进出仓货品都经过检查的，对于这些我们仓库人员都会注意和把关的 | 让顾客放心，我们进出仓有验货的 |
| 有专柜发票吗？ | 用于报销或者随便问问 | 我们可以给您开正式发票，不过需要您在下单的时候给我们留言，不要忘记了 | 正常解答就可以 |
| 是从哪里发货的？ | 关心货源出处或需要推算快递时间（也有可能是竞争对手刺探军情） | 1. 我们的货品都是会从××发出的<br>2. 您这样问，是要我们给您什么信息呢？ | 如果顾客很关心这方面（疑是竞争对手），可以说：这段时间生意挺好的，好像很多人都关心我们的货源问题，前两天有两个同行来问，不小心还露了马脚，挺有意思（让对方听懂我们在怀疑对方的身份） |
| 没有吊牌，是不是假的呀 | 质疑产品品质和货源 | 我家是自有品牌，您就放心吧 | |

### 4. 退换货

对于退换货的问题的答复如表 4-4 所示。

表 4-4

| 问 题 | 提问背景 | 解 答 | 技 巧 |
| --- | --- | --- | --- |
| 尺寸不对可不可以换? | 担心尺码不合适 | 我们的服务政策：7 天无条件退货，15 天无理由换货，但建议您务必仔细量好尺寸，确认无误再下单 | 1. 阐明政策并解释<br>2. 提醒换货费用由对方支付 |
| 退换货有哪些流程? | 不了解退换货流程 | 1. 亲，可以看看我们这里的"退换货须知"<br>2. 有退换货需求，要及时告知我们，说明情况，我们会按合理的流程为您办理的<br>3. 如果是质量问题，需要发图片给我们审核 | 提醒对方详细阅读相关条款 |
| 退货用什么快递? | 细心的顾客 | 这个我们没有什么特别要求的，只要及时寄回商品，我们也会及时办理退款的 | |
| 退换货邮费谁支付的?可以到付吗? | 关心核心问题 | 1. 除因产品质量问题的退换货由我们支付外，其他因款式不喜欢、尺寸不对、颜色调换等退换货的往返费用，都需要顾客来承担<br>2. 到付也是可以的，只不过都会在您的账户中扣除的 | 详细说明 |
| 退货时的退款是怎么算的? | 问得很细致 | 两种情况：第一种：邮费，如果是因产品质量退货，我们会承担邮费；如果是因您个人原因产生退换货的邮费，由您支付。第二种：商品本身的费用，商品本身的退款，我们会在到仓后由专门的质量检查人员给予鉴定，如果是我们的质量问题，我们将全额退款；如果是顾客方面原因引起的，影响二次销售我们会适当扣款，希望您理解 | 把两种类型都说一下强调公司会酌情处理 |
| 退款一般什么时候打到账户? | | 如果退换流程顺利和正常，一般 3~5 个工作日内 | 说明正常情况下的日期，并告知不可预测的情况 |

**5. 商品属性信息及推荐**

对于商品属性信息及推荐的问题的答复如表 4-5 所示。

表 4-5

| 问题 | 提问背景 | 解答 | 技巧 |
| --- | --- | --- | --- |
| 你们货品的产地是哪里？ | 业内人士咨询（或竞争对手刺探军情） | 我们的产品都是正规渠道进货或厂家直接发货，您可以放心购买 | |
| 什么时间生产的？ | 顾客也许关心是否是新款 | ××和食品不一样哦，出产时间倒不是最重要的，这款刚上市不久，您是否喜欢？（抛出问题，了解需求） | 建议多抛出一些问题，挖掘出顾客各方面的需求，比如款式、配色、用途 |
| 你们家有没有×××的产品啊？ | 一般是自己查找后没找到才会这样问，直接购买欲望强 | 1. 我们家以卖×××为主，您说的×××品牌，您是第一次购买吗？（判别该顾客是否是该品牌老顾客）<br>2. 我知道的，×××品牌不错，您挺有眼光<br>3. 如果不介意，您不妨了解一下我家的××品牌和产品，和您刚才说的×××性能一样，而且，还有新的特点，我给您看下吧（找出商品页面发给顾客） | 1. 先肯定、赞扬，后推荐<br>2. 或者如果觉得该品牌有什么大家都知道的缺点，不妨告知对方，让顾客转移品牌 |
| 能不能帮忙找下与××××样子相同的商品？ | 准备买，如果合适就会买 | 1. 如果有基本相同款，直接推荐，注意价格应相符<br>2. 如果没有，可以先问对方看中这款产品的主要原因是什么，然后先肯定一下，转而推荐其他品牌及产品 | 尽量抓住顾客，促成交易 |
| 有没有适合这款产品的配套产品，帮我推荐一下 | 准备买一套 | 1. 稍等，这里有个顾客很急<br>2. 亲，对不起啊，我还是脱不开身，要不您先自己看，您可以按类别搜索、查找 | 想帮忙，但心有余而力不足 |
| 这个商品买回去，清洗、保养要注意什么吗 | 想了解售后服务知识 | 您可以详细看一下我们购买须知中的"保养须知"，您还真细心 | |

## 6. 库存、缺货

对于库存、缺货的问题的答复如表 4-6 所示。

表 4-6

| 问 题 | 提问背景 | 解 答 | 技 巧 |
| --- | --- | --- | --- |
| 商品一定有货吗？ | 老买家了，以前有过退款经历，购买较为慎重 | 1. 产品实行的是订货制，因此这批货品在半年前生产出来了，库存都是有限的<br>2. 您看中哪款，我可以帮您查一下，请稍等<br>3. 库存显示还有货，不过不多了（不要说有多少件），我们销售和线下专卖店同步，库存变化很快，如果您要买这款，从我们经验来看，早拍早付款，就比较有保证 | 1. 告知与线下专卖店同步销售<br>2. 库存变化快，提醒顾客早下单 |
| 拍下并付款后没货怎么办？ | 不太放心吃过亏 | 1. 目前我们的库存数据管理还是比较严谨的<br>2. 您说的情况，现在对于任何一家店铺都存在的，只不过是程度不同罢了<br>3. 因为拍下和出货有个时间差，这段时间专卖店也在卖，因此，有时候会出现像您说的情况，不过，我们家的缺货概率大约都在 5%，比行业平均 30% 的缺货率已经很低了。您可以比较或了解一下 | 1. 告知缺货率 5% 左右，比行业 30% 还是低很多的<br>2. 库存都是动态的 |
| 为什么拍之前说有货，第二天又通知没货了？ | 质疑服务态度 | 1. 其实我家的缺货率还是很低的，基本都在 5% 以下<br>2. 最主要的原因是我们销售和专卖店销售同步，但有个时间差，专卖店比我们走货快。我们目前是一天发一次货，比如 100 家专卖店在中午都卖了您要的这款，我们是下午发货，就会碰到断货了的情况，这点还请多多理解 | 1. 最主要是专卖店卖现货，比我们走货快造成的<br>2. 给顾客以安慰 |

续表

| 问题 | 提问背景 | 解答 | 技巧 |
|---|---|---|---|
| 能不能先确定有货？ | 不放心，希望踏实后再买 | 1. 可以先确定<br>2. 但是丑话说前头，任何店铺都存在缺货率<br>3. 如果您喜欢这款产品，一般情况下都会有货的，明天就可以给您发了。对于好卖的款式我们这里卖得很快的（转移话题，并制造稀少感和紧迫感） | 1. 这里主要是增强对方下单的信心<br>2. 督促顾客完成下单 |
| 以后还会有货吗？ | 很希望拥有这一款 | 1. 这个不好说，不过我可以登记一下您的需求<br>2. 看得出，您的审美不错呀；您喜欢这样的款式，××品牌也有的，如果您着急穿，我可以向您推荐一下，您还是要这种款式吧？我也挺喜欢的 | 推荐替代品 |
| 能不能帮忙调换一件？ | 收到货，需要调换 | 可以先确认您要的款式和颜色，才好调换，不过只能是同一个款式的。<br>您已经看好了吗？ | 热心解决 |

### 7. 支付与退款

对于支付与退款问题的答复如表 4-7 所示。

表 4-7

| 问 题 | 提问背景 | 解 答 | 技 巧 |
|---|---|---|---|
| 我是"菜鸟"，怎么买东西呀？ | 新手，准备尝试网购 | 是这样，不管您在哪家购买，首先要选好颜色和尺码，网页上一般会有购物车或购买的按钮，您点击到结账页面，系统会自动提醒您如何操作，最后用支付宝完成付款即可 | 热情 |
| 支付宝怎么操作呀？ | 新手或不熟练的 | 在结账过程中，会弹出支付宝的支付页面，你要完成登录，之后按页面提示完成操作就可以了 | 如果有需要注意的事项，最好能提醒对方 |
| 支付宝密码忘记了，能不能退到其他账户？能不能退到银行卡？ | 经常会碰到 | 这种情况是可以退到银行卡的，不过我们财务人员要麻烦一点 | |

续表

| 问题 | 提问背景 | 解答 | 技巧 |
|---|---|---|---|
| 你们不是说已经退款了吗?我怎么还没有收到啊 | 顾客比较急 | 稍等,我马上帮您看一下;说明后台或实际财务情况;如果不正常,就需要及时处理,使顾客满意 | |

**8. 发货速度、快递单号**

对于发货进度、快递单号的问题的答复如表 4-8 所示。

表 4-8

| 问题 | 提问背景 | 解答 | 技巧 |
|---|---|---|---|
| 什么时候能发货?今天能发货吗? | 都会问的问题 | 我们每天的订单处理工作量比较大,一般是当天晚上比较迟的时候才开始处理,所以,大家的货都是第二天发走的 | 1. 说明操作流程<br>2. 说大家的货也这样发,任何人也特殊不了 |
| 其他家店铺当天就能发货,你们为什么不行呢? | 希望或质疑 | 1. 公司一大,流程就多起来了,不像很多小店铺,老板自己当客服,当天确实能发货,因为他的网店就直接开在专卖店里或开在线下仓库里,能马上发货,这一点还请多理解呀<br>2. 所以不是特别着急,您可以多看看我家货品,上货快,新款多,应该会有您喜欢的 | 1. 说明情况,做对比<br>2. 转移话题,点明优势 |
| 用什么快递?什么时候能到? | 老买家了 | 1. 我们以×××或××为主,这个主要是仓库安排<br>2. 正常情况下,到您那边应该是×天后,不过不排除快递公司那边出现突发情况造成延误<br>3. 不管用什么快递,我们会让快递公司快速、安全地将宝贝送到您的家门口 | 交代会及时、安全送达 |
| 能不能指定快递? | 习惯性提问 | 1. 指定快递也不是不可以,不过从您的角度看,我们只要保证货品及时、安全送达您家就可以了<br>2. 如果您一定指定,请您留言 | 尽量不指定,如果要指定,请顾客留言 |

续表

| 问题 | 提问背景 | 解答 | 技巧 |
|---|---|---|---|
| 换快递要加钱吗？ | | 1. 看来您确实很关心快递公司情况,不知不同的快递公司不同对您有哪些方面的影响？（可以先了解对方需求）<br>2. 我不知道您换快递的原因是什么？但是如果是一些小快递公司,我们合作不多,不太好保证他们提供服务的质量 | 提醒顾客对于合作不多的公司,服务质量不好保证 |
| 你们家发货怎么这么慢呀？ | 还没有收到货,着急 | 1. 不好意思,您是还没有收到货是吗？我帮您查一下什么情况,请告知我您的姓名或者订单号<br>2. 告知顾客情况<br>3. 如果是特殊时间下的订单,需特别说明：您的订单是上周五下的,但是我们的订单都是在工作日处理的,因此,你的订单会比正常单子多耽搁两天,还请多理解,订单处理的流程还是比较长的,要点时间 | 正常说明情况,如果有什么具体要求,机动处理 |
| 你说发货了,但是快递单号没见着呀 | 不相信,想确认一下 | 亲,不要着急,因我们发货量大,一般发货当晚7:00前没有时间输入运单号,第二天一早才输入,要不我看下您的订单状态,请告知您的姓名 | 正常服务 |
| 我的订单状态显示配送中,是不是还没有发货呀？ | 怀疑 | 1. 我帮您查下,应该是发货了,不要着急<br>2. （查看实际情况）哦,已经发货了,仓库后台还没有点击而已,您放心吧 | 仓库要按实际情况操作 |

**9. 投诉**

对于投诉问题的答复如表4-9所示。

表 4-9

| 问　　题 | 提问背景 | 解　　答 | 技　巧 |
|---|---|---|---|
| 你们服务态度(工作质量)这么差,我要投诉你们 | 受到不公正礼遇或服务态度差,引起顾客不满 | 1. 了解实际情况,做出判断,是我们自身原因还是顾客原因<br>2. 如果是因我们自身工作失误造成,诚恳地向顾客致歉。对于不太消气的,赠送小礼品或代金券等以弥补顾客<br>3. 及时上报此类情况,做好档案记录 | 表示一定会处理好,使顾客满意 |
| 你的工号是多少? |  | 可以告知顾客工号 |  |
| 我要投诉,给你们差评 | 气话或者威胁 | 1. 如果是我的工作失误造成的,我们会弥补您的损失,您放心,我可以向我们主管反馈,给您一个满意的答复<br>2. 我家店铺贯彻以诚信经营为核心的服务理念,只要对不起顾客的,一定会为顾客解决并提供相应补偿,您看我是给您申请代金券还是送礼品啊?不知我这样处理您满不满意? |  |

**10. 欢迎和欢送**

欢迎和欢送时的服务语言如表 4-10 所示。

表 4-10

| 问　　题 | 提问背景 | 解　　答 | 技　巧 |
|---|---|---|---|
| 顾客刚进店铺时的欢迎词 |  | 1. 您好,我是店铺客服,工号××,很高兴为您服务<br>2. 很高兴为您服务,您看中什么款式了吗?<br>3. 欢迎光临××店铺 |  |
| 中间忙的时候 |  | 1. 及时发微笑表情或"不好意思,稍等"之类的话语<br>2. 亲,您有问题可以先留言给我,我马上就过来 |  |
| 解答顾客问题后 |  | 亲,要不您先自己看一下,我先接待其他客户了,祝您购物愉快 |  |
| 欢送 |  | 感谢您的惠顾,欢迎下次光临啊。祝您生活更美好等 |  |

## 四、实例研讨

### 案例一 老太太买李子,网络客服应具备的营销技巧

一位老太太每天去菜市场买菜买水果。一天早晨,她来到菜市场,遇到第一个小贩,小贩问老太太要不要买一些水果?老太太说你有什么水果?小贩说我这里有李子、桃子、苹果、香蕉,你要买哪种?老太太说我正要买李子。小贩赶忙介绍李子,又红又甜又大,特好吃。老太太仔细一看,果然如此。但老太太却摇摇头,没有买,走了。

老太太继续在菜市场转,遇到第二个小贩。这个小贩也像第一个一样,问老太太买什么水果?老太太说买李子。小贩接着问,我这里有很多李子,有大的,有小的,有酸的,有甜的,你要什么样的呢?老太太说要买酸李子,小贩说我这堆李子特别酸,你尝尝?老太太一咬,果然很酸,满口的酸水。老太太受不了了,但越酸越高兴,马上买了一斤李子。

但老太太没有回家,继续在市场转。遇到第三个小贩。这个小贩同样问老太太买什么?老太太说买李子。小贩接着问你买什么李子,老太太说要买酸李子。但他很好奇,又接着问,别人都买又甜又大的李子,你为什么要买酸李子?老太太说:我儿媳妇怀孕了,想吃酸的。小贩马上说:老太太,你对儿媳妇真好!小贩又问,那你知道不知道孕妇最需要什么样的营养?老太太说不知道。小贩说,其实孕妇最需要维生素,因为她需要供给胎儿维生素。所以光吃酸的还不够,还要多补充维生素。水果之中,猕猴桃含维生素最丰富,所以你要经常给儿媳妇买猕猴桃才行!这样的话,你儿媳妇才能生出一个漂亮、健康的宝宝。老太太一听很高兴,马上买了一斤猕猴桃。当老太太要离开的时候,小贩说我天天在这里摆摊,每天进的水果都是最新鲜的,下次来就到我这里来买,还能给你优惠。从此以后,这个老太太每天在他这里买水果。

在这个故事中,我们可以看到:第一个小贩急于推销自己的产品,根本没有探寻顾客的需求,自认为自己的产品多而全,结果什么也没有卖出去。

第二个小贩有两个地方比第一个小贩聪明,一是他第一个问题问得比第一个小贩高明,是促成式提问;二是当他探寻出客户的基本需求后,并没有马上推荐商品,而是进一步纵深挖掘客户需求。当明确了客户的需求后,他推荐了对口的商品,很自然地取得了成功。

第三个小贩是一个销售专家。他的销售过程非常专业,他首先探寻出客户深层次需求,然后再激发客户解决需求的欲望,最后推荐合适的商品满足客户需求。他的销售过程主要分六步:

第一步:探寻客户基本需求;
第二步:通过纵深提问挖掘需求背后的原因;
第三步:激发客户需求;
第四步:引导客户解决问题;
第五步:抛出解决方案;
第六步:成交之后与客户建立客情关系。

销售是一门学问,所以我们要在销售工作中勇于发现失误并及时改正过来,不断完善自我,超越自我。

## 案例二  良好的开门问候语和产品推荐语

**顾客**：在吗？
**客服**：您好,欢迎光临×××旗舰店,我是导购×××,请问有什么可以帮您吗？
**顾客**：您的服务不错哦(微笑表情,气氛就活跃起来了)。
**顾客**：我想买一款面膜,可以推荐一下吗？
**客服**：请问您的皮肤是什么肤质的？不同的面膜适用不同的肤质。
**顾客**：我平时皮肤有些过敏,总觉得有些痒痒的。
**客服**：亲,您的皮肤是属于过敏的肤质,我为您推荐一款能缓和皮肤过敏的面膜,请您稍等。
**顾客**：这真的对过敏的皮肤有帮助吗？
**客服**：亲,我们每一款产品都经过国家严格检验,质量有保证,有针对性,请放心选购。(微笑表情)
**顾客**：好的,那我就选这款试试。
**客服**：请问您平时有护肤的习惯吗？
**顾客**：我不需要,我的皮肤是中性皮肤。
**客服**：亲,您的皮肤不错。
**顾客**：呵呵,您真会说话。
**客服**：亲,护肤对于人的皮肤有着重要的意义,每天护肤就像给自己的皮肤换上一件衣裳,非常健康。您坚持一套完好的护肤流程是非常重要的。
**顾客**：好的,你有什么推荐？
**客服**：您先看看这款精华液,配合面膜一起使用效果不错。
**顾客**：好的,我看看。
**顾客**：好的,我买了。还有其他推荐的吗？

客服又给顾客推荐了适合过敏皮肤的乳液和霜。最后,该客户买下了这些产品。

在顾客下了订单付款后,再建议顾客收藏店铺,这有利于对顾客对店铺和产品产生关注。一套完整的销售流程,给顾客的是一种专业性的购买体验,使顾客产生一种信任感和依赖感！我们不仅卖给顾客需要的产品,更要挖掘顾客的潜在需求,最后还须进行客户关系管理,进一步管理顾客。

## 案例三  附和性的话语技巧

**顾客**：经过你的介绍,我已经深深了解了这款鞋子。然而,我发现这个鞋子在鞋带上与其他店铺所卖的鞋子有所不同,鞋带上存在差别应该不会是牌子有问题吧？
**客服**：先生,您真细心,能注意到这么小的细节。这的确不是牌子的问题,我们这个产品正巧和其他店铺的同类产品有小幅度的不同。
**顾客**：这款产品有优惠吧,打八折？
**客服**：看来您真是一个细心的人,咱家这款鞋子的确打八折。
**顾客**：鞋子肯定能第一时间发货,是吧？
**客服**：亲,您真是个万事通,咱家这款鞋子货源充足,能在第一时间发货。
**顾客**：你真是一个会说话的小姑娘,我买一双。

**客服**：谢谢亲的关照!

顾客都喜欢客服顺从自己的意思,他们也会由此产生一种存在感。而这种存在感能促使顾客下单。所以,客服要懂得顺从顾客的想法,特别是当自己的意见与顾客的想法一致时,就要懂得附和,从而让买家对产品产生浓厚的兴趣。案例中的客服就是这方面的高手,他依靠附和赢得了这一单。其实顾客所说的信息都是店铺既有的规定,其想法与客服的想法一致,客服所做的只是及时附和买家,并融入最美的语言,让顾客心情愉快,爽快下单。

技巧一：常说附和性的话语

客服要附和顾客的想法,关键是善于说复合性的语言,如"您说得太对了""您说的没错""就是这样啊""你真厉害""你真有见解""是的""的确如此"等。这些附和性的话语会让顾客感受到自己被尊重,从而产生一种强烈的存在感。顾客有了这种自尊心被满足的存在感,客服开展的沟通就能够顺利进行,交易就能够成功实现。

技巧二：附和顾客的建议

很多顾客在与客服沟通时都会提建议。如果这种建议正好与自己的想法一致。客服就要积极去附和顾客提出的建议。例如,顾客提出改善产品质地建议,客服人员可以说:"你真高明,而且学识丰富。关于质地的问题,您放心,我们一定会改善。"在产品设计、服务等方面,客服也可以采用这种方式。

### 案例四　网店规定过于死板影响用户体验

某电商的客服碰到一个顾客,其下了2个订单,然后要求客服将邮费去掉后才付款,但是商城规定了订单不能修改任何价格,包括商品的邮费。商城客服跟顾客解释不能修改,顾客不断地发重复的话语,要求客服关闭订单然后再重拍,最后闹得不愉快,交易最终以失败告终。

**解决方案：**

1. 应急处理:立即请示上级,灵活处理并解决问题;
2. 修改规则,避免今后发生类似问题。

### 案例五　顾客对产品质量产生不满的处理

**顾客**：亲,在吗?

**客服**：您好,欢迎光临屈臣氏官方旗舰店,我是售后客服001,请问有什么能帮助您的吗?

**顾客**：我的皮肤过敏啊。怎么办?

**客服**：您好,请问您是因为什么原因导致的过敏?

**顾客**：就是因为用了您家的产品造成的!

**客服**：亲,请问您是用完了我们的哪款产品而过敏的呢?请问您之前有没有用过其他牌子的护肤品呢?因为如果用了其他牌子的护肤品然后再转用另一款的话会导致皮肤不适应,将产生类似过敏的现象。

**顾客**：没有啊,就是用了你家的啊。我第一次买了你家的,用完后就变成这样了!

**客服**：亲,给您这样的体验真的很抱歉。麻烦您先将用完护肤品身体过敏部位、产品、购物清单、产品的生成批次的照片发过来,我先收集这些资料送给我们的质检部门处理,然后会尽快与您联系。

**顾客**：怎么这么麻烦啊!

**客服**：亲,给您再添麻烦真的很抱歉。因为我们公司有规定,需要对相关凭证进行检测了才能受理问题。请您谅解。

**顾客**：哎,太麻烦了,那等等吧。我现在在忙。

**客服**：好的。(微笑表情)

第二天,客人还没有上线回复。店长给顾客打电话。

**店长**：您好,请问是方小姐吗?

**顾客**：你是哪位啊?

**店长**：您好,我是××××的店长,请问您在忙吗?昨天我们客服收集您的资料,您说用完我们的产品后出现皮肤过敏的现象,我们会为您快速处理的,请问您现在有时间将身体过敏部位、产品、购物清单,以及产品的生成批次的图片发过来吗?

**顾客**：哦,那稍等啊。

**店长**：好的,谢谢您!

顾客在线发图片。

**店长**：亲,我是刚刚和您通电话的店长,之前给您不好的产品使用体验,非常抱歉,我们会尽快地检测产品,如果是产品质量问题导致您的皮肤出现过敏的话,我们会尽快地为您处理的。请您先停用该产品,然后将该产品寄回我们的仓库,我们收到货后会给您处理的。请您放心!

**顾客**：好,请您尽快给我处理。出现这种状况真让人感到不愉快。不过你们的态度还算好,所以不追究了!

**店长**：感谢您的谅解和一直以来对屈臣氏的支持,我们一定会更仔细地检测我们的商品并不断地完善我们的服务。

最后,客服管理人员将客户的资料存档在系统中,该客户之后也继续关注及购买该品牌的产品。

售后处理流程:安抚→查明原因→表明立场→全力解决→真诚道歉→感谢理解。

## 五、学习测评

1. 网络客户服务的概念。
2. 网络客户服务包括哪两种形式?
3. 网络客户服务分哪几个层次?
4. 网络客户服务工作应具备哪些基本能力?
5. 网络客户服务工作需具备哪些相关知识?
6. 网络环境下企业可采用哪些常见的客户服务工具?
7. 通过对老太太买李子的案例的分析,网络客服应具备哪些营销技巧?

# 项目五　电子商务中的客服体验

## 课前导读

### 熟悉产品,能把握客户消费心理

**客服:** 您好,欢迎光临×××官方旗舰店,我是客服秀秀,请问有什么可以帮到您呢?

**顾客:** 我是混合性的皮肤,有什么好的护肤产品推荐呢?

**客服:** 亲,有很多的护肤品适合您的皮肤,最近我们有款组合的产品卖得挺好的,既实惠又适合您的肤质,要不为您推荐一下?

**顾客:** 好的,让我看看。

**客服:** 这款经典组合套装,包含了爽肤水、乳液、面膜。三款配合起来护肤是不错的选择。

**顾客:** 价格好像有些贵。

**客服:** 亲,这款组合确实有点贵,不过护肤品最重要是适合自己的才是最好的,产品适合、好用才是最重要的,您说是吗?

**顾客:** 真会说话,呵呵。

**客服:** (微笑表情)能为您推荐适合的产品才是最重要的。

**顾客:** 好吧,那我要了。

**顾客:** 尽快发货。不然我放假了就收不到了。

**客服:** 会的,请您放心,我们会督促仓库人员尽快发货的!

**顾客:** 您家发什么快递呢?

**客服:** 您好,默认发圆通、申通、天天快递,系统会自动根据您的收货地址匹配相应的快递,请您放心。

**顾客:** 好的。

**客服:** 亲,请问您平时有护肤的习惯吗?

**顾客:** 有的。

**客服:** 亲,一套好的专业的护肤流程是:卸妆——洁面——爽肤——去角质、去黑头——爽肤——涂上精华液(脸部、眼部)——敷面膜——涂乳液——涂面霜——进行身体护理。这就为您推荐一些相应的护肤品好吗?请稍等。(发产品链接)

**顾客:** 哇,这么多啊!我上班没时间用啊!

**客服:** 亲,这个您可以在晚上睡前护理,白天上班会接触到空气中的灰尘,护肤就等于给您的皮肤换上健康、干净的外衣。

**顾客:** 好的,发来看看。

**启示:** 作为一名网店客服,首先要熟悉产品,把握客户的消费心理,才能较为顺利地销售并推荐关联产品。

## 一、学习导航

**1. 学习目标**

（1）了解网店客服的工作流程；
（2）掌握如何给客户提供完美的售前客服体验；
（3）掌握如何给客户提供满意的售后客服体验；
（4）了解客服体验好坏的评价指标。

**2. 学习重点**

通过本章学习，重点掌握网店客服流程，提供完美的售前客服和满意的售后客服，知晓网店客服体验的四个评价指标。

**3. 主要学习方法**

案例分析法、角色扮演法、自主探究法、仿真练习。

## 二、实例导入与工作任务

随着网络技术的发展，电子商务对于我们来说已经不是什么新鲜词语了，电子商务存在于我们生活的方方面面。网上购物、线上线下模式都属于电子商务范畴，电子商务对我们的生活产生着真切的影响。但你知道奋斗于电子商务第一线的人群吗？他们就是庞大的网络客服人员，网络客服作为顾客联系网店的窗口，承担着促进买卖双方信息交流的功能。

小王作为电商专业的学生，虽然学习了很多电商方面的专业课程，但对于即将开始的电商客服实习充满了好奇，网店客服大概要做什么事情？具体工作流程是什么？在产品同质化越来越严重、同行竞争加剧的大背景下，优质的客户服务成为了消费者挑选买家的重要参考因素，如何才能给顾客提供优质的售前、售中和售后服务？网店客服工作的好坏如何进行科学评价呢？带着这些疑问，让我们开始本项目的学习。

## 三、知识与技能

**1. 知识目标**

（1）知晓网店的工作流程，包括网店客服的售前、售中和售后的工作流程；
（2）了解顾客购物的售前和售后流程；
（3）理解顾客售前和售后的体验，包括售前顾客的态度体验、客服专业性体验、选择体验、价格优惠体验和商品支付体验；售后的物流告知体验、主动询问体验、积极应对纠纷体验和好评回复体验等；
（4）知晓客服评价的指标，包括询单转化率、客单价、旺旺响应速度和商品退款率等。

**2. 能力目标**

（1）能熟练掌握客服工作流程；
（2）能快速提供完美的售前服务体验；
（3）能高效提供令顾客满意的售后服务体验；

(4) 能熟练运用客服评价指标对客服工作进行评价，并提出改进方法。

面对以上的学习目标和工作任务，需要掌握以下知识和技能。

# 学习单元一　网店客服的工作流程

## （一）网店客服概述

**1. 网店客服的含义**

客服工作顾名思义就是为顾客服务的工作，和我们在实体店看到的导购服务人员一样，电子商务环境下的客服依然担当着迎接顾客、销售商品、解决顾客疑惑等责任。落实到网络平台上的客服，工作的环境与服务的媒介与传统实体店的导购人员又有一定的差异，传统实体店的导购人员服务顾客是一种面对面的交流，双方的互动及时性极强，网店客服服务顾客则是通过互联网进行信息传输，以阿里旺旺等聊天工具作为信息传输的固定平台，双方的互动是通过文字、图片的传达而形成的，但两者的本质都是一样的，即为满足顾客的需求所提供的一系列服务。

**2. 顾客对客服的期望**

服务是具有无形特征却可以给人带来某种利益或满足感的活动，客服的服务作为产品重要的附加价值，同其他有形产品一样，强调产品对消费者需求的满足。顾客点击客服头像，与客服开始交流，在顾客与客服正式沟通之前，顾客总会对客服工作有一定的期待，主要表现在以下几个方面：

（1）热情友好的服务态度。以热情的态度欢迎顾客的到来，以热情的话语回答顾客的疑惑。热情是客服迎接顾客必备的态度，通过文字与表情的传递使顾客有一种宾至如归的感觉。

（2）诚实守信。网络购物虽然方便快捷，但最大的缺陷是买卖双方信息的模糊性。看不见对方，摸不着产品，客户难免对这种购物方式产生怀疑，而作为客户与网店沟通桥梁的客服，需要用诚信来消除客户的疑惑，要知道顾客与客服咨询之前，总是希望客服是诚实守信的，能给自己切实有效的"干货"信息。

（3）专业耐心的精神。客服要有丰富的行业知识和产品知识。客服是产品的专家，但绝不意味着客服可以凭借自己的专业知识居高临下，嘲笑、蔑视存在疑虑的顾客，客服这种骄傲的心态在与顾客的交流中很容易被顾客察觉，顾客多问几个问题就不耐烦、回复慢、回复字数少，这些都让顾客感觉到客服的不耐烦。客服需要明白自己的工作本身就是为顾客解答疑惑的，自己掌握的知识也是工作所必需的，没有丝毫骄傲的理由。

（4）快速解答。客户服务是讲究时效性的工作，客服及时反应的能力十分关键。客服在回答顾客的疑问时，一定要在最短的时间内完成，不能让顾客等候太久，否则会让顾客觉得自己没有受到重视，损失顾客的几率很大。

**3. 网店客服对客户体验的影响**

顾客购买商品的意愿本是之前就有的，但客服的服务可以在很大程度上加强或减弱顾客的购买欲望，网店客服虽然不能直接决定顾客买或者不买，但能在很大程度上对客户体验产生影响。留住老顾客、吸引新顾客是客服人员创造业绩的不二法门，顾客通过电子商务的平台购买商品，期望通过这个平台获取的不仅是超值的商品，而且是令人满意的客户体验，而对客户体验的影响需要由客服完成。网店客服对客户体验的影响如图 5-1 所示。

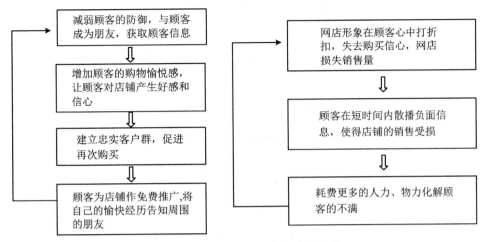

**图 5-1　网络客服对客户体验的影响**

## (二) 网店客服的工作流程

一般将大中型网店的客服人员分为售前客服、售中客服和售后客服,如图 5-2 所示。

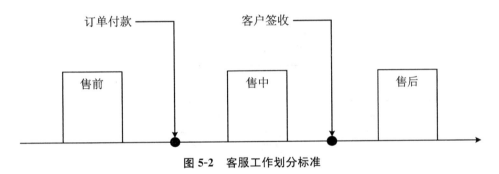

**图 5-2　客服工作划分标准**

**1. 售前客服的工作流程**

售前客服主要从事引导性服务,如客户(包括潜在客户)对于产品的技术方面的咨询。售前客服的工作流程如图 5-3 所示。从顾客进店咨询到下订单、付款的整个工作环节都属于售前客服的工作范畴。

**2. 售中客服的工作流程**

售中客服的工作主要集中在顾客付款到商品物流签收的整个时间段,主要负责物流工作的处理,工作流程主要概括为四个方面,如图 5-4 所示。

**3. 售后客服的工作流程**

售后客服的工作主要是指顾客签收商品后,对商品在使用方面或产品维护方面存在一定的疑惑,客服通过与顾客的及时沟通,帮助顾客解决收到商品后的种种问题,而售后问题主要集中在处理退换货和中、差评两个方面。

网店对售后客服的要求较高,他们不仅需要了解商品的专业知识,还需要对淘宝以及店铺的规则了然于胸,并且具有判断售后问题的综合能力。售后客服的工作流程如图 5-5、图 5-6 所示。

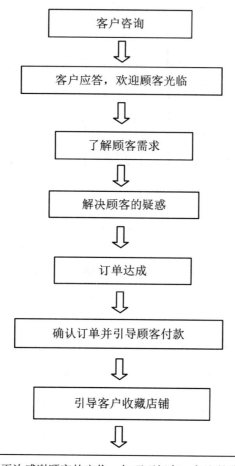

图 5-3 售前客服的工作流程

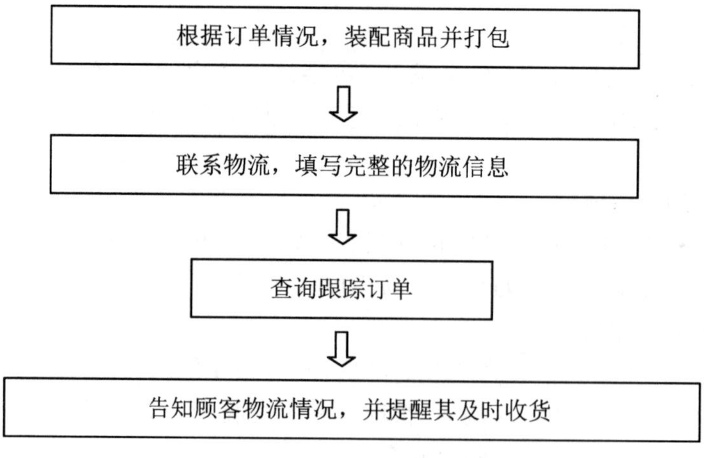

图 5-4 售中客服的工作流程

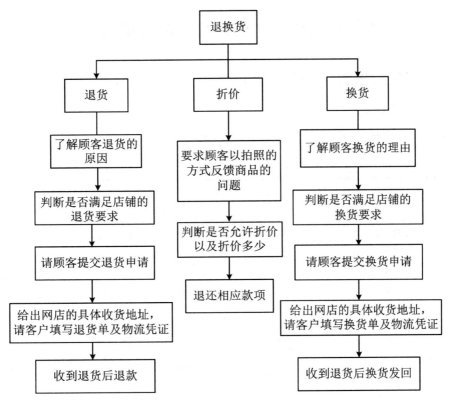

图 5-5 售后客服退换货工作流程

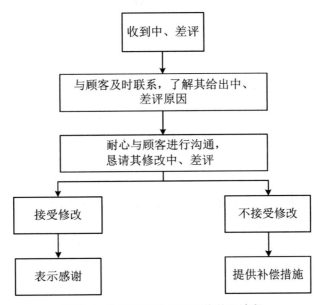

图 5-6 售后客服中差评工作处理流程

# 学习单元二　完美的售前客服体验

## （一）了解购物售前流程

购物售前流程如图 5-7 所示。

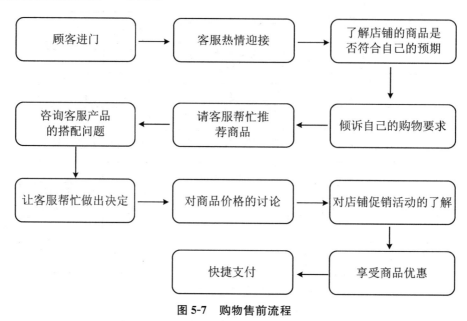

图 5-7　购物售前流程

## （二）服务态度体验

### 1. 热情

热情是个体在某个情境因素下，表现出来的友好、愉悦的情绪情感。

（1）拒绝一个字回答：

情景一：

**顾客**：请问在吗？

**客服**：在。

**提示**：亲，我随时在这里候命！请问有什么可以帮到您的吗？能够帮到您可是我最大的荣耀！

这样的回复不仅礼貌地回答了顾客的问题，还表现了对服务顾客这项工作的热爱与努力，无疑增加了顾客继续聊天的欲望。

情景二：

**顾客**：请问有货吗？

**客服**：有。

**提示**：亲，这款宝贝是有货的，这可是我们家爆款商品！

这样的回复不仅直接回答了顾客的疑问，还强调了这款宝贝的销量与受欢迎程度，激发了顾客的购买欲望。

情景三：

**顾客**：请问可以包邮吗？

**客服**：不行。

**提示**：亲,真的很抱歉,我们店铺在搞大促销,商品的利润最低了,没有办法再为您包邮了,真的很抱歉,请您多多理解！

在回复中拒绝顾客的要求：一要道歉；二要说明拒绝的原因,单单一个"不行",有拒顾客于千里之外的感觉,难免让顾客对你的服务态度感到不满。

(2) 拒绝长时间无响应,冷漠迎客。很多时候,客服由于不在电脑旁或心不在焉,不能第一时间查看顾客提出的疑问,导致很长时间之后才回答顾客,耐心的顾客可能还在等待,但在竞争残酷的电子商务行业中,不在你家买可以在他家买的想法时时都会出现,由于长时间得不到回应,顾客流失的可能性是很大的,同时还会让顾客感到客服的冷漠与不负责任。所以客服在回答顾客的疑问时要讲究时效性,快速回答顾客的疑问可以让顾客感到客服对自己的在意与重视。长时间无响应,经常会出现以下的情况。

**顾客**：15:25:16　请问在吗？

**客服**：15:40:20　亲,您好！请问有什么可以帮您的吗？

**顾客**：15:40:50　不用了,你们回复得太慢了吧,我都在别人家买好了。

**提示**：客服长时间没有响应的原因有很多：一是由于自身的原因,如客服开小差、离开电脑、心不在焉等；二是由于店铺客流较大的客观原因,咨询人数过多,无法一一及时回复,除了督促客服提高自身的工作专注性之外,还需要从以下两个方面找到解决办法：

① 设置好自己的旺旺状态。客服的阿里旺旺有"我有空""忙碌中""离开""隐身"四个选项供客服选择,客服在正常的工作状态下都要选择"我有空"的状态,但客服难免也有离开电脑的时候,如上卫生间、吃饭、开会等,客服就要将自己的旺旺设置成"忙碌中"或"离开"状态,避免顾客因为得不到客服的回应而误会客服的服务态度。

② 设置好旺旺自动回复。有时候客服无意间冷漠了顾客与客服是否离开电脑无关,更多的是因为咨询量过大,客服实在忙不过来,以至于无法及时回复,如"双十一""双十二"大促销期间,客服的最高咨询量达到了近 500 人/分钟。在这样的大促销开始之前,客服设置好能让顾客理解的自动回复或许能让顾客对客服的"冷落"有些许理解。在阿里旺旺主界面的右下角位置单击"设置"按钮,再单击"客服设置"中的"自动回复设置",即可在界面中设置自动回复的内容了。自动回复的内容可以参考以下的模板：

情景一：

**客服**：亲,欢迎光临××小店,由于现在的顾客咨询量较大,秀秀对于不能立即回复您感到非常抱歉,希望您能仔细阅读商品详细页的信息,自助购物,如果您有非常要紧的问题需要询问,还请等待秀秀 5～10 分钟,谢谢您的理解。

**提示**：客服的自动回复中首先要说明不能立即回复的客观原因,给出最晚的回复时间,让顾客明白其中的原因以及降低顾客对于回复时间的期待值。

情景二：

**客服**：亲,现在是人工服务高峰期,咨询人数较多,烦请您自助购物。本店商品一律正品,您拍下付款后承诺 48 小时内发货,满 168 元即享受包邮优惠。小店包邮选择中通、申通、韵达物流公司,您可以根据您所在地区的实际情况给我们留言备注。这三家物流公司,对于西藏、新疆、青海地区不能提供包邮服务,敬请谅解！

提示：客服首先说明不能及时回复的原因，随后将咨询较多的问题的答案一一罗列，也许顾客想要咨询的问题就在其中。

（3）忌过度热情、做作，让顾客感到交流不适。客服在对顾客表示欢迎时大多都礼貌、热情，用亲切的言语与顾客拉近距离，但很多客服为了博得顾客的好感，会说一些肉麻的话，适得其反，让顾客感到交流不适，怎样的语言才既亲切又得体，易于顾客接受呢？

① 过于亲昵，忙着套近乎，却忘记了自己工作的本质反而造成顾客的疑虑。很多客服习惯在与顾客谈话的开始阶段就忙着与顾客套近乎，希望通过肉麻的昵称反复强调"我们是朋友"等方式来加深顾客对自己的印象和好感，但这种方式往往适得其反，顾客面对这种热情过于高涨的客服会产生心理抵触感，不愿意继续交流。例如：

客服：我的小亲亲，您亲爱的秀秀永远在这里守候着您，我最最尊敬的您，十二万分欢迎您来到小店，在购物之余您也可以和秀秀分享您的开心与烦恼，我们永远是最好的朋友！

② 过于做作，把自己放在很卑微的位置，让客户感受到交谈的压力。顾客是上帝的服务理念绝对没有错，但这份尊重与亲切需要建立在一个自然、易于接受的环境之中，一些客服为了让顾客更深地感受到受到优待，故意将顾客的身份抬高，可这样的招呼方式往往让客户感到不适，交谈时也给了顾客很多压力，导致交流无法正常进行。例如：

客服：娘娘您可算来了，最近店里的活动可多了，优惠券什么的奴才这就给您呈上来，娘娘您还有什么吩咐吗？

## 2. 礼貌

客服在与顾客的交流过程中，要以饱满的热情拉近与顾客之间的距离感，尽量保持一种友好的朋友式的聊天氛围，但这种友好氛围绝不是和自己朋友那般肆意地开玩笑逗乐，这种友好建立在对顾客的礼貌之上，明白什么话该说、什么话不能说，礼貌的言辞可以树立网店良好的服务形象，有助于增强顾客对于客服服务方面的良好体验。

礼貌用语：
- 请，您，谢谢，对不起。
- 我很高兴……
- 感谢您……
- 很抱歉……
- 请您见谅。
- 我十分明白您的感受。
- 您对我们很重要。
- 我会以最快的速度……

服务禁语：
- 我不知道……
- 不行……
- 我现在很忙……
- 这不是我的错……
- 这是你的原因……
- 你之前找的谁现在也找他吧……
- 你应该理解我们……
- 那我也不知道怎么办了……

- 随便你……

### 3. 耐心

在客户服务工作中,耐心必不可少。

顾客进店购买商品,便是有了购买需求,但很多顾客对于初次接触的店铺都有着许多疑问甚至质疑,我们将这些顾客分为以下几种:

(1) 顾客有很多疑问。顾客关于商品的疑问很多,从面料、尺寸、做工、生产日期、生产流程到商品的发货时间、收货时间等都想与客服确认,缺乏耐心的客服可能就会放弃这类客户,但这万万不可,客流量来之不易,客服不能觉得顾客很烦,反而需要耐心回答顾客的疑问,解决顾客的疑惑,这正是客服工作的核心。例如:

**顾客**:这款巧克力饼干真的是国外的产品吗?

**客服**:是的,亲,这款巧克力饼干是来自日本的原装进口零食,销量很好,您可以在网络上查询这个品牌,很出名的!(附百度搜索链接)

**顾客**:那我怎么知道你们店卖的就是原装的呢?

**客服**:亲,您不用担心产品的品质,我们的产品都是国外直接发货,这是我们店铺商品的合格检验报告和厂家发的票据。(附质检报告和证明)

**顾客**:哦,你们的生产日期会不会很早,因为运输过来要好久的!

**客服**:我们商品的生产日期都是今年4月之后的,这款巧克力饼干的保质期是两年。

**顾客**:为什么××店铺产品和你们一样,可是别人便宜那么多啊?

**顾客**:说是原装产品,为什么还有中文标识呢?

**提示**:求安心理让顾客在购买商品时更愿意掌握完整的商品信息,所以顾客有疑问是一件很正常的事情,可有的顾客的疑问却特别多,可能只买10块钱的东西,却耽误客服的一天时间来为他解答,面对这类顾客,客服唯一的解决办法便是一一回答,尽自己最大的努力去解答顾客的疑问,或许顾客会为你的耐心而感动,对你的服务加分,顾客自然会给你介绍更多的客户,再次购买你的商品的可能性很大。

(2) 顾客对自己的需求的认识不是那么清晰,在描述自己的需求时可能会比较零散或混乱,观点不是那么突出或逻辑性不太强,回复中间隔的时间过长。例如:

**顾客**:我想买一个百搭的包。

**客服**:亲,百搭的包有很多,您可以描述得更细致一点吗?比如颜色、款式,是单肩包、挎包,还是手提包、双肩包。

**顾客**:哦,我觉得都可以!

**客服**:亲,那我为您多推荐几款顾客反馈还不错的包吧!(附多个链接)

**客服**:亲,你看了觉得怎么样啊?

**客服**:(很长时间后)亲,您还在吗?

**顾客**:嗯,在的,我都看了,可能我更喜欢双肩包吧!

**客服**:我刚才为您推荐的几款双肩包中有没有您心仪的款式呢?

**顾客**:有是有,但都不是特别满意!

**客服**:您方便把链接发给我看看吗?让我看看您喜欢哪种双肩包,再为您推荐类似。

**提示**:很多顾客在购买商品时购买意识模糊,等待与引导是客服面对这类顾客最好的解决办法。等待,一是等顾客的表达与思考,二是等待顾客对自己所需要的商品进行定位。等待正是客服耐心的表现,给顾客足够的时间去思考,不要急于打断顾客;引导是将顾客想要说的话或没有说出口的话通通表达出来,再将顾客零散的需求综合在一起,自然就能听懂全部的意思了。否则,自以为是地去理解及发表意见,将产生更加不好的效果。

(3) 客户对网店的产品有所怀疑,对网店的搭配、售价有着自己的认识,而顾客的这些观点是客服所无法接受的,甚至带有挑衅和粗俗的话语。例如:

**顾客**:你们店的化妆品怎么这么便宜?是假货吧?

**客服**:亲,您好!首先我们的产品是支持专柜验货的,我们商品之所以比其他网店便宜,是因为我们的进货渠道是直接从国外工厂拿货,省去了很多中间环节的资金投入,所以价格才便宜。

**顾客**:可我看到的差评也不少啊,这是怎么回事呢?

**客服**:亲,使用效果因人而异,的确有部分顾客因为自己的肤质与我们出售的化妆品不适应,但这都是自己敏感的肤质所造成的,与我们的产品质量无关,当然,随着我们店铺发展得越来越好,也有不少同行采用恶意竞争行为,故意给我们差评,对此我们也是很无奈,您可以看看我们的好评,都附有网友使用后展示的真实的图片。

**顾客**:那我拍下付款倒是没有问题,但要是过敏或不适我要退款的哦!

**客服**:实在很抱歉,根据淘宝规定,化妆品类目是不支持七天无条件退款的,您拆封之后的化妆品我们是没有办法进行二次销售的。请您谅解。

**提示**:在接受新产品的过程中,顾客总会出现一些抵触心理,面对顾客的质疑,千万不要丧失耐心,要以理服人,耐心地与客户解释,消除顾客的疑惑与担心,说不定他就是你的忠实顾客!切忌与顾客发生争吵,应试着去理解顾客的心情和情绪。一定要耐心把话听完,并且适时作出解释,这样才能达到服务的效果。

**4. 尊重**

人与人能够保持长时间的接触沟通,一定是在互相尊重的前提下进行交流的,在顾客与客服之间的交流中,互相尊重所带来的影响是巨大的,客服在与顾客的谈话中要通过尊重顾客的提问、不随意插话、尊重顾客的选择等几方面共同着力,加深顾客的服务感受体验。

(1) 尊重顾客的提问。

**顾客**:纯棉衣物的洗涤要注意些什么呢?

**客服**:手洗最佳。

**顾客**:没有其他注意事项了吗?

**客服**:棉质衣物应该是我们生活中经常接触的布料,洗涤注意事项应该不用我多说吧,为了避免褪色建议分开洗涤。

**顾客**:我不可以多问一句吗?你是什么态度?

……

**提示**:客服因为经常接触这些知识,认为这些知识很简单,详情页里面也写得很清楚,甚至觉得顾客问这些基本问题是在浪费自己的时间。但所谓术业有专攻,客服熟悉的领域可能是顾客所陌生的,顾客需要通过咨询来确认自己对信息的掌握,所以客服要尊重顾客,认真对待顾客的每一个提问,友好、耐心地回答。

(2) 不能随意打断别人的谈话。顾客在表达自己的想法或需求的过程中,或许客服已经能够从中领悟顾客的意思,但切勿打断客户的谈话,或者概括顾客的话要点,这些都是让顾客极为反感的行为,诸如此类的还有任意地加入自己的观点做出评论和表态等,这都是很不尊重对方的表现,在客服服务工作中一定要避免。例如:

**顾客**：你们家的T恤衫全是均码的吗？
**客服**：我们家的T恤衫没有分大小码，全是均码。
**顾客**：亲，过瘦或过胖都不能穿的。
**客服**：是厂家以M码为标准统一做的。
**顾客**：哦。
**提示**：客服应清楚自己的工作职责，永远将话语权留给顾客。客服回答顾客问题的时候若看到聊天窗口中顾客的头像下方有对方正在输入的黄色图标，最好等对方发送完最新的信息后再回答。

（3）尊重顾客的选择。

尊重顾客还表现在客服对顾客的选择表示支持、认可与鼓励。客服的工作职责是推荐商品，引导顾客购买，绝不是干涉顾客的选择，客服若是否定顾客的选择，便会打击顾客购买的积极性，让顾客感到自己没有受到重视。例如：

**顾客**：我还是挺喜欢黑色的这款。
**客服**：您确定？
**顾客**：怎么了？
**客服**：大家对这款商品的评价可比不上我之前给您推荐那款白色的，您可不要只比较两者的价格差异啊！
**顾客**：但我就是喜欢黑色这种经典色啊！
**提示**：我们都有权利选择自己喜欢的东西，尤其是作为上帝的消费者。顾客有着他们自己的喜好，可能顾客的选择不是你所推荐的，又或许顾客选择的商品价格是较低的，这些都不能成为客服否定顾客选择的借口。

除了以上所谈的提高顾客服务体验值的一些方法之外，合理使用阿里旺旺的表情，也能给顾客传递那份热情、礼貌、耐心与尊重，动态的表情还能让顾客在与客服交谈中增加谈话的趣味性，增添服务的生动性。

## （三）客服专业性体验

客服的专业性是社会分工在电子商务世界中的体现，所谓客服的专业性是指客服对于自己所从事的行业较为精通，需要掌握的工作技能极为完善，达到了网店岗位设置所预期的要求，可以产生让人满意的工作成果的能力。

**1. 商品的专业知识**

在与顾客的沟通中，整个对话大部分是围绕着商品本身进行的，顾客很可能会提几个关于产品的专业性问题，客服对产品知识的熟悉是与顾客交流谈判的基础。

（1）对产品质量的了解：

① 产品性能：产品应满足使用功能的要求，这是商品性能的体现，也是产品质量的基本要求。例如：

**顾客**：请问这款雪地靴保暖性怎么样？
**客服**：亲，您好！这款雪地靴保暖性极好，采用浓密优质安哥拉兔毛，360度无死角保暖。

② 产品寿命，例如：

**顾客**：请问这款暖手袋的使用寿命有多久？以前买过类似的暖手袋，经常坏啊！

**客服：**亲，您好！这款暖手袋有6层防护，袋体是加厚的PVC袋体，经久耐用！

③ 产品的安全性，例如：

**顾客：**请问这款暖手袋的安全性怎么样？万一漏水或爆炸，那真是要人命啊！

**客服：**亲，您好！这款暖手袋是一体式内胆，采用全封闭式结构，安全防爆，经过严格测试与验证，密封防漏，您放心使用吧！

（2）对产品尺寸的掌握：

① 产品尺寸的大小。以衣服和鞋子为例，其尺码如表5-1、表5-2所示。

表5-1　衣服尺码表

（单位：cm）

| 尺码 | 后中长 | 胸围 | 下摆松量 | 后中袖长 | 袖肥 |
|---|---|---|---|---|---|
| 155/80A | 86 | 108 | 106 | 79.5 | 47.6 |
| 160/84A | 88 | 112 | 110 | 81 | 49 |
| 165/88A | 90 | 116 | 114 | 82.5 | 50.4 |
| 170/92A | 92 | 120 | 118 | 84 | 51.8 |
| 175/96A | 94 | 124 | 122 | 85.5 | 53.2 |
| 180/100A | 96 | 128 | 126 | 87 | 54.6 |
| 185/104A | 98 | 132 | 130 | 88.5 | 56 |
| 190/108A | 98 | 136 | 134 | 88.5 | 57.4 |
| 195/112A | 98 | 140 | 138 | 88.5 | 58.8 |
| 200/116A | 98 | 144 | 142 | 88.5 | 60.2 |

表5-2　鞋子尺码表

| 鞋码 | 34 | 35 | 36 | 37 | 38 | 39 | 40 |
|---|---|---|---|---|---|---|---|
| 理论脚长(mm) | 220 | 225 | 230 | 235 | 240 | 245 | 250 |

② 产品规格、体积。以整理箱为例，其规格和体积如表5-3所示。

表5-3　整理箱的规格和体积

| 体积(L) | 尺寸(cm) | 适合装的物品 |
|---|---|---|
| 40 L | 45(长)×33(宽)×25(高) | 书本、杂物、零食 |
| 60 L | 54(长)×40(宽)×31(高) | 宝宝衣服、玩具 |
| 120 L | 63(长)×45(宽)×38(高) | 春夏衣服、被子 |
| 170 L | 72(长)×53(宽)×45(高) | 厚棉被、厚冬装、羽绒服 |

（3）对产品注意事项的说明：

① 使用禁忌。产品使用禁忌主要是指顾客在使用产品的过程中需要规避的使用行为，这类不正确的使用行为一方面可能无法实现产品本来的效果，另一方面还有可能引起不必要的危险。如一些家电的使用说明等，客服一定要了解相关使用禁忌。

② 产品的保养。任何产品都有一定的使用寿命，但我们在使用产品的过程中如果注意

对其进行必要的维护,即对商品进行保护修理,使它保持正常状态,在一定程度上可以延长它的使用时间,我们将这一过程称为对商品的保养。如衣物的洗涤说明、家电的清洗说明等,客服对这类产品知识的掌握会让顾客对你另眼相看,会得到顾客的信赖。

**2. 掌握商品的周边知识**

商品的周边知识对于顾客进行商品的选择与了解没有直接的关系,但能在一定程度上指导或影响顾客选择,能够增加顾客对商品的深度认识,从而加深顾客对客服专业性的肯定。

(1) 产品真伪的辨别。顾客的求真心理往往使他们很纠结所购买的商品是否是真的,尤其是在真假难辨的中高端商品中。

**顾客**:我怎么知道我购买的毛衣是不是真的羊绒制品呢?

**客服**:亲,那么让我给您介绍辨别羊绒真伪的方法吧!首先您可以通过直观感受进行辨别,优质的羊绒衫柔软而富有弹性,假羊绒粗硬无弹性;其次您可以通过燃烧的方法辨别,羊绒燃烧后会有头发烧焦的味道,燃烧速度慢,火焰小而短,冒轻微白烟,而假羊绒燃烧后有塑料的味道,燃烧速度快,还伴有浓浓的黑烟。

(2) 产品附加信息。产品的附加信息是指产品在生产、销售中并不包含这方面的信息,但由于一些知名人物的使用,使这些产品焕发了新的生命,如×××明星推荐产品等,这在无形中给商品寻找到了一个代言人。

**3. 同类产品的了解**

(1) 质量的比较。客服要对自己的产品质量有最为全面的认识,产品的面料、填充物、版型、厚度、舒适度等都应掌握,而同样的,对于同款式的商品的质量也要进行了解,仿版的面料、版型有何区别,这既可以作为解除顾客忧虑的直接有力的证据,也能让客户更加清楚自身产品所存在的不足与优势,突出自己的优势所在,赢得更多顾客的支持。

**顾客**:网络上与你们这款衣服类似的有很多,为什么就你们店要贵一些呢?

**客服**:亲,这款衣服穿上身真的很漂亮,是我们家这季的爆款,所以才有很多仿款!但我们家的衣服都是自家工厂定制,质量、版型、厚度都是其他店铺无法比的,所谓一分钱一分货,我们的原材料都是真材实料的好材质!

**顾客**:你们的衣服好在哪里啊?我怎么看不出来呢?

**客服**:亲,首先,从选料和版型上来看,我们的衣服力挺有型,毛呢选用优质精选长顺毛,十分暖和,其他仿版易褶皱,材料较差;其次,我们衣服内衬选用的也是高档丝绸面料。另外,我们在细节方面如扣子设计也是用高档布包扣,而我们衣服的质量和美观程度都是您看得见的。

**顾客**:哦,原来是这样的啊,那我就可以放心购买你们家的宝贝啦!

**提示**:将同类产品做一个正确的分析与比较,让顾客一眼便知好坏,顾客就可以放心选择了,销售起来也顺利一些。

(2) 货源的比较。客服除了了解自家产品的质量,还要了解产品的进货渠道和生产渠道,货源也能成为影响顾客选择的因素之一。

**顾客**:你们家的化妆品真的是×国正品吗?

**客服**:亲,我们是专门负责×国化妆品代购的小店哟,所有的商品都是店里的人员去×国亲自拿货的,保证是正品!

**顾客**:那我怎么相信你们的货源来自×国?你们比其他家都便宜呢。

**客服**：亲，您可以看看我们的小票，都是我们直接在×国亲自选购的！至于其他店铺的货源渠道，我就真不清楚了，因为我们和×国的工厂有多年的合作，在价格上他们也给了我们一些优惠，所以才比其他店铺便宜。

**顾客**：哦，既然是这样，那我就下单了！

**4. 选择体验**

（1）对产品的推荐。只有当客服对产品的功能非常了解后才能够游刃有余地对产品进行推荐，客服在为顾客推荐商品时要注意从顾客角度和商品角度两个方面进行推荐，从顾客角度出发需要因人而异地推荐商品，从商品角度出发需要进行关联商品的推荐。

① 因人而异地推荐商品：

a. 商品的使用对象：由于商品的使用对象的不同，消费者对商品的要求也不一样。例如，顾客在网上购买手套，如果是自己用，美观、保暖这两个功能较为重要；如果送人，那么包装和品牌更重要。

b. 客户的个性特点：客户在购买商品时，对于商品的需求也是各不相同的，客服也要根据不同类目的需求差异来为顾客推荐产品。例如：护肤彩妆类目对于顾客的肤质、年龄、价位等有需求差异。

② 关联商品的推荐：

a. 必需品的推荐：如顾客购买了打印机后，可以推荐墨盒和打印纸等关联商品。

b. 省邮费的搭配：很多店铺都会以"满××包邮"为销售方案，鼓励顾客尽可能一次性多购买商品。

c. 互补型的推荐：如卖服饰的店铺客服可以将搭配的鞋子或配饰推荐给顾客。

（2）对产品的搭配。产品的单一出售早已不能满足店铺对客服工作能力的要求了，客服人员对产品的了解从停留在对单一产品的认识转变为对某一系列商品的认识，而这种能力直接运用在客服工作中，就表现为为顾客合理地进行搭配，我们称为产品的搭配。

① 色彩搭配：

a. 浅色系搭配：白色、粉色被列为浅色系的代表色，往往给人一种清爽活泼的感觉。客服要根据产品的颜色来进行搭配，白色的外套，内搭的服饰最好是鲜艳的浅色系，这样的搭配使得色彩更为和谐，不会给人一种别扭的视觉感，浅色系的搭配是"减龄"的必备手段。

b. 深色系搭配：常见的深色系主要有黑色、灰色等暗系色彩，深色系的搭配显得十分稳重。客服在对深色系产品进行搭配时，往往要结合顾客的风格，灰色和黑色的厚重感给人更多的神秘色彩，耐穿性、耐看性极强。

很多时候，客服会遇到一些顾客因为不知道如何搭配产品的色彩，于是放弃购买，这时客服需要用自己掌握的色彩搭配技巧来说服顾客。例如：

**顾客**：这顶粉色的帽子可真好看，可也太难搭配了吧，看来要放弃了！

**客服**：不会啊，亲，一见钟情的帽子可是很难遇见的，这顶粉色帽子我们卖得可好了，能搭配的衣服颜色也挺多的。

**顾客**：应该怎么搭配呢？

**客服**：这款粉色属于浅色系，您着装的整体风格趋于白色和粉色之间就可以了，为您提供几组我们店内模特的搭配示例，十分"减龄"哟！（发图片）

**顾客**：原来可以这样进行搭配啊，真好看，谢谢你，我来下单！

② 风格搭配：

a. 韩版风格：韩版风格的搭配会给人一种休闲、随性的感觉，客服首先要了解韩版服饰大多是比较宽松、休闲的样式，适合身材中等的顾客。

b. 复古风格：复古风格给人一种远离喧嚣都市的感觉和森林的气息。复古风格的服饰颜色较为暗淡，版式也较大较长，选一件高领宽松毛衣和背带连衣裙，一下就可以打造复古气质造型，宽松显瘦，重拾记忆里的恬淡。

c. 可爱风格：可爱风格的搭配适合可爱的小女生，在这样的搭配中，要注意色彩的选择，让造型看起来更简洁。

d. 英伦风格：英伦风格的搭配很适合身材高挑、身材纤瘦的女孩，以黑白色系为主，给人一种简约感。

**5. 价格优惠体验**

(1) 抹零体验。价格抹零是指针对顾客的消费金额可能精确到了"角""分"的单位时，为了方便顾客付款，抹去了小额的零头费用的行为。客服在决定是否对顾客的购买价格进行抹零时一定要视情况而定。首先客服要保证店铺有一定的利润空间，如果商品已经在做促销活动或在亏本处理时，原则上不建议进行价格抹零，如果商品的利润空间较大，而顾客需要抹零的金额在0.5～1元，客服可以答应顾客的要求，让顾客感受到客服处理问题的灵活性。

(2) 优惠券体验。店铺优惠券是网店推出的抵用现金的虚拟电子券，使用了这种电子券可以在需要支付的金额中减免一部分费用。

(3) 赠品体验。用礼品缓解顾客议价的尴尬不失为让顾客享受议价体验的好办法之一。在网店的经营过程中，礼品的准备是必不可少的，可千万不要吝啬于小礼品的赠送，小礼品的份量少、价格实惠，是议价环节中最好用的挡箭牌。客服在承诺赠送礼品的时候，要对礼品尽量保持神秘感，增加顾客的好奇心和对礼品的期待，如果顾客知晓了你准备的礼品是什么，对于顾客来说这些礼品可能对他没什么作用，会直接拒绝你的礼品，或要你直接降低价格，这可是让人十分为难的。

**顾客**：亲，这双鞋就再便宜一点吧，我常来你们家购鞋，你要是不便宜一点，我以后可就不来了啊！

**客服**：亲，您也知道我们店的商品都是薄利多销的，价格上再优惠真的很为难，您看我们为您准备几份小礼品怎么样呢？礼品可是很超值的！

**顾客**：那你们送什么给我啊？

**客服**：嘻嘻，这是个秘密哟，您收到之后一定会喜欢的！

**顾客**：哦，很期待，我这就下单啦！

**6. 商品支付体验**

(1) 确定顾客信息。顾客在拍下产品后，客服要及时与顾客在阿里旺旺上取得联系，向顾客亲自核实订单信息和顾客的收货信息，尽可能控制售后产生不必要的麻烦和纠纷。在顾客拍下了订单之后，客服可以通过淘宝后台查看顾客的订单信息，客服需要在第一时间向顾客确认订单的相关信息，包括商品的颜色、数量，以及订单的发货时间和发货途径等。

顾客的收货地址、姓名、电话是客服核实信息的重中之重，要第一时间与顾客进行核实，如果有顾客写错地址，需要修改收货地址的情况，客服需要做好备忘，避免在售后环节出错，除此之外，客服还需要关注顾客的个性化留言，有效避免错发、漏发等情况。

**客服**：亲，××××××(顾客填写的收货地址、收货人以及收货人联系方式)，是您准确的订单信息吗?

**顾客:** 哎呀,我把收货地址填错了!

**客服:** 那您给我一个正确的收货地址吧,我在订单里帮您备注就可以了。

(2) 了解交易支付类型。客服不要认为熟悉交易支付是顾客的事,在工作中会遇到很多第一次进行网上购物的顾客,他们可能还不知道怎么付款,这时候就需要客服人员一步一步地教顾客如何付款,如果客服不了解交易支付的类型,就会增加流失客户的危险。

① 支付宝。支付宝是由阿里巴巴集团创办的第三方网上支付平台,对于网购付款十分便捷并且兼具存储、转账等银行卡功能,是网上购物的首选支付方式。

② 网银支付。网上银行是在互联网时代开始出现的银行服务的新渠道,由商业银行等金融机构通过互联网等向其客户提供各种金融服务,在支付环节中,顾客通过选择定向的银行,选择"网上银行"支付方式,再通过输入银行卡号、密码、验证码等操作完成支付。

③ 银行转账支付。利用银行转账的支付方式时客服告知顾客自己的银行账号,顾客通过银行卡转账的方式支付所购买商品的费用,但通过银行转账的方式付款,支付过程较为麻烦,且没有前面两种支付方式可靠。

## 学习单元三　满意的售后客服体验

### (一) 了解购物售后流程

我们将顾客从进入店铺到完成付款的过程称为售前服务,将付款之后到使用产品的整个过程称为售后服务,售后服务比售前服务的环节更加复杂。

### (二) 物流告知体验

**1. 物流公司的选择**

随着电子商务的蓬勃发展,物流行业得到了前所未有的飞速发展,各类物流公司如雨后春笋般崛起,大小规模的快递公司都激烈地竞争着,顺丰、申通、中通、圆通、韵达这类大型物流公司由于经营时间较长,规模服务较有保证,往往得到更多网店的青睐,但某些小型物流公司由于其低廉的价格也展现着自己的优势。

然而对于卖家而言,应该选择什么样的物流公司呢?

(1) 运输速度快。物流公司的时效性主要分为两个方面:一是物流公司的取件时间,二是物流公司的配送速度。顾客最在意的必然是物流公司的速度,作为购买者来讲,当然希望商品越快送到自己手中越好。

(2) 安全系数高。在商品的运输环节中,最让买卖双方担心的便是物品是否会出现掉件和损坏。所以网店在挑选快递公司时最好选择具有一定规模、在全国各地分布的网点较多的公司,这类快递公司各类防护措施较为完善,可以免除很多后顾之忧。

(3) 服务态度好。顾客在购物的整个环节都需要享受较为优质的服务,物流环节也不例外,网店在选择物流公司时要偏向于那些对快递员工作监管较为完善的公司,这类公司往往会设有投诉监督系统,供顾客和卖家监督。这样的物流公司的快递人员的服务态度一般较好。

(4) 费用合理。卖家在选择物流公司时还要结合店铺的规模,本着节约成本的原则选择,以节约物流环节的支出。

**2. 为商品打包**

商品需要一定的包装来保证商品的完好无损,所以在商品寄出之前,需要客服对顾客所购买的商品进行打包。

(1) 不易拆封原则。为了减少商品在运输中因碰撞、甩撞引起损毁的情况,商品的打包需要使用硬质及具有抗撕裂、抗戳穿性能的外包装,如纸箱、文件封、包装胶袋等,使用了这样的材质作为外包装之后,需要用胶带对商品进行密封,在密封过程中客服要将胶带缠于包装箱的所有开口位置,这样能避免商品在运输途中落到箱外,也能预防一些素质较低的快递员私自拆封。

(2) 不易损坏原则。客服要学习内包装的包裹方法,在包装盒内需要放置一些具有缓冲效能的填充物,如珍珠棉、泡沫、纸卡等,让商品在包装盒内能够保持固定,尤其是一些易碎商品,客服一定要认真打包以防运输过程中损坏。

(3) 礼貌提示原则。外包装上贴上一些印有轻松幽默的温馨提示语的贴纸,如"加急""易碎品""辛苦您了",这些话语不仅可以让快递员感受到网店的诚意,还能将我们的需要第一时间传递给负责商品运输的快递员。

**3. 及时发货**

当商品包装完毕之后,就需要尽快为顾客发货,减少顾客等待商品运送的时间。

**4. 及时向顾客传递相关信息**

客服完成了商品的发货后,不能忽略对订单的跟踪,物流信息包含 3 个重要方面,分别是订单发货信息、订单配送信息以及订单签收信息,客服需要将这 3 个环节的信息及时告知顾客,客服可以选择以短信的方式告知顾客商品的物流信息。

## (三) 主动询问体验

**1. 主动询问顾客商品使用情况**

主动,不仅可以让顾客感受到网店服务的专业化,还能让顾客感受到自己独一无二的地位。顾客在收到商品后,必然会开始使用商品,在顾客收到商品的一个星期之内,客服可以通过阿里旺旺以轻松愉快的聊天氛围主动询问顾客的商品使用情况。

主动询问顾客商品的使用情况可以让顾客感受到网店对自己较为在意,即便商品存在一些小瑕疵小问题,因为客服的主动沟通,顾客的愤怒感也会降低很多,甚至会因为你的主动询问忽略商品所存在的小问题。

**2. 及时反馈信息并做出调整**

市场是卖家选择出售商品类型的最主要因素,而顾客则是卖家调整经营模式最重要的依据,在搜集了顾客的意见之后,有则改之,无则加冕,应根据顾客需要调整自己的商品,以满足顾客的需要。

## (四) 积极应对纠纷体验

**1. 纠纷原因分析**

(1) 产品质量:

① 外观质量。产品外观质量是指产品在外形方面满足消费者需要的性能,主要表现为产品的光洁程度、造型、颜色等各个方面,是顾客收到产品后能够通过肉眼识别的质量。我

们这里将商品的外观质量分为产品缝制质量、产品局部瑕疵和产品颜色偏差。

② 使用质量。商品的使用质量即产品使用过程中表现出来的质量,直接影响顾客对于产品的使用。使用质量包括产品的使用便捷性、产品的耐用性、产品的可靠性、产品的功效性等几个方面。顾客始终坚信使用高质量的产品应该是使用方便、可信度强、使用效果好的产品。

③ 顾客心理预期。客服在引导顾客购物的过程中,除了客观地介绍、销售自己的产品外,还有一项重要的职责——适度降低顾客的心理预期,如提前交代"因拍摄光线不同,商品会有一定的色差,介意慎拍"等。

(2) 产品价格。价格是顾客在整个购物过程中较为关注的内容,如果顾客刚买的商品突然降价,而且降价的幅度还不小,他们肯定会觉得被坑了,觉得客服不够诚信,会产生投诉。

(3) 物流因素:

① 发货延迟。库存问题、与售前的工作交接问题、售后遗漏问题都可能导致发货延迟。

② 物流速度过慢。由于现阶段的快递公司尚在发展阶段,针对快递速度慢、服务差等的投诉不断,在运输货物的时候会出现很多问题,特别是促销期间及节假日,会对快递公司造成很大的压力,网店并不能决定快递运输的快慢,而顾客对快递速度的不满只能对店铺发泄,于是很多店铺吃了不少快递速度慢的"哑巴亏"。

③ 货品有破损。买家经常反映的另一个问题便是收到货品后,商品有破损,而商品的破损有可能和发货时网店的检查不严有关,即商品本身就有破损,还可能和快递员在派送货品的过程中对货品的搬运不当有关,作为最终收到货品的第三方,顾客并不清楚到底是快递的过错还是商品本身存在破损,而卖家和物流公司也很难证明是哪一方的责任,通常这个时候,顾客会对卖家进行投诉以维权。

(4) 货源因素:

① 缺货。当买家拍下订单完成付款,客服还满心欢喜时,却突然被告知仓库库存不足、缺货。这无论对客服还是对顾客来说都是一件不愉快的事,如果客服人员不向顾客进行解释和道歉,很可能会引起顾客的不满,导致交易纠纷。

② 断货。断货的情况在网店的清仓活动中表现得尤为明显,由于网店清仓,客流量大、销量大,售前客服与工厂仓库未及时联系或产品数量的更新不及时,没能及时下架缺货商品,导致在顾客拍下商品后才发现货品断货的情况。

**2. 处理纠纷的流程**

售后服务流程是客服在解决顾客售后问题时的一套标准化服务步骤,一套完善的售后流程可以让忙碌的售后工作按部就班地开展,客服遇到什么问题该做什么变得清晰可循,售后问题也变得容易上手。对于顾客而言,一套完善的售后服务标准可以让顾客感受到网店和客服的专业性。处理纠纷的流程如图 5-8 所示。

## (五) 好评回复体验

**1. 快速的好评回复**

顾客收到商品后,若对此次购物没有争议,就会点击确认收货,顾客按照网页提示输入支付密码后就能将款项汇入卖家账户了,紧接着顾客将会对此次购物进行评价,而客服也需要在顾客确认收货之后,给予顾客一个评价。

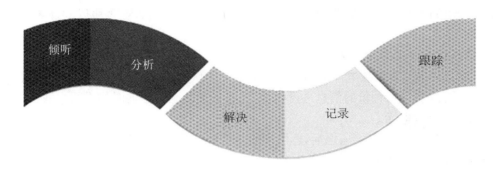

图 5-8 处理纠纷的流程

单击"评价"按钮,对顾客的购买及时进行评价。勾选"好评"和红色花朵,将对顾客的评价内容填写在框内,内容一般会包含"感谢您的光临""欢迎您的下一次光临"等感谢内容。

**2. 寻找顾客给出中、差评原因**

每一个客服都希望在店铺购物的顾客能为店铺作好的评价,但既然打开门做生意,遭遇中差评也是难免的事,中差评往往是让客服最纠结的事,不明白为何自己付出了这么多却不能得到顾客的理解。其实中差评并不可怕,面对中差评客服首先不能胆怯,要分析顾客为什么给了自己中、差评,发现问题、解决问题,理性对待中、差评,分析顾客给出中、差评的具体原因。

(1) 新手买家不了解评价系统。很多新手买家第一次在网上购物,他们认为要百分之百满意才能给予好评,也对淘宝评价系统不了解,意识不到他们的评价的重要意义。

(2) 对服务不满。卖家的服务态度是顾客很在意的事情,很多顾客给出中、差评的原因都在于售前或售后客服服务得不好。

(3) 对商品不满。顾客因为对商品本身的效果感到不满意而引起的差评是最常见的原因,如宝贝质量不高、与描述不符、色差太大及存在瑕疵、污迹、破损等都可能引起顾客给予差评。

(4) 对快递不满。最让卖家喊冤的中差评莫过于快递问题,主要包括到货时间慢、粗心装卸损坏商品、快递人员服务态度不好等,很多顾客会把对快递的不满转移到卖家身上,给中、差评。

(5) 报复心理。很多顾客会因为和客服在沟通过程中产生了一些误解或自己的诉求没有得到满足,诸如讨价还价未成功、包邮要求未满足、礼品赠送谈判失败等原因,让顾客心里觉得不舒服,为了表达自己的愤怒,顾客会在收到宝贝之后以商品质量不好、客服态度不好等各种原因给出中、差评以报复。

(6) 同行恶意竞争。当你的店铺比同行其他店铺的销量好、口碑好时,有的店铺会使用一些卑鄙的手段进行恶性竞争。很多时候,他们会申请他人查不到真实身份的阿里旺旺号码,在你的网店里面购买很多产品,并且这些产品都是店铺的爆款、招牌商品,他们在收到商品之后,无论是否满意都会给予中、差评,给你的店铺带来不利的影响。

(7) 恶意差评师。恶意差评师是指专门以给差评要挟,向网店敲诈钱财的网络寄生群体,也是电子商务背景下形成的一股"恶势力"。这里总结一下职业差评师的特征:基本不聊天,拍下后直接付款;基本用新账号,老账号用多了容易被发现;聊天和拍付大多不用同一账号,有利于销毁证据;会引导客服使用 QQ 聊天,通过 QQ 提出诉求,客服以 QQ 聊天记录无法投诉买家。

**3. 致电顾客修改中、差评技巧**

(1) 确认环节。客服致电环节的第一步就是要确认信息,避免打错电话,客服需要对顾客的身份、产品的信息、评价的信息进行确认,还要在通话刚开始的时候进行自我介绍,避免被顾客认为是骚扰电话。

① 确认身份。当电话接通之后,客服需要等待顾客先说话,确认顾客的性别,然后就可以与顾客开始对话。例如:

**客服:** 您好!请问您是×××先生/小姐吗?

② 自我介绍。一个普通客服和客服经理分别给顾客致电,顾客的感受是截然不同的,职位越高的客服联系顾客,顾客越会觉得自己较为重要与受尊重,所以在自我介绍环节,客服要学会"包装"自己。例如:

**客服:** 您好!我是×××网店的客服经理,我叫×××。

③ 确认产品。当对方清楚了你的身份,客服便可以逐渐切入正题,向顾客确认是否购买了自己网店的某一商品,简单明了地确认顾客的购买信息。例如:

**客服:** 您好!我想了解一下,您是否在×月×日在我们××店铺购买过××品牌××颜色的××产品?

④ 确认评价。当客服得到了顾客购买产品的肯定信息之后,客服就需要切入正题,直接说明来意,避免拖拖拉拉让顾客觉得厌烦。例如:

**客服:** 您好!我看到您给了我们一个××评价,我想了解一下具体的情况是怎样的。

(2) 道歉环节。顾客确认了你的来意,必然会将自己给出中、差评的原因一一讲明,不管什么原因,客服都要耐心倾听,不要随意打断顾客,并及时向顾客道歉,这也是电话沟通最重要的环节。

① 认同客户的感受。顾客在抱怨的时候,客服要耐心倾听,对顾客所烦恼的问题表示认同与理解,语速不要过快,语调要抑扬顿挫,语句要有轻重之分,并在对方说话时适度重复对方所抱怨的问题,让对方认为你不仅在认真倾听,还在认真地进行记录。例如:

**客服:** 我非常理解您的感受,我也觉得很气人,如果是我碰到类似的问题,我也是非常生气的。

② 表达歉意。给顾客道歉是客服必须要做的,无论是谁的责任,但在通话过程中都要让自己的语气听起来友好。例如:

**客服:** 给您在购物过程中带来不愉快的经历真的十分抱歉,我代表××店全体工作人员向您致以歉意。

(3) 解决环节。帮助顾客分析原因,告知顾客出现这样的情况主要是什么原因造成的。客服可以对顾客给予中、差评原因进行分析,并结合具体的中、差评原因提出有针对性的解决办法,并强调顾客的评价对于店铺的重要性,但在这个环节,依然少不了表达歉意。例如:

**客服:** 不管怎么说,我觉得都是我们这边没有做好,买东西本来就是买个开心,这次让您不开心了,我真诚地向您道歉!真的对不起您。因为您的中差评对我们小店来说还是有一点小小的影响,如果您觉得我们足够有诚意,我们的服务还不错的话,请您将对我的评价等级提升一下,谢谢您!

当顾客同意修改中、差评,客服需要指导顾客的修改过程,一是让顾客感受到一对一的贴心服务，二是让顾客立即修改评价，否则稍不留意就会忘记。例如：

**客服**：① 顾客同意修改并方便修改时：那我这边直接指导您怎么修改，很简单，只需要一分钟就好了。

② 顾客同意修改但不方便修改时：那您几点方便？我等一下发条短信给您，简单的几句话，把修改的流程给您，以免到时候您找起来麻烦。另外您看到10点左右我给您再来个电话，我直接指导一下您，这样您更容易一点，只需要一分钟就好。

（4）收尾环节。无论顾客是否答应修改中、差评，客服都要表示感谢，并对麻烦顾客帮忙修改中、差评感到抱歉与打扰。例如：

**客服**：真的非常感谢您对我们工作的支持，打扰您了！我们一定把工作做得更好。

**5. 增加商品好评率**

评价系统可以约束商家的服务与商品的质量，还可以被商家所运用，成为商品营销的一种手段。下面介绍客服人员如何利用评价系统进行反向营销。

（1）让口碑变成销量。在网络时代，信息的交流与沟通展现在一个更为广阔的平台上，从未谋面、互不相识的人也能通过网络分享信息。在电子商务中，顾客的评论是网店口碑最直接的表现，而商品的口碑主要通过大家的印象、前三条评论进行判定。

（2）把解释变成宣传的机会。遇到差评也是难免的事，客服除了引导买家发表好评，促进商品的口碑传播之外，对于中、差评也可以做出更多解释。

客服在解释差评的过程中主要突出以下几个方面：对顾客给出差评的原因有针对性地做出解释；解释中的字数和解释的语气很重要，字数越多，态度越诚恳，越能说明自己对于顾客所提及的问题是积极应对和富有耐心的，是有诚意去解决的；给出承诺很重要，说明店铺对商品质量敢于保证、服务态度端正、有解决售后问题的决心等，让其他顾客放心购买。

# 学习单元四　客服体验的评价指标

## （一）询单转化率

**1. 坚定顾客购买意愿**

顾客主动向客服咨询，说明买家已经产生了购买意向，只要正确引导，成交的几率很大，可为什么很多顾客在咨询客服的过程中反而动摇了购买意愿，最后放弃购买呢？作为客服人员，最苦恼的莫过于顾客购买意志的不坚定，时不时拒绝客服的推荐，对于询单转化率不高而言，顾客的拒绝往往是首要原因。作为一名优秀的客服，应引导顾客坚定购买信心，提升转化率。接下来我们就从顾客的拒绝着手，对这些拒绝理由一一应对，说服顾客买下商品。

（1）价格太贵。举例如下：

**顾客**：你们价格太高了，还是算了吧。

**客服**：亲，您觉得您能接受的价格是多少呢？

**顾客**：那给算300元吧，就把零头去掉吧！

**客服**：亲，我们的原价是398元，300元确实做不到的。我们店庆活动时的活动价是358元，您看我们以活动价给您可以吗？

**顾客**：嗯，行吧，如果你们有小礼品，记得送我哟！

**提示**：议价的范围应在客服所能把控的范围内，以商品的最低价平衡了顾客的心理，没有让顾客失望，促使订单迅速完成，促进询单转化率的提升。

(2) 我想货比三家。举例如下：

**客服**：亲，您还有什么疑问需要我帮您解答的吗？

**顾客**：哦，没有了，谢谢了！

**客服**：这是我应该做的，如果您方便现在就可以下单，我会安排仓库为您优先发货！

**顾客**：哦，我想再看看其他家的商品，多对比对比。

**客服**：行的，亲，您可以多看看多对比，说不定会更喜欢我们呢！嘻嘻，您看我半个小时之后再联系您好吗？

**顾客**：好的，谢谢你啦！

**提示**：用优质的服务留住顾客，尊重理解顾客的决定，给顾客一种好像不在你家购买这件商品就会有歉意的感觉。

(3) 其他店也能买到一样的。举例如下：

**顾客**：我看到网上和你们卖的一模一样的很多，我没有必要非在你们家购买呀，别人家还便宜一点！

**客服**：亲，我们的宝贝在网上的确有很多高仿款，其他的我不敢说，但在商品质量和售后服务方面，我们家是最有保障的，其他网店只能模仿我们的外在样式，却无法达到我们的内在质量水平。

**顾客**：那你们的产品质量有什么不同啊？

**客服**：亲，您也知道雪地靴的特殊性在于保暖，我们的雪地靴选用的是安哥拉兔毛，360度无死角保暖哟！

**顾客**：哦，是这样的呀，那我就在你们家购买吧！

**提示**：突出产品质量的优势以打动顾客，站在事实的角度阐述自己的优势。

(4) 发货时间。举例如下：

**顾客**：你们什么时候可以发货啊？办公室打印机坏了，每天都有很多文件需要打印，我这边很着急，等着用呢！

**客服**：亲，您好！我们会在您拍下 48 小时之内为您发货，可如果您很着急，我们可以为您优先发货的。

**顾客**：真的吗？那大概什么时候可以发货呢？

**客服**：亲，如果您在 14:00 前完成付款，我们今天就为您发货。

**顾客**：那就太好了，我立刻付款！

**提示**：顾客明确表示自己的购买条件就是快速发货和较快的物流，对于客服来讲掌握顾客的购买条件，并尽自己的可能达到顾客预期并促成交易的确很重要，但切记要量力而行。

(5) "我担心"。举例如下：

**顾客**：我还是不买了吧，有点担心。

**客服**：亲，您担心什么可以和我说说吗？

**客服**：亲，您是担心我们的商品存在质量、真伪问题吗？还是对我们所做出的售后承诺不放心呢？

**顾客**：说实话吧，我担心你们卖的是假货，而且选择衣服的大小也不知道是否合适，也没有试穿过。

**客服**:亲,我非常理解您的心情,但我们做出承诺,商品是接受专柜验货的,如果检验出是假货,您只需让专柜出具一份鉴定报告,我们会做出三倍赔偿的,至于您担心的大小问题,我们接受7天无条件退款,而且我们也为您购买了运费险,退货、换货运费您都不用承担,您大可放心购买!

**顾客**:这样啊,那我就放心购买了!

**提示**:顾客临时放弃购买,可能心里突然出现了某种担心,客服这时不能一直问"您有什么担心"这类开放式问题,而应该给顾客准备几个封闭式选项,只要找到问题的关键点就能对症下药。

### 2. 紧跟客户使其完成付款

图 5-9 为顾客购买商品的全流程,在之前的叙述中我们将注意力全都集中在了鼓励顾客下单上,但付款才是订单有效转化的关键,所以客服要在顾客下单后紧跟客户使其完成付款。

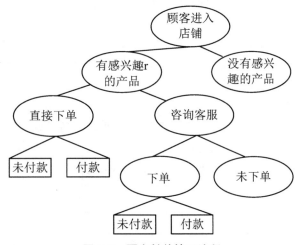

**图 5-9 顾客付款情况流程**

面对顾客下单未付款的情况,客服需要紧跟下单客户使其完成付款,适当的催付是必不可少的。但催付的过程中切忌直接要求顾客进行付款,这样会让顾客感到很不舒服,我们将客服正确的催付技巧概括为四点:

(1)从到货时间上暗示顾客尽快付款。
(2)从促销活动的时效性角度提醒顾客付款。
(3)从商品本身的优势和热销程度上忠告客户。
(4)从解决顾客付款疑惑的角度上进行提醒。

## (二)客单价

客单价指的是每一个客户在网店中的平均成交金额,计算公式是:客单价=支付宝成交金额/成交用户数。例如,某个店铺有 5 位顾客前来购买商品,他们的总成交金额是 1 500 元,那么客单价就等于总的成交金额 1 500 元除以成交用户数 5 位,客单价就是 300 元。在购买客户、成交数量同等的情况下,哪个店铺的客单价越高,店铺总的营业额也就越高,相对而言其利润也就越高,所以客单价对整个店铺的营业额是有巨大影响的。客服客单价的概念类似,就是经由这位客服服务后的成交金额与服务后成交人数的比值,客服客单价决定店铺客单价,所以在客服工作中,客单价也是一个极为重要的指标。

### 1. 启发顾客的购买需求

很多时候,顾客的需求是潜在的、隐性的,他们对于自己想要购买什么的诉求并不明显,需要客服引导,甚至在很多时候,客服要诱导顾客进行购买,除了前面所讲的要运用自身对商品的专业知识的了解,突出商品的优势以外,还要向顾客介绍店铺商品的活动,从价格方面诱导顾客进行购买。

(1) 特价活动。一些网店常常选择节庆日对商品进行促销,常见的形式有在商品原价上的直接打折、买满包邮、买满减、买一送一等活动。客服需要向顾客介绍店铺的特价活动,让顾客感到这样的活动是难得一遇的,再加上对产品优势的解说,激发顾客对商品的购买欲望,增加顾客的购买量,从而提高客单价。

(2) 限时限量抢购。为了促进商品的购买量,网店会参加淘宝上的一些规模较大的商品特卖活动,如聚划算、天天特价等。顾客往往会被这些活动中低廉的商品价格所吸引,而此时客服需要做的是及时、不断地向顾客讲述活动力度的前所未有、活动时间的紧迫性、库存数量有限,对顾客的购买心理造成一定压力,增强顾客购买欲望。

(3) 权威推荐。我们知道顾客购买商品时都有求同心理,这其中有一个很重要的信息,即对权威的认可。客服在销售商品的过程中应将顾客对权威的认可(如卖家推荐)转移到对商品的认可,销售工作就变得简单多了。

### 2. 合理地搭配销售

搭配销售是客服提高客单价的又一个武器。常见的商品关联组合方式如图 5-10 所示。

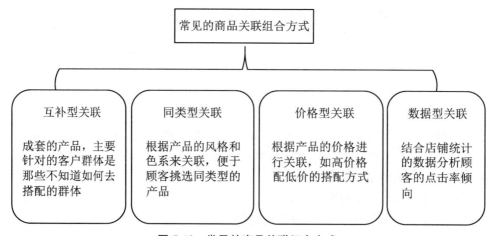

图 5-10 常见的商品关联组合方式

### 3. 适当推荐高价位的新产品

对于客服的销售而言,影响客单价的另一个因素就是商品的价位,如果一个客服在销售过程中老是介绍特价、低廉价格的商品,费了很大的力气客单价还是上不去,但是如果商品本身的单价就比较高,客单价自然也跟着上升。

(1) 分析顾客群体。当顾客说出来与下面类似的语言,那么客服就可以为这类顾客介绍一些高价的产品。例如:

**顾客①**:我不喜欢价格太便宜的,质量没保证。

**顾客②**:价格高低都无所谓,只要商品安全系数高、质量好就行。

**顾客**③：我买东西就是图个放心。

**顾客**④：这个很普通,有品质更好的吗?

(2) 突破销售高价产品的心理障碍。客服在销售过程中,给顾客着重推荐的第一款产品价格要尽量往高走,如果顾客接受不了这样的价格,可以换别的商品或通过议价来达成一致,这是客服想要保持较高客单价必须要做的。

(3) 合理地引导劝说。客服一定要有"一分钱,一分货"的概念,价高的产品必有价值高的理由,选准理由劝说顾客拍单付款很重要。那么客服在劝说顾客接受高价位的商品时要找一些什么理由呢?

① 商品的使用时间。以商品的耐用性说服顾客购买,价格高耐用性更强。例如:亲,看上去这件大衣确实不便宜,可您可以这样想啊:黑色羊毛大衣的耐穿性很强,再加上我们使用的是上等羊毛,款式也经典,可以穿好几年都不会过时呢!其他便宜的衣服可能今年明年穿了就变形了,从平摊价格这个角度看,这件大衣很划算呢!

② 品牌的魅力。从品牌的知名度、社会评价等方面介绍品牌独有的魅力,吸引顾客购买。例如:亲,您也知道×××的包在时装界很受宠,很多明星都会收藏和使用,更何况是限量版的包呢!价格自然会贵一点,但它带给您的回头率一定是极高的,所以您可以考虑入手这个品牌的包。

③ 顾客面子的需要。顾客有时会因为要送礼才购买商品,这个时候重点宣传商品的档次高可以促使顾客购买高价商品。例如:亲,既然是送朋友,这个价格的口红可是很划算的,我们准备好包装的礼盒也非常精致,送给亲朋好友倍有面子,很上档次!

④ 质量安全的保障。商品价格越高,其质量安全就越有保障,让顾客在购买与使用的过程中更加放心、安心。例如:亲,既然是给小孩子买的玩具,安全系数可是第一位的,我们的产品是国外进口的,材料、配件都是环保无害并经过严格检验的,我们可以提供质量证明书。产品价格比同类产品略贵了一些,但为了孩子的安全着想,也是很值得的呀!

## (三) 旺旺响应速度

客服的首次响应时间是客服收到顾客的咨询信息后第一次回复顾客的间隔时间,10秒以内的首次响应时间是比较合理的。客服平均响应时间是指客服在与顾客的整个聊天中,收到顾客的咨询信息后第一次回复顾客间隔时间的平均值,16秒以内的平均响应时间是较为理想的标准。

我们都知道客服的响应时间很重要,但客服在工作中总会因为各种各样的原因,增加顾客的等待时间,那么影响客服响应时间的因素有哪些呢?

**1. 离岗**

当客服离开岗位时,除了要调整自己的旺旺状态之外,还需要跟其他客服进行工作交接,将前来咨询的顾客转给其他客服帮忙服务,切忌让顾客久等。

**2. 打字的速度与技巧**

合格的打字速度在 65 字/分钟左右。同时客服用较多的文字去解释说明时,切记要分段发送,以减少顾客等待的时间,便于实时与顾客进行互动。

**3. 专业知识不熟悉**

客服需要对所推荐的商品各个方面的知识都非常熟悉。

### 4. 不懂快捷回复

对于顾客常见的共性问题的回复,可通过阿里旺旺来设置针对常见问题的快捷答复。

## (四)商品退款率

影响退款率的因素很多,有的源于商品本身,有的源于顾客偏好,如前面提到的对商品的真伪怀疑、对商品质量的不满意、对物流的不满意等诸多原因,其中因为产品本身的因素导致的退款单数是最多的。商品退款的原因分析如图5-11所示。

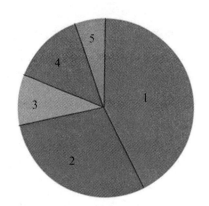

1. 对商品质量、大小不满意;
2. 对商品的真伪表示怀疑;
3. 对客户的态度不满意;
4. 对物流速度、态度不满意;
5. 其他原因

图 5-11　商品退款原因

### 2. 降低商品退款率的弥补措施

如果顾客已经出现了退款意识,客服又该怎么做呢?

(1)询问原因。当顾客收到商品后主动联系客服说明自己有退款意愿的时候,客服一定要主动、耐心地询问顾客的退款原因,分析顾客所提出的问题是否能够解决。

(2)进行弥补,尽可能免于退款:

① 物质补偿。物质补偿的方式很多,主要有赠送店铺小礼品、升级会员享受专属特权等。

② 帮忙转让。对于一些价位较高的商品,客服可以充当"中介"的角色,将顾客购买后觉得不合心意的商品按照顾客的要求,以稍低的价格放在网店页面,列出顾客的联系方式,帮助客户寻找下一位买家。

(3)针对顾客的不满,改善网店商品的质量和网店服务。店铺若想要降低商品退款率,最根本的还得从自己的产品着手,在搜集顾客的意见之后,根据顾客需要调整自己的商品。满足了顾客的需要,改善了店铺商品的质量,店铺退款率自然也就下降了。

## 四、实例研讨

#### 案例一

**买家评价**:失败的一次网购,建议亲们真心不要买,有毛刺,本人家宝宝使用一段时间后,坐垫居然裂了,太坑人了。

下面是两个掌柜对同一件事情的回复:

**掌柜1回复**:我们的宝贝从来都没出现过这种情况,大家都满意,唯独你不满意。可见你是多么难伺候,坐垫裂开是你人为的吧?

**买家追加评论**:东西早扔掉了,图个顺心。也不知道哪给你找了这么多托,好评哪来的,大家买来看看就知道了。

**掌柜2回复**:给亲带来了不便,我们表示真诚的道歉。出现这种情况,可能是我们发货量太大,检查的时候不太细致误发造成的。我们也跟您做了电话沟通,希望能给您一定补偿,但是最终也没有达成一致意见,真的是非常抱歉。如果可以,我们还是非常希望有机会为您提供解决办法,弥补亲的损失。

**讨论**:掌柜1的回复,恶语相向,乱作一团,将继续拉低店铺的形象。面对顾客的差评,我们该如何做才能把负面影响降到最低呢?参考以下步骤:

(1) 真诚地表达歉意;
(2) 与顾客一起分析出现差评的原因;
(3) 解决问题;
(4) 收尾;
(5) 将中、差评记录下来。

## 案例二

**买家评价**:没见过这么没素质的客服,买东西几年了第一次遇到。虽然说东西不错,但我还是气不过,坚决要给中评。

下面是对于同一评价的两个掌柜的回复:

**掌柜1回复**:我们的客服都是精挑细选,经过专业培训的,每天应付那么多顾客,偶然一次性子急也在所难免,一点小误会没必要给中评吧,如果是这样的话,你在生活中是不是经常跟人打架?

**掌柜2回复**:很对不起亲,您消消气,您大人有大量,不和她计较,客服是新来的,经验还不足,给您造成了不快,真是不好意思。我们已经对客服做出了批评,扣掉她本月奖金,写了深刻检查,客服也知道自己错了,明确表示一定吸取教训,改正错误,还希望亲能谅解她一次。您的评价是对我们服务质量的一次提醒和督促,我们会继续改进各项服务指标。请相信我们,会给广大顾客提供更加优质的服务,谢谢了。

**讨论**:哪个掌柜的回复更好一些?

**提示**:我们应完全站在顾客的角度去解释,所以更容易让顾客接受。同时,也会增加顾客对店铺的好感。

## 案例三

**买家评价**:物流实在是太差劲了!比蜗牛还慢,脖子都等长了!耽误了我给女友过生日时送礼物,女友生气了,差点跟我分手,我倒霉透顶,给你差评!

下面是对于同一评价的两个掌柜的回复:

**掌柜1回复**:快递运输存在不稳定因素,这个是常识问题!本店明确表示不接受限时订单和加急件!4天还慢啊,这么远的距离,吃饭还要等呢,女友过生日你为什么不早买?这点耐心都没有,看你怎么活下去……

**掌柜2回复**:对不起,这确实是我们的责任,我们没有预料到快递那边临时出现了延迟,请转达我对您女友的歉意。您给我们提了个醒,我们会继续完善物流服务,给您和亲们提供愉快的购物环境。这次给您添了这么大麻烦,实在是不知道怎么办好,请给我们一次改进的机会,我们会给您做出补偿以表达我们真诚的歉意。如果还有什么问题,请及时联系我们,一定为您提供满意的服务,谢谢亲。

**讨论:** 哪个掌柜的回复更好一些?

**提示:** 掌柜2的回复更易让人接受,大多数人都明白,物流的问题大家都难以控制,偶尔慢一点也是很正常的。

## 五、学习测评

1. 在顾客购物环节,客服需要重点关注哪几个方面的客户体验?
2. 对客服工作质量的评价指标有哪些?
3. 如何提高客单价?
4. 顾客在购买商品的过程中与网店产生纠纷的原因有哪些?
5. 如何提高店铺商品的好评率?

# 项目六　客户服务管理技巧

课 前 导 读

在武汉市鄱阳街上有一座建于1917年的6层楼房——"景明大楼",该楼的设计者是英国的一家建筑设计事务所。20世纪末,这座楼宇在漫漫岁月中度过了80个春秋后的某一天,它的远隔万里的设计者,给这一大楼的业主寄来一份函件。函件告知:景明大楼为本事务所在1917年所设计,设计年限为80年,现已超期服务,敬请业主注意。

真是闻所未闻,80年前盖的楼房,不要说设计者,连当年施工的人,也不会有一位在世了。然而,至今竟然还有人为它的安危操心,操这份心的竟然是它最初的设计者,一个异国的建筑设计事务所!虽然只是一封简短的函件,其背后所展现的却是该公司所具有的完善的客户服务体系,正是其具备这种有效的客户服务体系使得该公司的服务不因人员的更替、岁月的流逝而改变。

## 一、学习导航

**1. 学习目标**

(1) 理解客户服务的内涵;
(2) 了解客户服务人员的要求;
(3) 理解并掌握客户服务基本方法;
(4) 理解并掌握客户服务过程技巧;
(5) 理解并掌握处理客户服务异议技巧;
(6) 理解并掌握处理客户服务投诉技巧。

**2. 学习重点**

(1) 客户服务过程技巧;
(2) 处理客户服务异议技巧;
(3) 处理客户服务投诉技巧。

**3. 主要学习方法**

案例学习、角色扮演、模拟场景推演。

## 二、实例导入与工作任务

学生小王做客户服务代表感觉特别好,他想请跟踪了几个月的客户聚一下,想找个档次比较好的地方,可是客户总是有意无意地提到他们在海底捞用餐的经历。他在网上一搜吓了一跳。用网友的话说是,人类已经阻止不了海底捞了! 海底捞的服务做到了什么程度? 小王发现了以下几个暖心爆屏的例子:

1. 某网友说一次在海底捞吃完饭，要赶火车却都打不到出租车。门口的迎宾看到他带着行李箱，问了情况转身就走。紧接着店长把自己的车开了出来，说："赶紧上车吧，时间不多了，我送你去火车站！"

2. 某天某网友被蚊子咬了好多包！结果海底捞服务员居然跑到马路对面买了风油精送给他，同时还有一起买来的止痒药。

3. 某网友周六去海底捞吃火锅，不小心把丝袜给挂了，正郁闷得不得了，结账时服务员居然递上了全新的丝袜，居然是3双！那位服务员微笑着对他们说，所有海底捞门店都常年备有丝袜和棉袜，随时给袜子挂坏或者弄脏了的客人更换。

4. 某网友带着儿子去吃饭，儿子吃饭时要睡觉，于是海底捞员工居然搬了一张婴儿床给孩子睡觉！

5. 某网友跟孕妇朋友去海底捞吃饭，刚坐下来，服务员就搬来舒服的沙发椅，专门提供给孕妇坐。然后立刻又贴心地送他们一盘酸辣口味的泡菜！

6. 客人点完菜海底捞做的第一件事就是送上围裙，还帮忙把客人的外套挂起来。为了防止手机进水，还送来透明的密封袋装手机。因为头发长了，服务员居然还帮来吃饭的网友扎头发，而且扎得很好看。

7. 某网友说，有一次觉得海底捞的西瓜特别甜，想带走没吃完的西瓜回家吃，但是服务员却前来阻止，网友还以为不能带走，正打算离开的时候，服务员抱来一个完整的大西瓜让网友带回家吃！原来服务员觉得切好的西瓜不好带而且容易坏，干脆送一个新鲜的完整的西瓜。

8. 某网友说，在海底捞排队的时候，门口还有为女士美甲的地方，是为了缓解大家排队时的无聊。碰上顾客过生日，海底捞还会送上生日蛋糕，还有很多人一起为顾客唱生日歌，让人觉得有种回家的感觉。

9. 某天某网友在海底捞无意中跟朋友抱怨在京东上抢的奈良美智所作的大画册至今还没到货，结果服务员结账的时候问了他的京东会员账户，第二天一早三本大画册都送来了！

海底捞对客户的服务就是在客户产生需求之前为他服务，同时让这些服务客户的人把自己当做海底捞主人。海底捞就是将简单的事做到极致，有点类似于道法，"道生一，一生二，二生三，三生万物"，将服务这一件事做好，进而可以得到方方面面的回馈，这是海底捞的智慧。面对海底捞的各种服务，作为客户服务代表的小王陷入了沉思，想着如何学习，并运用到自己的工作中来。

## 三、知识与技能

为了实现以上的学习目标和工作任务，需要掌握以下知识和技能。

**1. 知识点**

（1）客户服务的相关内涵；

（2）客户服务人员要求；

（3）客户服务基本方法；

（4）客户服务过程技巧；

（5）处理客户服务异议技巧；

(6) 处理客户服务投诉技巧。

**2. 能力点**

(1) 了解客户服务人员要求；
(2) 能够使用客户服务基本方法；
(3) 掌握客户服务过程技巧；
(4) 正确使用处理客户服务异议的技巧；
(5) 正确使用处理客户服务投诉的技巧。

# 学习单元一　客户服务的内涵

随着市场经济的发展、市场竞争的加剧，各个企业都在努力寻找自己的核心竞争力，以取得竞争的优势，使企业不断发展壮大。但是，信息技术的广泛使用，使得信息的获取越来越便捷，这使得很多行业的产品价格、质量和服务上的差异越来越小，因此如何在竞争中领先对手成为了一个新的话题，客户关系成为了解决这一问题的关键突破点。想要弄清什么是客户关系，首先需要弄明白谁是企业的客户。

## （一）客户服务的定义

客户服务是营销人员展现企业形象的具体表现，热情周到的工作态度和良好的表现是必要的职业素养。要想具备良好的职业技能就需要做好充分的准备工作。营销人员在进行客户服务之前必须掌握客户的基本需求和接待客户的基本技巧。

客户服务主要体现了一种以客户满意为导向的价值观，它整合及管理预先设定的最优成本服务组合中的客户界面的所有要素。广义而言，任何能提高客户满意度的内容都属于客户服务的范围。

客户服务在商业活动中一般会分为三类，即售前服务、售中服务、售后服务。售前服务一般是指企业在销售产品之前为顾客提供的一系列活动，如市场调查、产品设计、提供使用说明书、提供咨询服务等。售中服务则是指在产品交易过程中销售者向购买者提供的服务，如接待服务、商品包装服务等。售后服务是指凡与所销售产品有连带关系的服务，如产品的质量保修、产品的使用反馈等。

## （二）客户服务策略的制定流程

制定行之有效的服务策略是企业经营管理的一个十分重要的方面，会直接影响到具体的客户服务质量和顾客满意度。客户服务策略的制定过程如图 6-1 所示，包括环境预测与分析、客户服务策略目标确定、制定客户服务策略方案、策略方案审核与优化、策略方案实施。

**1. 环境预测与分析**

设计和开发服务策略方案的首要因素是去认识影响因素，包括企业内在、外在的影响因素。在当今竞争白热化的市场环境中，尤其是在制定服务策略时，需要考虑环境影响。其目的是评价有关策划过程中的不同导向及变化率。

服务环境需要考虑以下几个方面：

(1) 目标市场规模与发展、竞争程度。

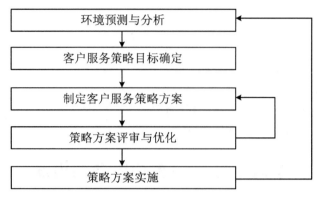

图 6-1 客户服务战略制定流程

(2) 企业竞争力在行业中的地位。
(3) 企业目前可用资源现状。
(4) 新技术对服务流程、产品的影响。
(5) 地区市场的差距。
(6) 企业渠道结构的变化。

从对上述因素的考量中衡量服务策略的正确与否,这是建立在认识和理解企业环境基础之上的,也是一个企业获得并保持顾客忠诚的必要过程。

**2. 客户服务策略目标确定**

客户服务营销策略是企业的职能战略,它对企业总体战略起到重要的支持和极大的推进作用,同时,企业也必须适应自身所在环境的影响。客户服务策略目标的确定一般会在以下几个方面被环境约束:

(1) 企业所处的宏观环境,特别是外部环境中各方面竞争力量的变化。
(2) 企业内部具有的和可取得的资源。
(3) 企业总体竞争战略和其他职能战略。
(4) 企业高层领导的价值观。
(5) 企业的权利结构因素等。

企业的策略目标的确定首先要以企业的经营方向为依据,不同的企业或者是完全类似的企业,其战略目标也可能存在巨大的差异。因此,不同企业的目标侧重点、目标项目以及目标值选择等方面也会相差甚远,所以在制定服务战略时,应根据企业自身的具体情况,系统地分析环境、制定战略。

**3. 制定客户服务策略方案**

客户服务策略方案的制定建立在企业正确认识外部环境的基础之上的,需要企业能够正确地估计自身的资源以及人力、物力、财力的转换能力,能够明确设计出适合企业实际情况的策略过程,其目的是提供相应策略并制定具体的客户服务方案,并使之最优化。战略最重要的特色是对客户服务方案进行专门的设计,从而使企业运作的不同方面得以协调。

**4. 策略方案审核与优化**

客户服务策略方案的审核可以分为三部分:执行前、执行中和执行后。首先在策划方案制定之前及制定过程中对周围的环境进行充分的分析,并对方案的具体内容进行可行性审核。在方案执行之后进行的审核,可以为方案的优化过程提供重要的事实依据,因此方案执行后的评价显得更加重要。需要弄清楚的是,客户服务策略制定是一个动态的过程,必须定期与不定期地对其进行考评,一旦发现策略与实际情况存在差距,就应及时地对策略进行调整。

## (三) 客户服务内外环境

企业的客户服务营销策略是在繁杂的市场环境之中实施的。企业成功与否取决于其所处的市场环境和企业能否快速适应环境。企业所面临的客户服务环境主要包括其所处的宏观环境和微观环境。

**1. 宏观环境分析**

(1) 政治、法律环境。政治法律环境统指一个国家的社会制度,执政党的性质,政府的方针、政策以及国家制定的有关法令、法规等。政治、法律环境的许多因素通过经济环境作用于企业。国家对经济的干预主要通过法律手段和经济政策来进行,企业从事市场营销必须遵循法律和经济法规、国际惯例、行业惯例,必须注意国家的每一项政策立法、国际规则及其变化对服务活动的影响。我国目前主要有《公司法》《专利法》《商标法》《消费者权益保护法》《合同法》等法律法规,还有各种行业性规定。

(2) 经济环境。经济环境是对客户服务活动开展有直接影响的主要经济环境因素,它主要包括宏观经济环境和微观经济环境两个方面:

① 宏观经济环境。宏观经济环境是指一国或一地区的总体经济水平,既包括经济体制、经济增长、经济周期与发展阶段以及经济政策体系等大的方面,也包括居民收入水平、市场价格水平、利率、汇率、税收等经济因素及政府的管制与调节取向,更具体的还涉及居民收入来源、可处置收入比例以及支出结构等经济因素。

② 微观经济环境。微观经济环境主要是指对企业的经济生产带来直接的环境影响因素,包括消费者、中间商、政府、媒体、公众等,例如所在地区客户的社会购买力、收支结构等。这些因素直接决定着企业目前及将来的经济发展。例如改革开放40年来,消费结构已从以温饱型农产品消费为主过渡到以小康型工业品消费为主,消费层次日趋多样化、个性化,这就要求企业需要向客户提供更细致和更周到的新服务。

(3) 社会文化环境。社会文化环境由价值观念、宗教信仰、伦理道德、风俗习惯、审美观念等构成。社会文化环境的组成因素相当丰富,不同国家、地区、民族之间的差别特别明显,不同文化背景下的消费需求和商业行为千差万别,因此,企业在开拓新市场时普遍十分看中"本土化"进程,不仅指管理模式,也特指市场服务策略的"本土化"应对,从而更好更快地打开新市场的大门。

(4) 科技与自然环境:

① 科技环境。随着现代科学技术和信息技术的发展,各种现代化的交通工具与高科技产品不断涌现,如现代信息技术 Internet(互联网)、GPS(全球卫星定位系统)、GIS(地理信息系统)、EDI(电子数据交换)、JIT(准时制生产方式)、CRM(客户关系管理)、SCM(供应链管理)等。这些现代科学、信息技术的运用,为企业提供了技术条件和创造了更为先进的物质技术基础。实际工作中的电子技术、信息技术、网络技术为一体的电子商务平台,提高了仓库管理、装卸运输、采购、订货、配送、订单处理的自动化水平,使包装、保管、运输、流通加工实现一体化。从企业的角度看,发展现代技术的重点在于通过信息在不同主体之间传递、处理、反馈,来进一步提高服务运作的效率。

②自然环境。自然环境因素包括国家或地区的自然地理位置、气候、资源分布、海岸线及其资源开发利用等。

**2. 微观环境分析**

对企业微观环境开展分析的目的在于掌握企业现有资源的状况,抓住直接影响企业策略制定的关键影响因素,能够有利于辨别企业在竞争中的优势与劣势,从而使企业适应市场环境的变化,创造和获得成功的机会,避免或减少可能遇到的风险。

（1）企业内部变化。企业的发展必须适应其自身内部的环境变化,设定自身发展目标和自身经营任务,依靠自身条件,根据市场的要求来完成任务。企业的资源包括它的组织结构、人力资源、资本、运输工具、仓储设施和设备、装卸搬运设施和设备等要素和企业在企业文化、经营理念和各项制度的作用下所表现的领导指挥能力、协同能力、应变能力、竞争能力、获利能力、开发创新能力等。服务战略的制定要在企业资源约束条件下进行。

（2）资源提供者。企业从事客户服务所需的各类资源和服务不可能完全靠企业自身提供,这存在着有限资源优化的问题。资源提供者包括为企业提供设备、工具、能源及土地和房产等的各类供应商,提供通信服务的通信运营商,提供信贷资金的各类金融机构以及在各类人才市场上为企业提供人力资源的人力中介机构等。

（3）中介机构。这里的中介主要指的是市场营销服务机构,包括营销研究机构、广告代理商、品牌设计咨询公司、媒体机构及营销咨询企业等。营销中介机构凭借自己的各种关系、经验、专业知识以及活动规模,为企业提供资源,拓宽营销渠道,提供市场调研、咨询、广告宣传、塑造企业形象等服务并发挥重要作用。

（4）客户。客户是企业服务的对象,是企业赖以生存的衣食父母。企业的服务活动的理念是"以客户为中心,以客户的需求为导向"。识别客户需求、为客户提供优质的服务,这些都需要在分析客户有效需求的基础上将其量化,为精细服务产品的开发提供依据。

市场经济竞争的持续,新的生活方式不断演变,客户的需求与期望也不断地发生变化,客户的需求的多样化和隐蔽性要求企业不断地根据目标市场的变化而不断发掘各种客户的不同需求,制定更加细致的服务计划,组织有效的服务营销活动。

（5）竞争者。在这里,竞争者的定义不再只是狭义的定义,它包括现有的企业、同类产品及服务的所有企业及潜在的进入者。因此,在市场上的竞争对手可以分为三类:一是品牌竞争者,与本企业相近的产品、价格,面向相近的客户提供相同的服务;二是行业竞争者,同一行业或不同行业中的企业生产的产品具有替代作用,会削弱自身产品的竞争性;三是形式竞争者,指所有同类型的企业竞争者。

面对如此多类型的竞争者,在分析的过程中,首要重点还是跟踪能够提供同种服务和产品的企业,并对比与本企业规模相当的主要竞争者的规模、资金、技术应用、产品流程、资源配备等情况,有助于本企业制定相应的竞争策略。

（6）潜在竞争者。对于零售行业来讲,进入壁垒并不是很高。当从事生产的企业通过前向一体化或后向一体化进入市场时,会对市场中原有的企业造成压力。

（7）社会公众。社会公众主要指对实现企业的营销目标具有实际或潜在影响力的群体。它包括金融公众、媒介公众、政府公众、企业内部员工和一般公众等。企业在开展服务营销活动时要注意在社会公众中宣传、塑造自己的企业形象,与社会公众保持良好的关系,争取他们的理解与信任,培养他们的忠诚度,以实现销售。

## （四）服务策略分析工具

企业要制定自己的战略并想在竞争中取得优势地位，就要对自己及竞争对手有充分的了解。因此，进行战略分析是制定市场战略的基础。

**1. SWOT 分析**

SWOT 分析是一个在策略分析过程中常使用的分析工具。SWOT 分析法用于分析企业优势（Strength）、劣势（Weakness）、机会（Opportunity）和威胁（Threats）。所以，SWOT 分析通过对企业内外部条件及各方面信息进行综合和概括，从而分析企业的优劣势、面临的机会和威胁，从而将企业的战略与企业内部资源、外部环境有机结合。因此，明确企业的资源优势和缺陷，了解公司所面临的机会和挑战，对于制定公司未来的发展战略有着至关重要的作用。

（1）构造 SWOT 矩阵。SWOT 矩阵如图 6-2 所示。

|  | 优势——S | 劣势——W |
|---|---|---|
| 机会——O | SO 组合（增长型战略） | WO 组合（扭转型战略） |
| 威胁——T | ST 组合（多种经营战略） | WT 组合（防御型战略） |

图 6-2　SWOT 矩阵

（2）进行 SWOT 矩阵分析：

① 优劣势分析（SW）。优劣势分析主要分析企业自身情况：

竞争优势（S）：可以是以下几个方面：技术技能优势、有形资产优势、无形资产优势、人力资源优势、组织体系优势、竞争能力优势等。

竞争劣势（W）：是指企业缺少或做得不好的东西，或指某种会使公司处于劣势的条件。可能导致竞争劣势的因素有：缺乏具有竞争意义的技能技术，缺乏有竞争力的有形资产、无形资产、人力资源、组织资产，关键领域里的竞争能力正在丧失。

企业通过分析并总结其在市场上比其他竞争对手有较强的综合优势后，企业可以扬长避短，或以实击虚。例如自身的产品是否新颖，制造工艺是否复杂，销售渠道是否畅通，以及价格是否具有竞争性等。需要注意的是，在服务策略中，衡量一个企业及其产品是否具有竞争优势，要站在用户角度上，而不是站在企业的角度上来分析。

影响企业竞争优势持续时间的因素有三点：这种优势的建立要多长时间？能够获得的优势有多大？竞争对手做出有力反应需要多长时间？企业分析清楚了这三个决定因素，就会明确自己在建立和维持竞争优势中的地位了。需要提醒的是，企业不需要去纠正它所有的劣势。对于优势，企业也要思考是只局限在已拥有优势的机会中，还是去获取和发展一些优势以找到更好的机会。

② 机会与威胁分析（OT）。市场机会的把握足以影响企业发展战略。理论上企业管理者应当确认每一个机会，评价每一个机会的成长和利润前景，选取那些可与企业财务和组织资源相匹配的机会。但是在现实中，公司获得的潜力最大的机会往往是与企业最为契合的那一类机会。

发展机会（O）：客户群的扩大趋势或产品细分市场更加明确；技能技术向新产品新业务转移，为更大的客户群服务；企业业务前向或后向整合；市场进入壁垒降低；获得购并竞争对手的能力；市场需求增长强劲，可快速扩张；出现向其他地理区域扩张及扩大市场份额的机会。在企业的外部环境中,总是存在某些对企业的盈利能力和市场地位构成威胁的因素。企业管理者应当及时确认危及公司未来利益的威胁,做出评价并采取相应的战略行动来抵消或减轻它们所产生的影响。

外部威胁(T):将出现进入市场的强大的新竞争对手;替代品抢占企业产品市场;主要产品市场增长率下降;汇率和外贸政策的不利变动;人口特征、社会消费方式的不利变动;客户或供应商的谈判能力提高;市场需求减少;经济萧条。

③ 根据SWOT矩阵以及企业自己的实际情况,确定需要采取的战略。制定战略的基本思路是:发挥优势、克服弱势、利用机会、化解威胁(图6-3)。

|  | 优势——S | 劣势——W |
| --- | --- | --- |
| 机会——O | 增长型战略(发挥优势,利用机会) | 扭转型战略(利用机会,克服弱势) |
| 威胁——T | 多种经营战略(利用优势,化解威胁) | 防御型战略(避免弱势,回避威胁) |

图6-3 基于SWOT分析的战略分析图

**2. 波特的五力模型**

五力模型是由迈克尔·波特(Porter)提出的,它认为行业中存在着决定竞争规模和程度的五种力量,这五种力量综合起来影响着产业的吸引力。它是用来分析企业所在行业竞争特征的一种有效的工具。

该模型中涉及的五种力量包括:新的竞争对手入侵,替代品的威胁,买方议价能力,卖方议价能力以及现存竞争者之间的竞争。决定企业盈利能力首要的和根本的因素是产业的吸引力。竞争战略从一定意义上讲源于企业对决定产业吸引力的竞争规律的深刻理解。任何产业,无论国内或国际,无论生产产品或提供服务,竞争规律都将体现在这五种竞争的力量上。因此,波特的五力模型是企业制定竞争战略时经常利用的战略分析工具。波特五力模型如图2-4所示。

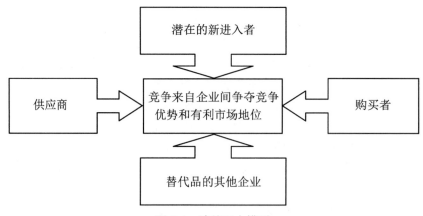

图6-4 波特五力模型

(1)新竞争者的闯入。一个新的竞争者的进入意味着新的挑战,甚至是更加激烈的竞争,因为他们除了带来新的生产力,还带来了新的思想、新的技术和新的服务,对现有企业造成客户的流失、市场份额的减少和利润的下降。这种威胁的严重程度取决于进入这种行业的障碍的高低以及现有企业应对挑战的能力和决心。具体的因素有:总体进入障碍、变更成本、销售渠道、经验积累、规模经济、政府政策、资金需求量、预期的竞争行为。

(2) 现有竞争者的对抗：

① 势均力敌的竞争对手。当某行业各个企业在规模、资源上实力均等时，他们的竞争是激烈而持久的。

② 行业增长缓慢。在一个增长缓慢的行业里，竞争意味着一些企业获取的市场正是另一些企业所失去的市场。

③ 高额的固定成本。服务业高额的固定成本迫使企业竭尽全力，从而导致激烈的价格竞争。

④ 缺乏特异性。服务如果缺乏特色，也会产生价格竞争。

⑤ 退出障碍。资产的专门化、劳动合同的限制、政府和社会的限制都可能成为企业退出某一行业的障碍。

(3) 替代品威胁：一种服务的替代品是另一种服务，它能提供同样的基本功能或全部功能。某项服务应该具有何种功能，或何种功能有价值，这取决于客户的需求。如果人们需要的仅是食物，那么他们会选择超市的冷冻食品或熟制品作为饭店食品的替代品。然而，如果某些人希望能和同伴在快乐的气氛中享用一顿正餐，这些冷冻食品或熟制品就无法替代了。替代品的出现会降低行业的预期利润。

(4) 顾客的压力。顾客会给一个行业中的服务组织带来竞争压力，因为他们寻求并希望得到低廉的价格、优良的品质或更多的服务，这就促使服务组织间相互竞争。顾客期望值的差异、顾客期望的不断提升、不合理的顾客需求、顾客希望提供个性化的服务都给服务组织带来不同程度的压力。

(5) 供应商的压力。供应商也可能以较高的价格或较低的品质给同行业的服务组织造成压力。服务业在交易上与供应商比，往往较无规模优势。服务业一个重要的供应商团体是劳动力，有组织的劳动者在服务业里起着重要的作用。

## (五) 衡量客户服务成本和客户服务水平

**1. 服务成本**

服务成本就是与服务相关的开支费用或服务活动的最基本的费用。

随着市场竞争的加剧，客户服务越来越成为企业创造持久竞争优势的有效手段。而企业管理者也发现加强企业客户服务对提高客户的满意度有重大意义。应把服务成本控制在合理限度，从而取得最好的服务效果，获得理想的收益。

**2. 客户服务与经营成本的关系**

顾客所期望的服务水平是企业做出任何一项降低服务成本决策时必须考虑的因素。管理者必须全面衡量客户服务需求，决不能为了降低成本而无视服务水平。如果连客户可以接受的最低服务水平都达不到，服务付出的回报值将是零，甚至会造成企业的声誉损失和机会丧失等负面影响。与此相反，服务水平的高低设定也必须重视其对服务成本水平的影响程度。如果改进服务能增加净利润，则这样的成本调整通常可视为是合理的。不过，决不能为提供更令人满意的服务而导致成本急剧增加，其增加值不可大于销售收入增长所创造的利润。因此，需要在服务水平、服务成本以及企业总利润之间做投入产出的效益对比分析。

评估不同的服务水平及相应的成本之间的关系，是企业在制定战略时必须考虑的问题。提供多少基本客户服务，必须通过对相对成本和收益的论证决定。除此之外，还取决于一系列因素,诸如竞争情况、将服务定位为核心竞争力的程度、客户对企业服务的敏感度以及企业完成许诺的能力等。

在一般情况下,客户服务水平与经营成本成正向关系。更多更完善的客户服务,如更快捷的安装服务、更短的订货周期和更准确的单证等都涉及更多的人员培训、更严格的管理制度,有的还需要额外的设备投入和网络设施的建设。因此,提高客户服务水平往往首先引起成本的提高;其次才是得到市场的认可、增加销售。选择合适的客户服务水平就要考察客户服务水平的变化对销售收益和成本的影响,平衡两者之间的关系,找到使得利润最大化的最优客户服务水平。

**3. 客户服务与经营成本的关系**

(1) 客户服务不变,成本下降。在客户服务不变的前提下考虑降低成本,不改变客户服务水平,通过改进客户服务系统来降低客户成本,这是一种尽量降低成本来维持一定服务水平的办法,如图 6-5 所示。

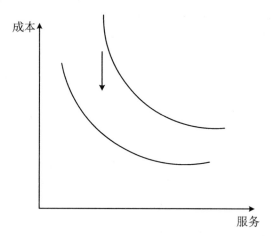

图 6-5　服务不变,成本下降

(2) 服务提高,成本增加。为了提高客户服务质量,不惜增加服务成本,这是许多企业提高客户服务水平的做法,是企业对特定客户或在其特定商品面临竞争时所采取的具有战略意义的方针,如图 6-6 所示。

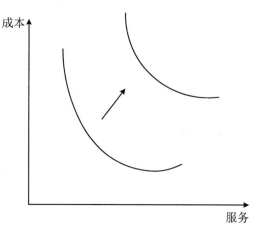

图 6-6　服务提高,成本增加

（3）服务提高，成本不变。在成本不变的前提下提高客户服务水平。这是一种追求效益的办法，也是一种有效的利用成本性能的办法，如图 6-7 所示。

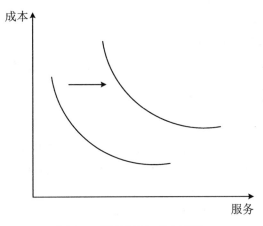

图 6-7　服务提高，成本不变

（4）服务较高，成本较低。用较低的客户服务成本，实现较高的客户服务。这是一种增加销售，提高效益，具有战略意义的办法，如图 6-8 所示。

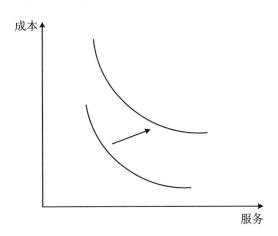

图 6-8　服务较高，成本较低

总之，任何降低成本的决策都要把服务水平涵盖其中。

（5）服务水平的确定：

① 弄清有哪些服务项目。

② 通过问卷调查、专访和座谈，收集有关服务的信息。了解顾客提出的服务要素是否重要，他们是否满意，与竞争对手相比是否具有优势等。

③ 根据顾客不同的需求，将其归纳为不同的类型。由于顾客特点不同，需求也不同，进行分类时以什么样的特点作基准十分重要。因此，要找出那些核心服务的特点，并要考虑能否做得到，而且还必须考虑其对本企业效益的贡献程度及顾客的潜在购买能力等。

④ 分析服务的满意程度。分析顾客对各个不同的服务项目是否满意。

⑤ 分析与相互竞争的其他公司相比本企业的情况如何，一般可作基准点分析。所谓基准点分析，就是把本企业产品、服务以及这些产品和服务在市场上的供给活动与最强的竞争

对手或一流企业的活动与成绩进行比较评估。

⑥ 按顾客的类型确定服务形式。首先应依据顾客的不同类型,制定基本方针。在制定方针时要对那些重要的顾客,重点地给予照顾,同时要作盈亏分析。还不要忘记分析在服务水平变更时成本会发生什么样的变化。

⑦ 建立实现上述整套服务项目的机制。

⑧ 对服务机制进行追踪调查。定期检查已实施的服务的效果。

## (六) 常见的客户服务战略

**1. 差异化客户服务战略**

差异化客户服务战略的实质是塑造能让客户流连忘返并印象良好的独特客户服务形象。这种差异化不能脱离行业规范,可以包括产品属性、传递方式、付款类型多样等来满足目标消费群需求。需要提醒的是,差异化战略不可忽视成本,利用差异化来改进客户服务水平应考虑目标顾客是否愿意支付相应的费用。服务差异化战略可以成功地树立起企业品牌服务的差异化,进一步赢得消费者的忠诚,削弱还价的能力,还可以对潜在竞争者设置障碍,增强竞争优势,减少来自竞争者的威胁。这一战略带来的是较高的边际收益,缺点是会减少市场份额。实现差异化的途径如下:

(1) 增强无形产品的存在感。从本质上讲服务具有无形的属性,顾客消费后不太容易留下能够产生记忆的实体。可以通过将无形的服务有形化来增强客户的印象。例如,为了使顾客能回忆起曾经在饭店的住宿体验,一些饭店向顾客提供印有饭店名字的精美的日常用具。

(2) 服务可以个性化、人性化。目标人群里的客户个体对产品有着不同使用习惯,企业通过将标准产品定制化,关注服务个性化和人性化,通过提前预约或提供某些人性化的服务,就能够以很少的花费赢得顾客的满意。例如,能记住客人名字的饭店可以给客人留下很好的印象并使其成为回头客。将标准的房间根据 APP 预约的要求重新布置,可满足不同顾客需求偏好。

(3) 信息沟通全面。现实中,顾客所了解到的信息和商家之间的信息并不对等,这会使商家流失掉不少潜在客户,原因在于缺乏购买信息使得许多顾客产生风险感。调查中发现,顾客更愿意购买信息明确、透明且有耐心的商家的产品。当信赖关系建立起来以后,顾客常常愿意多消费。

(4) 重视员工培训。人事开发和培训将使员工的服务和互动能力得到提高并带来服务质量的提高,这些都是竞争对手难以模仿的竞争优势。处于行业领导地位的服务组织,往往其高质量的培训项目在同行业中也很有名。

(5) 控制服务质量。服务质量要做到稳定不能只靠规章制度,可以定期采取人员培训、组织上下明确流程、限制服务范围、直接指导和同事间的约束等措施加以解决。由于顾客期望和服务体验之间存在潜在的差距,影响顾客期望也十分重要。

**2. 成本领先客户服务战略**

(1) 寻求低成本意识的顾客。服务某些顾客比服务其他顾客花费要少,那么,这些顾客就可以成为组织的目标顾客。

(2) 顾客服务的标准化。减少服务环节,提供"日常性"的标准化服务。

(3) 减少服务传递中人的因素。如果能给顾客带来便利,减少服务传递中人的因素也可以被顾客接受。例如,使用自动柜员机带来的便利性使顾客最终放弃与出纳员的交互行为,并最终降低银行的交易成本。

(4) 非现场服务作业的剥离。对于那些不一定非要顾客在现场出现的服务,服务作业和服务交易可以部分分离,如快餐外卖可以利用低成本的设施场地生产,剥离现场服务作业。

(5) 降低网络费用。联邦快递公司通过开发使用"中心辐射网",大大降低了网络费用。该公司在孟菲斯设立了装备有先进分拣设备的中心,需要"隔日送到"的包裹可以通过这个中心送达美国任何一个城市,包括那些城市之间没有直接通航的地区。新的地区添加到这个网络中心时,联邦快递公司只需要增加一条往来于中心的航线即可。

**3. 目标集聚客户服务战略**

这一战略的理念是专心致志地服务于部分有限的潜在市场。由于服务的对象有限,服务组织就能对产品、经营方式以及相关的活动进行专门的设计,从而有效地服务于选定的市场。这种战略有两种形式:以成本为目标集聚和以差异化为目标集聚,它们以成本或差异化来赢得选定市场的竞争优势。对于有限的市场可以同时采用以成本和差异为目标集聚的战略,并取得成功。

**4. 顾客客户服务战略**

顾客客户服务战略就是要求组织以最大的努力让顾客满意并赢得顾客忠诚。由于服务的异质性,顾客的满意标准是不同的,顾客满意是顾客忠诚的必要条件,忠诚的顾客是组织的利润源泉。服务竞争的核心就是为顾客提高价值,赢得顾客信任和忠诚,求得企业的不断发展和壮大。企业的竞争力取决于是否具有能力为客户提供优质服务以及是否具有建立在优质服务基础上的顾客关系。

(1) 核心产品战略。在这种战略中,核心产品的质量是决定竞争优势的最重要的因素。企业主要依靠高超的技术,把开发和保持产品或服务的优异技术质量作为企业发展的关键,即主要通过生产的产品和提供的服务的技术功能体现服务竞争优势。这种战略要求企业具有雄厚的科技力量,能够在较长的时期内保持技术的领先地位。它适应于有形产品在服务构成中占有较大比重的服务企业,但是服务企业进入障碍很低,服务创新难以获得专利保护。因此,仅靠核心产品战略还不能使一个企业在竞争环境中获得绝对的优势。

(2) 形象战略。形象战略是指企业通过广告宣传、公关促销等持续的市场沟通活动,在顾客心目中建立起对产品、服务和企业的良好形象,并以此作为竞争的手段。显而易见,具有竞争力的核心产品或服务是形象战略的基础。好的企业形象会直接提高顾客的信任度,容易激发顾客对产品或服务产生好的印象。

由于服务的无形性特征,企业的市场营销宣传对顾客形成服务期望起着非常重要的作用,在很大程度上左右着最终形成的感知服务质量。注重形象战略的企业为了获得竞争优势,需要通过商标、品牌、分销渠道、各种市场沟通活动以及借助媒体来增加和强化产品或服务在消费者心目中的分量,增加产品或服务的外在属性。但是,广告和服务承诺必须真实,才能产生持久的竞争优势,否则,将会为企业带来极为不利甚至是致命的负面影响。

(3) 价格战略。采用价格战略的企业主要是通过尽量降低成本费用,以价格作为主要竞争手段。这种战略在如下条件下非常有效:

① 市场需求弹性较大,企业很难通过差异化战略为顾客提供更佳的使用效用。

② 产品或服务的标准化程度较高,技术上的同质性高、异质性低,价格竞争是吸引顾客

的有效手段。

③ 顾客需求比较一致，对产品或服务基本上无特殊使用要求。

④ 顾客易于在不同的竞争者中进行消费选择，并不会由此带来任何损失，还完全可以从中获得择优利益。

价格战略的最大限制在于它无助于与顾客建立长久的关系。企业是否具备维持低价的能力是采用价格战略的最大制约因素。

（4）服务创新战略。服务创新战略是指通过广泛开展服务项目，为顾客提供更多的利益和更高消费价值的优质服务，建立、巩固和促进与顾客的长期合作关系。其重点集中在为顾客提供优质服务的能力上。

一般来说，服务创新战略有以下三种实施方式：

① 发展和提供新服务。一是在已有的服务中增加新的服务，通过提供新服务与竞争者相区别，增强企业的竞争力；二是向顾客提供范围更广的服务产品，为顾客提供方便等附加价值。例如，航空公司提供预订酒店和租赁汽车服务等。

② 在现有顾客关系中调整已有的服务，充分发挥服务要素的作用。顾客关系中的服务要素包括非正式的建议、预订、运送、处理申述、结账、服务过程演示、技术质量控制以及电话接待等。在许多服务型企业中，这些服务要素通常被当做无关紧要的小事来对待。但是，大量的事实证明，服务过程中的任何偏差或失误都可能造成顾客感知服务质量的下降。加强对顾客关系中服务要素的管理，能够使顾客更多地感受到服务提供者给予的关怀、尊重和理解，有利于提高感知服务质量和建立长期合作关系。并且，在现有顾客关系中调整已有的服务要素的显著优点是它几乎不需要追加投资或产生额外的成本，只需要对现有的资源进行配制和整合，而且结果还会带来运营成本的下降和顾客利益的增加，形成"双赢"的局面。

③ 将顾客关系中的产品要素转变为服务要素，为服务进一步增加无形的含量，使解决问题的过程变为一种全新的体验。这主要是指将产品从原来的物质形态转化为一种个性化的产品服务方式，使顾客享受到一种区别于标准化产品的特殊服务。将顾客关系中的产品要素转变为服务要素在成熟的市场上效果最好。因为，在成熟的市场上，企业之间在产品或服务的功能方面旗鼓相当，在技术上的差距甚微，要吸引新顾客困难重重。因此，企业之间比拼的更多的是服务，对顾客而言，消费产品或服务的过程远比购买的过程漫长而且复杂。

## （七）客户服务的三种基本需求

客户服务的前期工作是了解客户信息，把握客户的基本需求。总体来说，客户一般有以下三个方面的基本需求。

**1. 信息的需求**

客户需要了解产品的基本信息并需要相关信息提供的帮助。例如，你去餐厅吃饭，那么你会想知道该餐厅都有什么菜，哪道菜是招牌菜，哪道菜的口味最好，多长时间能够做好并端上来，菜的价格是多少，等等，这些都称为信息需求。

为了满足客户的这种信息需求，客服人员就要事先做好充分的准备，同时客服人员还要不断地充实自己的专业知识，因为只有你有了专业知识，才有可能去为客户提供令顾客满意的服务，才可能去满足他们对信息的需求。

**2. 环境的需求**

环境需求是客户对周边环境感受的需要。例如，你去餐厅吃饭，你需要的是干净卫生的环境;你到超市去,你需要的是灯光明亮、货架整齐、商品繁多的购物环境。

**3. 情感的需求**

满足客户的这种需求的难度是相当大的,要做好这方面的准备工作也是相当不容易的。这就需要客服人员有敏锐的洞察力,能够观察到客户的这些需求并加以满足。如顾客到汽车4S店去看车,销售服务人员非常热情地为顾客端茶倒水。顾客会感觉到自己受到尊重,愿意多花点时间和营销人员沟通。

在认识到客户的三种需求以后,就应该根据客户的这些需求做好相应的准备工作。如果每个客服人员能根据本行业的特点做好这三方面的准备工作,那么在真正面对客户的时候就有可能为客户提供令其满意的服务。

## (八) 客户的期望值来源

客户在购物的过程中会对企业的环境、企业的产品质量、企业的服务能力产生很多期望值,而这种期望值根据客户的状况不同而不同。客户期望值不同的主要原因有以下几个方面。

**1. 过去的经历**

每一个人的经历不同,导致其要求也各不一样。相对而言,经历越少的人,期望值就相应地越容易被满足,而经历越多的人,其期望值往往就不那么容易被满足。

对于一名客服人员来讲,他必须尽自己所能来满足客户。由于每一个客户的期望值不一样,当客服人员不能满足客户的期望值时,他所必须做的就是降低客户的期望值,而降低别人的期望值需要具备相应的技巧。

**2. 口碑的传递**

客户的期望值不仅仅源于过去的经历。现代的企业常常采用一些口碑传播营销手段,使对某件产品并没有相关经历的消费者也会有一种期望。例如,手机消费中年轻人不断地更换新型手机,但却对某些品牌的手机情有独钟,是因为他们对该品牌的新型产品有很高的期望值,这些期望值就源于口碑营销的影响。口碑的传递是导致客户期望值上升的一个重要原因。对于客服人员来说,服务当中的重要技巧就是如何给客户一个现实、合理的期望值,这样才能较好地满足客户。

**3. 个人的需求**

由于每个客户的个性不同,为人处世的方式不同,因而也会导致部分人由于个人的需求而使期望值上升。

## (九) 客户服务质量要素

客户对服务质量的期望,具体有以下五个标准要素。

**1. 有形度**

有形度指客服人员或企业呈现的外在形象。客户一开始看待服务时,通常是通过有形度来看待的。银行大楼给人的感觉是气派、豪华,储蓄大厅也宽敞明亮;名牌手机专卖店都设置了专门的客户体验区。

**2. 同理度**

客服人员究竟能在多大程度上理解客户的需求、想法,这就叫作同理度。服务工作中的同理度体现在以下三个方面:

(1) 理解客户的心情。当客户需要帮助时，客服人员能很关注他，知道客户为什么着急。

(2) 理解客户的要求。客服人员能够迅速地通过提问的方式，知道客户想要的是什么。

(3) 客服人员的工作态度。客服人员要充分地关心和尊重客户。

**3. 专业度**

客户在选择一个企业时，往往要看这个企业是不是很专业。例如，很多餐厅会把厨师长的照片和他的从业背景都贴出来；医院会把主治大夫的事迹、照片和学历背景都尽可能多地挂出来，以便让患者慎重地选择大夫。为什么？因为客户在选择服务人员时非常关心他的专业度，就像你平常干洗衣服会到知名的干洗店去洗，因为你觉得那里是非常专业的，这就是专业度。

**4. 反应度**

反应度就是客服人员的服务效率和速度。客户向你提出要求后，你应用最少的时间帮他解决问题，客户在这方面的期望值是非常高的。

**5. 信赖度**

信赖度是一种品牌，一种持续地提供优质服务而形成的一种能力。当然，这种品牌不是企业一朝一夕就可以轻易地培养出来的。

由此可见，客户在选择企业时是通过有形度、同理度、专业度、反应度和信赖度来进行选择的，客户在看到客服人员时，实际上也是通过这五个方面来进行评价的。而在这五个度当中，客户最关心的是信赖度，因为信赖度是其他四个方面的优质服务的前提。对客服人员来讲，他必须通过以上五个方面来提升自己的能力，来为客户提供更好的服务，提供令客户满意的服务。

## （十）客户期望的服务态度

客户是企业的衣食父母，企业要同他们密切联系，加强相互之间的感情。为了和客户拉近距离，增进双方的感情，在企业与客户之间有必要架设一座服务的桥梁。那么客户最需要的是什么样的服务态度呢？

**1. 热情周到**

热情周到是构架通向客户桥梁的第一步。客户服务人员一个冷漠的表情、一个善解人意的微笑、一个粗鲁的动作、一句热情的话语，客户都会感受得到；一个小小的努力、一个小小的失误，会产生截然不同的结果。

**2. 追求完美**

客户都希望得到完美的服务，企业应该尽力追求完美。虽然在现实中任何一家企业都不可能做到，但至少应该有这种理念和追求。如果顾客来到一家饭店，发现饭菜的质量很好而服务质量很差，他就会感到不满意。只有饭菜质量和服务质量两个方面都达到一流水平，才能赢得一流的美誉。

**3. 记住客户的名字**

每次为客户服务时，客服人员频频称呼他们的名字能加深与客户之间的感情。客户听到客服人员称呼自己的名字，客户心中就能产生受到尊重的良好感觉。

**4. 最大限度地利用自决权**

在争取客户的竞争中失败的人，往往输就输在把时间花在了"哪些事不准做"上，而成功者则不停地探索服务客户的最大权限,只要能服务于客户,任何不违法的事都可以做。

**5. 提供超出客户预期的服务**

客户都希望用他们的钱买到质价相符的商品,享受到热情周到的服务。如果能提供超出客户期望的商品或服务,客户一定会满意。

**6. 争取常客**

常客是无价之宝,应该像珍爱财富那样爱惜他们,精心保护他们不被对手抢走。由于他们信任自己的供货商,所以每次光顾都会多消费,买贵重商品的可能性也较大。千万别在意常客一次花多少钱,而应该考虑他们一生中给企业带来的财富。

**7. 避免"过度服务"**

任何事情都有一个"度",超过了这个"度",便走向了事物的反面。提供服务同样如此,要适度,不宜过度。

适度的服务,关键是要树立"以人为本"的观念,增强对客户的责任感,从细微之处来完善服务、提高服务质量,以此增强对客户的吸引力和亲和力。过度的服务则往往给人以强人所难的感觉,使客户勉为其难或无所适从,服务的效果自然会大打折扣。总之,在企业与客户之间建立一个联系的桥梁非常重要,它能真正地体现企业对客户的关心,从而为企业带来巨大的利润。

## 学习单元二  客户服务人员要求及客户服务基本方法

### (一) 客户服务人员的要求

**1. 心理素质要求**

(1) 承受挫折和打击的能力。客服人员经常会遇到一些挫折打击,比如,每天都要面对各种各样客户的误解其至辱骂,更有甚者,客户越过客户服务人员直接向上级主管投诉,有些投诉可能夸大其词,因此,客户人员需要有承受挫折和打击的能力。

(2) 积极进取、永不言败的良好心态。什么是积极进取、永不言败的良好心态?客户服务人员在自己的工作岗位上,需要不断地去调整自己的心态。遇到困难和各种挫折都不能轻言放弃,需要有一个积极进取、永不言败的良好心态。这些和团队有很大关系。如果整个客户服务的团队是一个积极向上的团队,员工在这种氛围中,很多心里的不愉快都能得到化解。

(3) "处变不惊"的应变力。所谓应变力是对一些突发事件的有效处理能力。作为客户服务人员,每天都面对着不同的客户,很多时候客户会给你带来一些意想不到的挑战。这就需要具备一定的应变力,特别是在处理一些恶性投诉的时候,要处变不惊。

(4) 情绪的自我掌控及调节能力。情绪的自我掌控和调节能力是指什么呢? 比如:客户人员每天接待 100 个客户,可能第一个客户就把他臭骂了一顿,因此他的心情变得很不好,情绪很低落。他也不能回家,后边 99 个客户依然在等着他。这时候他不能把第一个客户带给他的不愉快转移给下一个客户,这就需要掌控情绪,调整自己的情绪。因为对于客户,你永远是他的第一个。

(5) 满负荷情感付出的支持能力。什么叫做满负荷情感付出呢? 就是你要为每一个客户提供最好的服务,不能有保留。对待第一个客户和对待最后一个客户,同样需要付出非常饱满的热情。因为这是企业对你的要求,只有这样,你才能够为企业提供良好的客户服务。

**2. 品格素质要求**

(1) 拥有博爱之心,真诚对待每一个人。博爱之心是指"人人为我,我为人人"的思想境界,能做到这一点的人不是很多。日本在招聘客户服务人员的时候,就专门聘用有博爱之心的人。

(2) 忍耐与宽容是优秀客户服务人员的一种美德。客服人员需要有包容心,要包容和理解客户。真正的客户服务是根据客户本人的特点使他满意。客户的性格不同,人生观、世界观、价值观也会不同。即使这个客户在生活中不可能与你成为朋友,但在工作中他是你的客户,你甚至要比对待朋友还要好地去对待他,因为这就是你的工作。

(3) 强烈的集体荣誉感。客户服务强调的是一种团队精神,企业的客户服务人员,需要互相帮助,必须要有团队精神。而客户服务人员所做的一切不是为了表现自己,而是为了能把整个企业客户服务工作做好,这就是团队集体荣誉感。

(4) 不轻易承诺,说了就要做到。对于客户服务人员,通常很多企业都有这样的要求:不轻易承诺,说到就要做到。客户服务人员不要轻易地承诺,随便答应客户做什么,这样会给工作造成被动局面。客户服务人员必须履行自己的诺言,一旦答应客户,就要尽心尽力去做到。

(5) 谦虚是做好客户服务工作的要素之一。拥有一颗谦虚之心是人类的美德。谦虚这一点很重要。如果客户服务人员不具备谦虚的美德,就会在客户面前炫耀自己的专业知识,这是客户服务中很忌讳的一点。客户服务人员要求有很娴熟的服务技巧和丰富的专业知识,但不能卖弄知识,不能把客户当成傻瓜。

(6) 勇于承担责任。客户服务人员需要经常面对各种各样的责任和失误。出现问题的时候,同事之间不应相互推卸责任,而应积极解决问题,勇于承担责任。

**3. 技能素质要求**

(1) 良好的语言表达能力。良好的语言表达能力是实现与客户良好沟通的必要技能和技巧。

(2) 具备专业的电话接听技巧。专业的客户服务电话接听技巧是客户服务人员的另一项重要技能,客户服务人员必须掌握,应知道怎么接客户服务电话,怎么提问。

(3) 良好的倾听能力。良好的倾听能力是实现客户沟通的必要保障。

(4) 丰富的行业知识及经验。丰富的行业知识及经验是解决客户问题的必备武器。客服人员不仅要跟客户进行正常沟通,而且要成为产品的专家,能够解答客户提出的问题。如果客户服务人员不能成为业内人士,不是专业人才,有些问题可能就解决不了。作为客户,最希望得到的就是服务人员的帮助。因此,客户服务人员要有很丰富的行业知识和经验。

(5) 熟练的专业技能。熟练掌握专业技能是客户服务人员必须具备的。每个企业的客户部门和客户服务人员都需要学习多方面的专业技能。

(6) 思维敏捷,具备对客户心理活动的洞察力。对客户心理活动具备较强的洞察力是做好客户服务工作的关键所在。客服人员思维要敏捷,能够洞察顾客的心理活动,这是对客服人员最基本的要求。

(7) 优雅的形体语言。优雅的形体语言指举手投足、说话方式、笑容等,这些将表现客服人员的气质,并体现出客服人员的专业素质。

（8）良好的人际关系沟通能力。客户服务人员具备良好的人际关系沟通能力，跟客户之间的交流会变得更顺畅。

**4. 综合素质要求**

（1）"客户至上"的服务观念。"客户至上"的服务观念要始终贯穿于客户服务工作中，因此，客服人员需要具备一种客户至上的整体的服务观念。

（2）分析解决各种问题的能力。优秀的客服人员不但需要能做好客户服务工作，还要善于思考，提出工作合理化建议，有分析解决问题的能力，能够帮助客户解决一些实际问题。

（3）独立处理工作的能力。优秀的客服人员必须能独当一面，具备独立处理工作的能力。一般来说，企业都要求客服人员能够独当一面，也就是说，自己要能处理很多客户服务工作中的棘手问题。

（4）人际关系的协调能力。优秀的客户服务人员不但要能做好客户服务工作，还要善于协调同事之间的关系，以达到提高工作效率的目的。人际关系的协调能力是指在客户服务部门中和自己同事协调好关系。有的时候，同事之间关系紧张、不愉快，会直接影响到客户服务工作的效果。

## （二）客户服务基本方法

客户服务的目标就是通过客户管理拓宽市场，转化潜在客户，留住新老客户，与客户结成双赢的伙伴关系，创造服务增值，要达到这一目标必须掌握一些基本方法。

**1. 了解你的客户**

了解客户首先要了解客户需要什么；其次要了解客户期望如何；然后要设法超出客户的期望。客户的期望可根据客户的关注点来区分，例如最终客户（用户）关注的是产品和服务的性能和价格，也就是性价比，他们是最终使用者和接受者，能以更低的价格获得更满意的产品和服务是他们的最大期望；而中间客户更多关注的是经营方式，如交货时间、地点、促销手段和费用，服务网点等。满足客户期望和超出客户期望就能留住客户。

**2. 建立客户档案**

客户资料一定要准确，否则会给你带来负面影响，没有比记错客户名称（姓名）或张冠李戴更能影响与客户之间的关系了。客户名称（姓名）、经营内容、地址、与本企业的交易记录、彼此有过什么印象最深刻的接触和能引起共鸣的经历、社会经济地位、爱好、习俗等都应准确地记录在你的客户档案资料中。

**3. 转换角色**

企业自身往往也是下游企业的客户，作为客户你对供应方有何期望，其提供的供应服务有哪些不足，你也可以反思从而做好对自身的客户的服务工作。

**4. 了解竞争者**

以客户的身份光顾竞争者的商店或公司，发现他们哪些方面做得好、值得你学习，哪些方面做得不够及你必须规避的。这样你就有超越的目标和宣传的亮点。

**5. 邀请有影响的客户参加特殊的、独一无二的活动**

这里所说的有影响的客户一般是大客户和忠诚的客户或是行业中有一定影响力的客户。邀请他们参加企业或企业所在地的特殊活动，无疑将表示你对他们较为信任和尊重，给他们提供免费的食宿、小礼品会给你带来更大、更稳定的订单。

#### 6. 定期或不定期拜访客户

拜访客户的方式有很多,有亲自登门拜访、互赠礼品、互通信函等,可根据客户的类别来选择。定期拜访可在节假日或客户庆典日进行,一般采用寄送信函和赠送礼品等方式,必要时还要派人亲送;不定期拜访可根据营销的需要或解决某一特定问题的需要而亲自拜访,但此类拜访一般要预约,以表示对客户的尊重。要建立良好的客户关系,始终要相信"人到感情到,礼到心意到"的道理。

#### 7. 不要对客户过于随便

对待客户不管是新客户还是老客户都不要过于随便,在客户服务实践中,对老客户较随便非常普遍,例如新老客户同时光顾,一般都是先招呼新客户,而让老客户稍等,这时老客户一般也都理解,但不能使其长久地等而忽略他的存在;有些客服人员与老客户熟了,见面也总爱开开玩笑,但也不能不分场合。

#### 8. 对客户的承诺要百分之百履行

客户的流失可能是因为你作了承诺,但你没做到,品质、价格、售后服务等只要对客户承诺过,就必须履行。

#### 9. 上门服务时一定不要增加客户的麻烦

有些上门服务,旧的问题解决了,而新的麻烦出现了,最常见到的是卫生问题,汽车的故障解决了,但满座位都是脚印、灰尘,满车都是油渍,或者空调修好了,但满屋都是垃圾等,因此,上门服务结束时必须要打扫卫生,将垃圾清理干净。

#### 10. 其他技巧

除了以上技巧外,还有诸如简化服务手续、开通客户热线、介绍免费服务事项、与客户保持顺畅沟通等。

## 学习单元三 客户服务过程技巧

为客户服务的过程将体现企业客服人员基本业务素质。客户服务过程包括欢迎客户、理解客户、帮助客户、留住客户四个方面。

### (一) 欢迎客户

客服人员在做好充分的准备工作后,下一步的工作就是迎接客户。客服人员在迎接客户时要做好以下几个方面的工作。

#### 1. 职业化的第一印象

对客户来说,他非常关注对面的那个人带给他的第一印象究竟是怎么样的。对客服人员来说就是你的穿着,最好让客户一看到你就能很快地判断出你的职业,甚至你的职业水准。因此,客服人员在欢迎客户时一定要给客户留下一个非常好的职业化的第一印象。

#### 2. 欢迎的态度

你的态度对客户来说是非常重要的,一开始就应该把握好以怎样的态度去接待你的客户,这将决定整个服务的成败。所以,对于客服人员来说,在欢迎客户时,一定要发自内心地展现微笑,要以一种欢迎的态度对待你的客户。

#### 3. 关注客户的需求

客服人员要关注客户的需求,包括信息需求、环境需求、情感需求,主动满足客户的需求。

### 4. 以客户为中心

客服人员应该以客户为中心,时刻围绕着客户。当你为某个客户提供服务时,如果旁边有人叫你,你必须先跟客户说"非常抱歉,请您稍等",然后才能去和叫你的人说话,一说完话应马上回来接着为之前的客户服务。这样做让客户觉得你比较关注他,以他为中心,这一点是非常重要的。

### 5. 接近潜在顾客

(1) 巧妙的开场白。如提问题、讲故事、引意见、赠礼品。

(2) 运用 FABE 销售法则。阐明产品的特征(Features)、优点(Advantages)、利益(Benefits)、证明(Evidence)。

(3) 顾客兴趣点。如使用价值、流行性、安全性、美观性、教育性、保健性、耐久性、经济性。

(4) 精彩示范。别过多强调优点,也别过高估计自己的表演能力,要时刻观察顾客的反应。

## (二) 理解客户

理解客户的主要活动是倾听、提问和复述。

### 1. 倾听

倾听是一种情感活动,它不仅仅是用耳朵听到相应的声音。倾听还需要通过面部表情、肢体的语言来达成。同时,用语言来回应对方,传递给对方一种你很想听他说话的感觉。因此,我们说倾听是一种情感活动,在倾听时应该给客户充分的尊重、情感的关注和积极的回应。倾听时不仅要用"耳朵",还要用"心",用"眼睛",更重要的是要把你对面的那个人当成"上帝",充分地去尊重他。

(1) 听事实和听情感。倾听不但要听清楚别人在讲什么,而且要给予别人好的感觉。那么听对方说话时客服人员需要听什么呢?对客服人员来说,需要听以下两点。

① 倾听事实,这意味着需要能听清楚对方说什么。要做到这一点,要求客服人员必须有良好的倾听能力。

② 与听事实相比,"听"情感更为重要。客服人员在听清对方说事实时,还应该更多地考虑客户的感受是什么,需不需要给予回应。

(2) 提升倾听能力的技巧:

① 永远都不要打断客户的谈话。无意识地打断客户的谈话是可以理解的,但也应该尽量避免;有意识地打断别人的谈话,对于客户来讲是非常不礼貌的,是绝对不允许的。当你有意识地打断一个人说话以后,你会发现,你就好像挑起了一场战争,你的对手会以同样的方式来回应你,最后你们两个人的谈话就可能变成了吵架。因此,有意识地打断客户的谈话是绝对不允许的。

② 清楚地听出对方的谈话重点。当你与对方谈话时,如果对方正确地理解了你谈话中的意思,你一定会很高兴。至少,他知道你成功地完成了我们上边所说的"听事实"这一层面的任务。能清楚地听出对方的谈话重点,也是一种能力。因为并不是所有人都能清楚地表达自己的想法,特别是在不满、受情绪影响的时候,经常会有类似于"语无伦次"的情况出现。而且,除了排除外界的干扰,专心致志地倾听以外,你还要排除对方的说话方式给你带来的干扰,不要只把注意力放在说话人的咬舌、地方口音、语法错误或"嗯""啊"等习惯用语上面。

③ 适时地表达自己的意见。谈话必须有来有往,所以要在不打断对方的原则下,也应适时地表达自己的意见。这是正确的谈话方式。这样做可以让对方感受到你始终都在聚精会神地听,而且听明白了。同时,它还可以避免你走神或感到疲倦。

④ 肯定对方谈话的价值。在谈话时,如果能得到肯定,说话者的内心也会很高兴的,同时,对肯定他的人必然产生好感。因此,在谈话中,一定要用心地去发现对方谈话的价值,并加以积极的肯定和赞美,这是获得对方好感的一大绝招。比如,对方说:"我们现在确实比较忙。"你可以回答:"您坐在这样的领导位子上,肯定很辛苦。"

⑤ 配合表情和恰当的肢体语言。当你与人交谈时,对对方谈话内容的关心与否直接反映在你的脸上,所以,你无异于是他的一面镜子。光用嘴说话还难以制造气氛,所以必须配合恰当的表情,用嘴、手、眼、心等各个器官去"说话"。但要牢记,切不可过度地卖弄,如过于丰富的面部表情、手舞足蹈、拍大腿、拍桌子等。

⑥ 避免虚假的反应。在对方没有表达完自己的意见和观点之前,不要做出比如"好!我知道了""我明白了""我清楚了"等反应。这样空洞的答复只会阻止你去认真倾听客户的讲话或阻止客户进一步的解释。

在客户看来,这种反应等于在说"行了,别再啰嗦了"。如果你恰好在他要表达关键意思前打断了他,被惹恼了的客户可能会大声反驳:"你知道什么?"那样,交谈就很不愉快了。

**2. 提问**

(1) 提问的目的。在理解客户的过程中,只善于倾听是远远不够的,还必须适当地向客户提出问题,以真正了解客户的需求,为客户提供专业的服务。

(2) 开放式问题的使用技巧。开放式问题就是让客户比较自由地把自己的观点尽量都讲出来。这种提问的方式可以帮助客服人员去了解一些情况和事实。比如,当你去医院看病时,医生问你"哪里不舒服",这就是一个开放式的问题。开放式的问题可以帮助客服人员了解客户的需求。

一般来说,在服务一开始时,客服人员使用的都是开放式的问题。但由于对于开放式的问题,客户的回答也可能是开放的,很多时候往往起不到有效地缩短服务时间的作用。因此,很多时候,客服人员还需要使用封闭式的问题进行提问。

(3) 封闭式问题的使用技巧。使用封闭式问题旨在帮助客户进行判断,客户面对你的问题时只需要回答是或者不是。封闭式的提问需要客服人员本身有很丰富的专业知识。大量地使用封闭式问题还有一个前提,就是客服人员必须了解专业知识。这时,客户就会觉得客服人员有非常准确的判断能力。客服人员能正确地、大量地使用封闭式提问,能充分地体现客服人员良好的职业素质。

(4) 使用提问技巧来妥善地解决客户的需求。在提问技巧中使用开放式和封闭式两种问题都有必要,一般情况下如何使用呢?通常都是先提一个开放式的问题,如"有什么需要我帮忙的吗?"然后马上又转入封闭式的问题,两种提问的技巧交互使用,将迅速地判断出客户的问题所在。

**3. 复述**

复述技巧包括两个方面:一方面是复述事实,另一方面是复述情感。这与倾听的内容是相同的,因为复述也就是把你所听到的内容重新叙述出来。

(1) 复述事实。复述事实的目的就是为了彻底地分清责任。复述事实的好处如下:

① 分清责任。服务人员通过复述,向客户进行确认,印证所听到的内容,如果客户没有

提出异议,那么再有问题,责任就不在服务人员身上了。

② 提醒作用。复述事实还有一个好处就是可以提醒客户是不是还有遗忘的内容,是不是还有其他问题需要一起解决。当你重复完,可以问问客户还有没有什么要补充的,如果客户说没有了,那就可以进入解决问题的阶段了。

③ 体现职业化素质。复述事实还可以体现服务人员的职业素质。对事实的复述不仅能体现出服务人员的专业水准,而且更重要的是让客户感觉到对方是在为自己服务,自己是被服务的对象,这种感觉是很重要的。这在一定意义上满足了客户的情感需求。

(2) 复述情感的技巧。复述情感就是对于客户的观点不断地给予认同,比如,您说的有道理,我理解您的心情,我知道您很着急,您说得很对,等等。这些都叫作情感的复述。在复述的过程中,复述情感的技巧是最为重要的,使用时也非常复杂。

## (三) 帮助客户

### 1. 满足不同客户的需求

不同的客户对于服务有着不同的看法,而优质的服务又要求客服人员必须满足不同客户的需求。

### 2. 永远通过客户的眼光看待服务

要求客服人员永远站在客户的角度,永远能自觉地用客户的眼光来看待自己的服务。很多服务不能令客户满意的原因就是客服人员没有能自觉地站在客户的角度,通过客户的眼光来看待整个服务。

要给客户选一双适合于他穿的鞋,客服人员就必须先去亲自试穿一下这双鞋,看看穿着是不是舒服,若不舒服,其原因又是什么。优质的服务也是一样,你只有设身处地去了解客户的需求,并根据他的具体情况来选择一双"最合脚的鞋子",这样你所提供的服务才算是真正意义上的优质服务,而不能只看了看自己的脚,然后去选择适合的鞋子。

### 3. 适度降低期望值的方法

不同的客户会有不同的期望值,当服务无法完全满足客户的期望值时,我们必须对客户的期望值进行分析,并推荐新的解决方案。你必须要知道哪些是客户能够接受的,哪些是客户不能够接受的,这样你的推荐才会有效,你才能够说服客户。

(1) 了解客户的期望值。通过提问可以了解客户大量的信息,帮助客服人员准确地掌握客户的期望值中最为重要的期望值。可采用满意度调查、产品和服务质量现场问卷调查、客户意见本反馈、客户座谈会以及客户投诉等方式收集信息。也可通过通信运营商利用其先进的网络技术,尽可能全面地了解和掌握客户对企业产品和服务的期望和需求。一个相对完善的信息收集反馈机制是做好客户期望管理工作的基础。

(2) 对客户的期望值进行分析。对收集的客户期望需求信息进行分析并做出评估和判断,这是进行客户期望管理反馈的前提。对客户期望进行分析主要是通过一些既定的标准,如合理性、合法性、重要性、后果影响等进行分析。

合理性是指结合双方所处的背景来看,客户提出的期望或需求是否是合适的,主要依据社会标准、行业标准和企业自身的承诺来判断。如话费发生误差,客户对通信公司提出十倍返还的要求,这显然超出企业既有的服务承诺,是不合理的要求。

合法性是指客户所提出的期望是合法的,公司满足客户的期望不存在违反法律法规的风险。

重要性是指客户所提出的期望和需求针对客户满意度、对公司形象和经营的影响程度,影响越大越重要。如客户为高端客户,则其期望和需求较一般客户而言显然更重要一些。如有多个客户有同样的期望和需求,那么这样的期望和需求与非常个性化的期望相比,也是更为重要的。

**4. 当客户的某些期望值无法满足时的应对技巧**

客服人员不能满足客户的期望值时,首先一定要说明理由,然后你要对客户的期望值表示理解,并提出你所能提供的合理服务。如以银行客户服务为例:银行5点下班,客户正好5点赶到,要提取大额现金,银行正在结算资金,不可能给他取现了。客服人员应当耐心说明:

"先生,很对不起,我们知道您很需要及时取得现金。"

"今天真的很抱歉,已经开始结算资金了,无法再给您大额现金。"

接下来为客户提供建议:

"您看明天一上班就把资金给你预留出来,您过来随到随取,您看怎么样?"

总之,满足不了客户期望值时,首先承认客户期望值的合理性,然后再告诉客户为什么现在不能满足,最后提出合理建议。

**5. 达成协议**

(1) 确定客户接受的解决方案。达成协议就意味着要确定客户接受的解决方案。例如,客服人员会把一种方案提出来,并问客户:"您看这样可以吗?"通过提问来确定客户是否接受你的解决方案。

(2) 达成协议并不意味着一定是最终方案。有的时候达成协议并不意味着就是最终的方案。在很多时候,客服人员所做的是一些搁置问题的工作,如果问题很难解决,就只能先放在一边搁置。例如,有时你确实无法满足客户的要求,或者说在你的能力范围之内无法解决这个问题,这时你只能向客户表示:"我很愿意帮助您,但是我的权力有限,我会把您的信息传达给相关的部门,然后他们会尽快地给您一个答复,您看行吗?"这样此时的服务就结束了。因此,当时达成协议并不意味着就是最终方案。

(3) 达成协议的方法。首先,你需要做出一个承诺,如"您看这样可以吗?您能接受吗?",如果客户同意就可以;如果客户不同意,就搁置这个问题,把这个问题放到后面去解决,但最终的目的还是要获得客户的许可,即他同意按照你们所商定的方式去进行。只有这样,帮助客户的阶段基本上可以结束了。

## (四) 留住客户

客户期望受社会环境、行业环境、公司服务水平、客户自身经历等诸多方面因素的影响,并且随着影响因素的变化而变化,对其的管理也需要进行动态调整。随着时间的推移,一些在当前可能看起来合理但无法满足的需求可能会变成客户的基本期望需求,应及时进行动态调整。

**1. 检查满意度**

标准用语:"您看还有什么我可以为您做的吗?"

**2. 向客户表示感谢**

"感谢您对我们企业的信任。""感谢您对我们长期的支持。""谢谢您对我工作的支持。"

### 3. 与客户建立联系

"如果下次您再遇到相同问题,您可直接打电话找我,我叫×××,或者找我的同事,他们都可以帮助您。"

### 4. 与客户保持联系

建立客户档案并及时更新,定期对客户回访。

## (五) 企业客户服务的流程

对于企业来讲,一个完整的销售流程应当至少包括售前服务、售中服务和售后服务三个部分。

### 1. 售前服务

售前服务是企业在顾客未接触产品之前所开展的一系列刺激顾客购买欲望的服务工作。售前服务的内容多种多样,主要是提供信息、市场调查及预测、产品订制、加工整理、提供咨询、接受电话订货和邮购、提供多种方便和财务服务等。在整个营销和销售系统链条中,售前服务是营销和销售之间的纽带,作用至关重要,不容忽视。

### 2. 售中服务

售中服务是指在产品销售过程中为顾客提供的服务。如热情地为顾客介绍、展示产品,详细说明产品的使用方法,耐心地帮助顾客挑选商品,解答顾客提出的问题等。售中服务与顾客的实际购买行动相伴,是促进商品成交的核心环节。

### 3. 售后服务

售后服务是指生产企业、经销商把产品(或服务)销售给消费者之后,为消费者提供的一系列服务,包括产品介绍、送货、安装、调试、维修、技术培训等。售后服务对企业具有重要意义。

(1) 树立企业形象。在产品同质化日益严重的今天,售后服务作为市场营销的一部分已经成为众厂家和商家争夺消费者的手段,好的售后服务有助于企业腾飞。良好的售后服务是下一次销售前最好的促销,是提升消费者满意度和忠诚度的主要方式,是树立企业口碑和传播企业形象的重要途径。

(2) 提高顾客满意度。售后服务针对顾客提出的要求提供服务。如果厂家或商家售后服务做得好,能达到顾客提出的要求,顾客的满意度就会提升。

(3) 促进顾客对产品的传播。顾客满意后通常会持续购买自己满意的产品,以口碑宣传等方式积极进行传播,对提高产品的市场占有率和品牌的美誉度起到强有力的推动作用。若顾客对服务不满意,90%的消费者不会再购买该企业的产品和服务,或将他们的经历告诉身边的人。网络时代口碑宣传的传播范围更广泛。

# 学习单元四　处理客户服务异议与客户服务投诉技巧

## （一）处理客户服务异议技巧

**1. 同意正确性法**

客户服务人员认真听取对方的意见,换位思考客户的抱怨,以真诚的态度去赞扬对方的正确性,然后尽可能地解决问题。当问题暂时不能解决时要马上告诉客户,争取得到谅解。这样可以减少客户异议。

**2. 不直接交锋法**

有时当客户针对某些问题提出一些意见,其实并不是真的想要获得解决的方法,这些意见和眼前的交易关系不大,只是客户的一些美好的想法。这种时候,服务人员只要面带笑容地顺水推舟就好了,没有必要说"这不可能"之类的话。对于这类的客户意见,若是认真地去解释,不但费时,而且根本没有解决的可能。因此,只要让客户满足了表达的欲望,就可采用不直接交锋法,迅速地引开话题。比如"你们公司的宣传有问题,为什么不在中央电视台新闻联播之前做点儿广告呢,这样有利于大家熟悉你们的品牌"。对于这类异议都应该采用不直接交锋法。

**3. 心理平衡法**

当客户提出的异议有事实依据时,客服人员应该承认并欣然接受,强力否认事实是不理智的举动。但记住,要给客户一些补偿,让他取得心理平衡,也就是让他产生两种感觉：

（1）产品的确值这个价。

（2）产品的优点对我是重要的,正是我需要的。

世界上没有一样真正完美的产品,当然产品的优点越多越好,但真正影响客户购买与否的关键点其实不多,补偿法能有效地弥补产品本身的弱点。

**4. 借力使力法**

借力使力法用在客户服务方面的基本做法是当客户提出异议时,服务人员能立刻回复说："这正是我认为您要购买的理由!"也就是服务人员能立即将客户的反对意见直接转换成为什么他必须购买的理由。

借力使力法能处理的异议多半是客户自己立场不坚定的异议,特别是客户的一些借口。使用借力使力法最大的目的是让销售人员能借处理异议而迅速地陈述他能带给客户的利益,以引起客户的注意。

**5. 反问法**

客户经常会对服务人员说："你这个产品质量一般,功能不比别人的多多少。"这种时候销售人员应该反问对方究竟觉得产品在哪些功能上有欠缺,质量一般反映在什么地方。因为很多时候客户并没有真凭实据,只是一种本能的习惯反应。一旦客服人员也提出一个异议,客户也是不好回答的,而且即便是对方做出了回答,也有利于服务人员知道客户真正顾虑的是什么,真实需求是什么。

反问法在处理异议中扮演着两个角色：

（1）以反问平息客户的无理由的异议,通过询问,直接化解客户的反对意见。

（2）透过反问了解客户真正的需求点。

有些时候客服人员不要过于自信,认为自己已能猜出客户为什么会这样或为什么会那样,客服人员应该想办法让客户自己说出来。反问法就是这样一种方法,服务人员问为什么的时候,客户必然会做出以下反应:他必须回答自己提出反对意见的理由,说出自己内心的想法;他必须再次地检视他提出的反对意见是否妥当。

此时,客服人员能听到客户真实的反对原因,也有较多的时间思考如何处理客户的反对意见。

**6. 软化不同意见法**

当自己的意见被别人直接反驳时,内心总是不痛快,甚至会被激怒。那么如果是遭到一位素昧平生的客服人员的正面反驳,客户的心理会是什么样的呢?答案很可能是客户恼羞成怒,引起客户的反感。所以客服人员在表达不同意见时,尽量使用"是的……,如果……""是的……,但是……"等语句,软化表达不同意见的语气。应是先肯定对方的部分意见,然后再转而说明另一种真实情况,如:

"在一般的状况下,您说的都非常正确,如果状况变成这样,您看我们是不是应该……";

"您有这样的想法,一点也没错,我们的初衷和您完全一样,可是如果我们做了进一步的了解后……"。

**7. 直接对异议说"不"**

在前面的叙述中我们已强调要尊重客户,最好不要直接反驳客户。因为直接反驳客户容易不自觉地陷于与客户争辩中,往往事后懊恼,但已很难挽回。但在涉及原则性问题上必须直接对异议说"不",如:

客户怀疑本企业的真实性;

客户怀疑本企业的诚信和信用;

客户怀疑企业产品的合法性。

直接对异议说"不",使用直接反驳技巧时,态度要诚恳,对事不对人,在遣词用语方面要特别留意,切勿伤害了客户的自尊心,要让客户真正感受到客服人员的专业与敬业。

## (二) 处理客户投诉技巧

企业在生产经营活动中要面对各式各样的客户,要做到使每一个客户都满意是很难的,客户投诉也是在所难免的,因此,企业需要了解客户投诉的原因并作分析,加强与客户的联系,制定出相应的处理原则和解决方案。通过解决投诉问题,不断巩固老客户、吸引新客户。

**1. 客户投诉的内容**

(1) 客户投诉的定义。客户投诉是指客户在接受产品和服务时,发现差异而向供方或管理部门提出要求处理的意见,这一定义具有如下内涵:

① 差异是指产品和服务与订单所指不同;产品和服务与双方所签订的协议所指不同;产品和服务与供方所做的承诺不同;产品和服务与供方提供的说明书不同;产品和服务与产品质量标准或服务标准不符。

② 向供方提出处理意见有两种方式:一是直接向供方提出;二是间接通过相关部门如消费者协会、质量监督机构、行业管理部门等向供方提出。

③ 要求处理的方式包括更正、退换商品、修理、赔偿损失等。

(2) 客户投诉的内容。客户投诉的内容是随供方提供的产品和服务内容,以及承诺达到的标准而定的。主要包括:

① 购销合同投诉。购销合同投诉也称订单投诉，主要是买卖双方通过合同的方式把标的物的数量、质量、等级、规格、价格、交货时间、地点、结算方式、交易条件等确定下来，但在执行过程中供方没有按合同规定履行而给接受方造成一定的影响和损失，接受方向供方提出解决问题的要求。购销合同的投诉解决起来是比较规范的，首先有合同作为依据，只要供方未按合同规定履行的事实存在就必须主动补救，以免投诉升格为诉讼。

② 商品质量投诉，主要包括产品质量上有缺陷、产品规格不符、产品技术规格超出允许误差、产品故障等。商品质量投诉的主要依据由技术监督部门认定，一般依据三项标准，即国家标准、行业标准和协议约定标准。原则就是有国家标准的依据国家标准，没有国家标准的依据行业标准，既无国家又无行业标准的依据双方协议约定的标准进行交接。

③ 服务投诉，主要包括各类服务人员所提供的各种服务的服务质量、服务态度、服务方式、服务技巧等不符合规定造成接受人员的不满和抱怨。

**2. 处理客户投诉的原则**

（1）善待投诉原则。客户意见是供方企业的一面镜子。客户投诉能折射出供方的误差，是促进供方企业的提升产品及服务质量的抓手。因此，供方企业应予以善待和重视，要有专门的制度和人员来规范和管理客户投诉问题，要不断提高全体员工的素质和业务能力，树立全心全意为客户服务的思想，加强企业内外部的信息交流。

（2）快速反应原则。对于客户投诉问题，以存在为前提，先设定问题存在，各部门应通力合作，迅速作出反应，必须在最短的时间里全面解决问题，给客户一个满意的答复。如果问题不存在也要给客户一个满意的解释，否则，拖延或推卸责任会进一步激发矛盾，使事情进一步复杂化。

（3）责任明确原则。明确责任分为两部分，首先是要明确投诉处理的部门和人员以及他们处理投诉的责权范围，使投诉得到圆满解决；其次要追究造成投诉发生的责任部门和责任人的责任。

（4）直接投诉原则。要主动与客户进行沟通，将客服电话及服务站地址等主动提供给客户，让客户有问题时主动与企业联系，否则客户向相关部门投诉时已给企业造成了一定的负面影响，所以应让客户有问题时第一时间找企业。

（5）客户投诉建档原则。客户投诉的处理是一个连续过程，对企业来说是不可避免的，但可以减少，因此对投诉处理建档的目的是为了减少投诉，为今后解决投诉提供参考。客户投诉建档要把投诉内容、处理过程、处理结果、客户满意度等一一作详细记录存档。

**3. 有效处理客户投诉的方法和步骤**

（1）记录投诉的内容。客户服务部门接到客户投诉时，要详细询问并记录客户投诉的全部内容，包括投诉客户的名称（姓名）、所在地、联系方式、收到投诉信息的时间、投诉的事项、投诉要求等，并对客户作出受理确认及解决或答复时间。

（2）客户投诉调查。投诉调查的目的是判定客户投诉的内容是否属实，调查的方式有很多，必要时还要进行现场确认，这样就会发生调查费用，所以不是任何投诉都要进行调查，对客户投诉的微小问题应认定它成立，迅速解决。专门调查只针对一些影响较大、解决成本较高的投诉事项。通过调查，如果投诉不能成立，可以用婉转的方式答复客户，消除误会。

（3）对客户投诉事项进行分类，确定投诉处理责任部门。客户投诉的事项有可能涉及企业的各个部门，解决所投诉的问题需要进行事项分类，并按轻重缓急交由各部门解决，并明确具体的权责范围。

(4) 制定处理解决投诉的方案,提请批准后通知客户。制定处理解决投诉方案的依据有:客户投诉的要求、客户投诉调查的事实、企业解决客户调查的相关制度和其他参照因素等。拟定解决的办法可以在退货、换货、维修、折旧、赔偿当中选择。处理方案制定出来后经主管领导审批,然后根据审批方案及时通知投诉顾客,表明解决投诉的态度、时间期限和方案内容。

(5) 追究责任部门责任,实施处理方案。其实,追究责任部门和人员的责任,就是一个很好的解决投诉的办法,特别是对于来自服务态度的投诉。当然,追究责任也不仅仅是给顾客看的,关键是为了避免再次发生类似的投诉,对企业自身也有促进作用。投诉解决方案一经确定就应立即通知相应的实施部门尽快付诸行动。行动实施过程中千万要吸取教训,不能造成新的投诉,同时行动实施结束后应把实施结果、客户满意度等反馈回来。

(6) 总结评价。对投诉过程和结果进行总结与综合评价,建档留存,吸取经验教训,提出改进对策,以不断完善企业的经营管理和业务运作,提高客户服务质量和服务水平,降低投诉数量。处理客户投诉是一个既敏感又关键的问题,企业应正视它。当然,现实中也存在一些不实投诉,如某些客户受某种因素影响而"居心不良",但是对企业来说任何投诉都是对自己工作的检验和考验,企业应在日常的企业形象宣传和服务工作中尽可能多地与顾客沟通,促进良好的客户管理工作环境的形成。

## 四、实例研讨

### 屈臣氏独特的客户关系管理理念

屈臣氏被称为亚洲第一"个人护理"店品牌。没错,屈臣氏成功的重要原因是它视客户关系为关键资产,屈臣氏旨在为顾客提供个性化、特色化服务,它的个人护理商店以"探索"为主题,提出了"健康、美态、快乐"三大理念,真正关心顾客的健康生活,协助顾客热爱生活,注重品质,塑造内在美与外在美统一的形象。屈臣氏的"个人护理"概念,牢牢抓住了顾客的心,建立了稳固的客户关系,并通过一系列的维护活动,将这份客户关系长久地经营下去。

**1. 屈臣氏与客户关系的建立**

(1) 客户状态分类。每天光顾屈臣氏店铺的顾客很多,有些只是进来走一走,看一看;有些会停在某个柜台前,因为被一个新产品所吸引;而有些人则是目标明确,到熟悉的柜台选熟悉的商品。但从来不会光顾的"顾客"也并非对店铺里面的商品没兴趣,至少每一次经过店铺时都会向里面张望,这说明他有需求但还没有产生购买动机。对各类型的顾客进行科学的分类,并针对各类型顾客设计营销策略,有助于屈臣氏建立与客户的关系。

(2) 对各种状态客户的管理:

① 对潜在客户和目标客户的管理。没有产生购买行为的顾客、在将来会产生购买行为的顾客都是潜在客户和目标客户。这时就需要屈臣氏的员工仔细观察,主动接触,看看他们是否有需求,有何种需求,要尽量详细介绍产品或者服务,更要耐心地解答他们提出的问题。而对于明确表示有购买需求、对价格敏感的顾客,如果员工在经过耐心的介绍后仍然没有激起顾客的购买动机,那么可以记下顾客的联系方式,等到节假日促销、打折促销时再联系顾客,进行"追踪"。

② 对初次购买客户的管理。对初次购买客户的管理的目标是使其发展成为忠诚客户

或重复购买客户。员工在与第一次购买客户的交流中,要跳开针对大众的广告和促销活动,进行有针对性的个性化交流,目的在于让顾客感受到关怀与呵护,努力与他们建立一种相互信任的关系,增加他第二次光顾的可能性。

③ 对重复购买客户和忠诚客户的管理。销售给潜在客户和目标客户的成功率为6%,而销售给初次购买客户的成功率为15%,销售给重复购买客户和忠诚客户的成功率为50%,可见,对重复购买客户和忠诚客户的管理是客户管理工作的重点。

企业要求员工在接触老客户时,主动询问他们最近使用产品和享受服务时发现的问题和不满意的地方,听取他们的意见或建议,及时有效沟通,然后根据他们的要求或需要,对产品和服务进行改进。这样企业就有可能将重复购买的客户培养成忠诚客户,使忠诚客户继续对企业的产品或服务保持最高的信任度和忠诚度。

④ 选择最有价值客户并管理。屈臣氏在调研中发现18～35岁、月收入2500元以上的女性消费者有较强的消费能力,但个人时间紧张,追求的是舒适的购物环境,这与屈臣氏的定位非常吻合。

为了方便"最有价值客户",在选址方面,繁华商圈是屈臣氏的首选,货架的高度从1.65米降低到1.4米,并且主销产品在货架的陈列高度一般在1.3米到1.5米之间。在商品的陈列方面,按化妆品——护肤品——美容用品——护发用品——时尚用品——药品——饰品、化妆工具——女性日用品的分类顺序摆放,并且在不同的分类区域推出不同的新产品和促销商品。

(3) 客户开发策略:

① 具有特色的产品。光顾过屈臣氏的客户都有这样一个共识:我要买的,屈臣氏都有;我要买的,只有屈臣氏才有。不错,屈臣氏的产品具有足够的特色,以区别于市场上同质同类的产品。

② 品牌。屈臣氏销售的产品都是知名国际、国内品牌。品牌是一份合同、一个保证、一种承诺,并且品牌不分地域,提供统一的标准化的产品。目前屈臣氏代理的品牌有欧莱雅、肌研、碧柔、资生堂、多芬、玉兰油等,屈臣氏自主创建的品牌有如里美、魔法医生等,这些很受年轻女性青睐的品牌由屈臣氏独家经销。这在很大程度上吸引了一部分客户,也能开发对这两个品牌有需求的新客户。

③ 网络营销。屈臣氏有自己的官方网站商城,销售各类产品,几乎与店铺同步,价格也是一样的,但会实行包邮的优惠策略。在官方商城,可以浏览屈臣氏代理的所有品牌以及产品,还可以在线咨询美容、健康顾问。这些为没有时间逛街的白领提供了极大的便利。

**2. 屈臣氏与客户关系的维系**

(1) 客户信息管理。屈臣氏超市的收银员在为每位客户结账时,都会问一句:"请问您有会员卡吗?"如果有,则会为客户积分;如果没有,会马上为客户办理。

(2) 屈臣氏与客户的沟通。到屈臣氏店铺购物的客户可以和店员直接沟通,店员则会耐心地与客户进行有效沟通,并记录有关客户个人信息、购买产品的信息以及不满意的地方,尽量在客户下次来时弥补不足之处。特别要注意的是,有些客户喜欢独自购物,比较厌烦销售人员的解说,这时要给客户相对轻松、自由的购物环境,不要一味灌输,以免"赶走"客户。

(3) 提高客户满意度:

① 把握客户期望。通常屈臣氏的价格折扣是在特殊活动中才有的,如果客户在没有价

格折扣的情况下购买产品,却要求店员给予价格折扣,这时店员会委婉拒绝,不给客户期望,但通过给予赠品来弥补客户的不满足感。

② 提高客户感知价值。提高客户的感知价值有两个方面:一方面,给客户提供在别处买不到的产品;另一方面,在屈臣氏购物大大降低了客户的时间成本。

③ 提高客户忠诚度:

a. 实现客户满意。客户享受的购物体验满意度越高,越喜欢这种购物体验,甚至和好友分享,这自然会提高客户忠诚度。

b. 奖励忠诚。对于忠诚客户,要特别记录,这样有利于了解忠诚客户的生活习惯,然后根据这种习惯,"投其所好",大大增加客户对企业的好感,从而对企业更加忠诚。

④ 挽回流失客户的策略:

a. 调查原因,缓解不满。当客户对所购买的产品不满意时,店员一定会做出合理解释,不采取对抗和不认账的方式,尽量满足客户的要求,并要把客户不满的原因记录在案,以方便改正。

b. 针对性策略。找到了客户不满意的原因,要采取针对性措施,对于普通客户要尽力挽回,对重要客户则要极力挽回。客户流失到竞争对手一侧,则要参照竞争对手的营销策略,根据流失客户所需,改变自己的营销策略。注重创新,因为客户永远不会厌倦惊喜。

**问题:** 加强客户关系管理正在被越来越多的企业所重视,屈臣氏也因此获得了巨大成功。这个案例对于客户服务的人员来说有哪些启发与思考?请分小组利用 PPT 讲述。

## 五、学习测评

1. 结合你了解的本地一家企业和本章学过的知识,帮该企业制定一个客户服务水平和服务战略方案。要求使用 SWOT 分析的方法,通过设计调查表、制定调查方案和应用调查数据提出相应的客户服务战略。
2. 请问客户服务策略的制定流程有哪些?
3. 试分析客户服务内外环境,并举例说明。
4. 具备什么样的素质才能成为客户服务人员?
5. 客户服务基本方法有哪些?
6. 请结合实例详细说明客户服务过程中的技巧有哪些。
7. 请问如何应对客户服务异议?
8. 请问如何处理客户服务投诉?

# 项目七　分析客户满意度

## 课 前 导 读

**客户满意度分析,助力联想创造辉煌**

联想集团成立于1984年,由中科院计算所投资20万元、共11名科技人员创办,经过30多年的发展,如今的联想已发展成为一家在信息产业内多元化发展的、国际化的大型企业集团。一直以来,联想已经将自身的使命概括为"四为"。

其中第一项就是为客户创造价值,即联想将提供信息技术、工具和服务,使人们的生活和工作更加简便、高效、丰富多彩。

事实上,早在1989年,联想就提出了客户满意度分析的概念,其目的是对客户重购率和品牌忠诚度等指标进行量化评价,以获取相关的信息为企业决策提供支持,使企业做出最佳决策。联想的客户满意度分析是按照SAPA法进行的。下面,我们看一下联想是如何进行客户满意度调查和分析的。

**1. 展开客户满意度调查**

在展开客户满意度调查的过程中,联想主要采用了两种方法:

一是定期开展第三方调查。此类客户满意度调查是由中立的、第三方调研公司进行的,如针对某段时间内接受过联想服务的终端客户进行满意度抽样调查。调查内容涉总体满意度、总体不足、对服务中各项因素(如电话接通及时性、工作态度、服务规范性等)的重要性评价和满意度评价等。

二是呼叫中心的及时性通话后调查。定期开展的第三方调查虽然很系统、全面,却无法保证及时性,所以联想确立了呼叫中心的及时通话后调查。对于客户拨入呼叫中心后所产生的感觉不应等到几天或几星期后再调查,而应该在通话后立即完成,只有这样才能捕捉到客户那一时刻的真实感受。联想呼叫中心据此设立了通话后IVR语音调查,每一个咨询电话结束后,用户都可以通过语音选择评判此次咨询的满意程度,客户的这些选择都将被记录在数据库中。

**2. 分析客户满意度各因素的权重**

在调查工作结束后,联想通常会这样分析:在以下四大分类项中,客户满意度每增加10%,对总体满意度的促进程度如何。表7-1是联想调查后用于确定影响客户满意度因素的权重表。

表7-1　客户满意度因素的权重表

| 分项 | 分项增加10%总体满意度的相应增长比例 |
| --- | --- |
| 客户服务响应速度 | 4.6% |
| 形象、美誉度 | 4.2% |
| 产品质量与可靠性 | 3.1% |
| 性价比 | 0.6% |

很明显,这项研究结果建议企业要提升客户满意度首先要解决的是客户服务问题,产品降价不会对客户满意度有太大影响。

**3. 确立满意度分析正确性检验机制**

满意度分析总结后,联想还确立了检验机制,以检验分析的正确性。聘请专家解读、分析满意度调查报告和呼叫中心的调查结果就是常用的分析评判机制。

联想建立了一套完善的"以完善和提高产品质量、完善售后服务、关注社会和提高企业形象"为目标、"以做好客户满意度战略规划、采取有效客户满意调查方法"为手段的客户满意战略,正是这样一套行之有效的客户满意战略,支持联想处于行业领先地位。

## 一、学习导航

**1. 学习目标**
(1) 掌握客户满意度的概念与意义;
(2) 能分析影响客户满意度的因素;
(3) 具备客户满意度分析及提升客户满意度的能力;
(4) 具备满意度测评的基本运用能力。

**2. 学习重点**
(1) 根据产品或服务的特点分析影响客户满意度的主要因素;
(2) 利用合适的测评方法对客户满意度进行测评;
(3) 根据测评的结果对客户满意度进行提升和改善。

**3. 主要学习方法**
案例学习、角色扮演、仿真练习。

## 二、实例导入与工作任务

随着对企业业务的不断熟悉和了解,小王因表现优秀,被派到公司客户满意度管理部门进行学习。21世纪,客户已成为企业最重要的资源之一,不断提高客户满意度已作为企业的重要目标提上企业的重点管理内容之列。作为如此重要的一个部分,小王感觉到工作和学习压力较重。经过梳理,为做好客户满意度管理,小王梳理出了四个重要的任务环节:能够采用适当的客户满意度调查方案、能够分析影响客户满意度的关键因素、能通过适当的测量模型体系准确计算客户满意度、能采取正确的提高客户满意度的措施,按照这四个主要的知识技能点,小王不断地学习相关知识,提高相应的能力。

## 三、知识与技能

随着市场从产品导向转变为客户导向,客户成为企业最重要的资源之一,谁赢得了客户谁就会成为赢家,这也是增加企业盈利、降低企业成本、提高企业美誉度的重要途径之一。著名市场营销学家菲利普·科特勒认为:企业的一切经营活动要以客户满意度为指针,要从客户角度、用客户的观点而非企业自身利益的观点来分析、考虑消费者的需求。

因此分析客户客户满意度尤显重要,面对以上的学习目标和工作任务,需要掌握以下知识和技能。

# 学习单元一 客户满意的内涵

## (一) 客户满意的概念

美国学者 Cardozo 在 1965 年首次将客户满意(Customer Satisfaction)的观点引入营销领域后,学术界掀起了研究客户满意的热潮,客户满意也成为颇受西方企业推崇的经营哲学。

奥里佛认为:"客户满意是消费者的实践反应,它是判断一件产品或服务本身或特性的尺度,或者说它反映了消费者的一次消费经历的愉快水平。"

亨利·阿赛尔认为:"客户满意取决于商品的实际消费效果和消费者预期的对比,当商品的实际效果达到消费者的预期时,就产生了满意,否则,就会导致客户不满意。"

菲利普·科特勒认为:"满意是指个人通过对产品的可感知效果与他的期望值相比较后所形成的愉悦或失望的感觉状态。"

总的来说,客户满意是一种心理活动,是客户的需求被满足后形成的愉悦感或状态,当客户的感知没有达到期望时,客户就会不满、失望;当感知与期望一致时,客户是满意的;当感知超出期望时,客户就感到"物超所值",就会很满足。例如,旅客奔波一天回到房间,惊喜地发现饭店送的生日蛋糕和鲜花,出乎他的预料,旅客的高兴和满意自然是不言而喻的。顾客满意的形成过程如图 7-1 所示。

**图 7.1 顾客满意的形成过程**

## (二) 客户满意的层面

客户满意分为横向和纵向两个层面。

**1. 横向层面**

客户满意横向层面包括企业理念满意(MS)、企业行为满意(BS)和企业视觉满意(VS)三大层次,下面分别加以阐述。

(1) 企业理念满意。企业理念满意是指企业的精神、使命、经营宗旨、经营哲学、经营方针和价值观念等带给企业内部客户和外部客户的心理满足感。MS 是客户满意的灵魂,是客户满意的最主要决策层。令客户满意的企业经营理念是企业全部行为的指导思想,也是企业的基本精神所在。理念满意的核心在于正确的企业客户观,以客户满意度为指针,树立起"客户满意、客户至上"的经营理念,站在客户的立场上考虑和解决问题,把客户的需求和满意放在一切考虑因素之首,尽可能完全尊重和维护客户利益,并逐步升华成为具有独特风格,能够规范全体员工的市场行为和社会行为的指导思想体系。客户的满意是企业的无形资产,它可以随时按"乘数效应"向有形资产转化。正如人们常说的,寻找一个新的客户要比保住一个老客户困难 5 倍,而把一个失去的客户重新找回来,则困难 10 倍。

(2) 企业行为满意。行为满意是客户对企业"行动"的满意,是理念满意诉诸实际的行为方式,是客户满意战略的具体执行和运作。企业行为满意就是建立一套系统完善的行为运行系统,这套系统被全体员工认同和掌握,且系统运行的结果是带给客户最大程度的满意,且能保证最佳经济效益和社会效益。BS 强调的是行为的运行和效果所带来的满足状况,它是偏向于效果的行为系统。在 BS 实施过程中要做到了解和认识客户,从客户的角度出发,全面为客户服务。只有全面掌握了客户的心理需求和需求倾向,才能够及时地提供令客户满意的商品和服务。

(3) 企业视觉满意。视觉满意是客户对直观可见的外在形象的满意,是客户认识企业的快速化、简单化的途径,也是企业强化公众印象的集中化、模式化的手段。视觉满意也是客户满意的主要内容。企业是否拥有一套视觉满意系统,将直接影响到客户对企业的满意程度。视觉满意帮助客户认识企业、识别企业、监督企业,企业在进行视觉满意设计时,必须认真考虑客户偏好,尽可能让客户感到亲切、自然,并把"客户满意、客户至上"的理念渗透到企业标志、商标、包装、户外标牌等静态企业识别符号中,以获得客户满意、提升企业的形象。企业视觉满意的内容包括企业外在形象标识、字体、色彩、企业口号、承诺、广告语,企业内部的软、硬环境,员工制服,礼貌用语等。在进行视觉满意设计时要做到构思深刻,构图简洁;形象生动,易于识别;新鲜别致,别具一格;符合美的效果。

### 2. 纵向层面

客户满意可以分为三个逐次递进的层次,即纵向层面分为三个层次。

(1) 物质满意层。客户在对企业所提供的产品或服务的核心消费过程中所产生的满意属于物质满意层。物质满意层次的要素是产品的使用价值,如功能、质量、设计、包装、品牌等,它是客户满意中最基础的层次。

(2) 精神满意层。客户在对企业所提供的产品或服务的外延消费过程中产生的满意属于精神满意层,它是客户对企业的产品所带来的精神上的享受、心理上的愉悦、价值观念的实现、身份的变化等方面的满意状况。精神满意层的要素是产品的外观、色彩、装潢品位和服务等。仅仅在产品的物质层面上做得好是不能令客户感到真正满意的,在产品生命周期的各个阶段必须采取不同的服务手段,使产品充满人情味,迎合客户的爱好,符合客户的品位。

(3) 社会满意层。社会满意层即客户在对企业所提供的产品或服务(价值组合与方案)的消费过程中所体验到的对社会利益的维护程度,主要指客户整体(全体公众)的社会满意程度。社会满意层的支撑物质是产品或服务(价值组合与方案)的道德价值、政治价值和生态价值。产品或服务(价值组合与方案)的道德价值是指在其消费过程中不会产生与社会道德相抵触的现象;产品或服务(价值组合与方案)的政治价值是指在其消费过程中不会导致政治动荡、社会不安;产品或服务(价值组合与方案)的生态价值是指在其消费过程中不会破坏生态平衡。

以上三个满意层次,具有递进关系。从社会发展过程中的满足趋势看,人们首先寻求的是产品的物质满意层,只有这一层次基本满意后,才会推及精神满意层,而精神满意层基本满意后,才会考虑社会满意层。我国的消费者作为个体还不十分富裕,刚从物质满意层过渡到精神满意层,还没有上升到社会满意层。但作为一个整体,他们还是希望企业提供的产品能维持社会稳定,推动道德进步,促进生态平衡。当企业产品与社会需求大相径庭时,消费者总是义愤填膺的。

## (三) 客户满意的意义

**1. 客户满意是企业战胜竞争对手的重要手段**

在当今的买方市场上,客户对产品或服务能满足或超越他们期望的要求日趋强烈。例如,他们不但需要优质的产品或服务,同时希望能以最低的价格获得。客户是企业建立和发展的基础,如何更好地满足客户的需要,是企业成功的关键。如果企业不能满足客户的需要,而竞争对手能够使他们满足,那么客户很可能就会转向竞争对手。只有能够让客户满意的企业才能在激烈的竞争中获得长期的、起决定作用的优势。市场竞争的加剧,使客户有了充实的选择空间。在竞争中,谁能更有效地满足客户需要、让客户满意,谁就能够营造竞争优势,从而战胜竞争对手。

**2. 客户满意是企业取得长期成功的必要条件**

客户满意是企业实现效益的基础。客户满意与企业盈利间具有明显的正相关性。客户只有对自己以往的购买经历感到满意,才可能继续重复购买同一家企业的产品或者服务。现实中经常发生这样的事情,客户因为一个心愿未能得到满足,就毅然离开一家长期合作的企业。企业失去一位老客户的损失很大。某企业评估其一位忠诚客户的终生价值是 8000 美元,并以此来教育员工失误一次很可能就会失去全部,要以 8000 美元的价值而不是一次 20 美元的营业额来接待每一位客户,并提醒员工只有时刻让客户满意,才能确保企业得到客户的终生价值。此外,客户满意还可以节省企业维系老客户的费用,同时,满意客户的口头宣传还有助于降低企业开发新客户的成本,并且树立企业的良好形象。

**3. 客户满意是实现客户忠诚的基础**

从客户的角度讲,曾经带给客户满意经历的企业意味着可能继续使客户满意,或者是减少再次消费的风险和不确定性。因此,如果企业上次能够让客户满意,就很可能再次得到客户的垂青。客户忠诚通常被定义为重复购买同一品牌的产品或者服务,不为其他品牌所动摇,这对企业来说是非常理想的。但是,如果没有令客户满意的产品或服务,则无法形成忠诚的客户。只有让客户满意,他们才可能成为忠诚的客户,也只有持续让客户满意,客户的忠诚度才能进一得到提高。可见,客户满意是形成客户忠诚的基础。

# 学习单元二 影响客户满意度的因素

顾客满意的思想和观念,早在 20 世纪 50 年代就受到世人的认识和关注。学者们对顾客满意的认识大多围绕着"期望—差异"范式,如 Otiver&Linda、Tse&Witon、Westbrook&Reilly。这一范式的基本内涵是顾客期望形成了一个可以对产品、服务进行比较、判断的参照点,顾客满意作为一种主观的感觉被感知,因此,从这一范式去分析,客户满意度主要受客户期望和客户感知价值的影响。

## (一) 客户对产品或服务的期望

为什么接受同样的服务,有的人感到满意,而有的人感到不满意?因为他们的期望不同。为什么接受不同的服务,好的服务不能让他满意,而不够好的服务却能使他满意?因为好的服务比他期望的要差,而不够好的服务却比他期望的要好。主流研究认为客户满意主要受客户期望是否得到满足影响。

那什么是客户期望呢?客户期望是指客户在购买、消费产品或服务之前对产品或服务的价值、品质、服务、价格等方面的主观认识或预期。

**1. 客户期望对客户满意度的影响**

假设 A、B、C 三个客户同时进入一家餐厅消费,假设 A、B、C 三个客户对餐厅的期望分别是 $a$、$b$、$c$,并且 $a>b>c$,假设餐厅为他们提供的服务都是 $b$。

那么,消费后,A 对餐厅感觉不满意,因为 A 在消费前对餐厅抱有很大的期望,其期望值为 $a$,但是他实际感受到的餐厅服务只是 $b$,而 $a>b$,也就是说,餐厅所提供的产品和服务没有达到 A 客户的期望值,使 A 客户产生失落感,所以 A 客户对餐厅是不满意的。B 客户在消费前的期望值为 $b$,而他实际感受到的餐厅服务刚好达到了他心中的期望值 $b$,所以 B 客户对餐厅是满意的。C 客户在消费前的期望值为 $c$,而在消费过程中,餐厅服务达到了 $b$,而 $b>c$,也就是说,餐厅所提供的产品和服务不但达到而且超过了 C 客户的期望值,从而使 C 客户产生"物超所值"的感觉,所以 C 客户会对餐厅非常满意。

这个例子说明了客户期望对客户满意是有重要影响的,也就是说,如果企业提供的产品或者服务达到或超过客户期望,那么客户就会满意或很满意。而如果达不到客户期望,那么客户就会不满意。

**2. 影响客户期望的因素**

(1) 企业服务承诺。包括明确的服务承诺和含蓄的服务承诺。例如在利用广告、产品外包装说明、员工介绍和讲解等形式进行产品宣传时,传达出产品或服务的功能,根据这些,客户会对企业的产品或者服务在心中产生一个期望值。例如,市场上诸多减肥药,一方面传达减肥药一个月减肥的疗效,另一方面强调药效的安全性,让爱美女性跃跃欲试。如果广告宣称是一月见效,那么药品的服用者也就期望一月见效且安全无副作用。肆意地夸大宣传自己的产品或服务,会让客户产生过高的期望值,而客观的宣传会使客户的期望比较理性。

(2) 自身的服务体验。当顾客亲身体验过企业所提供的服务,对某个企业有了充分了解以后,可以形成对于该企业较为稳定的服务期望。例如,长期出差的消费者会选择全国连锁品牌酒店,正是因为其过往的体验认为该类酒店的服务、卫生都能达到自身的要求,形成对企业较为稳定的服务期望且每次都能实现。一旦某次该客户对酒店失去期望,酒店可能会丢失该客户。

(3) 口碑。人际渠道对于服务营销传播至关重要。顾客在经过某项消费之后,如果觉得满意或者不满意,他会向企业潜在消费者诉说。这些潜在消费者就会形成对企业服务的期望。例如,人们的消费决定总是很容易受到他人尤其是亲戚朋友的影响,他人的介绍对客户期望的影响远远超出我们的想象。如果客户身边的人极力赞扬,说企业的好话,那么就容易让客户对该企业的产品或服务产生较高的期望;相反,如果客户身边的人对企业进行负面宣传,则会使客户对该企业的产品或服务产生较低的期望。

## (二) 客户对产品或服务感知价值

客户感知价值是客户在购买或者消费过程中,企业提供的产品或服务给客户的感觉价值。客户感知价值实际上就是客户的让渡价值,它等于客户购买产品或服务所获得的总价值与客户为购买该产品或服务所付出的总成本之间的差额。

**1. 客户感知对客户满意度的影响**

许多消费者可能有过这样的经历:打电话给一家电器厂商的维修部门,让他们来维修发生故障的电器,他们答应第二天上午 10 点登门服务,但是一等就是三四天,在反复催促下才终于来排除故障。在这种情况下,尽管顾客的需求得到满足,但是顾客的期望却没有被满足。对于企业而言,尽管哪一天维修设备的成本都是相同的,却可能导致完全不同的顾客满意度。如果维修部门在第二天上午 10 点前登门服务,那对于客户的感知价值来说又将形成非常不一样的结果,客户会非常满意,因此客户实际感知到的产品或服务对客户满意度的影响相当关键。

**2. 影响客户对产品或服务感知价值的因素**

影响客户感知价值的因素有客户总价值和客户总成本两大方面,即一方面是客户从消费产品或服务中所获得的总价值,包括产品价值、服务价值、人员价值、形象价值等;另一方面是客户在消费产品或服务中需要耗费的总成本,包括货币成本、时间成本、精神成本、体力成本等。

也就是说,客户感知价值受到产品价值、服务价值、人员价值、形象价值、货币成本、时间成本、精神成本、体力成本 8 个因素的影响。

进一步说,客户感知价值与产品价值、服务价值、人员价值、形象价值成正比,与货币成本、时间成本、精神成本、体力成本成反比。

① 产品价值。产品价值是由产品的功能、特性、品质、品种、品牌与式样等所产生的价值,它是客户需要的中心内容,也是客户选购产品的首要因素。在一般情况下,产品价值是决定客户感知价值大小的关键因素和主要因素。产品价值高,客户的感知价值就高;产品价值低,客户的感知价值就低。

假如产品的质量不稳定,即使企业与客户建立了某种关系,这种关系也是脆弱的,很难维持下去,因为它损害了客户的利益。所以,企业应保持并不断提高产品的质量,这样才能提升产品价值,进而提升客户的感知价值,使客户关系建立在坚实的基础上。

假如产品缺乏创新,样式陈旧或功能落伍,跟不上客户需求的变化,客户的感知价值就会降低,客户自然就会不满意,还会"移情别恋""另觅新欢",转向购买新型的或者更好的同类产品或服务。

此外,随着收入水平的提高,客户的需求层次也有了很大的变化,面对日益繁荣的市场,许多客户产生了渴望品牌的需求,品牌对企业提升产品价值的影响也就尤为突出,同时,品牌还充当着企业与客户联系情感的纽带。因此,企业可通过对品牌形象的塑造来提升产品价值,从而为客户带来更大的感知价值。

② 服务价值。服务价值是指伴随产品实体的出售,企业向客户提供的各种附加服务,包括售前、售中、售后的产品介绍、送货、安装、调试、维修、技术培训、产品保证,以及服务设施、服务环境、服务的可靠性和及时性等因素所产生的价值。服务价值是构成客户总价值的重要因素之一,对客户的感知价值影响也较大。服务价值高,客户的感知价值就高;服务价值低,客户的感知价值就低。

虽然再好的服务也不能使劣质的产品成为优等品,但优质产品会因劣质服务而失去原有的价值,导致客户流失。例如,企业的服务意识淡薄,员工傲慢,服务效率低,对客户草率、冷漠、粗鲁、不礼貌、不友好、不耐心;客户的问题不能得到及时解决,咨询无人理睬,投诉没人处理等,都会导致客户的感知价值低。

优异的服务是提升客户感知价值的基本要素和提高产品价值不可缺少的部分,出色的售前、售中、售后服务对于增加客户总价值和减少客户的时间成本、体力成本、精神成本等方面的付出具有极其重要的作用。企业只有不断提高服务质量,才能使客户的感知价值增大。

③ 人员价值。人员价值是指企业"老板"及其全体员工的经营思想、工作效率与作风、业务能力、应变能力等所产生的价值。一个综合素质较高的工作人员会比综合素质较低的工作人员为客户创造的感知价值更高。此外,工作人员是否愿意帮助客户、理解客户,以及工作人员的敬业精神、响应时间和沟通能力等因素也会影响客户的感知价值。

凯马特(K-Mart)是美国一家著名的大型折扣连锁店。虽然它的卖场很大,店里陈列的商品品种繁多、价格便宜,但客户如想找店员询问有关问题却不是件容易的事。因为为了节约人工成本,这里的店员很少,客户在这里虽然满足了购买便宜商品的欲望,但是无法感觉到店员对他们的关心,于是在客户心中就产生了被冷落的感觉。这使得客户对凯马特的感知价值不高,对凯马特的感觉总不是那么满意。

④ 形象价值。形象价值是指企业及其产品在社会公众中形成的总体形象所产生的价值,它在很大程度上是产品价值、服务价值、人员价值三个方面综合作用的反映和结果,包括了产品、服务、技术、品牌等产生的价值,以及企业的价值观念、管理哲学等产生的价值,还包括企业"老板"及其员工的经营行为、道德行为、态度作风等产生的价值。

企业在经营过程中如果存在不合法、不道德、不安全、不健康和违背社会规范的行为,企业形象价值就很低,即使企业的产品或者服务很好,客户对它的印象也会大打折扣,客户的感知价值也会很低。相反,如果企业的形象价值高,将有利于提升客户的感知价值。此外,如果企业形象在客户心目中较好,客户就会谅解企业的个别失误,而如果企业原有的形象不佳,那么任何细微的失误也会造成很坏的影响。因此,企业形象被称为客户感知的"过滤器"。

另外,竞争对手可以说是无处不在,无时不有,但在竞争中不要损人利己、相互拆台、造谣、诽谤、中伤,否则最终会损坏企业形象。相反,如果能与对手建立良好的竞争关系,则会塑造一个全新的企业形象,从而提升客户的感知价值。美国纽约梅瑞公司把客户介绍给竞争对手的一反常态的做法,既获得了广大客户的普遍好感,又向竞争对手表示了友好和亲善,不仅树立了良好的企业形象,也改善了经营环境,因此该公司生意日趋兴隆。

⑤ 货币成本。货币成本是客户在购买、消费产品或服务时必须支付的金额,是构成客户总成本的主要的和基本的因素,是影响客户感知的重要因素,对稳定和巩固客户关系有着举足轻重的作用。

客户在购买产品或服务时,无论是有意还是无意,总会将价格与其消费所得相比较,总是希望以较小的货币成本获取更多的实际利益,以保证自己在较低的支出水平上获得最大的满足。

即使一个企业的产品或服务再好,形象再好,如果需要客户付出超过其期望价格很多的货币成本才能得到,客户也不会乐意。因此,如果客户能够以低于期望价格的货币成本买到较好的产品或服务,那么客户感知价值就高;反之,则客户的感知价值就低。

⑥ 时间成本。时间成本是客户在购买、消费产品或服务时必须花费的时间,它包括客户等待服务的时间、等待交易的时间、等待预约的时间等方面。

激烈的市场竞争使人们更清楚地认识到时间的宝贵,对于一些客户来说,时间可能与质量同样重要。在相同情况下,如果客户所花费的时间越少,客户购买的总成本就越低,客户的感知价值就越高。相反,如果客户所花费的时间越多,客户购买的时间成本就越高,客户的感知价值就越低。

因此,企业必须努力提高效率,在保证产品和服务质量的前提下,尽可能减少客户时间的支出,从而降低客户购买的总成本,提高客户的感知价值。

如今,对客户需求响应时间的长短已经成为某些行业,如快餐业、快递业和报业成功的关键因素。如麦当劳为了突出"快"字,站柜台的服务员要身兼三职——照管收银机、开票和供应食品,客户只需排一次队,就能取到他所需要的食物。

⑦ 精神成本。精神成本是客户在购买产品或服务时必须耗费精神的多少。在相同情况下,精神成本越少,客户总成本就越低,客户的感知价值就越大。相反,精神成本越高,客户的感知价值就越低。一般来说,客户在一个不确定的情况下购买产品或者服务,都可能存在一定的风险,例如:

- 预期风险,即当客户的期望与现实不相符时,就会有失落感,产生不满。
- 形象风险或心理风险,例如,客户担心购买的服装太前卫会破坏自己的形象,或担心购买价格低的产品被人取笑,或购买价格高的产品又会被人指责摆阔、逞能等。
- 财务风险,即购买的产品是否物有所值、保养维修的费用是否太高、将来的价格会不会更便宜等。
- 人身安全风险,如某些产品的使用可能隐含一定的风险,如驾驶汽车、摩托车可能造成交通事故等。

以上这些可能存在的风险,都会导致客户精神压力的增加,如果企业不能降低客户的精神成本,就会降低客户的感知价值。

例如,同一个月份甚至同一周购买的商品,仅差一天或者几天,价格就不一样,这让客户时常要担心今天买会不会亏了,明天会不会更便宜,从而增加了客户的精神成本和负担,降低了客户的感知价值。

又如,旅馆不守信用,旅客预订的客房无法按时入住,而旅馆没有任何补偿措施,这也会增加旅客的精神成本,从而降低客户的感知价值。

根据日本知名的管理顾问角田识之的研究,一般交易活动中买卖双方的情绪热度呈现出两条迥然不同的曲线:卖方从接触买方开始,其热忱便不断升温,到签约时达到巅峰,等收款后便急剧降温、一路下滑;然而,买方的情绪却是从签约开始逐渐上升,但总是在需要卖方服务的时候,才发现求助无门——这往往是买方产生不满的根源。如果买方始终担心购买后卖方的售后服务态度会一落千丈,那么就会犹豫是否要购买。

客户的精神负担往往是企业的失误造成的,也可能来自企业制度和理念上的漏洞。例如,有些通信企业为了防止有意拖欠话费和减少欠费,而采取了预交话费的办法,一旦客户通话费用超过预交话费,账务系统就自动中断对客户的服务。这种办法的确有效地防止了欠费,但同时也让从来就没想到要有意欠费的客户十分反感和不满,觉得这是对自己的不尊重、不信任,从而增加了客户的精神成本,降低了客户的感知价值。于是,这些客户在一定的外因促使下很容易"叛离"企业,寻找能信任他们的更好的合作伙伴。

⑧ 体力成本。体力成本是客户在购买、消费产品或服务时必须耗费体力的多少。在相同情况下,体力成本越少,客户的感知价值就越高。相反,体力成本越高,客户的感知价值就越低。在紧张的生活节奏与激烈的市场竞争中,客户对购买产品或服务的方便性要求也在提高,因为客户在购买过程的各个阶段均需付出一定的体力。如果企业能够通过多种渠道

减少客户为购买产品或服务而花费的体力,便可降低客户购买的体力成本,进而提升客户的感知价值。总之,客户总是希望获得更多的价值,同时又希望把有关成本降到最低限度,只有这样客户的感知价值才会高。

## 学习单元三　客户满意度的指标与测评

客户满意度测评,是指在一定层面上,就某一类产品(服务)或品牌对其客户群体进行调查,取得客户满意状况的数据,通过综合测算与分析,得到客户满意度评价结果。完整的客户满意度测评体系应包含满意度测量和满意度评价两个方面,能够为客户满意度管理提供充足的决策依据。

### (一) 客户满意度衡量的参考指标

**1. 对产品的美誉度**

美誉度是客户对企业或者品牌的褒扬程度,借助美誉度,可以知道客户对企业或品牌所提供的产品或服务的满意状况。一般来说,持褒扬态度、愿意向他人推荐企业及其产品或者服务的,肯定对企业提供的产品或服务非常满意。

**2. 对品牌的指名度**

指名度是客户指名消费或者购买某企业或某品牌的产品或服务的程度。如果客户在消费或者购买过程中放弃其他选择而指名购买某产品,或非此产品不买,表明客户对这种品牌的产品或服务是非常满意的。

**3. 消费后的回头率**

回头率是客户消费了某企业或某品牌的产品或服务之后,愿意再次消费的次数。客户是否继续购买某企业或某品牌的产品或者服务,是衡量客户满意度的主要指标。如果客户不再购买该企业或该品牌的产品或服务而改购其他品牌的产品或服务,无疑表明客户对该企业或该品牌的产品或服务很可能是不满意的。调查表明,如果一个网站不能够吸引人,那么75%的客户不会访问第二次。在一定时期内,客户对产品或服务的重复购买次数越多,说明客户的满意越高,反之则越低。

**4. 消费后的投诉率**

客户的投诉是不满意的具体表现,投诉率是指客户在购买或者消费了某企业或某品牌的产品或服务之后所产生投诉的比例,客户投诉率越高,表明客户越不满意。但是,这里的投诉率不仅指客户直接表现出来的显性投诉,还包括存在于客户心底未予倾诉的隐性投诉。研究表明,客户每四次购买中会有一次不满意,而只有5%的不满意客户会投诉,另外95%的不投诉客户只会默默地转向其他企业。所以,不能单纯以显性投诉来衡量客户的满意度,企业要全面了解投诉率还必须主动、直接征询客户,这样才能发现可能存在的隐性投诉。客户对某企业或某品牌的产品或服务的事故承受能力,也可以反映客户对某企业或某品牌的满意度。当产品或者服务出现事故时,客户如果能表现出容忍的态度(既不投诉,也不流失),那么表明这个客户对该企业或该品牌肯定不是一般的满意。

**5. 单次交易的购买额**

购买额是指客户购买某企业或某品牌的产品或者服务的金额多少。一般而言,客户对某企业或某品牌的购买额越大,表明客户对该企业或该品牌的满意度越高;反之,则表明客户的满意度越低。

#### 6. 对价格变化的敏感度

客户对某企业或某品牌的产品或服务的价格敏感度或承受能力,也可以反映客户对某企业或某品牌的满意度。当某企业或某品牌的产品或服务的价格上调时,客户如果表现出很强的承受能力,那么表明客户对该企业或该品牌肯定不是一般的满意;相反,如果出现客户的转移与"叛离",那么说明客户对该企业或该品牌的满意度是不高的。

如果客户的满意度普遍较高,那么说明企业与客户的关系是处于良性发展状态的,企业为客户提供的产品或者服务是受欢迎的,企业就应再接再厉,发扬光大;反之,则应该多下功夫改进产品或服务。

#### 7. 向其他人的推荐率

客户愿不愿意主动推荐和介绍他人购买或者消费企业的产品和服务,也可以反映客户满意度的高低。客户如果愿意主动介绍他人购买企业的产品和服务,则表明他的满意度是比较高的。

## (二)客户满意度调查和评价

#### 1. 客户满意度调查的对象

不同的客户在事前对企业的期待是不同的,有的客户容易满意,有的客户却不容易满意。因此,在测试客户满意度时,仅调查少数人的意见是不够的,必须以多数人为对象,然后再将结果平均化。可以从以下几方面进行调查:

(1)现实客户。客户满意度测试的对象一般是现实客户,即已经体验过本企业商品和服务的现实(既有)客户。实际上,大多数的企业不是因为吸引客户过少而失败,而是由于未能提供客户满意的商品或服务而使客户流失,从而导致业绩减退。因此,测试并提高现实客户满意度非常重要,它投入少,但效果很明显。因为它是以特定客户为对象的,目标固定。

(2)使用者和购买者。客户满意度测试的对象是以商品或服务的最终使用者还是以实际购买者为测试对象,这是需要预先明确的。由于商品或服务的性质不同,这两者经常存在差异。以购买者为测试对象,是通常的做法。

(3)中间商客户。各个企业把商品或服务提供给客户的方式是不一样的。有些企业并不与消费者直接见面,而是需要经过一定的中间环节。这时,客户对产品或服务的满意度,与批发商、零售商这样的中间商就有很大关系,测试中也不可忽略对中间商的测试。

(4)内部客户。客户满意度的测试不仅包括传统的外部客户的调查,还包括企业内部客户的调查。在很多企业中,由于没有树立内部客户的观念,各部门之间的隔阂很严重。各部门的员工对外部客户的需求很重视,却忽视了上下线其他部门这样的内部客户,互不合作甚至互相拆台的事情时有发生。实际上,企业作为对外提供商品和服务的整体,内部各部门彼此之间也应该以对待外部客户那样的方式相待。只有整个流程的各部门都能为其他部门提供满意的产品或服务,才有可能最终为客户(消费者)提供满意的商品或服务。

#### 2. 客户满意度衡量的调查方法

根据调查对象和调查目的,常用的客户满意度调查方法有以下几种:

(1)现场发放问卷调查。在客户(或公众)比较集中的场合(如展览会、新闻发布会、客户座谈会等),向客户发放问卷,现场回收。这种方式快速,如果辅之以小奖品,则问卷回收

比例高,同时具有宣传的效果。但要注意区别客户与潜在客户。调查问卷的询问项目一般应包括以下内容:

① 当发现客户购买本企业产品后,可以调查客户是否满意以及原因是什么。
② 成为企业忠诚客户的原因是什么。
③ 从产品使用频繁度来推敲客户使用的理由。
④ 客户为什么不想购买?
⑤ 从产品使用的频繁度来了解客户的期待和需求。
⑥ 不使用的理由和不再继续使用的理由是什么,是否有解决的可能性?
⑦ 当初对本企业产品所抱的期待是怎样的?对于当初那份期待目前的评价如何?
⑧ 当初的期待与目前的评价之间,其差异点何在?
⑨ 以客户目前对本企业产品、服务的印象而言,将来有哪些地方必须充实与改善?
⑩ 客户使用本企业产品后,将产品本身、服务体系分开来看的话,各有哪些具体的评价、需求和不满。

调查项目应随企业调查的具体情况而灵活调整。

(2) 电话调查。电话调查适合于客户群比较固定、重复购买率较高的产品。该调查方法的好处是企业可以直接倾听客户的问题,信息收集速度快,能体现对客户的关怀,效果较好。不利之处在于可能干扰客户工作或生活,造成客户反感。因此调查的项目应尽可能简洁,以免拉长调查时间。如果客户数量较少,可以由企业营销人员直接联系客户;如果客户数量多,可以采取抽样方式,委托专业调查公司,或双方合作进行。

(3) 邮寄问卷调查。通常在庆典或重大节日来临之际,可向客户邮寄问卷,配以慰问信、感谢信或小礼品。邮寄问卷获得的调查数据比较准确但费用较高、周期长,一般一年最多进行1~2次。

(4) 网上问卷调查。这是在目前因特网快速普及的情况下发展最快的调查方式,具有快速、节省费用的特点,特别是在门户网站如新浪网开展的网上调查很容易引起公众对企业的关注。存在的问题是:网上调查只对网民客户有效,结论有失偏颇;所提问题不可能太多;真实性值得怀疑。

**3. 获得客户满意信息的渠道**

为了提高客户满意度测试的效果,企业有必要收集较多、较好的客户满意度信息,获得客户满意度信息的渠道越多、越畅通,对企业越有利。具体的测试渠道如表7-2所示。

表7-2 客户满意度测试渠道及说明

| 渠道 | 说明 |
| --- | --- |
| 问卷和调查 | 定期邮寄和发放问卷,征求客户的意见;委托有关机构对客户进行调查;采用其他一些社会学方法收集客户意见 |
| 直接沟通 | 与客户直接沟通是获取客户满意度信息的最佳方法 |
| 客户投诉 | 客户投诉可反映客户对企业的真实态度,应引起重视 |
| 行业研究结果 | 不少行业都有本行业企业协会对市场的研究结果 |
| 新闻媒体报告 | 由专人收集报刊、广播、电视上有关的客户满意度信息,特别是负面投诉 |

| 渠　道 | 说　明 |
|---|---|
| 重要的相关团体 | 利用中介企业获取客户的意见,利用某种产品及客户的联谊类的团体,从中获取信息,如驾驶协会对汽车的意见 |
| 消费者协会报告 | 可以从消费者协会直接获取年度综合报告和专题报告 |

**4. 测评级度的设计**

一般情况下,客户满意程度可分成7个级度或5个级度。7个级度:很满意、满意、较满意、一般、不太满意、不满意和极不满意。5个级度:很满意、满意、一般、不满意和极不满意。根据心理学的梯级理论,对7梯级给出的参考指标如表7-3所示(注:5梯级的参考指标类同)。

表7-3　7梯级参考指标

| 7梯级 | 指　标 | 分　述 |
|---|---|---|
| 很满意 | 满足、感谢 | 客户的期望不仅完全达到、没有任何遗憾,而且大大超出了期望,客户会主动向亲朋主动宣传、介绍、推荐,鼓励他人购买同样的产品或服务 |
| 满意 | 赞扬、愉快 | 期望基本与现实相符,客户不仅对自己的选择予以肯定,还会乐于向亲朋推荐 |
| 较满意 | 肯定、赞许 | 客户内心还算满意,但离更高要求还有一定距离,而与一些更差的情况相比,又令人安慰 |
| 一般 | 无明显情况 | 没有正负面情绪的状态,不好也不差 |
| 不太满意 | 抱怨、遗憾 | 客户虽心存不满,但也不会有过高要求 |
| 不满意 | 气愤、烦恼 | 希望通过一定方法进行弥补,有时会进行反宣传,提醒自己的亲朋不要去购买同样的产品或服务 |
| 极不满意 | 愤慨、投诉、反宣传 | 找机会投诉,还会利用一切机会进行反宣传以发泄心中的不快 |

**5. 满意度测评的程序**

(1) 确定问题和目的。问题和目的的明确是进行客户满意度测评的第一步。由于企业的生产经营过程相对稳定,而目标市场却千变万化,因此,企业经营与市场需求往往不相适应。这种不相适性在经营过程中会逐渐显现出来,而且在大多数情况下会经由客户的不满意凸显出来,因此,必须找出造成这种不适应性和客户不满意的原因,这就是要研究并解决的问题。问题明确了,目的也就可以确定了。如商业服务企业的客户满意度测评的目的在于:了解某企业或某品牌的客户满意程度,了解某行业整体客户满意度情况。

(2) 制定满意度测评方案。任何正式的满意度测评活动都是一项系统工程。为了在调查测评过程中统一认识、统一内容、统一方法、统一步调,圆满完成任务,在具体开展调查工作以前,应该根据研究的目的、调查对象的性质,事先对整个实施工作的各个阶段进行通盘考虑和安排,制定合理的工作程序,也就是提出相应的实施方案。整个调查工作的成败,很大程度上取决于所制定的方案是否科学、可行,具体的测评方案一般需要说明以下几个方面的内容。

① 说明调查目的。指出项目的背景、想研究的问题和可能的几种备用决策,指明该项目的调查结果能给企业带来的决策价值、经济效益、社会效益,以及在理论上的重大价值。例如,客观地、科学地、系统地评价客户对产品或服务的满意度,制定相应的改进措施,完善客户服务体系,提高客户服务水平,提高市场竞争的综合能力,取得最大的经营绩效。

② 确定调查内容。开展客户满意度调查研究,必须识别客户和客户的需求结构,明确开展客户满意度调查的内容。不同的企业、不同的产品拥有不同的客户。不同群体的客户,其需求结构的侧重点是不相同的。例如,有的侧重于价格,有的侧重于服务,有的侧重于性能和功能等。一般来说,调查的内容应依据所要解决的调查问题和目的来确定,具体的内容应按照 CSI(客户满意指数)三级测评指标体系的指标并结合实际情况加以确定。

③ 确定调查对象。确定调查对象即确定谁是企业的客户,企业要从哪儿获得所需的数据。在客户满意度测评中,客户包括从前的客户、当前的客户、潜在的客户、销售渠道成员、批发商和零售商等不同的范畴。客户可以是企业外部的客户,也可以是内部的客户。如果客户较少,应该进行全体调查。但对于大多数企业来说,要进行全部客户的总体调查是非常困难的,也是不必要的,应该进行科学的随机抽样调查。在抽样方法的选择上,为保证样本具有一定的代表性,可以按照客户的种类,如各级经销商和最终使用者、客户的区域范围分类,进行随机抽样。在样本大小的确定上,为获得较完整的信息,必须要保证样本足够大,但同时兼顾调查的费用和时间的限制。

④ 选择调查方法。在确定研究方式上,定量调研可以采取的方式包括:面访(包括入户访问、拦截式访问)、电话调查、邮寄调查、电话辅助式的邮寄调查等。其中入户访问的要求比较高,要求知道所有客户的住址,访问成本也是最高的。拦截式访问的成本较低,访问比较容易受到控制。电话调查要求知道客户的电话,对没有电话联系方式的客户则会被排除在调查范围之外,可能造成样本构成的误差。邮寄调查的问卷回收期比较长,回答者的构成可能与实际客户样本构成不一致。电话辅助邮寄调查的目的在于提高邮寄调查的回收率。

⑤ 说明调查时间进度和经费开支情况。在实际的调查活动中,根据调查范围的大小,时间有长有短,但一般为一个月左右。费用也有多有少,不能一概而论。基本原则是:保证调查的准确性、真实性,不走马观花;尽早完成调查活动,保证时效性,同时也节省费用。时间的安排一般按照整个测评活动的准备、实施和结果处理三个阶段来规划,经费预算也基本上遵循一定的原则。

(3) 客户满意度指标的确定与量化。客户期望、客户对质量的感知、客户对价值的感知、客户满意度、客户抱怨和客户忠诚度都是不可以直接测评的,需要对这些隐性变量逐级展开,直到形成一系列可直接测评的指标。这些逐级展开的测评指标构成了客户满意度测评指标体系。客户满意度测评的本质是一个定量分析的过程,即用数字去反映客户对测量对象的属性的态度,因此需对调查项目指标进行量化。客户满意度测评了解的是客户对产品、服务或企业的态度,即满足状态等级,一般采用 5 级态度等级:很满意、满意、一般、不满意、很不满意,相应赋值为 5、4、3、2、1。

对不同的产品与服务而言,相同的指标对客户满意度的影响程度是不同的。例如,售后服务对耐用消费品行业而言是一个非常重要的因素,但是对于快速消费品行业则恰恰相反。因此,相同的指标在不同指标体系中的权重是完全不同的,只有赋予不同因素以适当的权重,才能客观、真实地反映客户满意度。

(4) 设计问卷。问卷设计是整个测评工作中关键的环节,测评结果是否准确、有效,很大程度上取决于此。问卷的基本格式一般包括介绍词、问卷说明、问题和被访问者的基本情况。问卷设计的目的是了解客户的需求和期望,调查客户对产品质量、价值的感知。客户满意度测评与一般市场调查有一定的共性,同时也具有其特殊性,这种特殊性是由客户满意度测评体系的要求所决定的。

除了满足一般问卷的要求外,还必须满足客户满意度测评体系的要求,测评问卷中的问题以测评体系中的3级指标为基本的逻辑框架,并将其表述为问卷中的具体问题。同时还应该按照问卷设计的方法和原则来进行问题的设计。问卷的设计思路如下:首先,问卷设计要明确客户满意度测评的目的。通常情况下,客户满意度测评的目的主要有:一是了解客户的要求和期望,调查客户对产品质量、价值的感知;二是计算客户满意度指数,识别客户对产品态度的动态变化趋势;三是通过与竞争者的比较,明确优劣势,寻求改进方向。问卷设计必须依据这些测评目的来确定问卷的内容。其次,将3级测评指标转化为问卷上的问题。这是进行客户满意度测评的核心内容。测评指标是便于计算的统计量,而问卷上的问题是要求客户准确回答的内容,要根据问卷设计的原则和要求、被测评的产品或服务的本质特征及客户的消费心理和行为特征,将关键的5级测评指标转化为问卷上的问题。这也是客户满意度测评成功的关键所在。再次,对设计的问卷进行预调查。预调查不同于正式调查,它只需要较小的样本量,一般来说,只需要选取30~50个样本就足够了。对于这些样本的预调查,尽量采用面访的形式进行,这样除了可以详细了解客户对产品和服务的态度以外,更重要的是还可以了解客户对问卷本身的看法。根据预调查的分析结果可以对问卷进行修改和完善。

(5) 实施调研。一旦问卷、研究方法设计完毕,研究人员必须实施调研,收集所需的信息。客户满意度数据的收集可以通过书面或口头的问卷、电话或面对面的访谈进行,若有网站,也可以进行网上客户满意度调查。调查中通常包含很多问题或陈述,需要被调查者根据预设的表格选择相应答案,有时候可以让被调查者以开放的方式回答,从而能够获取更详细的资料,能够掌握关于客户满意水平的有价值信息。调研使客户从自身利益出发来评估企业的服务质量、客户服务工作和客户满意水平。

无论选择电话访谈、邮件调查、互联网调查或者其他方法,为了保证调研结果的科学性和准确性,必须事先对调研人员进行相关的培训,使其熟悉调研项目,能为被调研者合理、准确地解释各个调研问题。在调研过程中,必须严格按照各项要求实施调研,调研人员的任务就是最大化地减少调查过程的错误。

(6) 数据分析处理:

① 整理数据资料。对于收集回来的数据资料,应首先进行数据资料的确认,这是保证调查工作质量的关键。也就是说为了保证资料的准确、真实和完整,调查问卷或者其他数据收集工具将接受检查,观察其中是否存在冗余、不完整或者其他无用的回答以及模糊和明显不相容的内容,应确定哪些问卷是合格的,可以接受,哪些问卷是不合格的,必须作废。为了统计分析的方便,还要把原始资料转化为符号或数字,使资料能够标准化,也就是为客户的回应分配一系列的数字,即编码。例如,客户转而使用竞争对手产品的原因需要分配的几组用于确认原因的数字:1——更便宜的价格,2——更好的品质,3——优惠券,等等。

② 分析数据资料。为了客观地反映客户满意度,企业必须运用科学、有效的统计分析方法分析适当的客户满意度数据,以证实质量管理体系的适宜性和有效性,并评价在何处可以持续改进。数据分析包括定量分析、定性分析,或者二者兼有,具体选用哪种类型的分析

应当取决于研究对象、所收集数据的特性及谁使用这种分析结果。采用定性分析方法分析调查资料,得到对调查对象的本质、趋势及规律的性质方面的认识,其方法是科学的逻辑判断,能够得到有关新事物的概念,却不能表明事物发展的广度和深度,也无法得到对事物在数量上的认识。定量分析则恰好弥补了定性分析的缺陷,它可以深入、细致地研究事物内部的构成比例,研究事物规模的大小及水平的高低。客户满意度数据的分析将提供以下有关方面的信息:① 客户满意度;② 与服务要求的符合性;③ 过程和服务的特性及趋势,包括采取预防措施的机会;④ 持续改进和提高产品或服务的过程与结果;⑤ 不断识别客户,分析客户需求变化情况。

因此,企业应建立健全的分析系统,将更多的客户资料输入到数据库中,不断采集客户有关信息,并验证和更新客户信息,删除过时信息。同时,还要运用科学的方法,分析客户变化的状况和趋势。研究客户消费行为有何变化,寻找其变化的规律,为提高客户满意度和忠诚度打好基础。

(7) 进行客户满意度评价并撰写报告。大多数的企业管理层一般只关注研究结果的主要内容。通过使用图示、表格及其他绘图工具将研究结果清晰地表达出来,这是对研究人员及其他向管理层汇报研究结果的相关人员的一种创造性的挑战。客户满意度评价报告是整个任务活动的成果体现。在对客户满意度进行评价的过程中,明确哪些是急需改进的因素具有重要意义,而这一点也应是报告中的重要内容。应明确四种类型的改进因素:一是急需改进的因素,即对客户是重要的,而满意度评价是较低的;二是应该继续保持的因素,即对客户是重要的,而满意度评价是较高的;三是不占优先地位的因素,即对客户是不重要的,而满意度评价是较低的;四是锦上添花的因素,即对客户是不重要的,而满意度评价是较高的。客户满意度测评报告的一般格式是:题目、报告摘要、基本情况介绍、正文、改进建议、附件。正文内容包括:测评的背景、测评指标设定、问卷设计检验、数据整理分析、测评结果及分析。

(8) 跟踪实施并持续改进。在对收集的客户满意度信息进行科学分析后,针对满意度测评报告中提出的改进问题,企业就应该立刻检查自身的工作流程,在"以客户为焦点"的原则下开展自查和自纠,找出不符合客户满意度管理的流程,制定企业新的经营方案,组织企业员工实行,并通过反馈机制的作用和CSI的更新,不断提升企业的客户满意度,进而扩大企业的市场份额和竞争力。

## 学习单元四　提升客户满意度的策略

要实现客户满意,必须从两个方面着手:一是把握客户期望,二是提高客户的感知价值。真正的客户服务,并非一味地满足客户的要求,而是合理地管理客户的期望值,并提供双方都能接受的服务,管理客户满意度要抓好客户期望值管理和客户对产品和服务感知价值两个方面。

### (一) 加强客户期望值管理

在各行业竞争空前激烈的今天,客户就是企业生存与发展的基础,客户期望值管理是每一个企业都必须面对的。如果企业为客户设定的期望值与客户所要求的期望值之间差距太大,企业就算运用再多的技巧,客户也不会接受,甚至直接接受竞争对手的服务,所以企业需要加强期望值管理来获得更高程度的客户满意。

**1. 客户期望值管理的基本内容**

（1）了解并理解客户的需求和期望。客户的要求分为明确的需求和隐含的期望,如果我们只是了解并努力满足客户的需求,最多只能达到客户一般的满意水准,要使客户非常满意或达到更高一个层次的喜悦,应更好地了解并理解客户的期望。

（2）将客户期望传达给相关人员。客户的期望要靠企业内部各职能部门一起努力来实现,任何环节的不足都可能无法满足客户期望,所以企业运作要具有系统性。

（3）通过全员努力实现客户需求。传达到位是基本要求,落实到位才能真正实现客户的要求。只有通过全员的参与才能有效地对客户的需求和期望进行转化和实现,这需要高效的团队文化和强有力的执行力。

（4）了解客户的满意程度。如果企业跟不上客户的要求和期望,那么就会被客户甩开。企业应在理解客户的满意程度之后利用良好的系统和优秀的人才来落实,最终达到客户满意。

**2. 客户期望值管理的实施要点**

（1）对客户坦诚相告。针对所认知的客户需求和自己所能够提供的产品和服务状况,向客户客观地描述自己的产品和未来的发展前景,使他们能够清晰地了解自己所能得到的价值。要坦诚地告知客户哪些期望能够得到满足,哪些期望不能得到满足。

在一定的感知水平下,如果企业的承诺过度,客户的期望就会被抬高,从而会造成客户感知与客户期望的差距,因此降低客户的满意水平。可见,企业要根据自身的实力进行恰如其分的承诺,只承诺能够做得到的事,而不能过度承诺,更不能欺诈客户。承诺如果得以实现,将在客户中建立可靠的信誉。正如 IBM 所说:"所做的超过所说的且做得很好,是构成稳固事业的基础。

（2）请客户评价产品与服务。当客户发现没有购买到自己期望的产品,尤其是这种期望企业已经承诺可以达到时,客户往往会把一切责任都归结于企业身上。此时,客户的满意度会大幅度下降,如果企业不进行紧急行动——危机公关,挽救形象,那么企业正在该地区销售的产品将受到严峻的考验。

（3）与客户进行有效的沟通。与客户进行有效沟通,可以使客户对企业有更多了解,同时也能及时、准确地向客户传递服务信息,接受客户的监督,并且对服务中存在的问题进行高效、及时的解决。

（4）严格执行标准。企业要在实际的操作过程中严格遵守自己制定的服务内容及标准,不要让这些内容只停留在文件上。对客户的承诺一定要做到,否则只会适得其反,使客户满意度大大降低,因此必须要有效执行相关规定。

（5）控制客户的期望值。影响客户期望值的因素包括：口碑、品牌推广、客户消费环境、客户年龄、以往在本公司的体验和其他公司的体验。每一种因素的变化都会导致客户期望值的变化,企业要适当地为客户调整期望值,达到双方认可的水平,这样才有可能达到双赢。

（6）争取客户的认可与支持。在与客户确定产品与服务方案时,要对模糊或有歧义之处进行确认,避免留下隐患。如果对部分内容或细节有所顾忌或无法确认是否稳妥,则需一一指出。

## （二）提高客户感知价值

提高客户的感知价值可以从两个方面来考虑：一方面,增加客户的总价值,包括产品价值、服务价值、人员价值、形象价值;另一方面,降低客户的总成本,包括货币成本、时间成本、精神成本、体力成本。

**1. 提升产品价值**

(1) 不断创新。任何产品和服务都有生命周期,随着市场的成熟,原有的产品和服务带给客户的利益空间越来越小,因此,企业要顺应客户的需求趋势,不断地根据客户的意见和建议,站在客户的立场上去研究和设计产品,这样就能够不断提高客户的感知价值,从而提高客户的满意度。

通过科技开发提高产品的科技含量,不仅可以更好地满足客户的需要,而且可以构筑竞争者进入的壁垒,有效地阻止竞争对手的进攻。

肯德基自1987年在北京前门开出中国第一家餐厅,到如今已在500多个城市开设了5000多家连锁餐厅,是中国规模最大、发展最快的快餐连锁企业。30多年来,肯德基坚持"立足中国、融入生活"的策略,推行"营养均衡、健康生活"的食品健康政策,积极打造"美味安全、高质快捷;营养均衡、健康生活;立足中国、创新无限"的"新快餐",在产品多样化上不断创新,尤其注重蔬菜类、高营养价值食品的开发,如今产品已从2000年的15种增加到60余种。目前,除了吮指原味鸡、香辣鸡腿堡、香辣鸡翅等代表产品外,由中国团队研发的老北京鸡肉卷、新奥尔良烤翅、四季鲜蔬、早餐粥、蛋挞等都受到顾客的好评。

针对技术敏感型的客户,企业应积极掌握和运用最新技术,加强技术开发能力,同时做客户的技术顾问,协助客户开发新产品等。

(2) 为客户提供订制的产品或者服务。根据每个客户的不同需求来制造产品或者提供服务,其优越性是通过提供特色的产品或超值的服务满足客户需求,提高客户的感知价值,从而提高客户的满意度。

例如,美国的戴尔公司按照客户的订单进行生产,不仅满足了客户对数量的要求,而且满足了客户对质量、花色、式样或款式等方面的要求,真正做到了适销对路。

(3) 树立"质量是企业生命线"的意识。产品质量是提高客户感知和客户满意度的基础,高质量的产品本身就是出色的推销员和维系客户的有效手段,无论如何也不能苛求人们去购买那些质量低劣的产品。企业如果不能保证产品的质量,或是产品的质量随时间的推移有所下降,那么,即使客户曾经满意,也会逐渐不满意。通用电气公司总裁韦尔奇说:"质量是通用维护客户忠诚最好的保证,是通用对付竞争者的最有力的武器,是通用保持增长和赢利的唯一途径。"众多世界品牌的发展历史告诉我们,客户对品牌的满意,在一定意义上也可以说是对其质量的满意。只有过硬的质量,才能提升客户的感知价值,才能真正在人们的心目中树立起金字招牌,受到人们的爱戴。所以,企业应保证并不断地提高产品的质量,使客户满意度建立在坚实的基础上。

美国哈雷摩托车公司就始终坚持质量第一的信念,其对产品质量的要求是苛刻的,在工业化批量生产、追求规模效应的今天,哈雷公司仍然坚持使用手工工艺和限量生产,从而使每一辆哈雷车的品质都很过硬,给每一位车迷都留下坚固、耐用、物有所值的满足感。

(4) 塑造品牌。品牌可以提升产品的价值,可以帮助客户节省时间成本、精神成本和体力成本,可以提高客户的感知价值,进而可以提高客户的满意水平。任何一个有损品牌形象的失误,哪怕是微小的失误,都有可能严重削弱客户的满意度,因此,企业要坚持树立良好的品牌形象。此外,品牌还是一种客户身份的标志,许多客户已经逐渐由产品消费转为品牌消费,这就要求企业在打造产品质量的同时,还要努力提高品牌的知名度和美誉度。

**2. 提升服务价值**

随着购买力水平的提高，客户对服务的要求也越来越高，服务的质量对购买决策的影响越来越大，能否给客户提供优质的服务已经成为提高客户的感知价值和客户满意度的重要因素。这就要求企业站在客户的角度，想客户所想，在服务内容、服务质量、服务水平等方面提高档次，从而提升客户的感知价值，进而提高客户的满意度。

例如，麦当劳快餐店专门设置了儿童游乐园，供孩子们边吃边玩，游乐园里播放重金聘请的美国著名小丑演出的电视节目，这些滑稽逗乐的节目，常使小孩们笑得前仰后合。麦当劳快餐店还专门为小孩举办生日庆祝会，吃什么、花多少钱由家长决定，一切游乐服务则由快餐店负责。

美国前总统里根访问上海时下榻锦江饭店，饭店打听到里根夫人喜爱颜色鲜艳的服饰，于是特意定做了一套大红缎子的晨装，里根夫人穿上它很合身，她感到很惊喜，对锦江饭店的细致服务自然非常满意。

此外，售前、售中、售后的服务也是提升客户感知价值的重要环节。如售前及时向客户提供充分的关于产品性能、质量、价格、使用方法和效果的信息；售中提供准确的介绍和咨询服务；售后重视信息反馈和追踪调查，及时处理和答复客户的意见，对有问题的产品主动退换，对故障迅速采取措施排除或者提供维修服务。

例如上海大众启动"24小时服务全国统一寻呼网络"，实现了服务支持功能的属地化，不论用户身处何处，不管车辆遇到什么情况，只要拨打服务电话，便可随时得到专业应急服务，从而提升客户的感知价值和满意度。

**3. 提升人员价值**

提升人员价值包括提升"老板"及全体员工的经营思想、工作效率与作风、业务能力、应变能力以及服务态度等。优秀的员工在客户中享有很高的声望，对于提高企业的知名度和美誉度，提高客户的感知价值及客户的满意度都具有重要意义。

例如，星巴克对员工进行深度的专业培训，使每位员工都成为调制咖啡方面的专家，他们被授权可以和客户一起探讨有关咖啡的种植、挑选和品尝方面的问题，还可以讨论有关咖啡的文化甚至奇闻轶事，以及回答客户的各种询问，所以，客户在星巴克能够获得很好的增值服务。

提高员工满意度也是提升人员价值，进而提升客户感知价值和客户满意度的手段。因为员工满意度的增加会促使员工提供给客户的产品或者服务的质量提高。例如，20世纪70年代，日本企业的崛起，很重要的原因是由于日本企业采用人性化管理，大大提升了员工的满意度，激励员工为客户提供优质的产品或者服务，从而提高了客户感知价值和满意度。

**4. 提升形象价值**

企业是产品与服务的提供者，其规模、品牌、公众舆论等内在或外部的表现都会影响客户对它的判断。企业形象好，会形成对企业有利的社会舆论，为企业的经营发展创造一个良好的氛围，也提升了客户对企业的感知价值，从而提高对企业的满意度，因此企业应高度重视自身形象的塑造。

企业形象的提升可通过形象广告、公益广告、新闻宣传、赞助活动、庆典活动、展览活动等方式来进行。

（1）形象广告。形象广告是以提高企业的知名度、展示企业的精神风貌、树立企业的美好形象为目标的广告。

(2) 公益广告。公益广告是企业为社会公众利益服务的非营利性广告或者非商业性广告，它通过艺术性的手法和广告的形式表现出来，营造出一种倡导良好作风、提高社会文明程度的氛围或声势。公益广告具有极强的舆论导向性、社会教育性，是体现发布者对社会、对环境关怀的一种最有效的表达方式，可以提升发布者的形象。例如，在最早发现"非典"的广东，民企香雪药业得知疫情有蔓延的迹象后，第一时间投入了1 000万元的广告经费，买断了当地主要电视台和主流媒体的黄金时段及黄金版面，大做公益广告，其中就有献给白衣天使和坚守岗位的劳动者的电视短片《感谢你》。正是这种对公众利益的关心和对公益事业的支持，使香雪药业给公众留下了一个良好的印象，也提升了企业的形象价值。

(3) 新闻宣传。新闻宣传是企业将有价值的新闻，通过大众传播媒介告知公众的一种传播形式。由于新闻宣传具有客观性、免费性、可信性等特点，所以对提高企业的知名度、美誉度十分有利。

(4) 赞助活动。赞助活动是企业以不计报酬的方式，出资或出力支持某项社会活动或者某一社会事业，如支持上至国家、下至社区的重大社会活动，或支持文化、教育、体育、卫生、社区福利事业。赞助活动可使企业的名称、产品、商标、服务等得到新闻媒介的广泛报道，有助于树立企业热心社会公益事业、有高度的社会责任感等形象，从而扩大企业的知名度和美誉度，赢得人们的信任和好感。

例如，沃尔玛积极资助公立学校和私立学校，还成立特殊奖学金，协助拉丁美洲的学生到阿肯色州念大学。沃尔玛在公益活动上大量长期的投入及活动本身所具有的独到创意，大大提高了品牌知名度，成功塑造了沃尔玛在广大客户心目中的卓越形象。作为一个出色的企业公民，沃尔玛自进入中国以来就积极开展社区服务和慈善公益活动，如开展"迎奥运、促和谐、做先锋""奥运年中国心""关爱农民工子女"等公益活动，对非营利组织和公益事业的捐赠也十分慷慨，从而在中国市场上树立了良好的公益形象。

(5) 庆典活动。庆典活动，如开业典礼、周年纪念、重大活动的开幕式和闭幕式等，由于其隆重性能够引起社会公众的较多关注，因此，借助庆典活动的喜庆和热烈气氛来渲染企业形象，往往能够收到意想不到的效果。

(6) 展览活动。展览活动通过实物、文字、图片、多媒体来展示企业的成就和风采，有助于增强公众和客户对企业的了解。

### 5. 降低货币成本

仅有产品的高质量仍然不够，合理地确定产品价格也是提高客户感知价值和满意度的重要手段。因此，企业定价应以确保客户满意为出发点，依据市场形势、竞争程度和客户的接受能力来考虑，尽可能做到按客户的"预期价格"定价，并且千方百计地降低客户的货币成本，坚决摒弃追求暴利的短期行为，这样才能提升客户的感知价值，提高客户的满意度。

例如，作为"世界500强"的沃尔玛提出"帮客户节省每一分钱"的宗旨，提出了"天天平价、始终如一"的口号，并努力实现价格比其他商家更便宜的承诺，这无疑是使沃尔玛成为零售终端之王的根本原因。

又如，美国西南航空把自己定位为票价最低的航空公司，公司的策略是在任何市场环境下，都要保持最低的票价。按照传统的经商原则，当飞机每班都客满时，票价就要上涨，但西南航空不但不提价，反而增开班机，有时西南航空的票价比乘坐陆路运输工具还要便宜。

当然，降低客户的货币成本不仅仅体现在价格上，还体现在提供灵活的付款方式和资金融通方式等方面。当客户规模较小或出现暂时财务困难时，企业向其提供延期付款、赊购这样的信贷援助就显得更为重要。

此外,企业还可以通过开发替代产品或者低纯度产品,以及使用价格低的包装材料或者使用大包装等措施,不断降低产品的价格,降低客户的货币成本,从而提高客户的感知价值和满意度。

**6. 降低时间成本**

即在保证产品与服务质量的前提下,尽可能减少客户的时间支出,从而降低客户购买的总成本,提高客户的感知价值和满意度。例如,世界著名的花王公司在销售其产品的商场中安装摄像头,以此来记录每位客户在决定购买"花王产品"时所用的时间。"花王公司"根据这些信息改进了产品的包装和说明,对产品摆设进行重新布置以及调整产品品种的搭配,让客户可以在最短时间内完成消费行为。经过产品摆设的重新布置和品种调整后,客户决定购买花王洗发精所用的时间比过去少了 40 秒。

又如,你要是美国租车公司 Avis 的老客户,你乘飞机到达目的地后,不用做任何事情,就可直接到 Avis 在机场的停车场,这时钥匙已经插在车里面,你发动汽车就可以把它开走,只要在门口把你的证件给工作人员看一眼就可以了,没有任何多余的手续,根本不用到柜台去排队。这样周到的服务节省了客户的宝贵时间,降低了客户的时间成本,提升了客户的感知价值,也提高了客户的满意度。

再如,沃尔玛商场经营项目繁多,包括食品、玩具、新款服装、化妆用品、家用电器、日用百货、肉类果蔬等,而且力求富有变化和特色,以满足客户的各种喜好,为的是推行"一站式"购物新概念——客户可以在最短的时间内以最快的速度购齐所有需要的商品。这种降低客户时间成本的购物方式,提升了客户的感知价值,提高了客户的满意度。在麦当劳,当客户排队等候人数较多时,麦当劳会派出服务人员给排队客户预点食品,这样,当该客户到达收银台前时,只要将点菜单提供给收银员即可,提高了点餐的速度,同时,实施预点食品还能降低排队客户的"不耐烦"心理,提高了客户忍受力,可谓一举两得。摩托罗拉公司有句话值得深思:我们不关照客户,那么别人是会代劳的!

**7. 降低精神成本**

降低客户的精神成本最常见的做法是推出承诺与保证。例如,汽车企业承诺公平对待每一位客户,保证客户在同一月份购买汽车,无论先后都是同一个价格,这样今天购买的客户就不用担心明天的价格会更便宜了。安全性、可靠性越重要的购买或者消费,承诺就越重要。例如,美容业推出"美容承诺",并在律师的确认下,与客户签订美容服务责任书,以确保美容服务的安全性及无后遗症等。许多世界著名企业都对服务质量进行承诺,像新加坡航空公司、迪士尼和麦当劳,这些公司都对其服务质量进行全面承诺,为的就是降低客户的精神成本,提高客户的感知价值和满意度。

此外,企业为了降低客户的精神成本,还可以为客户购买保险,例如,航空公司、旅行社、运输公司等为旅客或乘客买了保险,目的就是降低客户的风险,从而降低客户的精神成本。在韩国的一些高层旅馆里,每个房间的床下都备有一条"救命绳",绳子坚韧结实,端部有金属环,遇到火灾或其他险情,旅客来不及从中撤出,可用这条救命绳套在室内稳固的物体上,迅速从窗口顺墙滑下逃生。有了这条"救命绳",旅客就可以高枕无忧了!

另外,企业提供细致、周到、温暖的服务也可以降低客户的精神成本。如在为客户维修、安装相关设备时,自己带上拖鞋和毛巾,安装好后帮客户把房间打扫干净,把对客户的打扰减少到最低限度。这些细节都充分体现了企业对客户的关怀、体贴和尊重,从而降低了客户的精神成本,给客户留下美好的印象。如果客户想到的企业都能给予,客户没想到的企业也能提供,这必然使客户感到企业时时刻刻关心着他,从而会对企业感到满意。例如,客户在外出差,手机电池快没电了,但客户又没带充电器,如果拨打通信公司的服务热线,通信公司便马上提供租用电池或充电服务,客户一定会感到通信公司的服务超出了他的期望而非常满意,从内心深处对此公司产生亲近感。

又如,当我们到银行办理业务的时候,填写各种单据是一件非常头痛的事情,但是,招商银行就推出窗口免填单服务——客户不再需要填写任何单据,而只需要告诉窗口的服务代表自己想要办理的业务就够了,剩下的手续会由服务代表帮你完成。由于招商银行推出免填单的服务超出了客户的期望,客户自然对招商银行满意。

此外,企业还要积极、认真、妥善地处理客户投诉,从而降低客户的精神成本。这是因为客户常常凭借企业处理客户投诉的处理诚意和成效来评判一个企业的优劣,如果客户投诉的处理结果令客户满意,他们会对企业留下好印象。据IBM公司的经验,若对产品售后所发生的问题能迅速而又圆满地加以得到解决,客户的满意程度将比没发生问题更高。客户投诉的成功处理还可以带来回头客业务。美国TRAP公司研究表明,不投诉的客户只有9%会再上门,投诉的客户有15%会再次上门,投诉得到解决的客户则有54%会再上门,如果投诉可以迅速得到解决,则有82%的客户会再上门。企业要把处理投诉看作一个弥补产品或者服务欠佳造成的损失以及不满意客户的机会,把处理投诉看作恢复客户对企业的信赖、避免引起更大的恶性事件的大好机会,把处理投诉看作促进自身进步和提升客户关系的契机。

**8. 降低体力成本**

如果企业能够通过多种销售渠道接近潜在客户,并且提供相关的服务,那么可以减少客户为购买产品或者服务所花费的体力成本,从而提高客户的感知价值和满意度。对于装卸和搬运不太方便、安装过程比较复杂的产品,企业如果能为客户提供良好的售后服务,如送货上门、安装调试、定期维修、供应零配件等,就会减少客户为此所耗费的体力成本,从而提高客户的感知价值和满意度。

例如,商店为购买电冰箱、彩电、洗衣机、家具的客户送货上门,镜屏厂为用户免费运输、安装大型镜屏,解决运输、安装两大困难,这些都降低了客户的成本,从而提高了客户的满意度。总之,企业要实现客户满意,就必须把握客户期望、提高客户的感知价值,而让客户感觉"低开高走"。

# 四、实例研讨

### 案例一 "海底捞"火锅服务宾至如归,实现多方满意

一家简单的火锅连锁企业,几乎没有核心技术可言,却通过简单的优质服务拥有了大规模发展和扩张的动力,这就是"海底捞"的成功之处。"海底捞"将创新精神融入普通的火锅行业,从而创造了奇迹。一时间,各行业掀起了一股向海底捞"学管理""学经营""学服务"的热潮。"海底捞"不再是一个火锅店的代名词,转而上升成为一种现象。重庆市火锅协会会长、小天鹅集团总裁何永智也发出号召:我们要学习"海底捞"的服务创新措施,提升重庆火锅产业的消费附加值和重庆火锅的整体档次。

"海底捞"之所以取得如此巨大的成功,正是得益于其以顾客至上为准绳的服务创新。

"海底捞"有一套专属创新服务,人称"肉麻式服务"。例如,客人入座后,服务人员会立即送上围裙、手机套,就餐期间还会有人不时奉上热毛巾。在"海底捞",客人能真正体会到"上帝的感觉",这让"海底捞"的客人蜂拥而至。"海底捞"的北京分店大部分时间每晚能保持5~6桌的翻台率,支撑这种翻台率的就是"海底捞"独特的等位模式,已经成为"海底捞"的特色之一。

等待,原本是一个痛苦的过程,"海底捞"却用一套免费服务把等待的过程变成了一种愉悦体验。因为,即使提供免费服务,"海底捞"也绝不糊弄了事。例如,只要客人打个喷嚏,服务人员便会请厨房做碗姜汤送上;孕妇到"海底捞"就餐会获赠专门制作的泡菜;如果某位客人非常喜食店内的某类免费食物,服务人员也会主动为其打包一份带走……这就是海底捞的"粉丝"们所享受的"花便宜的钱买到星级服务"的全过程。

可以说,"海底捞"的这种用户体验创新是一场对传统的标准化、单一化服务的颠覆性革命,给客户带来宾至如归的体验的同时,促进了自我的成功。

### 案例二 麦德龙提高客户满意度的策略

德国麦德龙集团在全球零售业排名第三,欧洲排名第二,2010年营业额达310亿欧元,在全世界21个国家和地区拥有2 000多家现购自运配销制(C&C)商场、大型百货商场、超大型超市和折扣连锁店、专卖店。

作为一家著名的零售企业集团,麦德龙以低价格吸引顾客,同时会以会员制、现购自运配销制(C&C)、供应链管理、一定的本土化、创造积极的社会形象、建立强大的销售网点等手段为配合,以此来提高客户满意度,赢得客户的忠诚,最终成为零售巨头中的翘楚。下面介绍麦德龙提高客户满意度的一些策略。

**1. 客户限定**

麦德龙更愿意服务集团采购的客户群,因为批发式经营的操作成本较低。操作成本的减少就意味着人员成本的减少,因此,麦德龙的商店不需要太多的工作人员,这样还可以提高店铺面积的利用率,如果麦德龙不限定客户,让所有人都来,那么运营成本就要增加,管理难度也会加大。

同时,限定了客户就可以更容易地分析客户的特定需求,增加其喜欢的商品,移去他们不需要的商品。这样的理念让麦德龙在使顾客感到同样满意,甚至更满意的前提下,所需要商品的品种数目只是其他商场的一半。麦德龙只关注目标客户,知道他们需要什么,就可以控制品种数目,提高客户满意度。如果服务所有人,就需要更多的投入、更多的供应商、更多的洽谈,同时也会造成更多的不满意,这就是成本。从技术的角度讲,限制客户范围可以提高经营效率,提高客户满意度。

**2. 主动接近客户**

麦德龙认为无论做什么,都不要忘了供应链的另一端是客户,这是最重要的。有时,人们一味追求标准化,而忽略了他们的客户,忽略了提高他们的满意度。

麦德龙一贯坚持"主动接近客户"的做法,因为他们整个供应链的运作都是由客户的需求拉动的,更确切地说是由客户满意度拉动的。因此,麦德龙能站在客户的角度去思考,提供更加完善的商品和服务。

### 3. 为客户提供良好的购物环境

这包括"一站购足"的超级仓库、保证货品新鲜、完善的售后服务、专业的大型手推车、内容详尽的发票、严格的商品质量控制、足够的免费停车位、长时间营业等。

### 4. 为经营人员提供详尽的客户信息

麦德龙的物流信息不但能详尽反映销售情况,提供销售数量和品种信息,而且还能记录各类客户的采购频率和购物结构,准确反映客户的需求动态和发展趋势。这使营业人员能及时调整商品结构和经营策略,对客户需求变化迅速做出反应,从而最大限度地满足客户需求,提高客户满意度。

### 5. 为客户提供贴身服务

麦德龙采取会员制,对其客户(特别是中小型零售商)提供贴身服务,如咨询服务,定期发送资料,组织"客户顾问组",对客户购物结构进行分析,同主要客户进行讨论,帮助客户做好生意。

### 6. 设立专门的客户咨询员

中国的麦德龙零售商店每家店有15名客户咨询员,他们每天都出去拜访客户,了解客户需求与满意度,然后按照客户离商店距离的远近、满意程度的高低,将客户进行分类,对他们进行重点分析与研究。

**问题:**

(1) 麦德龙都采取了哪些策略提升客户满意度?这些策略在其他行业、其他企业的共通性如何?谈谈你对这些策略的评价。

(2) 结合案例,你认为提高客户满意度应从哪些方面着手?

## 案例三 低成本、高感知的服务营销艺术

现代社会产品同质化严重,服务质量的好坏,直接影响着客户的抉择。良好的客户服务感知,不断提升的客户满意度,是当今企业竞争力的关键指标。在这里我们需要强调,客户服务感知是提升客户满意度、培养客户忠诚度的关键因素。研究表明:客户感知,即客户的心理感受,是一种主观价值;这种主观价值与产品、服务的实际价值并不成正比。

同样是买半斤瓜子,卖瓜子的称重方式有两种:一种是铲一勺到盘子里,6两,多了,用勺子减去1两;第二种是铲一勺到盘子里,4两,少了,再加1两。这两种服务方式,人们都喜欢第二种。为什么?因为第一种方式给客户的感觉是拿走了一部分,第二种方式给客户的感觉是不断地在增加,这种感知更好。

如今的社会,随着人们生活水平的提高,对服务的要求也越来越高。你服务得再好,客户感知不强,那就是徒增成本。

### 1. 服务艺术时代来临

当你掏80元钱去电影院看一场电影的时候,你是否想过,到底收获了什么?答案是电影作为一种服务、一种艺术,它给你带来的是视听体验。

发展服务艺术及将服务艺术纳入新兴服务领域有四大好处:① 艺术跟美学和美有关。要设计吸引人的服务系统,就必须了解美学和美。② 艺术特别重视创意。创意是人类最宝贵的活动之一。③ 艺术最能让人感动,也让人从人类体验中获得喜悦。情绪是体验人生不可或缺之物,没有情绪内涵,服务就无法跟顾客产生关系。④ 艺术利用几个世纪积累的丰富历史,激发人们的灵感并提供准则,是可以透过学习获得的技能。

以上论述告诉我们,将艺术纳入服务业的时代已经来临。过去我们可能更强调服务的艺术,而现在我们要开始思考如何艺术地服务。

**2. 服务加入艺术成分的目的是创造独特的客户体验与感知**

当你走进台北桃园机场的某一个候机室,里面的所有饰物都是HelloKitty,你是否感到有点欣喜?当你登上美国西南航空的飞机,乘务员用Rap说唱的形式给你讲解安全须知,你是否会觉得特别?当你穿过地下通道时,发现人行楼梯做成了钢琴键,行人走上去,会发出钢琴一样悦耳的声音,是否会觉得很有趣?不错,这就是艺术的魅力。将HelloKitty、Rap说唱和钢琴键加入平常的服务中,就可以给予我们一种特别的体验和感知。

在服务中加入艺术的元素,让客户在接受服务的同时,可以感受到艺术的美感与创意灵性,身心愉悦,从而达到与客户的情感交流,提升其服务感知。

问题:
(1)提高客户感知对于增强客户满意有什么意义?
(2)你能想出哪些提高客户体验的办法?

## 五、学习测评

1. 为什么客户满意度分析重要?
2. 如何确定衡量客户满意度的指标?
3. 谈谈影响客户满意度的因素。
4. 谈谈提升客户满意度的策略。
5. 请查阅主要的客户满意度测评指数模型,再描述他们的适应性及优缺点。
6. 综合利用所学的知识,以小组模拟形式针对你们所熟悉的一款产品进行客户满意度调查,完成调查报告,并对数据进行分析,完成分析报告。
7. 假设你们团队计划在学校附件开一家饭店,请对该饭店客户满意度方案进行设计和分析。

# 项目八　客户忠诚度管理

## 课 前 导 读

### "新航"顾客忠诚度案例分析

如何通过高质量的产品或者服务保持顾客的忠诚度,这是一个令众多公司绞尽脑汁、冥思苦想的问题,因为忠诚的顾客往往带来高额的商业利润。不可否认,享誉世界的新航公司无疑是最有资格回答这一问题的公司之一:

**1. 关注客户——优质服务塑造客户对公司的忠诚度**

不管你是一名修理助理,还是一名发放工资的职员,或者是一名会计,我们能有这份工作,那是因为客户愿意为我们付费,这就是我们的"秘密",新航前总裁 Joseph Pillay 在创业初就不停地以此告诫员工,塑造和灌输员工"关注客户"的思想。事实上,正是持之以恒地关注客户需求,尽可能为客户提供优质的服务,新航公司才有了今天的成就。

在长达几十年的经营中,新航公司总是不断地为旅客增加优质服务,特别是通过对旅客需求的预测来推动自身服务向更高标准前进,早在 20 世纪 70 年代,新航公司就开始为旅客提供可选择餐食、免费饮料和"无烟班机";1992 年年初,所有飞离新加坡的新航客机都可以收看美国有线电视网络的国际新闻;2001 年,新航公司在一架从新加坡飞往洛杉矶的班机上首次推出了空中上网服务——乘客只需将自己的手提电脑接入座位上的网络接口,就可以在飞机上收发电子邮件和进行网上冲浪。在过去 3 年内,新航公司花费将近 4 亿元提升舱内视听娱乐系统,为将近七成飞机换上了这个系统,花费超过 6 亿元提升机舱娱乐设施和商务舱座位。

随着竞争的加剧,客户对服务的要求也不断严苛,"人们不仅会把新航公司和别的航空公司进行对比,还会把新航公司和其他行业的公司从多个不同的角度进行比较。"为了在竞争中保持优势地位,新航成为世界上第一家引入国际烹饪顾问团和品酒师的航空公司,该顾问团每年为新航更新 4 次食谱和酒单。

当然,服务的一致性与灵动性也同时受到关注。比如,怎样让一个有十三四个人的团队在每次飞行中提供同样高标准的服务?新航在对服务作任何改变之前,所有的程序都会经过精雕细琢,研究、测试的内容包括服务的时间和动作,并进行模拟练习,记录每个动作所花的时间,评估客户的反应。

**2. 向内"吆喝"——培育员工对公司的忠诚度**

所有培养客户忠诚度的理念文化、规章制度都需要人来执行。这就意味着,如果新航公司内部员工没有对公司保持足够的满意度和忠诚度,从而努力工作,把好的服务传递给顾客,那么,客户的忠诚度将无从谈起。

注意倾听一线员工的意见,关注对员工的培训,这些都是新航能够在市场上取得优异表现的根本所在。换句话说,只有内部员工对企业忠诚,才能使外部客户对企业忠诚。

"新航对待员工的培训几乎到了虔诚的地步!"在以专注于培训而闻名的新航,从上到下，每个人都有一个培训的计划，一年会有 9 000 名员工被送去培训。新航所属的新加坡航空集团有好几种培训学校，专门提供几类核心职能的培训：机舱服务、飞行操作、商业、IT、安全、机场服务。即使在受到经济不景气打击时，员工培训仍然是新航公司重点优先投资的项目。假如你完成了很多培训课程，就可以休息一段时间，甚至还可以去学习一门语言，做一点儿新的事情，其目的是"使员工精神振奋"。

注意倾听一线员工的意见是新航的另一个传统，因为他们认为机组人员和乘客的接触是最紧密的，他们是了解客户的"关键人物"。

新航公司不仅仅致力于为客户提供优质的服务，而且通过各种方式力求控制服务成本与商业利润之间的平衡。的确，新航公司希望提供最好的座椅、最好的客舱服务、最好的食物以及最好的地面服务，但是它同时还要求代价不能太高。

在 1972 年，新航还只是一个拥有 10 架飞机的小型航空公司，如今，几乎每年新航都会获得各种世界性的营销服务大奖，也一直是世界上最盈利的航空公司之一。对于这家保持 30 多年领先，并总是能够获得丰厚利润的航空公司而言，成功的原因可能很多，但是，"致力于培养员工和客户对企业的忠诚度"无疑是其中一个重要的原因。

## 一、学习导航

**1. 学习目标**

（1）掌握客户忠诚的含义与意义；
（2）了解客户忠诚的类型；
（3）学习影响客户忠诚的原因；
（4）学习如何对客户忠诚度进行测评；
（5）掌握提升客户忠诚度的策略。

**2. 学习重点**

（1）了解影响客户忠诚度的原因；
（2）了解提高客户忠诚度能给企业带来哪些竞争优势；
（3）了解为什么现代企业重视客户忠诚度的提升。

**3. 主要学习方法**

案例学习、仿真练习。

## 二、实例案例与工作任务

学生小王在一家公司工作一年多了，近期，公司安排小王调查公司顾客忠诚度，业务部经理给了小王三个月时间，让小王在三个月内完成调查并填写顾客忠诚度调查表。

小王为了达到公司的工作要求，一方面在公司的培训中努力学习；另一方面仔细观察，并虚心向有经验的同事请教，分析整理出自己应该完成的工作任务，并加强对"培育客户忠诚度"的理论学习。"为什么公司的顾客流动这么大呢？客户忠诚度的具体作用有哪些？会给企业带来什么样的影响？"小王带着一肚子的疑问与期望开始了调查。

## 三、知识与技能

为了实现以上的学习目标和工作任务，需要掌握以下知识和技能：

**1. 知识点**
(1) 掌握客户忠诚度的含义及类型；
(2) 了解影响客户忠诚度的因素。

**2. 技能点**
(1) 掌握客户忠诚度的测评指标；
(2) 掌握提升客户忠诚度的策略。

# 学习单元一　客户忠诚度的内涵

## （一）客户忠诚的含义与类型

**1. 客户忠诚的含义**

"忠诚"一词源自古代臣民对皇室无条件地服从与归顺，后来被学者们引入市场营销领域。Jacoby 和 Chestnut 回顾了 300 多篇与忠诚相关的文献，发现迄今为止对忠诚的定义多达 50 余个。这些对忠诚的定义包含两种不同的思路：一种是从行为的角度，将客户忠诚定义为客户对产品或者服务所承诺的一种重复购买的行为；另一种基于态度的观点，则把客户忠诚定义为对产品或者服务的一种偏好和依赖。从目前不同学者对客户忠诚的定义看，客户忠诚包含如下 3 个方面的特征：

（1）行为特征。客户忠诚意味着客户对企业所提供产品或者服务的重复购买。这种重复性的购买行为可能来自客户对于企业的偏好和喜爱，也可能是出于习惯，还有可能是因为企业所举办的促销活动。

（2）心理特征。客户忠诚经常体现为客户对企业所提供产品或服务的高度依赖。这种依赖来源于客户之前购买产品或服务的过程中形成的满意，并进而形成的对产品或者服务的信任。

（3）时间特征。客户忠诚具有时间特征，它体现为客户在一段时间内不断关注、购买企业的产品或服务。

**2. 客户忠诚的类型**

不同的学者从不同的角度将客户忠诚划分为不同的类型：

（1）根据客户重复购买行为划分。美国凯瑟琳·辛德尔博士根据客户重复购买行为的原因，将客户忠诚划分为以下 7 种类型：垄断忠诚、惰性忠诚、潜在忠诚、方便忠诚、价格忠诚、激励忠诚和超值忠诚。

① 垄断忠诚是因为市场上只有一个供应商，或者由于政府的原因而只允许有一个供应商。此时，该供应商就形成了产品或者服务的垄断，客户别无选择，只能选择该供应商提供的产品或服务。

② 惰性忠诚也称为习惯忠诚，是指客户由于惰性方面的原因而不愿意去寻找新的企业。

③ 潜在忠诚是指客户希望能够不断地购买企业的产品或者再次享受服务，但由于企业的一些内部规定或者其他因素限制了这些客户的购买行为。

④ 方便忠诚是指客户出于供应商地理位置等因素考虑，总是在该处购买。但是一旦出现更为方便的供应商或者更为满意的目标之后，这种忠诚就会随之减弱，甚至消失。

⑤ 价格忠诚是指客户对价格十分敏感，产生重复购买的原因在于该供应商所提供产品的价格符合其期望。价格忠诚的客户倾向于能提供最低价格的供应商，价格是决定其购买行为的关键因素。

⑥ 激励忠诚是指在企业提供奖励计划时，客户会经常购买。具有激励忠诚的客户重复购买产品或者服务的原因在于企业所提供的奖励，因此一旦企业不再提供奖励，这些客户就会转向其他提供奖励的企业。

⑦ 超值忠诚是指客户在了解消费企业的产品或者服务的过程中与企业有了某种感情上的联系，或者对企业有了总的趋于正面的评价而表现出来的忠诚。具有超值忠诚的客户不仅在行为上体现为不断重复购买，同时在心理上也对企业的产品或其服务有高度的认同感。

根据客户对企业产品或服务的依恋程度及客户重复购买的频率，在上述 7 种类型的客户忠诚中，超值忠诚属于高依恋度、高重复购买行为；垄断忠诚、惰性忠诚、方便忠诚、价格忠诚和激励忠诚是低依恋度、高重复购买行为；潜在忠诚则是高依恋度、低重复购买行为。

（2）根据客户对产品或服务的需求和对于品牌的态度和满意度分类，全球著名的麦肯锡战略咨询公司，根据客户对产品或服务的需求和对于品牌的态度和满意度，将客户忠诚度由高到低划分为 6 种类型：感情型忠诚、惯性型忠诚、理智型忠诚、生活方式改变型、理智型、不满意型。

① 感情型忠诚客户：此类客户喜欢公司的产品或服务，认为该公司提供的产品或者服务符合自己的品位、风格。

② 惯性型忠诚客户：由于固定的消费习惯形成的客户忠诚。

③ 理智型忠诚客户：经常重新对品牌进行选择，反复推敲消费决策。

④ 生活方式改变型客户：客户自身需求的改变，导致消费习惯和方向改变。

⑤ 理智型客户：通过理性的标准选择新的品牌，经常反复比较品牌。

⑥ 满意型客户：因为曾经的不满意的购买经历而对品牌重新考虑。

以上的客户类型中，前 3 种是企业的忠诚客户，后 3 种则是正准备转向其他企业产品或者服务的客户。

## （二）客户忠诚的衡量

迄今为止，现有的研究对客户忠诚的衡量并没有一致意见。有些学者认为可以通过客户保持度和客户占有率来衡量。其中，客户保持度是指企业和客户关系维系时间的长短。与客户保持度的概念相对应的是客户保持率，即在一段时间内达到特定购买次数的客户百分比。客户占有率，也称为客户钱包份额。一家公司的客户占有率，也就是指客户将预算花在这家公司上的百分比。例如，某公司获得了 100% 的客户占有率或者全部客户，换言之，客户把他所有的预算都花在了该公司的产品或者服务上。而这家公司的竞争者获得客户预算的一定百分比时，相对的就是该公司丧失了那部分的客户占有率。

另外一些学者则认为仅通过客户保持度和客户占有率来衡量客户忠诚过于简单，他们认为应当利用更为全面的指标来衡量。还有一些学者认为应当根据客户重复购买的次数、客户挑选时间的长短、客户对价格的敏感程度、客户对竞争品牌的态度、客户对产品质量的承受能力、客户购买费用的多少等几个方面来衡量;有些学者在上述指标的基础上增加了客户对企业的感情、推荐潜在客户等指标。

综合不同学者的观点,认为对客户忠诚可以从时间、行为和情感几个方面来衡量。

**1. 时间特征**

客户忠诚具有时间特征,它体现为客户在一段时间内不断关注、购买企业的产品或者服务。如果客户与企业只有一次交易记录,那自然不能认为该客户的忠诚度很高。因此,客户与企业交易关系的持续时间是测量客户忠诚的指标之一。

**2. 行为特征**

(1) 客户重复购买率。客户的重复购买率是指客户在一段时间内购买企业产品或者服务的次数。在确定的时间内,客户购买公司产品或者服务的次数越多,自然就说明客户偏爱该产品或者服务,反之则相反。

需要注意的是,在衡量客户重复购买率这一指标时,首先需要确定在多长的时间内衡量客户购买次数。对时间的确定需要根据产品的用途、客户购买的时间间隔来确定。对于使用周期为3年以上的产品,如果以1年来衡量客户的重复购买率,显然是不合适的。对于银行、饭店以及许多快速消费品而言,其衡量客户重复购买率的时间则以月计算较为合适。

在衡量客户重复购买的产品或者服务时,并不仅仅局限于同类产品或者服务,而是应当从企业经营的产品品种的角度考虑。如果客户并不是重复购买同种产品,而是购买企业不同种类或者品牌的产品,那么也应当认为客户具有较高的重复购买率。

(2) 客户挑选时间的长短。有关消费者行为的研究表明:客户购买产品都会经历挑选这一过程。挑选意味着客户花费时间用于了解企业产品,同时也包括了客户比较不同企业产品的过程。如果客户对企业的忠诚度较低,那么客户就会花费较长的时间来收集信息,比较不同企业提供的产品,最后才决定是否购买。相反,如果客户信任企业的产品,那么用于挑选的时间就会缩短,会快速决定购买产品。因此,客户挑选产品的时间长短,也可以用来衡量客户忠诚。

(3) 购买费用。购买费用包括了两个部分:其一是客户用于某一品牌或者产品的金额;其二是客户用于某一产品的预算,这其中企业所占的比重,也被称为客户钱包份额或者客户占有率。

对企业而言,在客户用于某一产品的预算不变的情况下,购买本企业产品的金额增加,则表明客户对本企业产品的信任程度提高,忠诚度增加;或者客户扩大产品预算用于增加购买本企业产品,也表明客户忠诚度提高。

(4) 客户对价格的敏感程度。价格是影响客户购买产品或服务的重要因素之一,但这并不意味着客户对各种产品的价格变动都有同样的态度和反应。许多研究和企业实践都表明,对于喜爱和信赖的产品或服务来说,客户对其价格变动的承受力较强,其购买行为较少受到价格波动的影响,即客户对价格的敏感度低;相反,对于客户不喜爱或者没有信赖感的产品或者服务,客户对其价格变动的承受力较弱,一旦价格上涨,客户立刻会减少购买行为,即客户对价格的敏感度高。可见,客户对企业产品或者服务的价格敏感程度,可以用来衡量客户忠诚。

### 3. 情感特征

（1）客户对企业的信赖。客户对企业的信赖来源于客户与企业交易过程中累积的满意程度，是由满意累积以后形成的对企业产品和品牌的信任与维护。这种信赖会让客户主动向周围的人推荐企业的产品和品牌，从而提升企业的口碑和影响力。

（2）客户对产品质量问题的态度。对企业而言，即使是再严格的产品质量检查，都无法保证产品100%没有问题。因此，不论是知名企业还是一般的中小企业，其生产的任何产品或者服务都有可能出现各种质量问题。当出现产品质量问题时，如果客户对企业的忠诚度较高，那么客户会采取相对宽容的、协商解决的态度；相反，若客户对企业的忠诚度较低，则会让客户感到强烈的不满，会要求企业给予足够的补偿，甚至会通过法律途径解决问题。

（3）客户对待竞争品牌的态度。客户对待竞争品牌的态度也是衡量客户忠诚的重要指标。一般而言，当客户对企业的忠诚度较高时，自然会减少对竞争品牌的关注，而把更多的时间和精力用于关注本企业的产品或服务。相反，如果客户对竞争品牌的产品或者服务有兴趣或者好感，并且花费较多的时间了解竞争品牌，那么就表明客户对本企业的忠诚度较低。

## （三）客户忠诚的重要性

### 1. "忠诚"比"满意"更能确保企业的长久收益

"客户满意"不等于"客户忠诚"，如果企业只能实现"客户满意"，不能实现"客户忠诚"，那么意味着自己没有稳定的客户群，这样经营收益就无法确保。因为只有忠诚的客户才会持续购买企业的产品或服务，才能给企业带来持续的收益。

### 2. 使企业的收入增长并获得溢价收益

忠诚客户因为对企业的信任和偏爱，会重复购买企业的产品或服务，还会放心地增加购买量，或者增加购买频率。

忠诚客户还会对企业的其他产品连带地产生信任，当产生对该类产品的需求时，很自然地想到购买该品牌的产品，从而增加企业的销售量，为企业带来更大的利润。

此外，忠诚客户会很自然地对该企业推出的新产品或新服务产生信任，愿意尝试所忠诚的企业推出的新产品或新服务，因而他们往往是新产品或新服务的早期购买者，从而为企业新产品或新服务的上市铺平前进的道路。

另外，忠诚客户对价格的敏感度较低、承受力强，比新客户更愿意以较高价格来接受企业的产品或服务，而不是等待降价或不停地讨价还价。由于他们信任企业，所以购买贵重产品或者服务的可能性也较大，因而忠诚客户可使企业获得溢价收益。美国学者Frederic-Reich Held的研究成果也表明，客户忠诚度提高5%，企业的利润将增加25%~85%。随着企业与客户维护商业关系时间的延长，忠诚客户会购买更多的产品或者服务，其产生的利润呈递增趋势。

### 3. 节省开发成本、交易成本和服务成本

（1）节省开发客户的成本：

一方面，随着企业间为争夺客户而展开的竞争日趋白热化，导致企业争取新客户需要花费较多的成本，如广告宣传费用、推销费用（向新客户推销所需的佣金、推销人员的管理费用及公关费用等）、促销费用（免费使用、有奖销售、降价等），还有大量的登门拜访以及争取新客户的人力成本、时间成本和精力成本。因此，企业开发新客户的成本非常高，而且这些成

本还呈不断攀升的趋势。例如,电视广告费用不断上涨,而广告份额却在下降,企业若要维持原有的广告份额,就必须不断增加广告费用。所以,对于许多企业来说,最大的成本就是开发新客户的成本。

另一方面,由于新客户没有体验过产品或服务,对企业还处在认识阶段和观察阶段,因而不敢放心地进行购买,那么开发新客户的成本会在一个很长的时期内超出新客户创造的利润贡献。

然而,比起开发新客户,留住老客户的成本要相对"便宜"很多,特别是客户越"老",其维系成本越低,有时候进行定期的回访或者听取他们的抱怨就能奏效。所以,即使是激活一位中断购买很久的"休眠客户"的成本,也要比开发一位新客户的成本低得多。美国的一项研究表明:吸引一个新客户要付出 119 美元,而维系一个老客户只需要 19 美元,也就是说,获得一个新客户的成本是维系一个老客户成本的 5～6 倍。

总而言之,如果企业的忠诚客户多了,就可以降低企业开发新客户的压力和成本。

(2) 降低交易成本。交易成本主要包括搜寻成本(即为搜寻交易双方的信息所发生的成本)、谈判成本(即为签订交易合同所发生的成本)、履约成本(即为监督合同的履行所发生的成本)三个方面,支出的形式包含金钱、时间和精力。由于忠诚客户比新客户更了解和信任企业,与企业已经形成一种合作伙伴关系,所以,交易的惯例化可使企业降低搜寻成本、谈判成本和履约成本,从而最终使企业的交易成本降低。

(3) 降低服务成本:

首先,服务老客户的成本比服务新客户的成本要低很多。在服务中心的电话记录中,新客户的电话要比老客户多得多,这是因为新客户对产品或者服务还相当陌生,需要企业多加指导,而老客户因为对产品或者服务了如指掌,因此不用花费企业太多的服务成本。

其次,由于企业了解和熟悉老客户的期望和接受服务的方式,所以可以更好、更顺利地为老客户提供服务,并且可以提高服务效率和减少员工的培训费用,从而降低企业的服务成本。

**4. 降低经营风险并提高效率**

据统计,如果没有采取有效的措施,企业每年要流失 10%～30% 的客户,这样造成的后果是企业经营环境的不确定性增加了,来自外界的不稳定因素增加了,风险也增加了。而相对固定的客户群体和稳定的客户关系,可使企业不再疲于应付因客户不断改变而造成需求的变化,有利于企业排除一些不确定因素的干扰而制定长期规划,集中资源去为这些固定的客户提高产品质量和完善服务体系,并且降低经营风险。同时,企业能够为老客户提供热情的服务,也意味着更高的效率,而且失误率会降低,事半功倍。此外,忠诚客户能主动向企业提出改进产品或服务的合理化建议,从而提高企业决策的效率和效益。

**5. 使企业获得良好的口碑效应**

忠诚客户是企业及其产品或服务的有力倡导者和宣传者,他们会将对产品或服务的良好感觉介绍给周围的人,主动向亲朋好友和周围的人推荐,甚至积极鼓动其关系范围内的人购买,从而帮助企业增加新客户。

随着市场竞争的加剧,各类广告信息泛滥,人们面对大量眼花缭乱的广告难辨真假,对广告的信任度大幅度下降。而口碑比当今满天飞的广告更具有说服力,人们在进行购买决策时,往往越来越重视和相信亲朋好友的推荐,尤其是已经使用过产品或享受过服务的人的推荐。美国有一项调查表明,一个高度忠诚的客户平均会向 5 个人推荐企业的产品和服务,这不但能节约企业开发新客户的费用,而且可以在市场拓展方面产生乘数效应。欧洲一个对 7 000 名客户的调查表明,60% 的被调查者购买新产品或新品牌是受到家庭或朋友的影响。

可见,忠诚客户的正面宣传是难得的免费广告,可以使企业的知名度和美誉度迅速提高,通过忠诚客户的口碑还能够塑造和巩固良好的企业形象。

### 6. 实现客户队伍的壮大

假设有三家公司,A 公司的客户流失率是每年 5%,B 公司的客户流失率是每年 10%,C 公司的客户流失率是每年 15%,三家公司每年的新客户增长率均为 15%。

那么,A 公司的客户存量每年将增加 10%,B 公司的客户存量每年将增加 5%,而 C 公司的客户存量则是零增长。这样一来,7 年以后 A 公司的客户总量将翻一番,14 年后 B 公司的客户总量也将翻番,而 C 公司的客户总量将始终不会有实质性的持续增长。可见,客户忠诚度高的企业,能够获得客户数量的持续增长,从而壮大企业的客户队伍。

### 7. 为企业发展带来良性循环

随着企业与忠诚客户关系的延续,忠诚客户带来的效益呈递增趋势,这样就能够为企业的发展带来良性循环。客户忠诚的企业,增长速度快,发展前景广阔,可使企业员工树立荣誉感和自豪感,有利于激发员工士气。客户忠诚度高的企业获得的高收入可以用于再投资、再建设、再生产、再服务,也可以进一步提高员工的待遇,进而提升员工的满意度和忠诚度;忠诚员工一般都是熟练的员工,工作效率高,可以为客户提供更好的、令其满意的产品或者服务,这将更加稳固企业的客户资源,进一步强化客户的忠诚度;客户忠诚度的进一步提高,又将增加企业的收益,给企业带来更大的发展,从而进入下一个良性循环。

美国贝恩策略顾问公司通过对几十个行业进行的长达 10 年的"忠诚实践项目"调查,发现客户忠诚是企业经营成功和持续发展的基础和重要动力之一。

总而言之,客户忠诚能够确保企业获取长久收益,使企业收入增长并获得溢价收益,节省开发成本、交易成本和服务成本,降低经营风险并提高效率,获得良好的口碑效应及客户队伍的壮大,为企业发展带来良性循环,保证企业的可持续发展。可以这么说,忠诚客户的数量决定了企业的生存与发展,忠诚的质量即忠诚度的高低,决定着企业竞争能力的强弱。

## 学习单元二　影响客户忠诚度的因素

一般来说,影响客户忠诚的因素有客户满意的程度、客户因忠诚能够获得多少利益、客户的信任和情感、客户是否有归属感、客户的转换成本、企业与客户联系的紧密程度、员工对企业的忠诚度、企业对客户的忠诚度、客户自身因素等。影响客户忠诚有时是单一因素的作用结果,有时也是多个因素共同作用的结果。

### (一) 客户满意的程度

客户忠诚度和满意度之间有着千丝万缕的联系。客户满意度越高,客户的忠诚度就会越高;客户满意度越低,客户的忠诚度就会越低。可以说,客户满意是推动客户忠诚的最重要因素。但是,客户满意与客户忠诚之间的关系又没有那么简单,它们之间的关系既复杂又微妙。

**1. 满意可能忠诚**

满意使重复购买行为的实施变得简单易行,同时也使客户对企业产生依赖感。统计结果表明:一个满意的客户与一个不满意的客户相比,满意的客户有 6 倍的概率更愿意继续购买企业的产品或服务。于是,根据客户满意的状况,可将客户忠诚分为信赖忠诚和势利忠诚两种:

(1) 信赖忠诚。当客户对企业及其产品或服务完全满意时,往往表现出对企业及其产品或服务的信赖忠诚。信赖忠诚是指客户在完全满意的基础上,对使其从中受益的一个或几个品牌的产品或者服务情有独钟,并且长期、指向性地重复购买。

信赖忠诚的客户在思想上对企业及其产品或服务有很高的精神寄托,注重与企业在情感上的联系,寻求归属感。他们相信企业能够以诚待客,有能力满足客户的预期,对所忠诚企业的失误也会持宽容的态度。当发现该企业的产品或服务存在某些缺陷时,能谅解并且主动向企业反馈信息,而不影响再次购买。他们还乐意为企业做免费宣传,甚至热心地向他人推荐,是企业的热心追随者和义务推销者。

信赖忠诚的客户在行为上表现为指向性、重复性、主动性、排他性购买。当他们想购买一种他们曾经购买过的产品或者服务时,会主动去寻找原来向他们提供过这一产品或服务的企业。有时因为某种原因没有找到所忠诚的品牌,他们也会搁置需求,直到所忠诚的品牌出现。他们能够自觉地排斥货比三家的心理,能在很大程度上抗拒其他企业提供的优惠和折扣等诱惑,而一如既往地购买所忠诚企业的产品或服务。

信赖忠诚的客户是企业最宝贵的资源,是企业最基本、最重要的客户,也是企业最渴求的。他们的忠诚也表明企业现有的产品和服务对他们是有价值的。

(2) 势利忠诚。当客户对企业及其产品或服务不完全满意,只是对其中某个方面满意时,往往表现出对企业及其产品或服务的势利忠诚。例如:有些客户是因为购买方便;有些客户是因为价格诱人;有些客户是因为可以中奖、可以打折、有奖励、有赠品等;有些客户是因为转换成本太高,或者风险更大,或者实惠变少,或者支出增加,等等。

总之,势利忠诚是客户为了能够得到某些好处或者害怕有某些损失,而长久地重复购买某一产品或服务的行为。一旦没有了这些诱惑和障碍,他们也就不再忠诚,很可能就会转向其他更有诱惑的企业。可见,势利忠诚是虚情假意的忠诚,这些客户是用势利的眼光决定忠诚还是不忠诚,他们对企业的依恋度很低,很容易被竞争对手挖走。

因此,企业要尽可能实现客户的信赖忠诚,但是,如果实在无法实现客户的信赖忠诚(信赖忠诚往往不太容易实现),也可以退而求其次,追求实现客户的势利忠诚,这种忠诚对企业同样有价值,值得企业的重视。

**2. 满意也可能不忠诚**

一般认为满意的客户在很大程度上就是忠诚的客户,但实际上它们之间并不像人们所想象的那样存在着必然的联系。许多企业管理人员发现:有的客户虽然满意,但还是离开了。《哈佛商业评论》报告显示,对产品满意的客户中,仍有 65%～85%的客户会选择新的替代品,也就是说满意并不一定忠诚。

美国汽车制造业曾经投入大量资金并制定了一系列奖励制度,促使员工提高客户满意程度,以便与外国汽车制造厂争夺市场。现在,美国汽车制造厂的客户满意率超过了 90%,然而只有 30%～40%的满意客户会再次购买美国汽车。也就是说,虽然汽车制造企业的客户满意度不断提高,但是它们的市场占有率和利润却在不断下降。

可见,满意也可能不忠诚,究其原因大概有以下几种情况:因为客户遭遇某种诱惑(竞争对手可能令客户更满意);可能迫于某种压力;因为客户需求转移或消费习惯改变;因为客户想换"口味",丰富一下自己的消费经历;因为有的客户搬迁、成长、衰退甚至破产;因为客户的采购主管、采购人员、决策者的离职等都会导致虽然满意但不忠诚。

**3. 不满意则一般不忠诚**

一般来说,要让不满意的客户忠诚可能性是很小的,如果不是无可奈何、迫不得已,客户是不会忠诚的。或者说,一个不满意的客户迫于某种压力,不一定会马上流失、马上不忠诚,但条件一旦成熟,就会不忠诚。

例如,客户不满意企业污染环境、不承担社会责任、不关心公益事业等,就会对企业不忠诚。又如,企业对客户的投诉和抱怨处理不及时、不妥当,客户就会对企业不忠诚。

**4. 不满意也有可能忠诚**

有两种情况,一种是惰性忠诚,另一种是垄断忠诚。

(1)惰性忠诚。惰性忠诚是指客户尽管对产品或者服务不满,但是由于本身的惰性而不愿意去寻找其他供应商或者服务商。对于这种忠诚,如果其他企业主动出击,让惰性忠诚者得到更多的实惠,还是容易将他们挖走的。

(2)垄断忠诚。垄断忠诚是指在卖方占主导地位的市场条件下,或者在不开放的市场条件下,尽管客户不满却因为别无选择,找不到其他替代品,不得已,只能忠诚。

例如,市场上仅有一个供应商,或是政府规定的,或是通过兼并形成的寡头垄断,在这些垄断的背景下,满意度对忠诚度不起什么作用——尽管不满意,客户也别无选择,仍然会维护很高的忠诚度,因为根本没有存有"二心"的机会和条件。

虽然惰性忠诚和垄断忠诚能够给企业带来利润,企业可以借势、顺势而为,但是,企业切不可麻痹大意、掉以轻心,因为不满意的忠诚是靠不住的,一旦时机成熟,这类不满意客户就会毫不留情地流失。

从以上分析来看,客户忠诚很大程度上受客户满意的影响,但是不绝对。一般来说,忠诚的客户通常来源于满意的客户;但是,满意的客户也并不一定忠诚,因为可能受到某种诱惑或者迫于某种压力;一般来讲,客户不满意通常就不会忠诚,但是,有时尽管不满意也可能因为惰性或者迫于无奈而忠诚。所以,企业要想维护客户关系,首要的就是尽可能提高客户满意度,但仅此而已是不够的,还得考虑影响客户忠诚的其他因素,需要其他手段的配合。

## (二) 客户因忠诚能够获得多少利益

追求利益是客户的基本价值取向。

调查结果表明,客户一般也乐于与企业建立长久关系,其主要原因是希望从忠诚中得到优惠和特殊关照,如果能够得到,就会激励他们与企业建立长久关系。可见,客户忠诚的动力是客户能够从忠诚中获得利益。如果老客户没有得到比新客户更多的优惠,那么就会限制他们的忠诚,这样老客户就会流失,新客户也不愿成为老客户。因此,企业能否提供忠诚奖励将会影响客户是否持续忠诚。

然而,当前仍然有许多企业总是把最好、最优惠的条件提供给新客户,而使老客户的待遇还不如新客户,这其实是鼓励后进、打击先进,是一个倒退,将大大损害客户忠诚度。衣不如新,人不如故。如果对待一个有十年交情的老朋友还不如新结识的朋友,那么有谁会愿意和这样的人做长久的朋友? 其实,新客户是个未知数,你不知道最后他们会带来什么,而老客户伴随着企业历经风雨,是企业的功臣。如果一个企业连老客户都不珍惜,那又怎能令人相信它会珍惜新客户?再新也最终会变旧,企业切不可喜新厌旧,否则只会让老客户不再忠诚而流失。而新客户看到老客户的下场,也会望而却步,不愿加盟,因为老客户今天的境遇或下场就是新客户明天的境遇或下场。

所以,企业要废除一切妨碍和不利于客户忠诚的因素,要让老客户得到更多的实惠,享受更多的奖励,这样就会激励客户对企业的忠诚。当然,利益要足够大,要能够影响和左右客户对其是否忠诚的选择。

### (三)客户的信任和情感

**1. 信任因素**

由于客户的购买存在一定的风险,因此,交易的安全感是客户与企业建立忠诚关系的主要动力之一。客户为了避免和减少购买过程中的风险,往往总是倾向于与自己信任的企业保持长期关系。

研究显示,信任是构成客户忠诚的核心因素,信任使重复购买行为的实施变得简单易行,同时也使客户对企业产生依赖感。

**2. 情感因素**

如今,客户购买行为的感情化倾向在不断增强,情感对客户是否忠诚的影响越来越不能忽视,这是因为企业给予客户利益,竞争者也同样可以提供类似的利益,但竞争者难以攻破情感深度交流下建立的客户忠诚。

企业与客户一旦有了情感交融,就会使企业与客户之间从单纯的买卖关系升华为成败相关的伙伴关系。当客户与企业的感情深厚时,客户就不会轻易背叛,即使受到其他利益的诱惑也会考虑与企业感情的分量。

### (四)客户是否有归属感

此外,假如客户具有很强的归属感,感到自己被企业重视、尊重,就会不知不觉地依恋企业,因而忠诚度就高。相反,假如客户没有归属感,感觉自己被轻视,就不会依恋企业,忠诚度也就低。

例如,星巴克最忠诚的客户每月到店的次数高达18次,他们把其当作一种除居家和办公之外的第三场所,他们在星巴克体验到在别的地方无法体验的情调和氛围。他们选择并持续使用一种产品和服务,除了因为能得到实实在在的性能和效用,还因为这种产品或服务是对他们身份的确认,他们还能从这种产品或服务中感受到某种情谊和归属感,甚至从这种产品和服务中获得某种精神的提升。

### (五)客户的转换成本

转换成本指的是客户从一个企业转向另一个企业需要面临多大的障碍或增加多大的成本,是客户为更换企业所需付出的各种代价的总和。

转换成本可以归为以下三类:一类是时间和精力上的转换成本,包括学习成本、时间成本、精力成本等;另一类是经济上的转换成本,包括利益损失成本、金钱损失成本等;还有一类是情感上的转换成本,包括个人关系损失成本、品牌关系损失成本。相比较而言,情感转换成本比起另外两个转换成本更加难以被竞争对手模仿。

如果客户从一个企业转向另一个企业,会损失大量的时间、精力、金钱、关系和感情,那么即使目前他们对企业不是完全满意,也会三思而行,不会轻易流失购买。例如,企业实行累计优惠计划,那么频繁、重复购买的忠诚客户,就可以享受奖励,而如果中途背叛、放弃就会失去眼看就要到手的奖励,并且原来积累的利益也会因转换而失效,这样就会激励客户对企业忠诚。

转换成本是阻止客户关系倒退的一个缓冲力,转换成本的加大有利于客户忠诚的建立和维系。如花时间、金钱、精力好不容易掌握某一品牌的使用方法,这将成为客户的转换成本,因为客户一旦转换将不得不再花时间、金钱、精力去学习新品牌的使用方法。这样,客户在更换品牌时就会慎重考虑,不会轻易背叛,而会尽可能地忠诚。

但是,必须认识到,引导胜于围堵。如果企业仅仅靠提高转换成本来维系客户的忠诚,而忽视了企业形象及产品或服务本身,那将会使客户置于尴尬和无奈的境地。尽管可能出现一时的兴隆与红火,但是一旦情况有变终将导致客户的叛离与门庭的冷落。

### (六) 企业与客户联系的紧密程度

双方的合作关系是否紧密?企业提供的产品或者服务是否渗透到客户的核心业务?企业的产品或者服务是否具有显著的独特性与不可替代性?如果以上问题的答案是肯定的,那么,客户对企业的依赖程度就高,忠诚度也就高。反之,如果客户发现更好更合适的企业,便会毫不犹豫地转向新的企业。

### (七) 员工对企业的忠诚度

研究发现,员工的满意度、忠诚度与客户的满意度、忠诚度之间呈正相关的关系。一方面,只有满意的、忠诚的员工才能愉快地、熟练地提供令客户满意的产品和服务。另一方面,员工的满意度、忠诚度会影响客户对企业的评价,进而影响其对企业的忠诚度。

### (八) 企业对客户的忠诚度

忠诚应该是企业与客户之间双向的忠诚,不能追求客户对企业的单向忠诚,不是要客户忠诚于你,而是要企业与客户相互忠诚。正像宜家提出的那样:"你要忠诚于客户,你通过给予忠诚来获得忠诚。"

假如企业对客户的忠诚度高,一心一意地为客户着想,不断为客户提供满意的产品或者服务,就容易获得客户的信任甚至忠诚。相反,企业没有相对稳定的目标客户,不能持续地为客户提供满意的产品或服务,那么客户的忠诚度就低。

### (九) 客户自身因素

以下几种因素也会影响客户的忠诚:客户遭遇某种诱惑;客户遭遇某种压力;客户朝三暮四;客户搬迁、成长、衰退、破产;客户重要当事人的离职、退休等;客户需求出现转移。

例如,客户原来喝白酒,现在注意保健而改喝葡萄酒了,这样,如果白酒生产企业不能及时满足客户新的需求(如供应葡萄酒),那么客户就不会继续忠诚。

以上这些因素是客户本身造成的,是企业无法改变的客观存在。

## 学习单元三　客户忠诚度的指标与测评

如我们在学习单元一中所说，忠诚有各种不同的类型，从习惯性的忠诚到完全忠诚。习惯性的忠诚是指表面上看起来忠诚的客户，他们对供应商的承诺程度可能很低。因为忠诚是一个很不精确的词，用客户承诺的形式并用承诺水平来测评忠诚度可能更有用。下面将按承诺水平从高到低来加以介绍，并提供用来测评各个水平以及展示最后结果的方法。

### （一）客户保留

客户保留是最低形式的忠诚，也是测评能否留住客户的最简单方法。这现在仍然是很多组织测评并检测客户忠诚的方式，它们通常会和历史数据相比较。图 8-1 是一个简单的客户保留示意图，它最初是根据兰克施乐公司的数据改编而来，它回答了一个简单的问题："我们一年前的客户现在还有多少？"历史记录可以逐渐地显示出每年的新客户及其保留程度，并可以展示出整体的客户保留情况。图 8-1 显示出某企业第 2 年的保留率是 96%（第 1 年的 100 个客户中在第 2 年有 96 个保留了下来）；第 3 年保留率上升到 96.67%（第 2 年中的 120 个客户有 116 个保留了下来）。

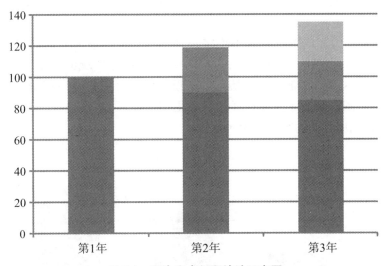

图 8-1　历史客户保留统计示意图

当然，预测未来的信息比那些显示过去的信息能更好地为管理决策提供帮助。因此，必须用未来客户保留的预测信息作为历史客户保留的补充。通过向客户询问一些基本问题可以很好地获取这类信息，比如，"你认为你在新的一年里会继续作为 ABC 公司的客户吗？"

明显地，应该调整时间范围来适应与企业相关的客户。在短的时间范围内，可能客户基数将变大；时间范围长一些，则能较好地表现更稳定的客户与供应商关系。在一些情况下，比如，对于一家旅馆来说，"你认为你会再次光顾某旅馆吗？"这样目的性很强的忠诚性问题可能更合适。

可以用频率分布来分析结果，并用简单的条形图把答案展示出来，如图 8-2 所示。

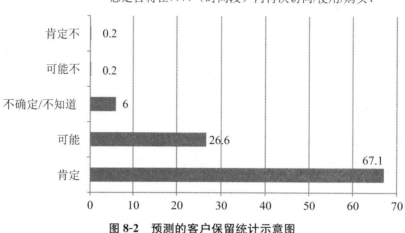

图 8-2　预测的客户保留统计示意图

## (二) 钱包份额

承诺程度更高的客户把他们总体开支中较大的份额分配给他们喜爱的供应商。因此，如果你的客户承诺程度变高，你就可以预估客户的平均开支或者平均客户价值指数有所上升。

图 8-3 显示了平均客户规模或者平均客户开支。它在竞争激烈的环境下非常有用，因为客户可能使用好几个供应商来满足他们对特殊产品、服务领域的需求。在平均客户开支方面的增长可能预示该供应商在某产品领域正吸引更大份额的客户消费，也显示了忠诚度的提高。这种示意图对诸如零售业这样的领域也很有用，因为在这些领域无法知道单个的客户，可能没法得到更方便的客户保留示意图。

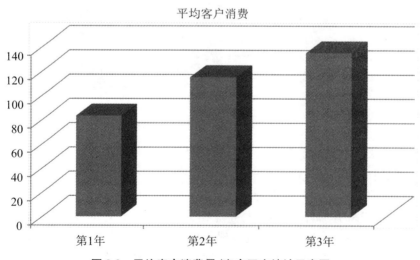

图 8-3　平均客户消费量/客户开支统计示意图

然而，即使你的客户分类开支比率很小，你的客户平均开支也可能有所增长。客户的钱包份额表明了他们的承诺水平。这点可以通过向客户提问来予以确认。在一些领域，询问非常精确的问题也是可行的，如"你在支付时使用信用卡的支付比率是多少?"如图 8-4

所示。

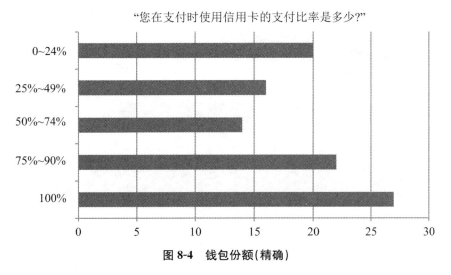

图 8-4　钱包份额(精确)

通常,客户不能准确地回忆甚至是不知道他在各个相互竞争的供应商那里的开支比例。在这种情况下,必须询问一些更一般性的问题:"当你购买食品时,与其他超市相比,你多久去一次×××超市?"如图 8-5 所示。

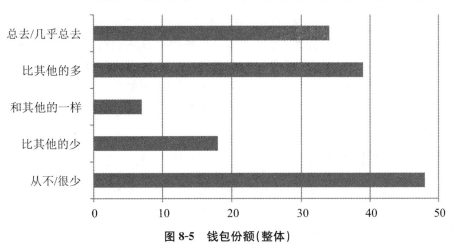

图 8-5　钱包份额(整体)

## (三) 推荐

推荐是客户承诺的另一个指标。在客户调查问卷中包含关于推荐的问题已经有很多年了,但是其结果却总是单独放在一边,而不是作为更有意义的忠诚/承诺测评的一部分。有很多询问推荐问题的方法,最常见的可能是询问他们推荐的意愿。这是一个效果很差的问题,因为人们很容易地就会给一个正面的回答,而实际上他们过去从来没有推荐过该供应商,甚至是在将来也可能不会推荐它。因此,一个更好的问题是询问被采访者,他们将来推荐该供应商的可能性有多大。但是最有意义的问题是询问他们实际上已经做了什么:"你曾经把×××推荐给别人过吗?"如图 8-6 所示。

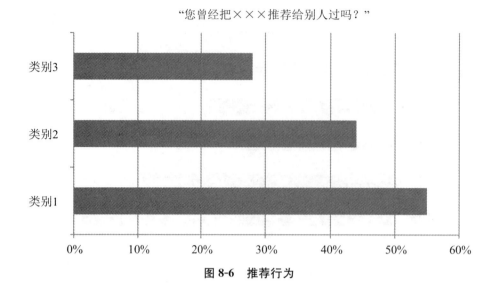

图 8-6 推荐行为

### (四) 竞争对手的可获得性

到目前为止,上述所提及的问题已经可以很好地显示客户承诺程度如何、品牌对其感情上的吸引力有多大以及客户对供应商或者品牌的感觉如何等。但是现实情况中,其他一些更为实际的因素将对客户的忠诚有更大的影响。无论你对一个供应商的承诺水平如何,一些市场中的客户比其他市场上的客户更容易更换供应商。极端的例子是在垄断市场上,持续的垄断行为可以保证客户的保留率,尽管客户可能根本没感到对供应商有任何承诺。即使是在自由市场上,客户的脑子里也经常会有更换供应商的阻碍。这可能反映在更换的成本代价上,或者只是简单地感觉更换供应商牵涉到精力及其他因素。在这种情况下,客户在更换到另一家供应商之前,通常会对供应商表现水平很低的状况(也就是说,极度的不满意)忍受一段时间。

### (五) 竞争对手的吸引力

无论更换供应商是容易还是困难,你必须知道你的竞争对手对你的客户有多大的吸引力。在提问这一主题的问题之前,鼓励客户去想想他们感觉可供选择的供应商的范围,这样做会很有用。因此,你应该询问诸如下面的问题:

"当你偶然出去的时候,你可能会去什么地方?你还可能考虑去其他什么地方?"

"当你每周去采购食品时,你会考虑去其他哪一家商店?"

"当购买时(产品或者服务),你会考虑其他哪一家供应商?"

已经让客户想出了全部的供应商,随后的任务就是问一问你的公司和这些可供选择的供应商相比如何。那些真正忠诚的客户将会回答你是"最好的",如图 8-7 所示。

有时候,客户不知道或者不熟悉可供选择供应商的范围。在垄断市场中没有可供选择的供应商,甚至是在自由市场上客户也可能感到没有可供他们选择的供应商。在这种情况下,更好的测评忠诚的方法是询问他们如果回到最开始做决定的时候,他们是否还会再次选择你。相关问题如下:

"如果你有幸重新从头开始,你会选择×××作为你的供应商吗?"

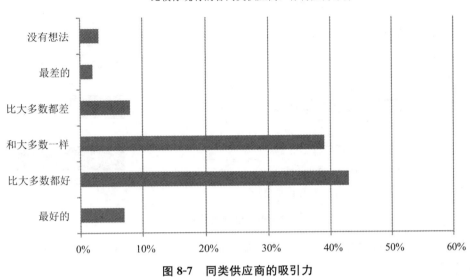

图 8-7 同类供应商的吸引力

"如果你能把时钟拨回你第一次(选择供应商、买产品、签合同)的时候,你还会再次选择×××吗?"如图 8-8 所示。

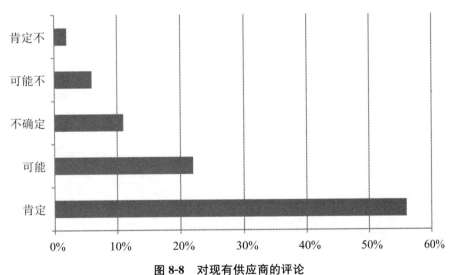

图 8-8 对现有供应商的评论

## (六)忠诚度分布

忠诚是一个复杂的问题,不能通过几个简单的关于忠诚的问题去充分地测评。你需要一些问题来涵盖忠诚的不同方面。同时,这些问题的答案将建立起客户对企业的承诺,这可以用"忠诚度分布"的形成展示出来,如图 8-9 所示。

为了形成这个分布,你需要把分数分配给关于忠诚问题的得分上,并建立起每个承诺水平应得分数的标准。

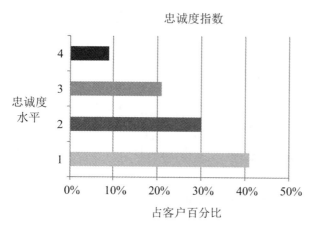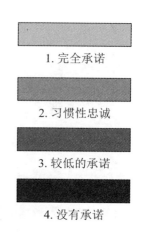

图 8-9 忠诚度分析

比如,想象一个公司只问了两个关于忠诚的问题,预期的客户保留问题和竞争对手吸引力的问题,形成忠诚度分布的过程总结在表 8-1 和表 8-2 中。

表 8-1 分配忠诚度问题的得分

| 回复类别 | | 得分 |
|---|---|---|
| 肯定 | 最好的 | 5 |
| 可能 | 比大多数好 | 4 |
| 不确定 | 和大多数都一样 | 3 |
| 可能不 | 比大多数都差 | 2 |
| 肯定不 | 最差的 | 1 |

表 8-2 建立承诺水平

| 忠诚度得分 | |
|---|---|
| 承诺水平 | 所需得分 |
| 完全承诺 | 10 |
| 习惯性忠诚 | 8 |
| 低水平承诺 | 6 |
| 没有承诺 | ≤5 |

如果你所在的企业有几个公司,拥有几个品牌或者分支机构,注意比较它们各自的忠诚度分布,用图 8-10 所示类型的图表可以做出很好的比较。

## (七)忠诚度细分

一旦你建立起了忠诚度分布,你就可以比较不同承诺水平下的客户态度。比较你的承诺水平最高和最低的客户,并确定是什么让承诺水平最高的客户非常满意以及为什么承诺水平低的客户很不满意,这种比较很有启发意义。通过比较承诺程度最高和最低的客户的满意度评分,就可以得到一个忠诚度细分的例子,如图 8-11 所示。

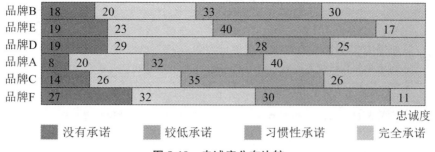

图 8-10 忠诚度分布比较

你可以使用这些信息来保留你最忠诚的客户,也可以努力留住由于很不满意而可能流失的客户。为了认识到客户流失的原因,你应该自问这个问题:"是哪些因素导致某些客户对公司的满意程度不如其他客户?"为了找到答案,你必须确定承诺程度最高和最低的客户在满意度评分上的差距。在图 8-11 中非常明显,承诺的客户对"解决问题"一项极其满意,但是非承诺的客户却远不满意。在"员工帮助"一项也有类似的巨大差距,同样但程度稍弱的是"答应和承诺"。就是在这些方面,有些客户获得了或者感受到了水平低得多的服务。处理这些问题有助于解决客户流失的问题。

如果你已经展开了市场地位调查,你也可以根据你的竞争对手的客户忠诚水平来对它们进行忠诚度细分。做完这一步,你可以强调比较弱的那一部分并从战略上对这一部分进行防御,而强攻对手较弱的一部分,并设法吸引一部分客户。这种做法最适合于有大量客户的市场,因为你需要一个很大的样本,以确保你对客户的分析能基于一个有效大小的样本上。

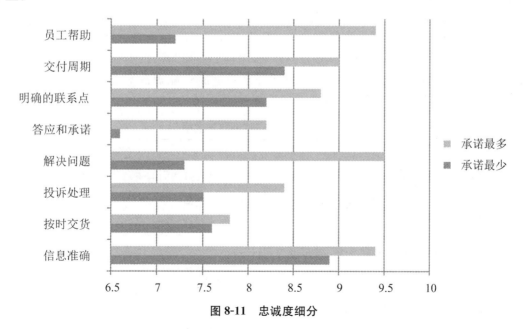

图 8-11 忠诚度细分

将前述讨论的原则扩展到市场地位调查的结果上,可以让你确定自己和竞争对手的客户忠诚度细分,如表 8-3 所示。

表 8-3　基于市场地位调查的忠诚度细分

| | 自己的客户 | 竞争者的客户 |
|---|---|---|
| 忠实的 | 极强的忠诚度,对我们的表现评价很高,对竞争者几乎没有兴趣 | 极强的忠诚度,对竞争者的表现评价很高,对我们几乎没有兴趣 |
| 脆弱的 | 明显的忠诚客户,但是习惯性购买程度很高或者对竞争者有些兴趣 | 竞争者的重复购买者,但是正面的忠诚度很小,并对我们有兴趣 |
| 不专情的 | 正面的忠诚度很小,对竞争者的兴趣很大 | 对竞争者的兴趣很小,可以接纳我们的优点 |
| 可利用的 | 对可供选择的供应商表现出强烈的偏爱 | 竞争者的客户,他们对我们的评价已经比其现有供应商要好 |

　　使用客户满意度测评数据来建立客户忠诚度。本质上涉及"在客户最关心的方面竭尽全力",也就是意味着要以客户的优先要求为中心,尤其是在那些你的表现得到较低评价的方面。使用忠诚度细分并不违背这一原则,而是使你更准确地去遵循这个原则,从而更有效地去实施它。忠诚度细分通常会建议对每一部分采取不同的战略,尤其是不同的交流战略。你的欠忠诚的客户可能是"不专情的",因为他们对你的企业提供的利益有着错误的认识。同样,你也决不能忽视保留战略,以在未来加强和这些"不专情的"客户的联系,因为他们可能是你最"有利可图"的客户。

　　显然,这些战略的成功取决于你的客户关系管理系统是否全面和周到。如果你只能依靠大量广告这类市场技巧,那么你不可能从忠诚度细分中获得多少利益。理想的情况是你有一个开发良好的客户数据库,让你能够针对不同的客户群体采取不同的交流方式。

　　基于市场地位调查数据的忠诚度细分对预测市场份额的变动很有用处。忠诚度细分不仅能确定并量化你在哪些方面最容易失去客户,而且也会帮助你预测并确定可能的收益,如表 8-4 所示。再次强调,在消费市场上,虽然外部数据库总能提高忠诚度细分和确定的能力,但是一个开发良好的内部数据库总是很有帮助的。

图 8-4　基于忠诚度细分的战略

| | 自己的客户 | 竞争者的客户 |
|---|---|---|
| 忠实的 | 回报忠诚,主要精力集中于服务他们 | 不要打他们的主意 |
| 脆弱的 | 极其注意开展交流活动和制定正面的提高忠诚度的计划 | 如果他们感到对手在某些方面没有满足他们,而你表现非常好,可以争取 |
| 不专情的 | 客观地评估保留这些群体的成本和收益,主要在于缩小感受差距 | 这是竞争对手的死穴,尤其是如果你认为你的优势正好满足他们的优先要求时 |
| 可利用的 | 减少损失,保留的可能性很低 | 很容易获取,但是确保他们不是习惯性地转换 |

　　忠诚度细分也能为进行资源配置管理的决策提供坚实的基础。大多数组织没有足够的资源同时分配在每个方面,所以它们常常必须进行选择。现在可能会好一点,比如,如果满足你"手边的"客户的最优先要求的代价很低,则可以把较少的精力放在保留这些客户上;但

是对竞争对手的那些已经确认的更高服务要求未能满足的客户,则应该努力争取。从客户细分中获得的洞察力将极大地提高你赢得竞争对手的"不专情的"和"可利用的"客户的效率,因为你将确切地知道他们在哪些方面对现有供应商最不满意。总之,这些为你在客户满意度测评和忠诚度细分方面超过对手提供了强有力的理由。

忠诚不是一个简单的概念,而是一个涉及客户对企业不同承诺水平的复杂概念。为了理解客户忠诚,需要询问很多问题,这些问题涵盖客户承诺的各个方面。从关于客户忠诚的问题中得到的结果应该结合起来以形成忠诚度分布,并在集团公司内部、品牌或者分支机构之间进行比较。如果已经展开了市场地位调查,通过比较不同忠诚度细分的客户满意度得分,可以形成合适的战略来保护自己的客户并吸引对手忠诚度细分中脆弱部分的客户。

## 学习单元四　提升客户忠诚度的策略

从已有关于客户忠诚的因素的分析中我们知道,企业必须建立激励忠诚和约束流失的机制,做到双管齐下,这样才能实现客户忠诚。

### (一) 努力实现客户完全满意

客户越满意,忠诚的可能性就越大,而且只有最高等级的满意度才能实现最高等级的忠诚度。可见,企业应当追求让客户满意,甚至完全满意。

1987年施乐公司在进行客户满意度的评估中发现,不仅满意与再购买意愿相关,而且完全满意的客户的再购买率是满意客户的6倍。为了追求客户完全满意,施乐公司承诺在客户购买后三年内,如果有任何不满意,公司保证为其更换相同或类似的产品,一切费用由公司承担,这样就确保了相当多的客户愿意持续忠诚于施乐。

联邦快递有两个宏伟目标:每一次交流和交易都要达到百分之百的客户满意,处理每一个包裹都要百分之百达到要求。

早期,联邦快递将客户满意度和服务表现定义为准时送达包裹所占的百分比。而后,通过多年的客户投诉记录分析,发现准时送达只是客户满意中的一个因素,还有其他因素影响着客户的满意度。联邦快递总结出,客户满意度包括应该避免的8种服务失败,后来被称为"服务八怕",具体是:送达日期错误;送达日期没错,但时间延误;发运时遗漏;包裹丢失;对客户的通知错误;账单及相关资料错误;服务人员的服务表现令客户不满意。

所以,除对客户投诉进行分类外,联邦快递每天都分别跟踪12个服务质量指标,以从总体上衡量客户的满意度。另外,公司每年都要在5个方面进行多次的客户满意度调查。多数服务机构在衡量客户满意度时,会将"有些满意"和"完全满意"的比例合二为一,但联邦快递却不这样。正是坚持了这样的服务标准,联邦快递成为美国历史上第一个在成立后的最初10年里销售额超过10亿美元的公司。在采用从"完全满意"到"完全不满意"的五分法调查中,最高客户满意度达94%,也因此获得了马尔科姆·鲍德里奇全国质量奖。

联邦快递追求客户完全满意的做法换来的是客户对联邦快递的高度忠诚。

### (二) 奖励客户的忠诚

我们知道,想要让某人做某事,如果能够让他从做这件事中得到益处,那么他自然就会积极主动地去做这件事,而用不着别人引导或监督。

同样的道理,企业想要赢得客户忠诚,就要对忠诚客户进行奖励,奖励的目的就是要让客户从忠诚中受益,从而使客户在利益驱动下维持忠诚。

**1. 如何奖励**

(1) 采用重购、多购优惠的办法促进客户长期重购、多购。奖励客户忠诚的代表性行为是"频繁营销计划",它最早产生于20世纪70年代初,也称为"老主顾营销规划",指向经常或大量购买的客户提供奖励,目的是促使现有客户维护对企业的忠诚。

奖励的形式有折扣,积分,给予赠品、奖品等。如根据购买数量的多少、购买频率的高低实行价格优惠和打折促销,或者赠送其他价值相当的礼品等,或者实行以旧换新,以此来表示对老客户的关爱,降低他们重复购买的成本。

例如,有家餐厅将客户每次用餐后结账的账目记录在案,自然,账目金额大的都是该餐厅的常客。到了年终,餐厅将纯利润的10%按客户消费总金额大小的比例向客户发放奖金。这项"利润共享"的策略,使得该餐厅天天客满。

(2) 提供奖励忠诚的其他配套措施。这里的其他配套措施是指特权、优待、机会、荣耀等物质利益以外的利益。

例如,为了提高分销商的忠诚度,企业可以采取以下措施:

① 授予分销商以独家经营权。如果能够作为大企业或名牌产品的独家经销商或者代理商,可以树立分销商在市场上的声望和地位,有利于调动分销商的经营积极性。

② 为分销商培训销售人员和服务人员。特别是当产品技术性强,推销和服务都需要一定的专门技术时,这种培训就显得更加重要。如美国福特汽车公司在向拉美国家出售拖拉机的过程中,为其经销商培训了大批雇员,培训内容主要是拖拉机和设备的修理、保养和使用方法等。此举使福特公司加强了与其经销商的关系,提高了经销商在拖拉机维修服务方面的能力,也迅速扩大了福特公司拖拉机的销量。

③ 为分销商承担经营风险。如某企业明确表态:只要分销商全心全意地经营本企业的产品,就保证不让其亏本;在产品涨价时,对已开过票还没有提走的产品不提价;在产品降价时,分销商已提走但还没有售出的产品,按新价格计算。这样分销商就等于吃了定心丸,敢于在淡季充当"蓄水池",提前购买和囤积产品,使企业的销售出现淡季不淡、旺季更旺的局面。

④ 向分销商提供信贷援助。如允许延期付款、赊购,当分销商规模较小或出现暂时财务困难时,这种信贷援助就显得更为宝贵。

⑤ 还可由企业出资做广告,也可以请分销商在当地做广告,再由企业提供部分甚至全部资助,以及提供互购机会,既向分销商推销产品又向分销商购买产品。

**2. 奖励要注意的问题**

(1) 客户是否重视本企业的奖励。如果客户对奖励抱着无所谓的态度,那么企业就不必花"冤枉钱"。

(2) 不搞平均主义,要按贡献大小区别奖励。

(3) 不孤注一掷,要细水长流。即注重为客户提供长期利益,因为一次性促销活动并不能产生客户的忠诚,而且还浪费了大量的财力,即使促销有效,竞争者也会效仿跟进。因此,企业要考虑自己是否有能力对客户持续进行奖励,是否能够承受奖励成本不断上升的压力,否则,就会出现尴尬的局面——坚持下去,成本太高;取消奖励,企业信誉受影响。

(4) 奖励是否注重效果。奖励效果一般由现金价值、可选择的奖品类别、客户期望的价值、奖励方法是否恰当、领取奖励是否方便等因素决定。

**3. 奖励计划的弱点**

（1）未能享受到奖励计划的客户可能对企业产生不满。

（2）企业之间的奖励大战使客户享受到越来越多的优惠，客户的期望值因此越来越高，企业为了迎合客户的预期所投入的奖励成本也会越来越高。

（3）由于奖励计划操作简单，很容易被竞争者模仿。如果多数竞争者加以效仿，则奖励计划会趋于雷同，结果企业提高了成本却不能形成相应的竞争优势，成为企业的负担。但是，企业又不能轻易中断这些计划，因为一旦停止就会产生竞争劣势。于是，企业面临一个恶性循环：奖励计划──→初显成效──→大量效仿──→失去优势──→新的奖励计划……最终导致企业成本不断上升，但成效甚微，最多只是获得虚假忠诚的客户。

可见，奖励计划不是维护客户忠诚的最佳手段。

## （三）增强客户对企业的信任与感情

**1. 增强客户的信任**

一系列的客户满意产生客户信任，长期的客户信任形成客户忠诚。企业要建立高水平的客户忠诚度还必须把焦点放在赢得客户信任上，而不仅仅是客户满意上，并且要持续不断地增强客户对企业的信任，这样才能获得客户对企业的永久忠诚。

有些企业试图通过"搞关系""走后门"来"搞定"客户，但事实上，客户清楚"搞关系""走后门"都带有赤裸裸的目的，凡事若以利始，便难以义终。所以，"搞关系""走后门"无法获得客户信任，无法获得长期而稳定的客户关系，随时存在土崩瓦解的可能。

那么，企业如何才能增加客户的信任呢？

（1）要牢牢树立"客户至上"的观念，想客户所想，急客户所急，理解客户所难，帮客户所需，所提供的产品与服务确实能够满足客户需要。

（2）要提供广泛并值得信赖的信息（包括广告），当客户认识到这些信息是值得信赖并可以接受的时候，企业和客户之间的信任就会逐步产生并得到强化。

（3）要重视客户可能遇到的风险，然后有针对性地提出保证或承诺，并切实履行，以减少他们的顾虑，从而赢得他们的信任。

（4）要尊重客户的隐私权，使客户有安全感，进而产生信赖感。

（5）要认真处理客户投诉，如果企业能够及时、妥善地处理客户的投诉，就能够赢得客户的信任。

**2. 增强客户对企业的感情**

没有留不住的客户，只有不会留客的商家！

建立客户忠诚度说到底就是赢得客户的心。联邦快递的创始人佛莱德•史密斯有一句名言："想称霸市场，首先要让客户的心跟着你走，然后才能让客户的钱包跟着你走。"

因此，企业在与客户建立关系之后，还要努力寻找交易之外的关系，如加强与客户的感情交流和感情投资，这样才能巩固和强化企业与客户的关系，从而提高客户转换购买的精神成本，使客户不忍离去。那么如何增强客户对企业的情感牵挂呢？

（1）积极沟通，密切交往。企业应当积极地与客户进行定期或不定期的沟通，进行拜访或者经常性的电话问候，了解他们的想法和意见，并邀请他们参与到企业的各项决策中去，使客户觉得自己很受重视。此外，企业可以邀请客户参加娱乐活动，如打保龄球、观赏歌舞、参加晚会等,过年过节时举行客户游园会、客户团拜会、客户酒会、客户答谢会等显示客户尊贵地位的活动,可以增进客户对企业的友情。

(2) 超越期待,雪中送炭。生活中我们常说"将心比心,以心换心",企业与客户之间特别需要这种理解与关心。当企业对处于危困之中的客户"雪中送炭",那么,很可能为自己培养了未来的忠诚客户。

假如,当客户有困难时,企业能够伸出援手,如利用自己的社会关系帮助客户解决孩子入托、升学、就业等问题,就会令客户感动。假如客户因为搬迁不方便购买产品,企业主动送货上门,就会使客户觉得自己得到了特殊的关心。假如客户因为资金周转问题不能及时支付购买产品的费用,企业通过分期付款、赊账的形式予以援助,那么客户就会心存感激,当其资金问题解决后将回报以忠诚。

例如,南京民生汽车客运公司除了提供客运服务外,还提供租车服务。当租车客户遇到交通纠纷时,公司以客户"亲属"而不是车主的身份全权处理一切事务。民生汽车客运公司的这项举措使客户大受感动,深得租车客户的好评,客户感到民生汽车客运公司时刻在为他着想,自然忠诚有加。

## (四)建立客户组织

建立客户组织可使企业与客户的关系更加正式化、稳固化,使客户感到自己有价值、受欢迎、被重视,从而使客户产生归属感,因而有利于企业与客户建立超出交易关系之外的情感关系。客户组织还使企业与客户之间由短期关系变成长期关系,由松散关系变成紧密关系,由偶然关系变成必然关系,从而维护现有客户和培养忠诚客户,确保企业有一个基本的忠诚客户群。因此,建立客户组织是巩固和扩大市场占有率、稳定客户队伍的一种行之有效的办法,有利于建立长期稳定的主顾关系。

例如,上海华联商厦对持有会员卡的客户在商厦购物可享受一定的折扣,并根据消费的金额自动累计积分;会员还可通过电话订购商厦的各种产品,不论大小,市区内全部免费送货上门,并对电视机、音响等产品免费上门进行调试。该商厦还注意倾听会员的意见和建议,不定期向会员提供产品信息和市场动态等各种资料,会员生日时还能收到商厦的祝福卡及小礼物。

## (五)提高客户的转换成本

一般来讲,如果客户在更换品牌或企业时感到转换成本太高,或客户原来所获得的利益会因为更换品牌或企业而损失,或者将面临新的风险和负担,就可以借此提高客户的忠诚度。

例如,软件企业为客户提供有效的服务支持,包括提供免费软件、免费调试及解决相关问题等,并帮助客户学习如何正确地使用软件。那么,一段时间以后,客户学习软件所花的时间、精力将会成为一种转换成本,使客户在别的选择不能体现明显的优越性时自愿重复使用,成为忠诚客户,而不会轻易转换。

另外,采取礼品组合等方法,如机票的贵宾卡、超市的积分卡以及快餐店的组合玩具等,也可以提高客户的转换成本。因为客户一旦转换就将损失里程奖励、价格折扣等利益,这样就可以将客户锁定住。

例如,亚马逊网上书店具有基于历史交易数据的客户需求推荐系统及积分系统,如果客户转向另一网上书店,就将损失其在亚马逊书店中的交易积累积分,失去本来可以得到的由积分获得的利益。

此外,客户参与定制产品或服务在增加客户满意度的同时,也增加了客户的特定投入,如时间、精力、感情等,即增加了转换成本,因而能够提高他们的退出障碍,从而有效地阻止客户的叛离。

例如,客户购买定数额的 MaBelle 钻饰就可以注册为"VIP 俱乐部"会员。公司要求员工必须定期通过电邮、电话、手机短信等方式和客户建立个人关系,这种私人关系无疑增加了客户的情感转换成本。MaBelle 还定期为会员举办关于"选购钻石"及"钻饰款式"方面的知识讲座,增加了客户转换的学习成本。

当然,企业还可以通过与客户签订合作协议来提高客户的转换成本,那么,一般情况下在协议期限内客户将不会轻易违约、断交,否则他将按照合作协议的违约条款承担责任。

## (六) 加强业务联系,提高不可替代性

### 1. 加强业务联系

加强业务联系是指企业渗透到客户的业务中间,双方形成战略联盟与紧密合作的关系。

经验表明,客户购买一家企业的产品越多,对这家企业的依赖就越大,客户流失的可能性就越小,就越可能维护忠诚。如 360 安全公司通过网上智能升级系统,及时为使用其产品的客户进行升级,并且可免费下载一些软件,从而增强了客户对其的依赖性。

因此,企业在为客户提供物质利益的同时,还可通过向客户提供更多、更宽、更深的服务,与客户建立结构性的联系或者纽带,如为客户提供生产、销售、调研、管理、资金、技术、培训等方面的帮助,为客户提供更多的购买相关产品或服务的机会,这样就可以促进客户忠诚。

例如,当客户在银行开立一个账户成功购买某项金融产品时,银行应该努力为这个客户提供尽可能多的服务,通过选择套餐等金融业务来加强与客户的联系。如工商银行推出的"旅游套餐"包括了个人旅游贷款、个人旅游支票、牡丹信用卡、牡丹灵通卡、牡丹中旅卡、异地通存通兑等金融服务,在客户旅游消费的整个过程中维护和加强了其与客户的联系。

又如,宝洁的成功在很大程度上得益于"助销"理念——帮助经销商开发、管理目标区域市场。宝洁公司提出了"经销商即办事处"的口号,就是要全面支持、管理、指导并掌控经销商。宝洁公司每开发个新的市场,原则上只物色一家经销商(大城市一般 2~3 家),并派驻一名厂方代表。厂方代表的办公场所一般设在经销商的营业处,他肩负着全面开发、管理该区域市场的重任,其核心职能是管理经销商及经销商下属的销售队伍。

为了提高专营小组的工作效率,一方面宝洁公司不定期派专业销售培训师前来培训,内容涉及公司理念、产品特点及谈判技巧等各个方面,进行"洗脑式"培训;另一方面,厂方代表必须与专营小组成员一起拜访客户,不断进行实地指导与培训。同时,为了确保厂方代表对专营小组成员的全面控制和管理,专营小组成员的工资、奖金甚至差旅费和电话费等全部由宝洁提供。厂方代表依据销售人员业绩,以及协同拜访和市场抽查结果,确定小组成员的奖金额度。宝洁公司通过"助销"行动密切了与经销商的关系,也使经销商对宝洁公司更加忠诚。

### 2. 提高不可(易)替代性

个性化的产品或者服务是客户关系发展到一定程度时客户的必然要求。一个企业如果

不能满足客户的这种要求,将始终无法成为客户心目中最好的企业,也就无法成为客户唯一、持久的选择。因此,企业如果能够为客户提供独特的、不可(易)替代的产品或者服务,如提供个性化的信息、个性化的售后服务和个性化的技术支持,甚至个性化的全面解决方案,就能够成功地与竞争对手的产品和服务相区分,就能够形成不可替代的优势,增加客户对企业的依赖性,从而达到增进客户忠诚的目的。

例如,IBM 提出"IBM 就是服务"的口号,事实上 IBM 确实存在差异于竞争对手的绝对竞争优势:IBM 全球服务部不仅可为客户提供基础软硬件维护和零配件更换的售后服务,更重要的是还能提供诸如独立咨询服务、业务流程与技术流程整合服务、专业系统服务、网络综合布线服务、人力培训等服务,从而满足客户日益复杂和个性化的需求,正是这种服务优势实现了客户对其的忠诚。

此外,企业还可通过技术专利与对手拉开差距,构筑防止竞争者进入的壁垒,从而使自己成为不可(易)替代的,那么就可以降低客户的"跳槽率",实现客户忠诚。

例如,微软公司就是凭借其功能强大的 Windows 系列产品,几乎垄断了 PC 操作系统软件市场,而功能实用、性能良好的 AutoCAD 在计算机辅助设计领域占有很高的市场份额,它们都是凭借不可(易)替代的产品或者服务赢得了客户忠诚。

总之,企业可以通过自身的人才、经验、技术、专利、秘方、品牌、资源、历史、文化、关系、背景等来增强自身的不可(易)替代性,从而实现客户忠诚。

## (七) 加强员工管理

企业应该通过提升员工的满意度与忠诚度来提升客户的满意度和忠诚度,同时,通过制度避免员工流动造成客户的流失。

### 1. 通过培养员工的忠诚实现客户的忠诚

(1) 寻找优秀的员工。企业应寻找那些特质、潜力、价值观与企业的制度、战略和文化相一致,才识兼备、技术娴熟、工作能力强的员工。

(2) 加强培训。企业应培训员工树立"以客户为中心""客户至上"的理念,使每位员工认识到他们的工作如何影响客户和其他部门的人员,从而又最终影响到客户的忠诚和企业的生存,并给予相关知识和技能的培训与指导。

(3) 充分授权。即企业要赋予员工充分的权利和灵活性,从而使员工感到自己受重视、被信任,进而增强其责任心和使命感,激发其解决生产、服务等各环节中问题的创造性和主动性,使每个员工都积极参与到提供超越客户预期目标的服务中去,群策群力、同心同德,共同想办法赢得客户忠诚。

(4) 建立有效的激励制度。有效的激励可以激发员工的工作热情,挖掘员工的潜力,因此,企业要善于将员工的报酬与其满足客户需要的程度相挂钩,建立有助于促使员工努力留住客户的奖酬制度。

例如,美国的一家信用卡公司 MBNA 就建立了这样一种奖酬制度,员工收入中的 20% 是与客户维护有关的奖金。这种奖酬制度激励了员工与客户进行有效的沟通,该企业在过去几年中留住了许多试图终止业务关系的客户。

(5) 尊重员工。企业应尊重员工的合理要求,充分满足员工的需要,在员工培训和个人发展上舍得投资,及时解决员工遇到的问题,从而不断提高员工的满意度。

(6) 不轻易更换为客户服务的员工。熟悉就会亲切,熟练就会有效率。如果员工在一个工作岗位时间较长,不但可以了解工作的要求,掌握做好工作的技巧,而且能够了解客户的兴趣与需求。

**2. 通过制度避免员工的流失造成客户的流失**

有些客户之所以忠诚于某家企业,主要是因为与之联系的员工表现出色,如专业、高效、业务娴熟以及与他们建立的良好私人关系。因此,如果这个员工离开了公司,客户就会怀疑该公司是否仍能满足他们的要求。

为了消除这种疑虑,企业要建立统一的员工形象,特别要强调企业所有的员工都非常优秀(但是等新员工开始工作后才向客户说明这一点是没有用的,必须在平时就要将企业拥有高素质员工的信息不断地向客户宣传)。这样,即使其中一个员工流失,其他员工也可以顺利接替他的工作,继续为客户提供优质的服务,而不至于出现客户跟着流失的现象。

## (八) 以自己的忠诚换取客户的忠诚

企业不应当忽视自己对客户的忠诚,而应当以自己的忠诚换取客户的忠诚。例如,德国商业巨头麦德龙以现购、自运著称,主要特点是进销价位较低,现金结算,勤进快出,客户自备运输工具。麦德龙充分考虑到中国市场的情况,决定其服务对象是:中小型零售商、酒店、餐饮企业、工厂、企事业单位、政府和团体,即主打团体消费,不为个人客户提供服务。

麦德龙之所以不面向个体客户,是因为麦德龙的一条宗旨是"给中小零售商以竞争力",既然已经为中小型零售商提供了服务,按照利益共享的原则,个人客户由中小型零售商负责提供服务。

由于麦德龙维护中小型零售商的利益,忠诚于中小型零售商,所以也赢得了中小型零售商对麦德隆的完全满意和忠诚。在麦德龙的帮助下,它们增强了与大型超市竞争的能力。中小型零售商壮大了,自然增加对麦德龙的需求,这样双方形成双赢的格局。

## 四、实例探讨

### 可口可乐的客户调查

1981年,可口可乐公司进行了一次顾客沟通的调查。调查是在对公司抱怨的顾客中进行的。下面是那次调查的主要发现:

(1) 超过12%的人向20个或更多的人讲述可口可乐公司对他们的抱怨的反应。
(2) 对公司的反馈完全满意的人们向4~5名其他人转述他们的经历。
(3) 10%对公司的反馈完全满意的人会增加购买可口可乐公司的产品。
(4) 那些认为他们的抱怨没有完全解决好的人向9~10名其他人转述他们的经历。
(5) 在那些觉得抱怨没有完全解决好的人中,只有1/3的人完全抵制公司产品,其他45%的人会减少购买。

问题:

(1) 如何看待可口可乐公司顾客的这种口头传播所反映的客户关系状况?
(2) 可口可乐公司针对顾客抱怨所做的客户满意度调查和调查结果,对其客户关系管理有何意义?
(3) 可口可乐公司的做法体现的是何种营销观念,其值得总结的经验有哪些?

(4) 除上述调查工作外,可口可乐公司的客户关系管理工作还应当进行哪些调查和处理?

## A 美容会所的困惑

A 美容会所是一家颇具规模的美容会所。该美容会所地理位置优越,会所周边有学校、政府机关、企事业单位、银行、特色商店等,是一个中产阶级人群密集的区域。在几年来的经营过程中,该会所经营思路较正确,不断引进先进美容设备,增加新的服务项目,至今拥有了包括了美容、健身、针灸理疗等多个项目,尤以纤体和健身闻名。总的来讲,在美容行业竞争日益激烈的情况下,还是取得了不错的业绩,在业界和消费者心目中也树立了较好的形象。但是,老板王女士近来却忧心忡忡,因为她发现有两个问题越来越严重:

(1) 经营中新的项目不断推出,新老客户也都比较喜爱,营业额上去了,但利润却徘徊不前。

(2) 会所生意非常好,员工积极性也相当高,但消费者的忠诚度却没有提高,甚至出现客户流失的现象。

王女士十分担心,这两大问题如果无法尽快得到有效解决,势必将影响到会所未来的发展。

**问题**:假如你是王女士,如何解决以上两个问题?

## 小熊在线的客户经营术

发展 10 年,小熊在线的生存哲学很明确:留住客户的心。

小熊在线信息系统咨询公司(以下简称小熊在线)的创始人兼 CEO 张睿是一"怪人"。怪就怪在和很多互联网老板们相比,他既没有马云、郭凡生等人的侃侃而谈,也没有李彦宏、丁磊等人的雄才伟略,但他却有自己的原则:不接受大规模融资,只接受几个熟识的朋友给的一些赞助。很难想象在这样一个浮躁的年代,处于这样一个"烧钱"的行业,张睿能以"零成本"做起一个网站,并且延续至今发展成为国内最好的资讯门户网站之一,他的秘诀是什么?

"当时的域名和空间都是别人给的,我基本上没花什么钱但却倾注了很多的心血。"张睿说。正因为如此,在以后的时间里不管有多少风险投资来找他谈融资问题,也不管多少公司向他表达过并购的意向,他始终不为所动。

### 1. 专业用户的聚集地

大多数资讯网站都会增设 IT 资讯以外的其他论坛,如交友论坛、闲聊论坛等,还有一些靠更新社会及娱乐新闻来吸引大众眼球。与此不同的是小熊在线的 40 多个分论坛中没有交友论坛也没有大众娱乐新闻。正因为小熊在线的专业性受到了大批专业人士的青睐。假如你的计算机出问题了或是你希望有人为你推荐数码相机,只要你把问题贴到论坛上,不超过 5 分钟肯定有人回复。从不会让你有受冷落的感觉,这也是小熊在线经常在线人数超过 3 000 人的一个重要原因。

小熊在线 90% 以上的用户都是 IT 专业人士。张睿说,论坛是一个个用户参与度很强的平台,小熊在线不是欢迎所有的用户,而是欢迎那些对 IT 硬件等产品感兴趣的用户,小熊与其他资讯网站的不同就在这里。其他网站可以通过设置论坛来吸引大众用户群的关注,而小熊在线只希望聚集专业人群。

小熊在线论坛65%以上的帖子是关于硬件讨论的。在广大用户与版主的共同维护下，这里已经成为了新产品、新技术、新经验的发源地。

除此之外，小熊在线还通过论坛发起过多次献爱心的捐助活动，比如，2004年一名退伍军人做肝脏移植手术，小熊通过论坛发起并筹集了6万元的捐款；在2004年年底印度洋的海啸事件中，小熊在线共筹集了3万元的捐款捐献给海外。

**2. 省钱的"一站式"服务**

"小熊在线"可以为用户省很多钱。这个"省钱"来自小熊在线所提供的服务。在用户选择产品时，小熊在线会把与产品相关的信息先筛选一遍，筛选出对用户有价值的产品信息并呈现给用户参考及放心使用。

例如，用户要买一款价格在3000元左右的数码相机，小熊会告诉用户能够选择的种类有哪些；多少价钱可以买到以及在哪里可以买到；如果用户在外地，小熊还会提供一些用户所在地的相关产品信息。

小熊在线还会为外地用户提供最快捷的服务，比如有的用户想买某品牌的某款数码相机，而此款相机只有在北京才能买到，用户只要将产品需求信息贴到网上，小熊便会在最短的时间内为用户买到最便宜的相机。小熊的这种无距离式服务得到了大批外地（北京以外）用户的好评。

无距离式的服务为小熊积累了大批的用户，于是小熊电子商城在用户的企盼中诞生了。在小熊电子商城，用户不仅可以得到自己想要了解的资讯，同时也可以方便地购买到自己想要的产品，免去了解完产品信息后再花时间选购产品的时间。最重要的是，小熊电子商城的产品物美价廉。

目前，小熊电子商场已经建立了一套完善的服务体系：产品价格查询、产品评测讨论、购买的"一站式"服务体系。用户只要轻轻一点感兴趣的产品，产品的所有信息都会罗列出来，比如与其他产品的比较，具体价格是多少，在线购买的价格是多少，线下购买的价格是多少，出售该产品的网上商铺的信誉度如何，哪些网下商店卖这款产品，网友、用户对这款产品的评价和使用体验，等等。这种"一站式"的服务方式为小熊留住了更多的用户。

**3. 留住年轻的心**

小熊在线除了做好线上服务，为用户提供更多的方便以外，还通过丰富的线下活动来留住客户的心。对于小熊在线来说，校园活动已经成为其标志性活动之一，如今"校园经济"已经成为新的经济增长点，但与现代商业下的"校园经济"不同的是，小熊在线时刻维护着自有的纯真和率直。

小熊在线通过举办校园音乐大赛、校园创意大赛等活动吸引了一批年轻的用户，小熊在线举办的音乐大赛为无数热爱音乐的学生提供了一个展示自己的平台。当然，利用各种活动的举办，小熊在线在校园里赚足了人气，成为学生谈论的热门网站之一。

**问题**：小熊在线实现客户忠诚的策略有哪些？

### 泰国东方饭店的客户忠诚度管理

泰国的东方饭店几乎天天客满，不提前一个月预订是很难有入住机会的，而且客人大都来自西方发达国家。泰国为什么会有如此"诱人"的饭店呢？该饭店靠的是非同寻常的客户服务，即现在经常提到的客户关系管理。

东方饭店的客户服务到底好到什么程度呢？我们不妨通过一个实例来了解一下。

一位朋友因公务到泰国出差,并下榻东方饭店,第一次入住时良好的饭店环境和服务就给他留下了深刻的印象。当他第二次入住时,几个细节更使他对饭店的好感迅速升级。

那天早上,当他走出房门准备去餐厅的时候,楼层服务生恭敬地问道:"于先生是要用早餐吗?"于先生很奇怪,反问:"你怎么知道我姓于?"服务生说:"我们饭店规定,晚上要背熟所有客人的姓名。"这令于先生大吃一惊,因为他频繁往返于世界各地,入住过无数高级酒店,这种情况还是第一次碰到。

于先生高兴地乘电梯下到餐厅所在的楼层,刚刚走出电梯门,餐厅的服务生就说:"于先生,里面请。"于先生更加疑惑,因为服务生并没有看到他的房卡,就问:"你知道我姓于?"服务生答:"上面刚刚打电话过来,说您已经下楼了。"如此高的效率让于先生再次大吃一惊。

于先生刚走进餐厅,服务小姐微笑着问:"于先生还要老位子吗?"于先生的惊讶再次升级,心想:"尽管我不是第一次在这里吃饭,但最近的一次也是一年多以前了,难道这里的服务小姐记忆力那么好?"看到于先生惊讶的目光,服务小姐主动解释说:"我刚刚查过电脑记录,您在去年的 6 月 8 日在靠近第二个窗口的位子上用过早餐。"于先生听后兴奋地说:"老位子!老位子!"小姐接着问:"老菜单?一个三明治、一杯咖啡、一个鸡蛋?"现在于先生已经不再惊讶了,"老菜单,就要老菜单!"于先生已经兴奋到了极点。

上餐时,餐厅赠送了于先生一碟小菜。由于于先生是第一次看到这种小菜,就问:"这是什么?"服务生后退两步说:"这是我们特有的××小菜。"服务生为什么要先后退两步呢?他是怕自己说话时口水不小心落在客人的食品上。这一次早餐给于先生留下了终生难忘的印象。

后来,由于业务调整的原因,于先生有三年的时间没有再到泰国去。在于先生生日的时候,突然收到了一封东方饭店发来的生日贺卡,里面还附了一封短信,内容是:"亲爱的于先生,您已经有三年没有来过我们这里了,我们全体人员都非常想念您,希望能再次见到您。今天是您的生日,祝您生日愉快!"于先生当时激动得热泪盈眶,发誓如果再去泰国,绝对不会住任何其他的饭店,一定要住在东方饭店,而且要说服所有的朋友也像他一样选择东方饭店。于先生看了一下信封,上面贴着一枚六元的邮票。六元钱就这样买到了一颗心,这就是客户关系管理的魔力。

东方饭店非常重视培养忠实的客户,并且建立了一套完善的客户关系管理体系,使客户入住后可以得到无微不至的人性化服务。迄今为止,世界各国约 20 万人曾经入住过这里。用他们的话说,只要每年有 1/10 的老顾客光顾饭店就会永远客满,这就是东方饭店成功的秘诀。

现在客户关系管理的观念已经被企业普遍接受,而且相当一部分企业已经建立起了自己的客户关系管理系统,但真正能做到东方饭店这样的并不多见。关键是很多企业还只是处于初始阶段,仅仅是用了一套 CRM 软件系统,而并没有从内心深处思考如何去贯彻执行,所以大都浮于表面,难见实效。客户关系管理并不只是一套软件系统,而是以全员服务意识为核心贯穿于所有经营环节的一整套全面、完善的服务理念和服务体系,是一种企业文化。在这方面,泰国东方饭店的做法值得很多企业认真地学习和借鉴。

问题:
1. 泰国东方饭店在实现客户忠诚度方面有哪些好的做法?
2. 泰国东方饭店为实现客户忠诚采取了哪些营销策略?

## 五、学习测评

1. 客户忠诚度的含义、意义是什么?
2. 简要说明客户满意度和客户忠诚度的关系。
3. 影响客户忠诚度的因素有哪些?
4. 客户忠诚度测评指标具体有哪些?
5. 提高企业客户忠诚度的策略有哪些?
6. 信赖忠诚与势利忠诚有什么不同?

# 项目九　正确处理客户投诉

## 课 前 导 读

美国捷运公司副总经理玛丽安娜·拉斯马森曾提出过著名的公式：

处理好客户的投诉＝提高客户的满意程度＝增加客户认牌购买的倾向＝更高的利润

请同学们谈谈自己对这个公式的认识和理解。一般来说，端正对于客户投诉的态度，是我们处理好客户投诉的第一步。

## 一、学习导航

**1. 学习目标**

（1）能够正确认识客户投诉；

（2）能够对投诉客户进行心理分析；

（3）能够正确处理投诉。

**2. 学习重点**

（1）投诉客户心理分析；

（2）正确处理客户投诉的方法。

**3. 学习方法**

实例探讨、头脑风暴等。

## 二、实例导入与工作任务

张小姐去餐厅买饺子带回家，在饺子里面发现有些异物，就回来找餐厅。餐厅老板说"你拿什么证明这个饺子是我们的？"有关媒体前去采访，餐厅老板说："你可以去找有关部门。"餐厅老板特别理直气壮。为什么？因为他知道张小姐根本就找不到证据。无凭无据，哪儿都有卖饺子的，凭什么说就是他们餐厅做的呢？要是当场吃出来，可以去投诉，若拿回家吃，没有事实根据。所以老板显得特别理直气壮"你去找吧"，甚至对记者也不理不睬。

面对客户的投诉，企业是按照上述实例里张老板的处理方式把客户的投诉"积蓄"起来，等待着不可收拾，还是主动让客户及时把抱怨"发泄"出来，并化解客户的投诉？相信明智的企业都会选择后者。企业唯一正确的选择是正确面对投诉、解决投诉、利用投诉，变不利为有利，变被动为主动，把客户投诉变成企业的机会。

小王在学习《客户关系管理实务》时，把正确处理客户投诉这部分内容作为重点要掌握的内容，他带着很多问题，如为什么客户要投诉、如何解决客户投诉、应对投诉有哪些技巧等问题进入项目九的学习中。

## 三、知识与技能

为了实现以上的学习目标和工作任务，需要掌握以下知识和技能：

**1. 知识点**
（1）了解客户投诉的含义、类型和价值；
（2）掌握投诉客户的心理；
（3）把握处理客户投诉的原则；
（4）掌握处理客户投诉的方法；
（5）掌握客户投诉的处理技巧；
（6）掌握特殊客户投诉的处理技巧。

**2. 能力点**
（1）正确认识客户投诉；
（2）能够对投诉客户的不同心理进行分析；
（3）学会正确处理客户投诉；
（4）能够处理特殊客户投诉。

# 学习单元一　正确认识客户投诉

## （一）客户投诉的含义

所谓客户投诉就是指当客户购买商品后或提出某种服务需求后，对商品本身的质量或体验服务过程中的感受未达到自己心中设定的期望，而提出的口头或书面上的异议、抗议、索赔和要求解决问题等行为。

## （二）客户投诉的类型

**1. 按投诉的严重程度划分**

客户投诉可以分为轻微投诉和严重投诉。轻微投诉一般指当场可以解决、不涉及赔偿的顾客投诉，此类投诉由相关人员根据实际情况予以处理即可。严重投诉一般指当场不能解决的投诉，此类投诉需要相关部门协作，应严格按有关程序处理。

**2. 按投诉原因划分**

客户投诉可以分为产品质量投诉、服务投诉、价格投诉、诚信投诉和意外事故投诉。

## （三）客户投诉的产生过程

客户找上门来只是最终投诉的结果，实际上投诉之前就已经产生了潜在化的抱怨，即产品或者服务存在某种缺陷。潜在的抱怨随着时间推移就会逐渐地变成显在化抱怨，而显在化抱怨累积将转化为投诉。比如客户购买了一部手机，老掉线，这时还没有想到去投诉，但随着手机问题所带来的麻烦越来越多，就变成显在化抱怨，显在化抱怨变成了潜在投诉，最终企业看到的是投诉。客户投诉产生过程如图9-1所示。

图 9-1　客户投诉产生过程

## （四）客户投诉对于企业的价值

### 1. 改进产品或服务中的失误

企业或销售组织可以从客户的投诉、建议与意见中，发现自身经营管理上存在的问题。客户投诉有利于纠正企业营销过程中的问题和失误，发现产品生产和开发存在的问题，并且企业还可以利用客户投诉，有意识地给相关部门施加压力，不断地改进或改善工作。因此，客户投诉管理不只是单纯处理投诉或满足客户的需求，客户投诉还是一种非常重要的"反馈信息"。因为客户投诉还可能反映企业产品或服务所不能满足的客户需要，主动研究这些需要，可以帮助企业开拓新的商机。尤其当企业面临革新的时候，为了使新产品能够顺利上市并引起良好的反应，企业必须倾听客户的意见。

一项调研结果显示：一个满意的客户会将他的愉快经历告诉1～5人；获得1个新客户的成本是保持1个老客户成本的5～10倍；1位不满的客户会将他的抱怨至少转述给11个人听；每收到1次客户投诉，就意味着还有20名有同感的客户。

### 2. 获得再次赢得客户的机会

向企业投诉的客户一方面要寻求公平的解决方案，另一方面也说明他们并没有对企业绝望，而是希望企业再尝试一次。企业积极且系统地处理来自客户的咨询、建议与投诉，通过补偿客户在利益上的损失，可以赢得客户的谅解和信任，维护企业的良好形象，保证企业与客户关系的稳定和发展。许多投诉案例说明，只要处理得当，客户大都会比发生失误之前具有更高的忠诚度。因此，企业不仅要注意客户的某一次交易，更应该计算每个客户的终身价值，重视建立和保持客户忠诚度的每一个细节，与客户建立维持终生的关系。从这个意义上说，企业不应惧怕客户投诉，而应热情地欢迎客户投诉。

美国曾对消费者做过一项调查：即便不满意，但还会在企业那儿购买商品的消费者有多少？具体结果如表 9-1 所示。

表 9-1　美国全国消费者调查结果

| 序号 | 客户类型 | 继续购买商品的比例 | 不再购买商品的比例 |
| --- | --- | --- | --- |
| 1 | 不满意也不投诉的客户 | 9% | 91% |
| 2 | 投诉没有得到解决的客户 | 19% | 81% |
| 3 | 投诉过但得到解决的客户 | 54% | 46% |
| 4 | 投诉迅速得到解决的客户 | 82% | 18% |

从表 9-1 可以看出，那些向企业提出中肯意见的客户，都是对企业依然寄予期望的人，他们期望企业的服务能够改善，他们会无偿地向企业提供很多信息。因此，投诉的客户对于企业而言是非常重要的。

对服务不满意的客户的投诉比例是：4%的不满意客户会投诉，而96%的不满意客户通常不会投诉,但是会把这种不满意告诉给他周围的其他人。在这96%的人背后会有10倍的人对你的企业不满,但是只有4%的人会向企业诉说。因此,有效处理客户的投诉,能有效地为企业赢得客户的高度忠诚。

**3. 建立和巩固良好的企业形象**

客户投诉如果能够得到快速、真诚的解决,客户的满意度就会大幅度提高,他们会不自觉地充当企业的宣传员。客户的这些正面口碑不仅可增强现有客户对企业的信心和忠诚度,还可对潜在客户发生影响,有助于企业在社会公众中建立起将客户利益置于首位、真心实意为客户着想的良好形象。优秀的企业都会加强同客户的联系,都非常善于倾听客户的意见,不断纠正企业在销售过程中出现的失误或错误,补救和挽回给客户带来的损失,维护企业声誉,提高产品形象,从而不断地巩固老客户,吸引新客户。

卡罗尔·戴夫的吉他被美联航的行李运输工摔坏后,历经9个月索赔未果。于是,他制作了一首名为《美联航弄坏吉他》的音乐视频并上传到网络上。意想不到的是,这部视频竟在短短10天内就获得了近400万人次的点击量。美联航为此也付出了巨大代价——股价暴跌10%,相当于蒸发掉1.8亿美元市值,而且还被数以百万计的人指责。最终,美联航一改过去的冷漠和推诿,付给了卡罗尔·戴夫赔偿金,还声称要用这个视频培训员工以提高服务水平。

**4. 帮助企业发现隐藏的商机**

据相关调查数据显示,客户投诉中售后服务类投诉、产品质量问题投诉占到一半以上。因此,企业有必要认真分析这些投诉的具体情况,并以此为契机,持续不断地提升售后服务水平,提高产品质量水准,开发更适合消费需求的新产品。

## (五) 端正对于客户投诉的态度

企业被客户投诉很正常。企业应该将投诉者视为感恩的对象;投诉是客户送给企业最宝贵的礼物;尤其是处理难缠的客户,企业可以从中学到很多东西,从而反省自己,改变自己;把客户的抱怨、倾诉、投诉当成客户与企业交流的渠道,这个渠道中存在很多有价值的信息。

美国商人马歇尔·费尔德认为:"那些购买我产品的人是我的支持者;那些夸奖我的人使我高兴;那些向我投诉的人是我的老师,他们纠正我的错误,让我天天进步;只有那些一走了之的人是伤我最深的人,他们不愿给我一丝机会。"因此,不管客户的投诉有理或无理,企业都应当表示感谢,要给顾客一个良好的最终印象,正如要给顾客一个良好的第一印象一样。

# 学习单元二 客户投诉心理分析及应对

我们想成功处理客户投诉,在"倾听"客户的同时,还要去"揣摩"客户的心理:客户希望通过投诉获得什么?客户为什么希望得到这样的服务?当我们了解客户的心理后,才能够从心理上靠近客户,为客户提供合适的处理方案。那么投诉客户有哪些常见的心理状态?怎样根据这些心理状态划分客户类型?如何有效处理客户的投诉?

## (一) 寻求发泄心理

如今生活压力大,有些客户本来心中就积压着诸多不满,当企业提供的服务没有满足客户的基本需求,或者提供的服务没有令客户满意时,这些不满就会集中到一起,很容易让客户将自己的不满传递给企业,把自己的怨气发泄出来,使投诉者不快的心情得到释放和缓解,恢复心理上的平衡。在这种心理的驱使下,客户的情绪一般较为激动,语气和态度较为强硬,音量也会随着情绪的激动而有所增加,说话的节奏一般较快,用词比较激进,甚至会出现破口大骂、使用不文明语言的行为。如果不了解客户心理,有些服务人员可能会因此责怪客户,甚至发生冲突。

但是,如果我们从客户的角度出发,了解客户发泄的心理,就可以明白客户有情绪是完全有理由的,理应得到极大的重视和最迅速、最合理的解决。在此时,客服人员的耐心倾听就是帮助投诉者发泄的最好方式,切忌打断客户,导致他的情绪宣泄中断、淤积怨气。

此外,投诉者发泄的目的在于取得心理平衡,恢复心理状态,客服或工作人员在帮助他们进行宣泄情绪的同时,还要给予正面积极的反馈,让客户知道你非常理解他的心情,关心他的问题,如"王先生,对不起,让您感到不愉快了,我非常理解您此时的感受。"无论客户的发泄是否合理,至少在客户的世界里,他的情绪与要求是真实的,只有与客户的世界同步,才有可能真正了解他的问题,找到最合适的方式与他交流,从而为成功地投诉处理奠定基础。

## (二) 寻求尊重心理

美国心理学家马斯洛把人的需要分为五个层次。这五种需要都是人的最基本的需要,是与生俱来的,是引发人们行为的力量。这五个需要包括:生理需要、安全需要、社交需要、尊重需要和自我实现需要。马斯洛认为,需要的层次越低,力量越强;层次越高,力量越弱。只有低层次需要得到相对满足后,高层次需要才会出现。

寻求尊重是人的正常心理需要。在服务性的行业里,客户寻求尊重的心理一直十分明显,而在进行投诉活动时这种心理更加突出。他们总认为自己的意见是正确的,希望受到有关部门应有的重视。此类投诉客户要求别人尊重他的意见,不仅把眼光放在解决问题上,还希望能得到公司的尊重,他们会反复强调所反映的问题为什么没有得到应有的重视,如"我很早以前就给你们打过电话,为什么没有人来处理?"同时也会表达出对相应部门的失望。客户希望服务人员向他表示歉意,并立即采取行动。

在处理这类投诉过程中,投诉者最迫切得到的就是一个态度:服务人员能否认真接待投诉者,能否对所投诉的问题表示重视,能否及时表示歉意并及时采取有效的措施,这些比什么都重要。除此以外,还要注意在语言上使用正式称谓,用词严谨、准确,无"异议",不抢话,主动承担责任等,都可以让客户感觉到自己受到了尊重。尊重是沟通的第一步,这时与客户的沟通就会进行得更加顺畅。

## (三) 寻求补偿的心理

补偿心理是一种心理适应机制,在有些情况下,客户会认为是由于公司的原因使得自己的权益受到了损害,或者造成客户实际的经济损失,此时客户就会要求公司给予相应的补偿,值得注意的是,补偿心理既包括精神上的抚慰,也包括物质上的赔偿。

有这类心理诉求的客户会在投诉过程中明确自己的损失,例如"手机出问题造成我的生意受影响,怎么办?""这电压不稳都把我家的电器弄坏了,你们得赔偿我的损失",等等。服务人员要明白客户急切的心情,多花些时间倾听、道歉等,这种耐心对客户而言本身也是一种补偿。

寻求补偿的客户,在受到不公正待遇或者自己的合法权益和诉求得不到完全满足的时候,会向企业提出赔偿要求。对于这些客户来说,合理的赔偿是弥补他们受伤心理的有效手段,是对其的最大安慰,是赢得这些客户满意的最佳途径。

## (四)寻求认同的心理

希望被认同的需求是人类的基本需求之一。当客户遇到问题或没有得到应有的服务时,势必会产生受挫感、不满足感或产生无因的抱怨。因而,客户在投诉过程中,一般都努力证实他的投诉是对的,是有道理的,是不得不做的事情,极其希望获得企业和服务人员的认同。所以服务人员在了解和倾听客户投诉问题时,对客户的感受、情绪要表示充分的理解和同情,应做出认真倾听的姿态,以默许或明言的方式认同客户的感受,如"我理解你为什么如此"等,这有助于与客户建立融洽的关系。但是在与客户接触的过程中,要注意不能随便认同客户的处理方案。回应是对客户情绪的认同、对客户期望解决问题的认同,给出一个协商解决的信号。客户期望认同的心理得到回应,有助于拉近彼此的距离,为后面协商处理营造良好的沟通氛围。

客户服务人员在了解客户投诉问题时,要及时观察客户表情,揣摩客户心理感受,观察客户情绪,表现出对客户的充分理解和同情,以点头默许或握手、拥抱等明确的方式表现出对客户的高度认同,这些都有助于建立融洽的关系,获得客户的支持。

## (五)提建议心理

有些客户前来投诉,往往也存在着给企业提出建议的心理,客户既是在投诉和批评,也在建议和教导。他们希望通过这种方式获得一种成就感,体现自身的价值。若自己的建议或意见被企业采纳,则会感到无比自豪。此类客户的自我实现欲望比较强烈,一般有着较高的素养,善于观察和发现问题,喜欢自己动手解决问题,希望自己的价值能够有所体现,不愿意被人做负面评价,时时维护自己的形象。

这些客户在经历过某次不愉快的服务后,或者在看到某些服务可能存在失误后,会向企业委婉地提出自己的建议或见解,如"这个做法是不是合理呢?这样做会不会效果更好?……"这部分客户大多是理智型与双赢型客户,如年纪较大的退休工人、受教育程度较高的知识分子,等等,他们在投诉过程中的情绪一般不会过于激动,用词多为说教式语言。

利用客户的建议心理,服务人员在进行投诉处理时,要注意夸奖客户,引导客户做一个有身份的、理智的人。另外,可以采用性别差异式接待,如男性客户由女性来接待,尤其是在异性面前,多数的客户更倾向于表现自己积极的一面,努力展示自己对服务质量改进的贡献和建议。

## (六)寻求公平心理

美国心理学家约翰·斯塔希·亚当斯曾提出一种公平心理,他认为人们总会不自觉地将自己付出的劳动代价及其所得到的报酬与他人进行比较,并对公平与否做出判断。公平感直接影响人们的动机和行为。当人们对自己的待遇作社会比较或历史比较,当比较的结果一致时,便会感到受到了公平待遇,因而心理平衡,心情舒畅;如果不一致时,便会感到自己受到了不公平的待遇,产生怨恨情绪,这种感觉越强烈,人们就会产生挫折感、义愤感、仇恨心理,甚至产生破坏心理。

基于这种心理,当客户发现当前出现的问题并没有出现在其他客户身上,或者类似的问题其他客户都能得到及时的处理,而自己的问题却没有得到重视或没有妥善解决时,也会产生不公平感而进行投诉。这类客户在投诉过程中会反复强调自己遭遇的独特性,如"为什么其他人没有碰到,我怎么就碰到了呢?""其他人都是这样处理的,怎么到我这就不行了呢?"并且情绪会出现波动。一旦出现这样的投诉,客服人员要耐心了解在不同客户之间出现差异的原因,解释相应的流程规范,必要时可以告知投诉者其他人也有类似的体验,甚至是更糟糕的经历,以此让投诉者获得一种公平感,这更有利于后续问题的解决。

## 学习单元三　正确处理客户投诉的原则和方法

### (一) 正确处理客户投诉的原则

**1. 独立权威性**

企业需要设立独立权威的专门的客户服务机构,加强对投诉问题的处理力度。一般生产型企业在这方面的机构设置和人员配置都比较完善,在权限上采取层层审批核实的程序,一个报告由业务、销售、生产、技术、营销和质量6个部门签字批示意见,最后经总经理审批生效。

当然对于这样一个繁杂的程序,有一个环节拖延或再次进行核实调查,都会影响问题的处理进程,而且存在一个致命的弊端,就是各个部门都签署意见,很大程度只是走走形式,并没有真正做到一一核实。由于责任关系牵扯到许多部门,会形成都敢对用户表态但都不能最终决定的不负责现象。

**2. 及时准确性**

客服部门在接到客户以电话、口头或书面方式投诉时,应登记事由并以最快的速度让经办人到现场取证核实,需要核实的内容一般涉及投诉问题的性质、程度、范围和客户意见等。

第一时间赶到现场很重要,不仅可以安抚客户的反感情绪,更重要的是可以了解实际情况,根据具体形势控制赔偿损失的范围和防止事态的继续扩大,并及时将情况如实汇报上级领导,请求处理意见,在问题严重或牵扯到责任部门时,让上级部门派相关人员到现场处理问题。

所以,问题性质核实的准确性就尤为重要,要求客服人员(有些企业由销售部门人员兼任)有迅速处理问题的能力和丰富的专业实践经验。

担心处理不到位而遭到领导指责或不愿面对现实,总是不负责任地拖拖拉拉,更有甚者隐瞒事实,不及时核实呈报,耽误了问题解决的最佳时机,这些做法很不可取,会给企业下一步的问题处理带来难度和造成不必要的损失。

**3. 客观真实性**

应尊重客观事实,对客户投诉进行多方面的调查和区分。确因企业方原因给客户造成直接或间接损失,要根据具体情况果断按约定进行赔偿。

在调查核实上,为防止经办人员与客户串通瞒报损失程度,坑害企业利益而谋取私利,就要对客服人员在品行方面进行考察,同时要重视原始资料的真伪和鉴别的全面性,也可不定时地抽查和调研,分析问题的客观与主观因素。

**4. 协调合理性**

对于赔偿,应在双方友好协商的基础上达成共识。

企业在问题处理的动机方面,首先考虑的是后续业务的前景,即处理问题后对业务的促进作用。如果处理了问题而业务并没有大的起色或增长,就会在赔偿金额的协调和赔偿速度上有意滞后或根本不予理睬,这种现象在一些企业里还非常严重。

在实际中,常会遇到除自己企业原因之外,还有因其他因素导致客户产生巨额损失。当在责任确定方面难以区分,客户又有意把损失转嫁到企业时,如果企业经过权衡利弊还有信心继续合作,就需要有理有节地协调处理。

在表述理由时,要不卑不亢,不要怕因为拒绝对方的过分要求会影响业务。要让客户明白,损失的超限赔偿是基于双方的合作关系,吃亏也要吃在明处,不能让客户感到企业处理问题不严肃,这可以有效防止客户再次提出过分的要求。

## (二) 正确处理客户投诉的方法

**1. LSCIA 处理法**

(1) 倾听(Listen to)。当客户提出异议或反映产品或服务的问题时,我们首先要学会倾听,倾听是解决问题的前提,可帮助我们弄清问题的本质和事实。切记不要打断对方的谈话。在倾听的过程中不妨多运用提问的技巧,比如,发生什么事?这事为什么会发生?你是如何发现的?这样将会有助客服人员了解事情的真相。在倾听客户抱怨的时候,不但要听他表达的内容,还要注意他的语调与音量,这有助于客服人员了解客户语言背后的内在情绪,同时,要通过归纳与复述来确保自己是否真正了解了客户的问题。

(2) 分担(Share)。如果我们基本弄清问题的本质以及此事是因何发生时,则可以采用分担的方式,如"您讲得有道理,我们以前也出现类似的事情。"不管是产品本身,还是使用不当等原因,都不能责备客户。这样,客户会感觉他被重视。

(3) 澄清(Clarify)。根据上述两种方法已基本了解客户异议的本质及动向,此时应对问题加以定性,是产品本身还是客户使用不当? 如果是产品本身,应立即向客户道歉,并在最快的时间内给客户解决;若是客户使用不当,要说明问题的实质,并立即帮助客户解决问题,说明产品正确的使用方法(性能、特点、特性),并用鼓励的话语感谢客户提出的异议,无论异议是正确还是不正确。必要时予以精神和物质奖励。

(4) 阐明(Illustrate)。能够及时地解决问题当然最好,但有些问题可能比较复杂或特殊,一般人员难以解决。那么就不要向客户作任何承诺,而是诚实地告诉客户情况有点特别,我们会尽力帮客户寻找解决的方法但需要一点时间,然后约定给回话的时间。一定要确保准时给客户回话。即使到时仍不能帮客户解决,也要准时打电话向客户说明问题解决的进展,表明我们所做的努力,并再次约定给客户答复的时间。

(5) 要求(Ask)。在客户异议基本解决后,还要再问客户还有什么其他要求,以诚恳的态度告诉客户:"假如您还有其他问题,请随时找我,我非常乐意为您效劳。"并递上自己的名片。客户一定会深受感动的,所谓的抱怨也便消除了,这个客户甚至还有可能成为企业的忠诚客户。

## 2. CLEAR 处理法

"CLEAR"处理法,是令顾客心情"明朗"的处理方法,包括以下步骤:

C:控制你的情绪(Control);

L:聆听客户诉说(Listen);

E:建立与客户共鸣的局面(Establish);

A:对客户的情形表示歉意(Apologize);

R:提出应急和预感性的方案(Resolve)。

(1) 控制你的情绪(C):

① 目的。当客户发怒时,客服人员要处理的第一个问题是控制自己的反应情绪。当顾客进行投诉时,常常心情不好,丧失理智,顾客的语言或行为会让客服人员感到遭到攻击、不耐烦,从而被惹火或难过,轻易产生冲动,丧失理性,导致"以暴制暴",这样就使得局势更加复杂,企业服务和信誉将严重受损。

② 原则。坚持一项原则,那就是:可以不同意客户的投诉内容,但不可以不同意客户的投诉方式。客户投诉是由于他们有需求没有被满足,所以我们应当充分理解客户的投诉和他们可能表现出的愤怒、懊丧、痛苦或其他过激情绪等,不要与他们的情绪"共舞"或责怪任何人。

③ 有效技能。下边是一些面对顾客投诉时帮助你平复情绪的一些小技能。

- 深呼吸,平复情绪。要留意呼气时千万不要大声叹息,避免给客户以不耐烦的感觉。
- 思考客户所反映的问题的严重程度。
- 要记住,客户不是对你个人有成见,即便看上去往往如此。
- 以退为进。假如有可能的话给自己争取点时间。如"我需要调查一下,10 分钟内给您回电""我需要两三分钟时间同我的主管商量一起解决这个问题,您是愿意稍等一会儿呢,还是希望我一会儿给您打回去?"当然你得确保在约定的时间内可以兑现承诺。

(2) 聆听客户诉说(L)。客服人员的情绪平复下来后,需要客户也镇静下来才能解决好问题。先别急于解决问题,而应先抚平客户的情绪,然后再来解决客户的问题。

① 目的。为了管理好客户的情绪,客服人员首先要了解产生这些情绪的原因是什么,他们为何投诉。静下心来积极、仔细地聆听客户愤怒的言辞,做一个好的听众,这样有助于达到以下效果:

- 从字里行间里判断客户所投诉的实质和顾客的真实意图。
- 了解客户想表达的感觉与情绪。

仔细聆听的态度将给客户一个宣泄抱怨的窗口,辅以语言上的缓冲,为发生的事情道歉,声明你想要提供帮助,表现出与客户合作的态度。这既让客户将愤怒表达出来,使愤怒的程度有所减轻,也为自己后面提出解决方案做好准备。

② 原则。聆听客户诉说时客服人员听的不仅是事实,还有隐藏在事实之后的情绪,要遵守的原则应当是为了理解而聆听,并不是为了回答而聆听。

③ 有效技能。在客户很恼火时,有效、积极地聆听是很有必要的。

- 全方位聆听。要充分调动左右脑、直觉和感觉来听,比较你所听到、感到和想到的内容的一致性程度。专心体会、琢磨,听懂弦外之音。
- 不要打断。要让客户把心里想说的话都说出来,这是最起码的态度,中途打断顾客的陈述,可能让顾客反感。

- 向客户传递其被重视的感觉。
- 明确对方的话。对投诉的内容,觉得不是很清楚,要请对方进一步说明,但措辞要委婉。

(3) 建立与客户共鸣的局面(E)。共鸣被定义为站在他人的角度,理解他们的参照系的能力。它与同情不同,同情意味着被卷进他人的情绪,并丧失了客观的态度。

① 目的。对客户的感受深表理解,这是化解怨气的有力武器。当客户投诉时,他最希望自己的意见得到对方的尊重,自己能被他人理解。在投诉处理中,有时一句体贴、温暖的话语,常常能起到化干戈为玉帛的作用。

② 原则。与客户共鸣的原则是换位真诚地理解顾客,而非同情。只有站在客户的角度,想客户之所想,急客户之所急,才能与客户构成共鸣。要站在客户的立场想问题,学会换位思考:"假如我是客户,碰到这类情况,我会怎样呢?"

③ 有效技能。实现顾客共鸣的技能有:
- 复述内容:用自己的话重述客户难过的缘由,描写并略微夸大客户的感受。
- 对感受作出回应:把你从客户那里感受到的情绪说出来。
- 模拟客户的境遇,换位思考。想象一下,我们的供给商以相同或类似的方式对待我们时,我们会做出什么样的反应。

不要只是说"我能够理解"这样的套话。你可能会听到客户回答:"你才不能理解呢,又不是你遇到这样的情况。"假如你想使用"我能够理解"这类说法的话,务必在后面加上你理解的内容(客户难过的缘由)和你感受到的客户的感受(他们表达的情绪)。

表达共鸣的最大的挑战是要使共鸣的话语听起来很真诚。我们必须在困难的情形下建立自己的沟通风格,表现出对客户观点的理解,听起来不老套也不油嘴滑舌。

(4) 对客户的情形表示歉意(A):

① 目的。我们聆听了客户的投诉,理解了他们投诉的缘由和感受,那么就有必要对客户的情形表示歉意,从而使双方的情绪可以控制。

② 原则:
- 不要推辞责任。当问题发生时,不要轻易回避责任,说这是他人的错。即使你知道是哪位同事的错,你也不要责备同事,这么做只会令客户对公司整体留下不好的印象,其实也就是对你留下坏印象。
- 道歉总是对的(即便客户是错的)。当不是自己的错误时,人们一般不愿意道歉。为使客户的情绪更加平静,即便客户是错的,也一定要为客户情绪上受的伤害表示歉意。客户不完全是对的,但客户就是客户,他永远都是第一位的。
- 道歉要有诚意。一定要发自内心地向顾客表示歉意,不能口是心非、皮笑肉不笑,否则就会让客户觉得这是在敷衍,感觉自己被玩弄。当然,也不能一味地使用道歉的字眼儿来搪塞客户。
- 不要说但是。"我很抱歉,但是……"这个"但是"否定了前面说过的话,使道歉的效果大打折扣。过失的缘由通常与内部管理有关,其实客户不想知晓,这样说常常只会被客户以为你是在推辞责任。

③ 有效技能:
- 为情形道歉。要为情形道歉,而不是责备谁。即便在问题的回复上还不是很明确,需要进一步认定责任承担者时,也要首先向客户表示歉意,但要留意,不要让客户误以为公

司已完全承认是自己的错误,我们只是为情形而道歉。例如可以用这样的语言:

"让您不方便,对不起。""给您添了麻烦,非常抱歉。"这样道歉既有助于平息顾客的愤怒,又没有承担可导致顾客误解的具体责任。

・肯定式道歉。当客户有过失时,我们不能责备。要记住,当客户做错时他们也是"正确"的,他们或许不对,但他们是客户。我们可能没法保证客户在使用产品的进程中百分之百满意,但必须保证当客户因不满找上门来时,我们在态度上总是能够百分之百地令其满意!

(5) 提出应急和预见性的方案(R)。在积极地聆听、共鸣和向客户道歉以后,双方的情绪得到了控制,现在是时候把重点从互动转到解决问题上了。平息顾客的不满与投诉,问题不在于谁对谁错,而在于争端各方如何沟通并解决客户的问题。

① 目的。解决单次客户投诉,为客户服务提供改善建议。

② 原则。对于客户投诉,要迅速做出应对,要针对这个问题提出应急方案;同时,提出杜绝类似事件发生或对类似事件进行处理的预案,而不单单是解决了目前的问题就万事大吉了。

③ 有效技能:

・迅速处理,向客户承诺。应迅速就目前的具体问题,向客户说明各种可能的解决办法,或询问他们希望怎样办,充分听取客户对问题解决的意见,对具体方案进行协商。然后确认方案,总结将要采取的各种行动——你的行动与他们的行动,以解决问题。要重复客户关心的问题,确认客户已理解,并向客户承诺不会再有类似事件的发生。

・深入检讨,改善细节以进步。在检查客户投诉的进程中,负责投诉处理的客服人员要记录好投诉进程的每个细节,把客户投诉的意见、处理进程与处理方法记录在处理记录表上,深入分析客户的想法,这样客户自己的态度也会慎重起来。而每次的客户投诉记录,客户服务部门都要存档,以便以后查询,并定期检讨产生投诉意见的缘由,从而加以修改。

要充分调查此类事件发生的缘由,仔细思考一下,为了避免此类事件的再度发生是不是需要进行变革,对服务程序或步骤要做哪些必要的转变,以提出预见性的解决方案,即改善服务质量的方法,以减少或杜绝将来发生类似的投诉。提出预见性解决方案也是对客户的一个最好承诺。

・落实。对所有客户的投诉意见及其产生的缘由、处理结果、处理后客户的满意程度和企业今后改进的方法,均应及时用各种固定的方式,如例会、动员会、早班会或企业内部刊物等告知所有员工,使全体员工迅速了解造成客户投诉意见的种种因素,并充分了解处理投诉事件时应避免的不良影响,以避免类似事件的再发生。

・反馈投诉的价值。客户进行投诉是希望能跟你继续做生意,同时其对企业服务不满的信息反馈无疑也给企业提供了一次熟悉本身服务缺陷和改善服务质量的机会。于情于理,我们都要真诚地对顾客表示感谢。所以可以写一封感谢信感谢客户所反映的问题,并就公司为避免以后类似事件的发生所做出的努力和改进的办法向客户说明,真诚地欢迎客户再次光临。

# 学习单元四  客户投诉的处理技巧

## （一）倾听

倾听是解决问题的前提。在倾听投诉客户的时候,不但要听他表达的内容还要注意他的语调与音量,这有助于你了解客户语言背后的内在情绪。同时,要通过解释与澄清确保你真正了解了客户的问题。例如,你听了客户反映的情况后,根据你的理解向客户解释一遍:

"王先生,您来看一下我理解的是否对。您是说您一周前买了我们的传真机,但发现有时会无法接收传真。我们的工程师已上门看过,但测试结果没有任何问题。今天,此现象再次发生,您很不满意,要求我们给您更换产品。"

向客户澄清:"我理解了您的意思吗?"

认真倾听客户,向客户解释他所表达的意思并请教客户你的理解是否正确,都向客户显示你对他的尊重以及你真诚地想了解问题。这也给客户一个机会去重申他没有表达清晰的地方。

## （二）认同客户的感受

客户在投诉时会表现出烦恼、失望、泄气、发怒等各种情感。客服人员不应当把这些表现当做对你个人的不满。特别是当客户发怒时,你可能心里会想:"凭什么对着我发火?我的态度这么好。"要知道愤怒的情感通常都会潜意识中通过一个载体来发泄。因此,对于愤怒,客户仅是把你当成了倾听对象。客户的愤怒经常就像充气的气球一样,在发泄后也就没有愤怒了。在客户盛怒的情况下记得先当客户的"出气筒",最好的方式是闭口不言,认真倾听,适时与客户进行情感交流并安抚客户,降低姿态,承认错误,平息怒气,以让客户在理智的情况下共同分析解决问题。

客户有情绪是完全有理由的,理应得到极大的重视和最迅速、最合理的解决,所以应让客户知道你非常理解他的心情,关心他的问题:

"真是对不起,我能理解您的心情。"

"我知道您现在很生气,请您相信我们一定会认真处理的。"

"对于这件事我也很抱歉,我们会尽力解决这个问题的,请相信我。"

## （三）引导客户的思绪

客服人员有时候会在向客户说道歉时感到很不舒服,因为这似乎是在承认自己有错。说声"对不起""很抱歉"并不一定表明你或企业犯了错误,这主要表明你对客户不愉快的经历表示遗憾与同情。

不用担心客户会因得到你的认可而越发地强硬,表示认同的话会将客户的思绪引向问题的解决。引导客户思绪的四个技巧如表9-2所示。

表 9-2　引导客户思绪的技巧

| 技　巧 | 要　求 | 举　例 |
| --- | --- | --- |
| "何时"法提问 | 首先使客户的怨气逐渐减少，对于那些非常激烈的抱怨，可以用一些"何时"的问题来冲淡其中的负面成分 | 客户：你们根本就是瞎胡搞，不负责任才导致了今天的烂摊子！<br>客服：请问您什么时候开始感到我们的服务没能替您解决这个问题？ |
| 转移话题 | 当对方按照他的思路在不断地发火、指责时，可以抓住一些其中略为有关的内容转移方向、缓和气氛 | 客户：你们这么搞把我的日子彻底打乱了，你们的日子当然好过，可我还上有老下有小呢！<br>客服：我非常理解您，您的孩子多大啦？<br>客户：嗯……六岁半。 |
| 间隙转折 | 暂时停止对话，特别是客服人员也需要找有决定权的人做一些决定或变通 | 客服：稍候，让我来和领导请示一下，看我们怎样才能更好地解决这个问题，好吗？ |
| 给定限制 | 有时尽管你做了很多尝试，但对方依然出言不逊，甚至不尊重你的人格，这时可转而采用较为坚定的态度给对方一定限制 | 客服：张先生，我非常想帮助您。但您如果一直这样情绪激动，我只能和您另约时间了，您看呢？ |

## （四）探讨解决，采取行动

客户发怒也好，抱怨也好，投诉也好，最终都是为了寻求问题的解决，因此，客服人员应尽快提出处理方案，为客户解决好问题。

在为客户提供解决方案时要注意以下几点：

第一，为客户提供选择。通常某个问题的解决方案都不是唯一的，给客户提供选择会让客户感到被尊重，同时，客户选择的解决方案在实施的时候也会得到来自客户的更多的认可和配合。

第二，诚实地向客户承诺。因为有些问题比较复杂或特殊，客户服务人员不确信该如何为客户解决。如果你不确信，就不要向客户作任何承诺，诚实地告诉客户，你会尽力寻找解决的方法，但需要一点时间，然后约定给客户回话的时间。你一定要确保准时给客户回话，即使到时你仍不能解决问题，也要向客户说明问题解决的进展，并再次约定答复时间。你的诚实会更令你容易得到客户的尊重。

第三，给客户一些额外的补偿。除解决问题之外，企业还要给客户一些额外的补偿，以弥补企业的一些失误。需要注意的是，在解决问题之后，企业相关人员一定要改进工作，而不能单单用小恩小惠息事宁人，以免今后发生类似的问题。

## (五)感谢客户

感谢客户是最关键的一步,这一步是维护客户的一个重要手段和技巧。客户服务人员需要说四句话来表达四种不同的意思:

第一句话是再次为给客户带来的不便表示歉意。
第二句话是感谢客户对于企业的信任和惠顾。
第三句话也是向客户表谢意,让我们发现问题,知道自己的不足。
第四句话是向客户表决心,让客户知道我们会努力改进工作。

# 学习单元五 特殊客户投诉有效处理技巧

## (一)特殊客户类型

一个讲道理的人在不满的时候可能也会变得不讲道理,然而从根本上说,他还是有理智、讲道理的。但难缠的人,具有一种用分裂的破坏性手段使别人注意他的心理需求。这样的人是极其难以沟通的,大多数难缠的客户是因为他们缺乏安全感,实际上他们也有一种被理解、受欢迎、受重视的需求,尽管他们选择了一种不太合适、不太礼貌的方法。

这类难缠的客户主要包含以下几种:

**1. 易怒的客户**

脾气比较暴躁,难以沟通,因此难缠。

**2. 古怪的客户**

这类客户经常会提出一些超出客户服务人员想象的问题,根本就摸不清他的思路,不清楚他为什么要这么做。

**3. 文化素质差的客户**

这类客户文化素质低,不懂得欣赏和使用产品。

**4. 霸道的客户**

这样的客户喜欢强词夺理。

**5. 喋喋不休的客户**

唠唠叨叨,总是说个没完。

**6. 知识分子型客户**

这类客户一般不愠不火,说起话来头头是道。

## (二)特殊客户的应对技巧

特殊客户的应对技巧如表 9-3 所示。

表 9-3 特殊客户的应对技巧

| 序号 | 特殊客户类型 | 应对技巧 |
| --- | --- | --- |
| 1 | 易怒的客户 | 针对这样的顾客,要"以柔克刚",要多沟通,让客户知道是他自己的错,或者我们因什么原因造成这样的问题,等等。妥善地解决问题后,这类客户最容易成为忠实的口碑传播者,所以,我们不要吝啬自己温暖的语言和真诚的道歉 |

续表

| 序号 | 特殊客户类型 | 应对技巧 |
|---|---|---|
| 2 | 古怪的客户 | 由着他的性子来,越是古怪的客户,越方便我们的客服人员与之进行"感情"交流,沟通的次数越多往往越会增加客户被客服人员所折服的可能性 |
| 3 | 文化素质差的客户 | 这样的客户文化素质差,不懂得欣赏或使用产品,客服人员处理这样的客户时一般都不是很顺利,遇到此类客户投诉,甚至还可能被他们骂得似乎一文不值,但不要急,他们缺少的只是对产品的认识和认可,客服人员可以根据其需要着重对其服务 |
| 4 | 霸道的客户 | 应对此类客户,若道理讲不通,可以通过侧面来证实自己的实力和不卑不亢的职业精神 |
| 5 | 喋喋不休的客户 | 针对这样的客户,我们要听他的唠叨,要让他感觉到:只要听到他的唠叨我们就能去完美地解决事情。让这类客户首先在精神上得到满足,我们再按照企业的售后服务制度去做事情,如果处理得好,这样的客户会给企业免费做广告的 |
| 6 | 知识分子型客户 | 这样的客户本身具有一定的知识,所以要求客服人员从知识方面入手。若处理得好,这样的客户还会给企业带来一些意想不到的收获 |

# 学习单元六　投诉管理工具

本单元以生产型企业为例,介绍客户投诉管理工具,服务型企业等可以以此为蓝本进行设计。

## (一) 客户投诉登记表

客户投诉登记表如表 9-4 所示。

表 9-4　客户投诉登记表

编号：　　　　　　　　　　　　　　　　　　　　　　　　填写日期：　年　月　日

| 序号 | 客户姓名 | 联系电话 | 投诉问题 | 客户要求 | 接待人 | 备注 |
|---|---|---|---|---|---|---|
|  |  |  |  |  |  |  |
|  |  |  |  |  |  |  |

填表人　　　　　　　　　审核人　　　　　　　　　审核日期

## (二) 客户投诉处理表

客户投诉处理表如表 9-5 所示。

表 9-5　客户投诉处理表

| 投诉编号 | | | 客户姓名/联系方式 | |
|---|---|---|---|---|
| 商品名称 | | | 购货日期 | |
| 投诉类型 | | | | |
| 投诉理由 | 投诉理由 | | 投诉客户情况 | |
| | 客户要求 | | 数量 | |
| | 经办人意见 | | 签字 | |
| 客户部门意见 | | | | |
| 营销部门意见 | | | | |
| 生产部门意见 | | | | |
| 质检部门意见 | | | | |
| 财务部门意见 | | | | |
| 副总经理意见 | | | | |
| 总经理意见 | | | | |

制表：　　　　　　　　　　　　　　　　　　　　　　　　　审核：

## (三) 客户投诉分析表

客户投诉分析表如表 9-6 所示。

表 9-6　客户投诉分析表

| 客户名称 | | 受理日期 | |
|---|---|---|---|
| 投诉种类 | | 承诺期限 | |
| 投诉缘由 | | | |
| 客户要求 | | | |
| 客户投诉发生后企业与客户的接触情况 | | | |
| 投诉处理可能的难点 | | | |
| 投诉处理难点应对方法 | | | |
| 投诉调查的结果分析 | | | |
| 客户期望是否达成 | | | |
| 采取的主要措施 | | | |
| 客户投诉主管建议 | | | |
| 客户投诉专员建议 | | | |

制表：　　　　　　　　　　　　　　　　　　　　　　　　　审核：

## (四)客户投诉处理函

客户投诉处理函如表 9-7 所示。

表 9-7 客户投诉处理函

| 文本名称 | 客户投诉处理函 | 受控状态 | |
|---|---|---|---|
| | | 编号 | |

×××先生/女士：

　　××月××日来函收到，感谢您指出我们工作中的差错。由于我们工作的疏忽，未能及时发货，由此给您工作带来的不便，我们深表歉意。我们已做出安排，今天以特快专递的方式将您所订购货物发给您。快递单号为：××××××，希望便于您查询。

　　我们保证今后不会出现类似情况，希望您继续监督我们的工作，并继续加强合作。

　　特此函复。

××公司<br>××××年××月××日

| 相关说明 | | | | | |
|---|---|---|---|---|---|
| 编制人员 | | 审核人员 | | 批准人员 | |
| 编制日期 | | 审核日期 | | 批准日期 | |

## (五)投诉处理总结表

投诉处理总结表如表 9-8 所示。

表 9-8 投诉处理总结表

| 投诉次数 | | 每天投诉次数 | |
|---|---|---|---|
| 已解决投诉次数 | | 解决比例 | |
| 涉及产品质量的次数 | | | |
| 主要质量问题 | | | |
| 具体对策 | | | |
| 运输环节问题及其对策 | | | |
| 加工环节问题及其对策 | | | |
| 管理环节问题及其对策 | | | |
| 其他环节问题及其对策 | | | |
| 备　注 | | | |

制表：　　　　　　　　　　　　　　　　　　　　　　　　　　　　　审核：

## 四、实例探讨

### 案例一 善解人意的客户

某日银行营业大厅人头攒动,一位中年男士来到窗口办理存取款业务。他同时递进了4张银行卡,且存取金额均不等,本来就忙得晕头转向的柜员心里很是不痛快。柜员匆忙办完业务后将银行卡递了出去,便叫了下一位客户。这位客户核实了自己的款项后,发现只拿回了3张卡,便对柜员提出了疑问,希望他能再核对一下。此时,后面还有很多客户在等待办理业务,柜员有些不耐烦了:"不是都给了你吗?你自己找找吧,我这还忙着呢。"中年客户觉得可能真是自己装错了,但翻遍口袋也没找到那张银行卡。中年客户开始有些着急地嘀咕着:"明明是递进去4张银行卡的啊,怎么可能就少了1张呢!"这时,旁边几个看热闹的人七嘴八舌地说了起来:"你去打投诉电话,不信他不给你。""是啊,投诉他,现在银行就怕这个。""对,就得收拾收拾他们。"中年客户迟疑了一下说道:"再找找看,再找找看。"大概过了半个多小时,前台办理业务的客户走得差不多了,中年客户才又回到柜台前,希望柜员能帮他再找找看,是不是掉到哪里了。最后,柜员在一摞打印纸下找到了该客户的银行卡。柜员很是惭愧,为自己的马虎大意和不耐烦的工作态度深表歉意。但中年客户却说:"卡找到了就好,不用什么道歉,年轻人工作不要马虎大意,能改正错误就是好的,我刚才也想要不要打电话投诉你,可我相信你只是忙于手头的工作,我和你争吵几句,投诉你,出了自己一时之气,却要耽误后面那么多人办理业务,你带着情绪工作肯定还会再出错,你能从这件事上汲取教训,不把不好的情绪带到工作中,比其他的都重要。"后来,这件事情常常被营业网点的员工提起,既提醒大家工作要认真,态度要端正,也是对这名客户的赞扬。

**问题:** 对于银行柜员来说,能够碰到这么善解人意的客户实在太难得了。这个案例对于服务行业的人员来说有哪些值得去反思的地方?

### 案例二 酸牛奶中有苍蝇

2001年某日,在某购物广场,顾客服务中心接到一起顾客投诉,顾客说从该商场购买的××酸牛奶中喝出了苍蝇。投诉的内容大致是:顾客李小姐从该商场购买了××酸牛奶后,马上去一家餐馆吃饭,吃完饭李小姐随手拿出酸牛奶让自己的孩子喝,自己则在一边跟朋友聊天,突然听见孩子大叫:"妈妈,这里有苍蝇。"李小姐寻声望去,看见小孩喝的酸牛奶盒里(当时酸奶盒已被孩子用手撕开)有只苍蝇。李小姐当时火冒三丈,带着小孩来商场投诉。正在这时,一位值班经理看见便走过来说:"你既然说有问题,那就带小孩去医院,有问题我们负责!"顾客听到后,更是火上浇油,大声喊:"你负责?好,现在我让你去吃10只苍蝇,我带你去医院检查,我来负责好不好?"边说边在商场里大喊大叫,并口口声声说要去"消协"投诉,引起了许多顾客围观。

该购物广场顾客服务中心负责人听到此事后马上前来处理,赶快让那位值班经理离开,又把顾客请到办公室交谈,一边道歉一边耐心地询问了事情的经过。

**问题:** 如果你是该购物广场顾客服务中心负责人,你会重点询问哪些内容?

### 案例三　抱怨的客户为何越来越生气

以下是一位客户和电信运营商的客服人员之间的对话：

**客服**：喂！您好！
**客户**：你好，我是你们的一个用户。
**客服**：我知道，请讲！
**客户**：是这样的，我的手机这两天一接电话就断线……
**客服**：那你是不是在地下室或者其他信号不太好的地方呢？
**客户**：不是，我在大街上都断线，已经很多次了……
**客服**：那是不是你的手机有问题啊？我们不可能出现这样的问题！
**客户**：我的手机才买了3个月，不可能出问题啊！
**客服**：那可不一定，有的杂牌手机刚买几天就不行了。
**客户**：我的手机是××牌子的，不可能有质量问题……
**客服**：那你在哪儿买的，就去哪儿看看吧，肯定是手机的问题！
**客户**：不可能！如果是手机问题，那我用××通信公司的卡怎么就不断线呀？
**客服**：是吗？那我就不清楚了。
**客户**：那我的问题怎么办呀，我的手机天天断线，你给我缴费呀！
**客服**：你这叫什么话，我凭什么给你缴费？你有问题，在哪儿买的就去哪儿修呗！
**客户**：你这叫什么服务态度啊，我要投诉你！
**客服**：（挂断）……

**问题**：
1. 请分析在整段对话中客服人员犯的错误。
2. 如果是你，会如何回应客户？请让另一名同学模拟案例中的客户，与他一起演示、模拟该投诉情景的对话。

### 案例四　戴尔·卡耐基所赞赏的倾听

戴尔·卡耐基是美国著名的企业家、教育家和演讲口才艺术家，被誉为"成人教育之父"。在他的著作中曾经介绍了这样一则故事：

一天，纽约电话公司碰到了一个对接线生大发脾气的用户，他说要他付的那些费用是敲竹杠。这个用户满腔怒火，扬言要把电话连根拔掉，并且要四处申诉、状告纽约电话公司。面对这个无事生非的客户，电话公司派了最干练的调解员去见他。

当调解员见到这位用户的时候，面对用户的抱怨，他静静地听着，让暴怒的用户尽情地发泄，不时地说"是的"，对他的不满表示同情。

"他滔滔不绝地说着，而我洗耳恭听，整整听了三个小时。"这位调解员后来向卡耐基介绍："我先后去见过他四次，每次都对他发表的论点表示同情。第四次见面时，他说他要成立一个'电话用户保障协会'，我立刻赞成，并说我一定会成为这个协会的会员。他从未见过一个电话公司的人同他用这样的态度和方式说话，渐渐地变得友善起来。前三次见面，我甚至连同他见面的原因都没有提过，但在第四次见面的时候，我把这件事完全解决了，他所要付的费用都照付了，同时还撤销了向有关方面的投诉，并且还称赞我是'世上最好的谈话员'。"

**问题**：结合案例说说倾听在投诉处理中的作用。

## 五、学习测评

1. 对企业而言,客户投诉的价值何在?
2. 投诉客户的心理一般都有哪些类型?
3. 客服人员碰到的难缠的客户都有哪几类?如何应对?
4. 和同学模拟用 CLEAR 法处理客户投诉。
5. 客服人员处理投诉时面对的是什么?有人认为客服人员是在跟客户这个人打交道,面对的是人;有人认为客户投诉的是一个事件,要把事情搞定,因此面对的是事。对这个问题,你怎么看?

# 项目十　大客户管理

### 课 前 导 读

1909年的秋天,美国第一家汽车制造商亨利·福特向工人宣布了一个令人震惊的消息,他将采取一种极度专业化的战略。自那以后,这个只有5年历史的公司将只生产一种汽车,一种"能为大多数平民百姓接受的车",它的特点是价格低廉,设计单一。福特称这款新车为"T型车",并且幽默地告诉消费者,只要车原来是黑色的,他们就可以把车变成任何颜色。

对于汽车业内外人士来说,福特这种极端专业化的做法简直是疯狂之举。对福特的单一想法持批评意见的一位批评家很直率地警告他说:"我告诉你,亨利,这样做太鲁莽了。别把所有鸡蛋都放在一个篮子里。"

据传闻,福特对此做出的回应成了美国商业史上的一段佳话。"把所有鸡蛋放在一个篮子里并没错,"他犀利地回击说,"只要看好那个篮子。"

言必信,行必果。无论怎样,亨利·福特显然不是不计后果的。T型车一投入生产,他就不知疲倦地守着他的宝贝作品,一直在工厂里围着那个集所有关键于一身的篮子转来转去。

6年后美国三分之二的司机、世界二分之一的司机都以拥有一辆轻快小汽车而自豪。到1927年生产线最终停产时,通过这一底特律组装线加工的T型小汽车已经达到了1 500万辆。福特做的远不只坚持这么简单。他贯彻了正确的、先进的"资源集中化"战略。事实上,由于自1909年以来商业界已经完全成熟,业界的成熟带动了更为激烈的市场竞争和为了生存而日益明显的差异化趋势,从而使今天比福特时代更适用这一战略。

用现在的语言描述福特的话大概是这样:如果你想要在竞争中脱颖而出,你就必须集中有限的资源在那些最可能获得高额回报的机会上。然后你要通过系统管理这些有限的资源来保住所进行的各项投资。要想在今日的商界存活,你不但要关注,而且要一心一意地关注"最有可能获得高额回报的机会",这就是我们聚焦于大客户的原因。

## 一、学习导航

**1. 学习目标**

(1) 理解大客户的定义、类型和界定标准;
(2) 树立正确的大客户管理观念;
(3) 掌握大客户管理的内涵,包括大客户管理的目的与意义;
(4) 掌握大客户管理的特征和内容;
(5) 了解大客户管理的应用价值;
(6) 掌握大客户信息的收集方法和战略目标的制定方法。

**2. 学习重点**

通过本章学习,重点掌握大客户管理的定义,了解实施大客户管理能给企业带来哪些竞争优势,树立正确的大客户管理观念。

**3. 主要学习方法**

案例学习、角色扮演、仿真练习。

## 二、实例导入与工作任务

小王发现5%的客户为企业带来超过50%的收入。他交流过的每个销售专员、每个市场经理,以及每个公司的高级职员也都证实了这一数据。无论他们是卖计算机芯片还是卖广告空位,他们都从少数几个客户那里拿到了超过公司总收入半数的销售额。例如小王的公司在给一个世界领先的高科技公司的国际分部介绍大客户管理策略流程期间,他发现他们有几百家客户,但两个最大的客户带来了公司68%的业务。

究竟大客户会给企业带来什么样的优势?

## 三、知识与技能

**1. 知识目标**

(1) 理解大客户的内涵,包括大客户的定义、类型和界定标准;

(2) 理解大客户管理的内涵,包括大客户管理的目的与意义、大客户管理的步骤、大客户管理的内容等。

**2. 能力目标**

(1) 结合自己实习过的企业,对其大客户进行有效界定;

(2) 结合自己实习过的企业,为其制定系统的大客户管理制度。

面对以上的学习目标和工作任务,需要掌握以下知识和技能。

## 学习单元一　大客户的定义

### (一) 大客户

每个企业对自己的大客户都可以有不同的定义和理解。大客户,也称重点客户、关键客户、KA(Key Account),是市场上卖方认为具有战略意义的客户,是指对产品(或服务)消费频率高、消费量大、客户利润率高而对企业经营业绩能产生一定影响的关键客户,而除此之外的客户则可划入中小客户范畴。小客户则是指那些采购量小、产品流通频率低,并且顾客利润率低甚至无利润的客户。

大客户通常是某一领域的细分客户,大客户是实现企业利润和可持续发展的最为重要的保障之一,对于企业具有无与伦比的重要性和战略意义,对大客户的识别、开发与持续经营,已经成为行业竞争的焦点。企业必须具备识别大客户的能力,并且能够对其进行开发与持续经营。

作为大客户,一般具有以下几个特点:

(1) 与本企业签有较大的订单并至少有 1~2 年或更长期连续合约,能带来相当大的销售额或有较大的销售潜力;
(2) 与本企业签有较大的订单且具有战略性意义的客户;
(3) 对于企业的业务或企业形象,在目前或将来有着重要的影响;
(4) 有较强的技术吸收和创新能力;
(5) 有较强的市场发展实力等。

大客户应该符合以下条件:

(1) 属于团体客户;
(2) 具有发展潜力,终身价值高;
(3) 诚信运作。

## (二) 大客户管理的定义

大客户是指供应商为自己的未来所投资的客户。有时候还需要做出短期牺牲,以获得长期的预期收益。大客户管理是对这样一笔投资的管理,是管理一种非同寻常的客户关系,也是管理该种客户关系对供应商自身业务的影响。简而言之,大客户管理就是对未来的管理。

## (三) 树立正确的大客户管理观念

人们一直认为大客户管理主要是一种销售活动,尽管是层次较高的销售活动,这种销售活动的实施也几乎完全由销售队伍来负责。大客户管理不是一种主动的销售活动,也不是指你为客户所做的事情。大客户战略需要企业整体的支持。大客户管理不只是一种团队活动,更是整个企业的活动。

如果供应商和客户要致力于培养类似于业务关系这样重要的关系,双方必须寻求管理上述关系的新方法。这种关系处于大客户管理最核心的位置,它为形成有附加价值的活动提供了信息源和谅解,这种关系也带来了相互信任,能为长期业务打下基础。如果你要维持稳定的客户关系,就要关注大客户管理。应该把大客户管理看作一种途径,由此可以取得主要供应商的地位,从而获得利润。

大客户管理是一种竞争战略,更是实现大客户战略的必要手段。因此,大客户管理必须和企业整体营销战略相结合,不仅需要对大客户进行系统、科学而有效的市场开发,更要用战略的思维对大客户进行系统管理,需要大客户部门和其他部门及各层次人员持续性地努力工作。从大客户的经营战略、业务战略、供应链战略、项目招标、项目实施全过程到大客户组织中个人的工作、生活、兴趣、爱好等方面都要加以分析研究。

## (四) 大客户管理的目的与意义

### 1. 大客户管理的目的

实行大客户管理是为了集中企业的资源优势,从战略上重视大客户,深入掌握、熟悉客户的需求和发展的需要,有计划、有步骤地开发、培育和维护对企业的生存和发展有重要战略意义的大客户,为大客户提供优秀的产品及解决方案,建立和维护好持续的客户关系,帮助企业建立和确保竞争优势。同时,通过大客户管理,解决采用何种方法将有限的资源(人、时间、费用)充分投到大客户上,从而进一步提高企业在每一领域的市场份额和项目签约成功率,改善整体利润结构。

一般大客户管理的目的可以概括为以下两点:
(1) 在有效的管理控制下,为大客户创造高价值;
(2) 在有效的客户关系管理和维护下,为大客户提供个性化解决方案,从而从大客户处获取长期、持续的收益。

大客户管理的范畴涉及内容很广,包括从寻找客户线索、建立客户关系、对潜在大客户销售产品到产品安装与实施、售后服务等诸多环节的控制与管理。但它的目的只有一个,就是为大客户提供持续的、个性化解决方案,并以此来满足客户的特定需求,从而建立长期、稳定的大客户关系,帮助企业建立和确保竞争优势。

**2. 通过大客户管理,企业可以在以下几个方面保持竞争优势**
(1) 保持企业产品、解决方案和竞争者有差异性,并能满足客户需求;
(2) 与大客户建立起业务关系后,在合作期内双方逐步了解适应,彼此建立信任,情感递增,容易形成客户忠诚度;
(3) 形成规模经营,取得成本上的优势;
(4) 在同大客户接触中不断提取有价值的信息,发展与大客户的客户关系,为满足客户的需求做好准备;
(5) 分析与研究客户,制定个性化解决方案,建立市场区隔,以赢得客户,增加企业综合竞争力。

## (五) 大客户管理的特征和内容

大客户管理的特征是指在大客户管理中对重要客户将给予特殊待遇,而其他客户不会享有,在价格、产品、服务、分销和信息共享方面的特惠待遇可能以特殊价格、产品定制化、特殊服务的提供、服务定制化、分销和操作流程的协调、信息共享和商业项目的联合开发以及新产品的形式出现。大客户管理要求多个职能部门共同努力,除了销售以外,制造、营销、财务、信息技术、研发和物流等部门也要通力合作。在内容上,大客户管理是在严谨的市场分析、竞争分析、客户分析基础之上,分析与界定目标客户,确定总体战略方向,实现系统的战略规划管理、目标与计划管理、销售流程管理、团队管理、市场营销管理和客户关系管理,为大客户导向的战略管理提供规范的管理方法、管理工具、管理流程和实战的管理图表。因企业所处环境和所拥有的能力、资源情况不同,大客户管理的内容在不同的企业也不尽相同,但一般包括以下内容:
(1) 明确大客户的定义、范围、管理战略和分工;
(2) 建立系统化的全流程销售管理、市场管理、团队管理和客户关系管理方法;
(3) 统一客户服务界面,提高服务质量;
(4) 规范大客户管理与其他相关业务流程的接口管理和信息流内容,保证跨部门紧密合作和建立快速有效的支持体系;
(5) 优化营销、组织结构,明确各岗位人员的职责,完善客户团队的运行机制;
(6) 加强流程中各环节的绩效考核,确保大客户管理流程的顺畅运行;
(7) 建立市场分析、竞争分析和客户分析的科学模型;
(8) 利用技术手段,建立强有力的客户关系管理支撑系统。

## （六）大客户管理的应用价值

**1. 保证大客户能够成为销售订单的稳定来源**

20％客户带来公司80％的业务，从企业的角度来看，80％的项目和收益来自于只占其客户总数20％的大客户，而数量众多的中小客户所带来的零散项目却只占其营业收益的20％。当然，这数字随企业的具体经营范围和特点，在具体的比例上有所差异，但大客户对企业而言具有重要意义则是毋庸置疑的。

**2. 使成功的大客户产生最大辐射效应**

从行业客户角度看，每个行业中都有一些领军企业，这些企业的需求占了该行业整体需求的绝大部分，这些企业就是被大多数企业所竞争的大客户。如果这些大客户在需求上发生大的变化，很可能将直接影响到其所在的行业市场的整体走势。

**3. 通过发展大客户提高市场占有率**

大多数大客户的自身组织体系复杂，覆盖地理区域广，业务种类丰富，这使得行业大客户的需求必然是一个整体性、稳定性和持续性规划，而不似中小客户那样，需求具有零散性和相对独立性。同时，大客户对需求的投入数额可观，因此发展大客户不仅仅是整体提升销售业绩的最佳选择，更是提高市场占有率的有效途径。

**4. 促使大客户需求成为企业创新的推动力**

传统企业在特定的经济环境和管理背景下，企业管理的着眼点在于内部资源管理，往往忽略对于直接面对以客户为主的外部资源的整合，缺乏相应的管理。在大客户经营战略中，企业更加重视外部资源的整合与运用，要求企业将市场营销、生产研发、技术支持、财务金融、内部管理这五个经营要素全部围绕着以客户资源为主的企业外部资源来展开，实现内部资源管理和外部资源管理的有机结合，不断地创新。

**5. 使大客户成为公司的重要资产**

大客户成为企业发展的"动脉"，当客户这种独特的资产与其他资产发生利益冲突时，企业应当首先留住客户资产。因为只要不断给予客户足够的满意，客户资产就能够为企业带来长期效应。企业通过实施大客户导向的经营战略，强化大客户的口碑效应，充分利用其社会网络来进一步优化企业客户资源的管理，从而实现客户价值最大化。

**6. 实现与大客户的双赢**

在传统的市场竞争中，往往会形成一种以企业本身利益最大化为唯一目的的企业文化，这种企业文化因为能够有效地使企业各项资源围绕企业如何获取更多利润而展开，在很长一段时间内促进了企业的发展。在这一思想指导下，许多企业为获利自觉不自觉地损害客户利益，而导致客户的满意度和忠诚度很低。

而在以大客户为导向的经营战略的指导下，我们将大客户作为企业重要的资产，因而企业应当更加重视客户满意、客户忠诚和客户保留，企业在与众多大客户建立稳定的合作关系的基础上，在为客户创造价值的同时，企业也能获得很多的利润，真正实现了客户和企业的"双赢"。

# 学习单元二　大客户信息的收集和管理

## （一）集中有用信息

大客户信息的收集是开展大客户业务的前提和依据，是实现销售的基础，为了鼓励经销商及各部门提报大客户信息的积极性，完善企业大客户信息资源的管理，规范和系统地开展大客户销售工作，达到推进销售的目的，各企业应制定大客户信息收集和管理办法。

好的客户战略不可能凭空制定。很显然，他们来自对资料的有效管理。资料越好，战略就越好。因此，一旦选定了第一个目标客户，你就需要收集该客户的相关数据。为了判断有用信息和无用信息，一般有两点原则：

(1) 搜集和客户产品相关的资料；
(2) 搜集和客户业务相关的资料。

对于第一条原则，你可以收集到世界上最复杂的客户数据和行业数据，但是如果这些数据和你欲与该客户建立的特殊关系丝毫不相干，那么这些数据也是无用的。"有用"意味着这些数据要有利于你的销售。第二条原则没那么直观，应搜集关于客户现在的资料以及与他们发展趋势相关的资料。你收集的资料，可以是客户经营环境的变化、竞争对手对其市场地位的威胁、客户的发展方向，以及他们的企业使命，所有资料都可以帮你制定和他们的战略焦点紧密相连的客户战略，甚至成为他们战略的补充。"有用"意味着你对客户有用。

## （二）信息的五个数据来源

**1. 自己的销售数据库**

它包括"过去"和"未来"的销售数据。你要知道过去两三年里自己卖给这位客户什么产品，你还要知道在不远的将来可能卖给客户什么产品，或者你想卖什么产品。

**2. 客户的报表**

至少是最新的年度报表。当然也可以包括其两三年前的年度报表、当前的季度报表、促销手册以及产品和服务说明书。这些资料可以让你用客户的眼光来评估他们的形势——这是你在制定战略时必须掌握的资料。如果你的目标大客户是私营企业，那也许就拿不到它的财务报告了。但是，即使是私人公司也会发布促销手册和产品及服务说明书。这些资料也可以让你了解他们对自身形势的评估。

**3. 投资意见**

如果你面对的是上市公司，那么它的股票增值潜力评估就可以看作有用的"健康体检报告"。在电视评论、报纸报道中都可以找到这些投资意见。

**4. 期刊媒介**

可以看看相关期刊上的最新的关于大客户和其所在行业的文章，然后分析介绍行业变化和发展趋势的文章。

## （三）客户资料的收集渠道

要从多个渠道收集我们所需要的信息，这是保证我们信息全面的有效方法，因为客户信息对我们后面的专业判断影响甚大，因此要严格、认真地对待。

**1. 网络搜索**

企业网站、新闻报道、行业评论等。优点：信息量大，覆盖面广泛。缺点：准确性、可参考性不高，需要经过筛选方可使用。

**2. 权威数据库**

国家或者国际上对行业信息或者企业信息有权威的统计和分析，可供参考，对企业销售具有重要的指导作用。优点：内容具有权威性和准确性。缺点：不易获得。

**3. 专业网站**

各行业内部或者行业之间为了促进发展和交流，往往设有行业网站或者与该方面技术有关的专业网站。优点：以专业的眼光看行业，具有借鉴性，企业间可做对比。缺点：不包含深层次的信息。

**4. 展览**

各行业或者地区定期或不定期会举办展览。会有很多企业参展。优点：会有更丰富、具体的信息。缺点：展览的时间不确定。

**5. 老客户**

你的老客户同你新的大客户之间会有一定的相同之处，同行业之间会有更多的相似之处，因此，你的老客户也很了解其他客户的信息。销售企业可根据同老客户的关系，获得行业内部的一些信息。优点：信息的针对性强，可参考性高。缺点：容易带主观色彩。

此外，还可以通过市场考察、分析竞争对手、参加会议或论坛等获得相关信息。

## （三）对客户资料的整理

信息收集后要进行归类整理，要学会挖掘、提炼信息价值，使收集的各类资料最大限度地服务于企业销售。

**1. 大客户基础资料**

我们需要回答以下问题：其是什么样的客户？规模有多大？员工有多少？一年内大概会买多少同类产品？

大客户的消费量、消费模式和消费周期是怎样的？其组织机构是什么样的？我们所拥有的通信方式是否齐全？客户各部门的情况我们是否了解？客户所在的行业基本状况如何？大客户在该行业中所处地位、规模如何？并应根据大客户自身的变化，进行适当的动态管理。

**2. 项目资料**

项目信息是评估的关键因素，在对大客户实行战略规划时，若对大客户的项目没有基本的了解，后面的合作就无从谈起。要了解的信息有：客户最近的采购计划是什么？通过这个项目要解决的问题是什么？决策人和影响者是谁？采购时间表、采购预算、采购流程是否清楚？客户的特殊需求是什么？

**3. 竞争对手的资料**

身处激烈的市场竞争条件下，不得不多关注自己的对手，以防止竞争对手突如其来地攻击，从而影响本企业的销售。竞争对手资料包括以下几方面：产品使用情况、客户对其产品的满意度、竞争对手的销售代表的名字、该销售代表与客户的关系等。

## 学习单元三　大客户战略与目标管理

### (一) 什么是大客户战略

所谓大客户并非指这个客户本身体量的大小,而是指如何帮助既有潜力又与企业的价值观高度一致的客户做大做强,支持、陪伴客户成长与成功!

事实上,无论是工业品营销、项目型销售,还是互联网营销,我们所做的一切都是为了使客户更成功!正是在这样一种经营理念下,通用电气前CEO杰克韦尔奇在20年间,把通用电气的市值从130亿美元提升到4 800亿美元,盈利能力也从全美上市公司排名第十跃升至全球第一,成为世界第二大公司。

为什么要采取大客户战略?尽管商业世界似乎永远都不缺乏"高深"的市场战略和所谓的营销理论,他们在宏观层面上过多地讨论市场机会、市场细分、市场定位等,却忽略了"最后一公里"。

面对面永远是最有效的价值创造方式,因为,面对客户需求多变的市场,单纯的"宏观差异"无法应对每个客户的与众不同。比如同样是购买工业空调,有的客户需要设备的快速安装,有的需要能够拆卸,而有的需要能利用现有的压缩机。任何大客户战略成功的关键都始于倾听客户的声音。只有把客户的差异化发挥到极致,深度诊断客户或消费者的难点、关注点和真正的痛点,帮助客户做出正确的"购买决策",最大限度地提高客户的投资效益,才能成为客户解决问题的最佳合作伙伴。事实上,没有需求就没有购买,而所谓需求就是客户目前存在的问题或想要实现的目标。在商业上,企业客户的需求无不与提升核心竞争力或持续盈利能力有关。因此,实施大客户战略的目的在于成为客户的合作伙伴,帮助客户找到真正解决问题和达成目标的创新解决方案。

好的战略有两个必要条件:独特的见解,满足客户需求。

所谓独特见解是指对世界、对人生,或者对企业的基于事实和证据的独特的看法或价值主张。

所谓客户需求,无论组织还是个人,尽管表现形式不同,但最终都是想要更好——从现状(A)到更好的目标(B)。而满足需求就是帮助客户以创新的方法和路径从A到B。因此真正的战略不只是认知创新,更重要的是方式和路径创新。大客户战略就是帮助客户完成认知创新,并支持客户做到方式和路径创新,从而取得更好的成果。

比如全球食品与饮料包装业巨擘瑞典利乐公司,在满足客户需求方面堪称典范,在中国,蒙牛和伊利的成长始终与利乐的全方位支持和服务相连。利乐的销售人员不仅精通包装产品和技术、营销手法,还深谙客户从事的饮料、奶业等领域的专业知识和行业发展趋势。在与客户的互动过程中他们全面了解客户,特别是客户在经营过程中面对的困难,千方百计地帮助客户解决问题,提供的服务包括为客户设计饮料与牛奶的推广方案,传授销售技巧,提供饮料与牛奶进入超市的策略,规划全国市场的物流运营系统,等等。此外,利乐还为某些新成立的饮料公司诊断企业管理问题,培训管理人员,甚至聘请专业咨询公司全面诊断客户的管理或营销并提供咨询服务。

## (二) 大客户管理战略的实施步骤

(1) 企业经营定位、业务陈述。

(2) 企业外部环境分析。发现营销机会,并分析所面对的威胁与挑战。

(3) 内部环境分析。通过对企业的资源、竞争能力、企业文化和决策者的风格等进行客观的评估,找出竞争对手的优势和劣势。

(4) 目标制定。基于企业业务定位和内外环境的分析,制定出具体的战略目标,如利润率、销售增长率、市场份额、技术研发、品牌形象等。

(5) 企业战略制定,包括企业总体战略和营销战略的制定。企业战略制定要解决下列问题:如何完成企业目标?如何打败竞争对手?如何获取持续的竞争优势?如何加强企业长期的市场地位?

企业应根据企业战略规划,对企业产品及服务、核心能力、产品的生产及安装、企业文化、使命目标、已确立的市场、品牌形象、技术开发等细分领域进行深入分析,进而制定出适合大客户导向的大客户管理战略。大客户管理战略的制定要解决下列几个问题:谁是大客户?大客户想要什么?大客户如何被管理?大客户如何被长期经营?同时,应利用市场趋势(行业趋势、特定客户发展趋势和技术趋势等)为客户提供增值的机会(使客户更成功),亦应对客户进行优先排序(使我们更成功)。

# 学习单元四 大客户管理

## (一) 加强与大客户关系的关键措施

(1) 优先保证大客户的货源,确保供应充足。

(2) 充分调动大客户中的一切与销售相关的因素,包括最基层的营业员与推销员,提高对大客户的销售能力。

(3) 新产品的试销应首先在大客户之间进行。

(4) 充分关注大客户的一切公关及促销活动,并及时给予支援或协助。

(5) 安排企业高层主管开展对大客户的拜访工作。

(6) 根据大客户不同的情况,和每个大客户一起设计促销方案。

(7) 经常性地征求大客户对营销人员的意见,及时调整营销人员,保证沟通渠道畅通。

(8) 对大客户制定适当的奖励政策。

(9) 保证与大客户之间信息传递的及时性、准确性,把握市场脉搏。

(10) 组织每年一度的大客户与企业之间的座谈会。每年组织一次企业高层主管与大客户之间的座谈会,听取客户对企业产品、服务、营销、产品开发等方面的意见和建议,对未来市场的预测,对企业下一步的发展计划的研讨,等等。

## (二) 大客户忠诚度的内涵

### 1. 忠诚客户给企业带来的效益

(1) 销售量上升。

(2) 加强竞争地位。

（3）能够减少营销费用。
（4）不必进行价格战。
（5）有利于新产品的推广。

**2. 大客户"跳槽"的原因分析**
（1）大客户业务发展战略调整。
（2）在选择与优化过程中抛弃"老朋友"。
（3）客户的问题或投诉得不到妥善解决。
（4）遭遇其他竞争企业的"排挤"。
（5）遭遇更加强有力的竞争对手。

**3. 大客户"跳槽"的征兆**
（1）大客户正在"分羹"给更多的企业。
（2）大客户正在实施企业发展战略调整。
（3）大客户公开宣布调整采购模式。
（4）渠道冲突出现而又难于平抑。

**4. 如何防止大客户跳槽**
（1）在企业内建立大客户管理部门，加强管理。
（2）采取最适应的销售模式。
（3）建立销售激励体系。
（4）建立信息管理系统。
（5）建立全方位沟通体系。
（6）不断分析研究大客户。
（7）提升整合服务能力。

## （三）如何使大客户忠诚

客户的忠诚度是企业无形的资产，建立了客户忠诚度就能带来客户的循环购物，给企业带来固定的利润收入。所以，客户忠诚度的建立是一个企业长远发展的基础，是企业提升市场竞争力的重要因素。客户忠诚度受到哪些因素的影响呢？随着竞争变得越来越激烈，产品趋于同质化，产品成本趋于透明化，价格因素对客户企业忠诚度的建立的作用降低了。随着市场的变化和客户要求的改变，企业该如何培养客户的忠诚度呢？

**1. 提供完美的采购经历**
在大客户采购过程中，重复购买的情况是存在的。在销售环节，企业在客户购买过程中保持良好的形象，往往是大客户决定是否忠诚于企业的关键。这就要求销售人员在销售过程中追求完美，保持自身企业的良好形象。

**2. 坚持销售"理念"**
正确的销售不是产品而是服务本身。在销售过程中应对潜在客户进行理念灌输和教育。优质的服务不仅能够使大客户感到被尊重和重视，还能帮助大客户提升利润空间，从而达到提升客户忠诚度的目的。

**3. 培养真正的互动**
即建立双方在某种程度上实现各自的需求的互动。

#### 4. 使客户参与决策

重视客户、尊重客户是赢得客户忠诚度的先决条件，请大客户参与企业决策是对客户表示尊重的一条最佳途径。

#### 5. 产品差异化赢得大客户忠诚

产品差异化可分为外观差异化、功能差异化、定位差异化。

此外，培养忠诚度的方法还有：建立大客户俱乐部，提高联系质量，利用数据库建立大客户档案，保持长久联系，等等。以上各种培养客户忠诚度的非价格因素，都需要销售人员通过一定形式转化给客户。因此，销售人员肩负着培养客户忠诚度的重任，必须将这些因素内化为自己的专业素养或职业技能，通过恰当的方式建立起客户的忠诚度。产品的同质化使得企业在激烈的竞争环境中脱颖而出变得困难。大客户成为企业争夺的重点，与大客户保持良好的关系对企业长期可持续发展具有举足轻重的作用。

## （四）增强大客户满意度

#### 1. 产品价值

主要通过产品创新、提高产品价值的战略来"说服"大客户，应重整产品价值，摆脱产品同质化引起的价格竞争。其主要方法有：采用新技术改进产品的质量、性能、包装和外观式样等，长虹在20世纪90年代，给人的印象是会打"价格战"，掀起数次降价风波，是全行业亏损的始作俑者，然而，在2001年以后，长虹一举改变了自己的形象以及整个彩电市场竞争的势态，推出具有一定技术含量和高附加值的高端产品"精显王"背投彩电，"精显王"背投彩电的销量在2002年便超过了1 100万台，这使长虹成为当时全球销售量排名第二的名副其实的背投彩电大王。

#### 2. 服务价值

主要通过服务增加产品的附加价值，使得在同类产品竞争中取得优势，以取得大客户的信赖。海尔这个品牌从成立以来，一直坚守着"服务"的定位并在传播着这个概念，在企业行为上严格要求，无论在什么地方，产品一到服务就到了，甚至是产品未到服务先到，几十年的坚持使消费者一想到海尔就会加上服务好的评价。其结果我们也是看得见的，海尔可以在相对的高定价上维持市场份额。

#### 3. 品牌价值

品牌是战略性服务中客户比较看重的，通过从以产品为中心的营销转变为以品牌为中心的营销，让客户感觉到价格之外的更高层次的服务。品牌不仅是企业的品牌，同时也是消费者的品牌，消费者往往从品牌的体验中感受到产品的附加价值，明显的例子是百事可乐与可口可乐，它们的产品相差不大，但是却以品牌营销在市场竞争中赢得了双赢的格局。我们再来看看IBM成功的例子，一向宣扬"拥有体验"的IBM通过品牌力量对抗着戴尔的低价攻势。试想一下，一个从豪华车里走出来的拎着电脑包的高级白领，或者是一个在高尔夫球场边上网的绅士，他们最有可能用什么牌子的电脑，IBM还是戴尔？这正是IBM的销售人员经常向客户描述的场面。在戴尔咄咄逼人的价格攻势面前，IBM创造了一种品牌"拥有体验"来区分自己与其他电脑，特别是戴尔。

#### 4. 终端价值

终端价值是战略性服务的提升，通过超值的购买体验强化客户终端价值，成功例子是皇明太阳能热水器。由于行业的不成熟，作为太阳能行业的第一品牌的皇明不得不应对来自杂牌的价格冲击,为了超越价格战,皇明提出了终端形象"5S"工程,进行5S标准专卖店的终端建设。5S,即 Show(展示)、Sale(销售)、Service(服务)、System of information(信息)、Solar culture(太阳能文化)。提供的服务包括消费误区教育体验、家庭健康热水中心使用体验、明星产品性能技术体验、个性化配件增值体验、品牌文化体验、服务体验等。让顾客从终端体验中认识到皇明提供的个性化的服务。

## 四、实例研讨

### 案例一　一位母亲对儿子的忠告

曾经有一位母亲向她即将开始独立生活的儿子提出一个很好的建议,她说:"永远买好鞋和好床,因为你有半生在鞋上度过,其余半生在床上度过。"这句话折射出一个正确的原则:永远都不要在最重要的东西上打折扣。凡是追求可持续发展的企业,都必须郑重承诺:永远都不会在重要的大客户身上打折扣。因为对大客户打折扣就是对企业的未来打折扣。

### 案例二　与大客户合作共赢

某年8月,浙江台州遭遇了一场50年未遇的台风。某公司的一个大客户的仓库正好位于海堤内40米处,由于位置特殊连保险公司也拒绝接受投保。在台风紧急警报发布后,该经销商还存有侥幸心理,以为台风未必在当地登陆,此公司的客户经理过去曾经一再对其告诫必须改变仓库位置并参加保险,该经销商一直未有动作,但这次情况非同寻常,此公司的客户经理特地赶往台州,再次规劝他马上把货物转移至安全的地方,这次该客户终于听了劝告。随后发生的台风和伴随的海啸在当地历史上也是少有的,在同一仓库存放货物的另一客户遭受了灭顶之灾,价值100多万的水泥全部被冲入了大海,顷刻倾家荡产。事后这个客户非常后怕,同时也对此公司的客户经理非常感激,庆幸接受其意见,虽然当时花了1万多元的仓储和搬运费,但保住了价值60多万的货物。后来他对客户经理说:"其实厂家完全可以不予关心,因为这完全是经销商买断的货,无论损失与否与厂家无关,但你们是把我真正当成家里人来看待了,今后我还有什么理由不继续与厂家合作。"

## 五、学习测评

1. 大客户是指规模大的客户吗?
2. 大客户是一定不能失去的客户吗?
3. 大客户是能够给我们带来最大利润的客户吗?
4. 大客户是我们希望员工尽可能给予关照的客户吗?
5. 大客户是让我们付出额外努力、同时得到额外收益的客户吗?
6. 大客户是能将我们的企业引向期望的方向的客户吗?

# 项目十一　运用 CRM 系统管理客户

## 课 前 导 读

　　招商银行 1987 年成立于中国改革开放的最前沿——深圳蛇口，是中国境内第一家完全由企业法人持股的股份制商业银行，也是国家从体制外推动银行业改革的第一家试点银行。

　　成立 30 多年来，招商银行始终坚持"因您而变"的经营服务理念，品牌知名度日益提升。在英国权威金融杂志《银行家》公布的 2017 年全球银行品牌 500 强中，招商银行品牌价值位列全球第 12 位；在《财富》世界 500 强榜单中，招商银行连续 6 年强势入榜，2017 年名列世界第 216 位、中国区第 30 位。招商银行业务发展和经营特色也深得国内外机构的认同，在 9 次荣膺《亚洲银行家》"中国最佳零售银行"、14 次荣获"中国最佳零售股份制银行"之后，招商银行在 2018 年首获"亚太区最佳零售银行"大奖，这也是中国银行业首次获评该奖项；基于招行在金融科技领域的突出表现，《亚洲货币》也将 2017 年"Fintech 中国领导者：最佳全国性商业银行"奖项授予了招商银行。

　　截至 2017 年年底，招商银行境内外分支机构逾 1 800 家，在中国大陆的 130 余个城市设立了服务网点，拥有 6 家境外分行和 3 家境外代表处，员工达 7 万余人，是一家拥有商业银行、金融租赁、基金管理、人寿保险、境外投行等金融牌照的银行集团。2017 年，招商银行资产规模稳步增长，盈利能力保持强劲，利润增速位居行业前列；不良贷款余额和不良贷款率"双降"，资产质量趋稳向好。2017 年末市值已突破 7 100 亿元，位居全球上市银行第 11 位。

　　面对激烈的市场竞争，招商银行很早就意识到建立客户关系管理系统的重要性。招商银行客户关系管理系统是通过与 IBM 公司合作，分两期来构建的。一期系统主要是构建提升客户经理服务能力的客户关系管理工具系统，同时，对新的销售方法和流程进行了合理的设计。二期系统主要是针对新的销售流程和方法塑造新的工具，以满足日益变化的客户需求，提高客户满意度和忠诚度。

**1. 招商银行 AS 分行客户关系管理的流程**

（1）招商银行 AS 分行实施客户关系管理，主要从以下四个方面着手：客户识别、客户差异化分析、客户关系维护、定制化客户服务。

（2）新客户获取和老客户维护流程。招商银行 AS 分行新客户获取流程主要可分为以下几个步骤：获取潜在客户信息、对新客户进行拜访、客户分析、客户关系推进及建立信任、寻找突破点及跟进商机。招商银行 AS 分行老客户维护流程主要可分为以下几个步骤：分析并制定客户营销计划、日常业务办理及定期拜访、大型营销活动的执行、重要内外事件的响应和行动、寻找交叉销售机会。

**2. 招商银行 AS 分行客户关系管理存在的问题及原因分析**

（1）客户关系管理存在的问题：

① 客户关系管理理念层面。服务理念贯彻不彻底；客户经理对客户细分贯彻不到位；将客户关系管理系统与客户关系管理等同起来。

② 客户关系管理系统层面。整体相关性差，流程衔接不顺畅，数据标准不统一，数据收

集和分析功能有待加强,客户流失预警机制没有建立。

③ 客户关系管理客户细分层面。客户基础薄弱且结构不合理,没有建立正确的客户细分体系,高端客户路线发展不足。

④ 客户关系管理能力层面。经营管理体制层面:业务系统条块分割,服务能力明显滞后于业务发展,职权关系不明确。人力资源管理层面:客户经理专业能力欠缺并且流失风险高,绩效考核机制不合理,从业人员专业化水平不高。

(2) 客户关系管理存在问题的原因分析:

① 客户关系管理理念层面。对于招商银行 AS 分行在客户关系管理理念层面存在的问题,其主要原因是:

第一,招商银行 AS 分行没有将"以客户为中心"的客户关系管理理念融入企业文化中,也没有贯穿到相关的业务执行标准和管理制度中,在实际工作过程中被员工当成了一个口号;第二,在实际的执行过程中没有将按客户价值进行细分真正地贯彻到实处。

② 客户关系管理系统层面。对于招商银行 AS 分行在客户关系管理系统层面存在的系统整体相关性差、流程衔接不顺畅、数据标准不统一、数据收集与分析功能不强和没有建立有效客户流失预警机制的问题,归根结底还是系统跟不上客户关系管理的需求。招商银行 AS 分行的系统功能存在明显不足,特别是在数据的采集、存储、整理和分析方面,更是改进的重点。

③ 客户关系管理客户细分层面。对于招商银行 AS 分行在客户关系管理客户细分层面存在的问题,其主要原因在于:招商银行 AS 分行成立时间短,没有建立符合自身实际的合理有效的客户细分体系。另外,成立时间短也就造成了其客户资源有限,对客户的划分也就没有那么细致、明确。

④ 客户关系管理能力层面。对于招商银行 AS 分行在客户关系管理能力层面的经营管理体制和人力资源管理中存在的问题,其主要原因在于:第一,经营管理体制中服务能力明显滞后于业务发展;第二,人力资源方面,客户经理专业化水平不高,流失风险高,归根结底还是因为待遇和晋升的问题没有得到满意的解决。

**3. 招商银行 AS 分行客户关系管理的改进对策**

(1) 客户关系管理理念层面:

① 强化"以客户为中心"的服务理念。加强客户关系管理方面的建设,开展自上而下的企业文化和制度改革,规范客户关系管理流程,强化"以客户为中心"的客户关系管理服务理念,形成"以客户为中心"的文化氛围。

② 扭转客户经理的错误观念。招商银行 AS 分行要制定科学合理的激励机制,将客户经理的工资水平与工作能力和工作职级等挂钩,这既能提高客户经理的工作积极性,也能在银行内部形成合理、有序的竞争机制,促进客户经理自我提升的积极性。

(2) 客户关系管理系统层面。随着"大数据观"的建立,大数据成为企业参与市场竞争的法宝,通过大数据能够获取更加全面、细致的客户及市场信息,为企业的产品创新、策略制定提供强有力的支持。面对当前如此激烈的市场竞争,要想继续保持稳定发展,商业银行客户关系管理的理念和方法都要随之发生变化,商业智能、数据挖掘、分布式运算等新的技术运用将带给商业银行客户关系管理更多可能,建立依托大数据的客户关系管理势在必行。

(3) 客户关系管理客户细分层面:

① 建立科学合理的客户细分机制。招商银行 AS 分行必须建立真正意义上的以客户价

值来进行客户细分的机制,按照客户每年给银行带来的实际价值来划分,理顺客户分类关系,集中优势资源服务高价值客户,做到资源的有效利用,最大限度地增加银行的利润,同时增强优质客户的忠诚度。

② 运用数据库进行精准客户细分。主要可以按客户价值与风险细分、按客户行为细分、按年龄阶段细分、按地理位置细分等,运用数据库进行精准细分,可以针对不同群体的特点制定差异化产品或服务,满足其最紧迫的需求,实现精准营销,节约营销成本,提高营销效率,同时增加客户的满意度和忠诚度。

③ 对待不同层级的客户推行差异化服务。实现资源最有效的利用,可以从以下五点做准备:第一,产品的差别化;第二,资源配置的差别化;第三,服务手段的差别化;第四,审批流程的差别化;第五,售后服务的差别化。

④ 加强客户关系互动。招商银行 AS 分行在进行客户关系管理过程中,在提供满足客户需求的产品或服务的同时,要加强与客户的沟通,了解客户的深层想法,加强与客户之间的互动,重视客户关系的情感管理,具体操作如下:提供个性化服务,重视客户的感受,注重客户关怀。

⑤ 畅通高端客户提升通道。高端客户一直是银行行业客户争夺的焦点,是增加银行利润的重要渠道,对于银行的发展起到重大作用,因此,招商银行 AS 分行在这种激烈的竞争环境中,必须继续加强高端客户拓展。同时将私人银行市场的拓展提升到公司的战略层面,打造 AS 分行在私人银行市场中的领先品牌。

⑥ 对高价值客户实施客户保留策略。招商银行 AS 分行在建立合理的客户细分制度后,对于优质的、有价值的高端客户可以采取客户保留策略,加强与优质客户的沟通、交流和合作,提高对客户的"二次销售"几率,在增加银行利润的同时,增强与客户的联系。

(4) 客户关系管理能力层面:

① 经营管理体制层面。第一,重塑业务流程,建立先进的大数据业务分析系统,分析业务流程及客户需求,同时建立客户信息共享机制,节约业务办理时间,提高业务办理效率。第二,实行管理与经营分流的体制,做到管理与经营的专业化和标准化,管理权限要集中,经营权限要下放,从而避免出现多头管理造成的资源浪费,理顺职权关系,解决职权关系不明确的问题,提高工作效率。

② 人力资源管理层面。第一,加强专业序列建设,将同序列的业务人员放在同一个平台进行监督和考核,增强考核的合理性和公平性。第二,建立科学有效的激励和奖惩机制,将客户经理的工资水平与工作能力和工作职级等挂钩,这既能提高客户经理的工作积极性,也能在银行内部形成合理、有序的竞争机制。第三,全面提升客户经理队伍的综合素质,必须要对客户经理进行全面、专业的培训,将客户经理队伍打造成一支具有强大竞争力的队伍。

# 一、学习导航

## 1. 学习目标

(1) 掌握 CRM 系统的基本概念;
(2) 了解三种常见的 CRM 系统;
(3) 掌握 CRM 系统的典型功能;

(4) 理解 CRM 系统的主要作用；
(5) 了解 CRM 系统的主要功能；
(6) 了解 CRM 系统的发展历程；
(7) 了解实施 CRM 系统的基本需求；
(8) 理解 CRM 系统的架构；
(9) 掌握 CRM 系统的核心客户管理功能；
(10) 掌握 CRM 系统成功实施的六个基本步骤。

**2. 学习重点**

(1) CRM 系统的主要功能；
(2) CRM 系统的基本需求分析；
(3) CRM 系统的架构；
(4) CRM 系统成功实施的六个基本步骤。

**3. 主要学习方法**

案例学习、角色扮演、系统实践。

## 二、实例导入与工作任务

学生小王应聘到一家企业做客户服务代表并顺利转正后，一直在思考如何有效地管理时间以做好客户关系管理，经过找行业资深人士反复咨询并且通过各种渠道学习后认识到：有效管理时间应从运用 CRM 系统开始。

他认识的一些销售人员，明明花费了很多的时间，然而工作却没有任何起色，大部分人将很多的时间花费在一些不能改变和没有办法改变的事情上，这归根到底就是对工作没有一个系统的计划。CRM 系统的使用可以大大地改善这样的状况。

对于销售人员来说，合理地安排时间或者是合理地规划跟客户互动的时间可以起到事半功倍的效果，如果不能做好这一点，只能让自己对工作越来越力不从心，这样压力也会越来越大。

作为销售人员，如何利用 CRM 系统来进行时间上的管理呢？小王总结出以下几点：

(1) 列出每日要做的事情。在清晨或者是前一天的晚上，写下自己一天要做的事情，这样你才不会错过任何事情。这样有助于清楚掌握完成每件事情需要的时间，减轻自己的压力。

(2) 记下你所有预约的时间和地点。这样你才不会迟到或是错过约会，但是要确保每日查看自己的记录。

(3) 列出每日优先要做的事情。每日任务的清单里一定有一些事情比其他事情更重要，你应当把最重要的任务编为"A"（必须做），而把次要的事情编为"B"（需要做），把不太重要，但做了更好的事情编为"C"（做了更好）。在开始每一天工作的时候，先完成优先度为 A 的事情，其次是 B，确保自己不会花费太多时间在 C 任务上，不要浪费完成 A 和 B 任务所需要的时间。

(4) 要确保将私人事务也列于计划中，如与朋友、家人一起玩乐或者做自己感兴趣的事。因此，要为自己及家人留些时间。有长远计划和短期计划对个人的生活和职业生涯来说是很重要的。

综上所述,无论是企业战略计划的进度,还是销售人员工作计划的进度都可以利用CRM软件实时记录。当我们使用CRM软件时,它就会及时提醒我们该做什么事情,该和什么客户见面。这样不但规范了工作流程,时间上也得到了合理的安排,工作压力也会减少很多,投入到工作中的精力将会更加集中,企业将会是使用CRM系统的最终受益者。提高销售人员的效率等于提高了企业的效率,提升了企业竞争力,降低了企业管理成本。CRM系统有这么多的益处,但如何实施呢?这使小王陷入了深深的沉思。

## 三、知识与技能

为了实现以上的学习目标和工作任务,需要掌握以下知识和技能。

**1. 知识点**

(1) 三种常见的 CRM 系统;
(2) CRM 系统的典型功能;
(3) CRM 系统的主要作用;
(4) 实施 CRM 系统的基本需求;
(5) CRM 系统的架构;
(6) CRM 系统成功实施的六个基本步骤。

**2. 能力点**

(1) 掌握 CRM 系统的主要作用;
(2) 了解实施 CRM 系统的基本需求;
(3) 掌握 CRM 系统成功实施的基本步骤;
(4) 学会使用 CRM 系统解决具体客户服务问题。

# 学习单元一  熟悉 CRM 系统

21世纪的商业竞争早已不仅仅局限在市场的拓展,对客户群更深入的解析使得商业竞争变得更加残酷。纵观市场的变化,可以很清晰地看到以争夺客户为目的,市场营销所面对的人群划分越来越精细化,然而这只是第一步。为了获得创利潜力最大的客户群体的青睐,并能够与之产生关联,传统的一成不变的营销模式早在互联网发展如火如荼的环境下显得日益单薄,仅仅靠简单的市场调研和促销已经无法满足客户的需求,客户的需求是不断变化的,既包括已发现的,也包括潜在未被挖掘的。

市场营销从以"企业"为核心的营销导向进化成为以"客户"为核心的市场导向和以"环境可持续"为导向的经营模式。其经营理念的核心思想就是从"客户"角度出发,提升客户在服务体验的过程中对产品和服务的认识,从而对品牌产生正面的观感,并持续提升客户满意度,由量变到质变进而达至客户忠诚。在这样的大环境下,客户关系管理的重要性从原来不受重视变成企业新的经营利润增长点,这不仅要求企业重视客户的开发,还需要重视客户的管理与维护。

在数字化时代的今天,不仅在从思路源头改变"重开拓、轻管理"的客户管理方式,还需要增加电子工具——CRM 系统来协助这一转变。

## (一) CRM 的基本概念

CRM 是英文 Customer Relationship Management 的简写,一般译作"客户关系管理",也有译作"顾客关系管理"。这是一种以客户为中心的市场营销理念,它旨在改善企业对客户的维护和管理。在数字化快速发展的时代,人们提出一种新的解决方案:利用互联网,将市场营销的科学管理理念通过信息技术集成在软件上,通过信息共享、实时和互动的交流管理模式在企业和客户之间建立良好的关系。

## (二) 三种常见的 CRM 系统

CRM 是一种以客户为中心的业务模式,是由多种技术手段支持的、通过以客户为中心达到增强企业竞争力的商业策略,或者说,CRM 要达到的目标,就是在适当的时间通过适当的渠道给适当的客户提供适当的产品和服务,这不是仅凭一种技术手段就能够实现的。为此,CRM 的实现需要应用多种技术手段,也需要支持不同级别的 CRM 系统。从这个角度出发,美国调研机构 MetaGroup 把 CRM 系统分为三类,这一分类现已得到了业界的公认。

**1. 运营型 CRM 系统**

运营型 CRM 系统即所谓的前端办公室应用,包括销售自动化、营销自动化、服务自动化等应用,以及前端办公室和后端办公室的无缝集成。

运营型 CRM 系统是 CRM 系统的"躯体",也称"前台"CRM,它是整个 CRM 系统的基础,包括与客户直接发生接触的各个方面。如今市场上的 CRM 产品主要就是运营型 CRM 产品。它的主要应用目的是企业直接面对客户的相关部门在日常工作中能够共享客户资源,减少信息流动的滞留点,以一种统一的视图面对客户,力争把企业变成单一的"虚拟个人",让客户感觉公司是一个整体,并不会因为和公司不同的人打交道而感到有交流上的不同感受,从而大大减少业务人员在与客户接触过程中产生的种种麻烦和挫折。运营型 CRM 可以确保与客户的持续交流,并使其合理化,但这并不一定意味着它提供的就是最优化的服务。

运营型 CRM 系统通过提高企业业务处理流程的自动化程度,增强了与客户的交流能力。利用运营型 CRM 系统可以实现企业的自动销售管理、时间管理、工作流程的配置与管理、信息交换等功能;还可以将企业的市场、销售、咨询、服务和支持全部集成起来,并与企业的管理与运营紧密结合在一起,形成一个以市场为导向、以客户服务为中心、工作流程驱动、可分析与跟踪控制的高效市场营销环境;还可以提高企业的市场反应速度、应变能力和市场竞争力。通过企业 CRM 集成系统,企业将来自于企业核心业务系统的客户交易数据和通过其他客户渠道所获得的客户资料信息和服务信息有效地集成在一起,建立统一的客户信息中心。

运营型 CRM 系统要求所有业务流程的流线化和自动化,包括经由多渠道的客户"接触点"的整合、前台和后台运营之间的平滑的相互连接和整合。它主要包括以下五个方面的功能:

(1) 销售套件。销售套件是 CRM 系统中一个最核心的模块。它为企业管理销售业务的全过程提供强大的功能,针对每一个线索、客户、商机、合同和订单等业务对象进行有效的管理,全面提高企业销售部门的工作效率,缩短销售周期,帮助企业提高销售业绩。销售套件可以有效地支持总经理、销售总监、销售主管、销售人员等不同角色对客户的管理、对商业机会的跟踪、对订单合同的执行等,有效促进销售规范化,实现团队协同工作。运营型 CRM 系统销售套件对企业的典型作用在于帮助企业管理、跟踪从销售机会产生到结束各销售阶段的全程信息和动作。

(2) 营销套件。营销套件可以为企业自始至终掌握市场营销活动的运作提供便利,帮助企业管理者清楚了解所有市场营销活动的成效与投资回报。市场管理系统的典型功能包括市场活动和行销管理、线索销售分析、渠道和竞争对手管理、活动/日历管理、附件/邮件管理等。

(3) 服务套件。服务套件帮助企业以最低的成本为客户提供周到、及时和准确的服务,提供服务请求及投诉的创建、解决、跟踪、反馈和回访等相关服务环节的闭环处理模式,从而帮助企业留住老客户、发展新客户。服务管理系统的典型功能包括实施服务管理、服务请求管理、客户管理、活动管理、计划/日历管理、产品管理、服务合同和服务质量的管理、图/表分析等。

(4) 电子商务套件。电子商务套件可以帮助企业将门户站点、各种商务渠道集成在一起,开拓新的销售渠道及商务处理方式。

(5) 平台。运营型 CRM 系统平台是产品的基础核心平台,能实现产品的基础数据维护、安全控制、动态配置与工作流定制等功能。综上所述,运营型 CRM 应用系统通过销售套件为销售人员及时提供客户的详细信息,开展订单管理、发票管理及销售机会管理等;通过营销套件为营销人员计划、设计并执行各种营销活动;通过服务套件为现场服务人员提供自动派活、设备管理、合同及保质期管理、维修管理等。运营型 CRM 系统使得销售、市场、服务一体化、规范化和流程化。

相比之下,运营型 CRM 系统虽然具有一定的数据统计分析能力,但它是浅层次的,与以数据仓库、数据挖掘为基础的分析型 CRM 系统是有区别的。另外,运营型 CRM 系统不包含呼叫中心等员工同客户共同进行交互活动的应用,与协作型 CRM 系统也有一定的区别。

**2. 分析型 CRM 系统**

以数据仓库为基础、实现统一客户视角的分析型 CRM 系统,用于客户关系的深度分析,与数据仓库技术密切相关,运用数据挖掘、OLAP(On-Line Analytical Processing,在线分析处理)、交互查询和报表等手段,了解客户的终身价值、信用风险和购买趋向等。

分析型 CRM 系统也称为战略 CRM 系统,主要用来分析发生在前台的客户活动,它为企业的决策提供指导。但是如果没有运营型 CRM 系统和协作型 CRM 系统提供大量的数据,分析将完全是一句空话。

分析型 CRM 系统主要是分析运营型 CRM 系统和原有业务系统中获得的各种数据,进而为企业的经营决策提供可靠的量化依据。分析型 CRM 系统一般需要用到一些数据管理和数据分析工具,如数据仓库、OLAP 和数据挖掘等。它注重对数据进行复杂的分析、处理和加工,以及对客户行为进行分析,并从中获得有价值的信息。例如,在电信行业中,分析经常打漫游电话的人群的特征:年龄在 30 岁左右、月收入在 5 000 元以上的女性是不是长途电话消费群体;她们的通话习惯是从几点到几点;周末的长途漫游消费是否具有明显不同于其他时间段的特征,等等。

一个正确的分析型 CRM 系统应包括大量交叉功能数据,这些数据通常存储在数据库中,不同来源的企业数据将会有助于业务分析。具体来说,分析型 CRM 系统应该具有以下几个方面的功能:

(1) 促销管理。促销管理功能可以让 CRM 系统对销售活动的相关信息进行存储和管理,将与客户的每一次互动事件转化为有意义、高获利的销售商机。包括市场反馈、市场线索分析、广告宣传、市场情报统计分析等。

(2) 个性化和标准化。为了使客户得到真正的优良服务,企业应该采取各种手段满足客户的个性化需要,同时达到服务的标准化。分析型 CRM 的标准化功能可以帮助企业建立最优的处理模式,其优化功能还可以基于消息的优先级别和采取行动所需资源的准备情况来指导和帮助营销人员提高工作效率。

(3) 客户分析和建模。客户分析和建模功能通过对数据分析的智能化,可以让销售人员方便地了解客户信息,并通过对这些信息的分析,掌握特定细分市场的客户属性、消费行为等信息,为更好地开展销售活动提供指导,此外,销售人员还可以通过追踪销售活动的执行过程,了解活动对客户所造成的实际影响。客户分析和建模功能主要依据客户的历史资料和交易模式等影响未来购买倾向的信息来构造预测模型。从技术方面看,客户分析和建模主要是通过信息分析或数据挖掘等方法获得。客户分析和建模的结果可以构成一个完备的规则库。例如,银行客户如果有大笔存款进入账户,则应考虑向其推荐股票或者基金等收益更高的投资项目。通过客户分析和建模可以准确识别和预测有价值的客户沟通机会。

(4) 客户沟通。客户沟通功能可以对上述功能起到配合作用。当客户的某个行为触发了某个规则,企业就会得到提示,启动相应的沟通活动。客户沟通功能可以集成来自企业各个层次的多种信息,帮助企业规划和实施高度整合的销售活动。

分析型 CRM 应用大量交易数据进行帕累托分析、销售情况分析,从而可以对将来的市场趋势作出预测,它适合有大量客户的金融、电信、证券等行业。

### 3. 协作型 CRM 系统

基于多媒体联系中心、建立在统一接入平台的协作型 CRM 系统为客户交互服务和收集客户信息提供了多种渠道及联系手段,提高了企业与客户的沟通能力。协作型 CRM 系统还利用网上聊天、语音处理以及其他基于 Internet 的技术,发掘了各种与用户交流的新途径。

有了分析的结果之后要做的事:一是将分析的结果交给领导做决策;二是要将分析的结果通过合适的渠道、电话、电子邮件、传真、书信等方式自动地分发给相关的客户。如企业已经分析到一类客户可能会流失,那么应该给这些客户以关怀。协作型 CRM 系统自动地将这些客户的联络方式送到呼叫中心,通过呼叫中心和客户进行互动。

协作型 CRM 系统的设计目的是能够让企业客户服务人员同客户一起完成某项活动,可以实现和客户的高效互动。

协作型 CRM 强调的是交互性,它借助多元化、多渠道的沟通工具,让企业内部各部门同客户一起完成某项活动。前面的运营型 CRM 系统和分析型 CRM 系统都是企业员工自己单方面的业务工具,在进行某项活动时,客户并未一起参与。

协作型 CRM 系统是一种综合性的 CRM 解决方式,它将多渠道的交流方式融为一体,同时采用了先进的电子技术,保证了客户关系项目的实施和运作。协作型 CRM 系统包括了呼叫中心、互联网、电子邮件和传真等多种客户交流渠道,能够保证企业和客户都能得到完整、准确和一致的信息。协作型 CRM 系统的主要功能有以下几点:

(1) 电话接口。能提供先进的电话系统集成接口。

(2) 电子邮件和传真接口。能与电子邮件和传真集成,接收和发送电子邮件和传真,能自动产生电子邮件以确认信息接收等。

（3）网上互动交流。进一步加强与网络服务器的集成以支持互动浏览、个性化网页和站点调查等功能。

（4）呼出功能。支持电话销售/电话市场推广，如预知拨号、持续拨号和预先拨号等功能。

协作型CRM系统主要应用于协同工作，适应于那些侧重服务和与客户沟通频繁的企业。它不拘于行业，适用于任何需要多种渠道地和客户接触、沟通的企业，具有多媒体、多渠道整合能力的客户联络中心是今后协作型CRM系统应用的主要发展趋势。

**4. 应用系统之间的关系**

在CRM系统实际项目的运作中，运营型、分析型和协作型是相互补充的关系。如果把CRM系统比作一个完整的人的话，运营型CRM系统是"四肢"，分析型CRM系统是"大脑"，而协作型CRM系统就是各个"感觉器官"。

目前，运营型CRM系统产品占据了CRM系统市场的大部分份额。运营型CRM系统解决方案虽然能够保证企业业务流程的自动化处理、企业与客户间沟通以及相互协作等问题，但是随着客户信息的日趋复杂，已难以满足企业进一步的需要，在现有CRM解决方案基础上扩展强大的业务功能和分析能力就显得尤为重要。因此，分析型及协作型CRM系统将成为今后市场中的热门需求。

## （三）基于Internet平台和电子商务战略下的CRM集成系统

**1. 客户关系管理集成系统的扩展**

为突出CRM系统基于Internet平台的交流渠道的重要性，以及Internet和电子商务应用可能为客户提供更具优势地位的特征，有人把基于Internet平台和电子商务战略下的CRM系统称作"电子客户关系管理系统"或"ECRM系统"。

随着CRM系统在大客户群和大服务量的企业中的应用，与客户互动的人工渠道由于传统交流方式的局限而出现了瓶颈。而电子商务的主渠道是网络，因此每封电子邮件、Web站点上的每次点击、自助设备上的每次交易或查询，对于企业来说都是十分珍贵的潜在信息资源，都可以用来服务客户或发现客户。要想达到这一目的，企业必须对所有接触点上产生的大量信息数据化、合理化，必须把所有的数据转变成可以用于建立客户关系的知识。以电子形式存在着的客户信息、数据、知识是企业最大的资源。

从应用系统的角度来看，"ECRM"应当是一种以网络为中心，全面沟通客户关系渠道和业务功能，实现客户关系同步化的方案。它集中解决企业的下列问题：创造和充实动态的客户交互环境；产生覆盖全面渠道的自动回应能力；整合全线的业务功能并实时协调运营；拓展和提高客户交互水平，并将其转化为基于客户友情的客户关系。我们将ECRM系统的运行划分为执行型工作和处理型工作两类。

可以肯定地说，Internet和电子商务的发展，将CRM系统的功能和价值都提高到了一个新的水平。"ECRM系统"既能够由内到外地为企业提供自助服务，又可以自动地处理客户的服务要求，实现"任务替代"。这样，原本由人工渠道提供的服务可以通过自助功能模块来处理，不仅节省了人力、降低了运营成本，更使企业将人力资源集中于更具有挑战性和更高价值的业务中，由外到内带来的低成本优势，满足了客户的实质性需求。自助服务还提高了响应速度和服务的有效性，从而提高客户的满意程度，帮助企业扩大市场份额，提高获利能力。

## 2. ECRM 系统集成解决方案须重点关注的几点

（1）整合效果最重要。CRM 系统应当确保企业前端与后端应用系统的整合效果。在前端形成统一的联系渠道，使企业可以让客户依自己的喜好，在任何时间以电话、传真、网站或电子邮件等各种方式与企业接触，而且更为重要的是，不论是服务专员还是自动化服务装置为客户提供的解答都是一致的；在后端则利用先进的资料分析、数据挖掘方法，形成与客户相关的知识，为 CRM 提供决策依据。所有项目的整合都需要从全体和战略的角度来运作。在设计和执行综合性客户交互软件或者创建企业 CRM 环境时，不同的技术和解决方案要结合到一起，详尽了解企业的商业过程和商业策略，确保整体优于分离的功能和效果。

（2）实时响应是要点。在一个"以快为美"的时代，对 ECRM 系统实时响应的要求更高了。一方面，客户对于企业的产品信息推广、实物提供以及服务回应都要求以最快的速度实现；另一方面，客户通过 Internet 极为快速地接受着大量的信息，其偏好和需求都在不断地改变，因此，企业必须把每一个客户作为一个有区别的单元，不断地观察其消费行为、需求的变化，迅速调整策略，实时产生应对的措施，才能掌握先机，赢得客户。同时，在评估 ECRM 系统的集成方式和效果时，一个重要的方面就是每个 ECRM 备选方案在不同组件和部门使用的实时程度。例如，客户通过网站索要产品资料时，该需求是否能实时地传送给相关人员和合作伙伴；另一方面，如果有人通过企业向合作伙伴提供了新的销售线索，该线索是否能立即送达合作伙伴。ECRM 系统只有通过实质性的集成才能确保统一、可靠和及时地回应客户。

（3）在系统应用程序的外挂与内置之间平衡。随着网络技术的发展，企业期望新一代的网络应用程序结构能解决为用户分配应用程序的问题。程序外挂型是指将应用程序连接到网站主页，适用于在已有客户端/服务器结构上实现 ECRM 系统；浏览器增强型指利用内置于浏览器的技术如动态 HTML 来实现更多的程序功能；网络内置型则指需要借助操作系统和虚拟机的功能，以及动态 HTML、ActiveX、Java 等技术来满足应用程序的要求。

优秀的 ECRM 系统的设计，是围绕最终用户展开的。因此在选择备选方案的过程中，企业是选择由内到外还是由外到内开展 ECRM 集成需要慎重考虑。由内到外的 ECRM 集成是指解决方案是在传统的企业内部系统中加上标准的浏览器界面，向客户提供网络交流渠道，这种系统更适用于公司内部的作业流程；由外到内的 ECRM 集成是指一方面对客户管理工作开展"任务替代"，另一方面关注使客户交互的工作流程自动化和简易化。

对企业来说，进行 ECRM 集成时可以有两种基本的工作方式：购买整套 ECRM 系统，并更新和集成自身的 ECRM 系统；采购预制式的 ECRM 产品，它包括企业在整个客户生命周期中的各项综合性功能，然后企业根据自身的需求实施 ECRM 集成。但无论选择哪种途径和方法进行 ECRM 集成，企业都需要在战略、领导、资源方面做出巨大的努力。

### （四）CRM 系统典型功能举例

CRM 系统的功能与企业的需求密不可分，根据众多 CRM 系统厂商的产品设计思路和不同企业不同阶段的需求，CRM 系统功能可以根据企业需求的不同而有所不同，销售、营销和客户服务部门是 CRM 系统的主要应用部门，这三个部门工作职能不同，相应地对 CRM 系统的需求不同，CRM 系统提供的功能也不同。下面将对这些常用的功能进行介绍。

## 1. 基本功能模块

对于 CRM 系统，从软件功能考虑，CRM 系统是一个前台系统，在实际的应用中，CRM

系统包含市场、销售和服务三大领域。

CRM 系统的基本功能模块系列由销售、电话销售、销售自动化、现场服务和支持、营销等部分组成。而不同的客户对客户管理需求也各不相同，CRM 在各行业都有各自的不同点。CRM 系统的基本功能模块如下：

（1）客户和联系人管理。主要功能有：客户和联系人基本信息；与此客户相关的基本活动和活动历史；订单的输入和跟踪；建议书和销售合同的生成；跟踪同客户的联系，并可以把相关的文件作为附件；客户的内部机构的设置概况。

（2）时间管理。主要功能有：日历；设计约会、活动计划；进行事件安排；备忘录；进行团队事件安排；把事件的安排通知相关的人；任务表；预告提示；记事本；电子邮件；传真。

（3）潜在客户、项目管理、销售管理。主要功能包括：业务线索的记录、升级和分配；销售机会的升级和分配；潜在客户的跟踪；各销售业务的阶段报告；对销售业务给予战术、策略上的支持；对地域进行维护，把销售员归入某一地域并授权；地域的重新设置；编制关于将要进行的活动、业务等方面的报告；销售秘诀和销售技能的共享；销售费用管理、销售佣金管理。

（4）电话营销和电话销售。主要功能包括：电话本；生成电话列表，并把它们与客户、联系人和业务建立关联；把电话号码分配给销售员；记录电话细节，并安排回电；电话营销内容草稿；电话录音；电话统计和报告；自动拨号。

（5）营销管理。主要功能包括：产品和价格配置器；营销百科全书；营销公告板，可张贴、查找、更新营销资料；跟踪特定事件；安排新事件；信函书写、批量邮件书写；邮件合并；生成标签和信封。

（6）客户服务。主要功能包括：服务项目的快速录入；服务项目的安排、调度和重新分配；事件的升级；搜索和跟踪与某一业务相关的事件；生成事件报告、商务协议和合同；订单管理和跟踪；问题及其解决方法。

（7）呼叫中心。主要功能包括：呼入呼出电话处理；互联网回呼；呼叫中的运行管理；电话转接；路由选择；通过传真、Email 等自动进行资料发送；呼入呼出调度管理；报表统计分析；管理分析工具。

（8）合作伙伴关系管理。主要功能包括：与合作伙伴共享客户、产品和价格信息；公司数据存储及管理，存储及管理与市场活动相关的文档；共享销售机会信息；管理销售工具；提供合作伙伴预定义的和自定义的报告。

（9）电子商务。主要功能包括：个性化界面；服务网站内容管理；店面订单和业务处理；销售空间拓展；客户自助服务；网站运行情况的分析和报告。

（10）商业智能。主要功能包括：预定义和用户定制事项的查询和报告；报表生成工具；监视系统运行状态。

**2. 典型功能**

（1）销售自动化（SFA）。销售人员希望能够在整个销售流程中随时获取相应的客户接触信息，并进行销售追踪；销售经理则希望能够随时掌握部门内所有销售人员的活动信息，包括他们的接触列表和销售机会，同时还希望能及时获得销售报告，进行销售预测。为满足上述需求，CRM 系统的 SFA 基本功能模块包括接触管理、账户管理、销售机会和潜在客户管理、线索管理、销售渠道管理、销售预测工具、报价和订购、报告工具、数据同步引擎等。

（2）营销自动化（Marketing Automation，MA）。通常，企业的营销部门主要负责识别对企业最有价值的客户,判断和吸引潜在的最有价值的客户。要求 CRM 系统能够满足市场分析、市场预测、市场活动管理等需求,为满足上述需求,营销自动化模块(MA)通常包含以下功能:

① "战役"管理,端到端的组织和营销执行过程管理。

② 业务分析工具,通过对数据的有效分析、判断、解释、挖掘,为组织提供有效的市场趋势判断,从而为相应的细分市场及营销活动提供有力的帮助。

同时,为将传统营销流程与传播环节结合起来以形成新的流程,MA 还要包括以下功能:

① 活动管理,对企业的所有市场活动进行管理。

② 活动跟踪,跟踪市场活动的情况。

③ 反馈管理,及时得到市场活动的反馈信息。

④ 活动评价,对市场活动的效果进行度量。

⑤ 客户分析,对客户的构成、客户的地理信息和客户行为进行分析。

(3) 客户服务自动化。客户服务与支持部门主要负责服务及相关问题的解决,也是 CRM 系统应用的重点部门。通常客户服务与支持部门对 CRM 系统有以下要求:

① 提供准确的客户信息。要提高客户服务质量,就需要准确的客户信息。

② 提供一致的服务。企业的服务中心以整体形象对待客户,使客户感觉是同一个人在为他服务。

③ 可以支持远程服务。可远程通过 Internet、语音支持等技术手段为用户提供服务。

(4) 实现问题跟踪。客户服务主要集中在售后活动上,不过有时也提供一些售前信息,如产品广告等。面向市场的服务也是售后服务的一部分。产品技术支持一般是客户服务中最重要的功能,为客户提供支持的客户服务代表需要与驻外的服务人员(共享、复制客户交互操作数据)和销售力量进行操作集成。总部客户服务与驻外服务机构的集成以及客户交互操作数据的统一使用是现代 CRM 系统的一个重要特点。

简单来说,面向客户提供实时监控、故障诊断和维修等服务,能大大提高售后服务的效率,大幅度降低服务费用。相应的 CRM 系统的支撑功能包括:

① 客户定制。为特定的客户提供个性化服务。

② 客户使用情况跟踪。以便顾客能安全、可靠地使用产品。

③ 信息检查。在安排服务或维修之前检查客户是否具有支付服务费用的能力。

④ 协议服务。它和所有的契约承诺,如客户服务合同、服务水平协议和担保相关联,并在记录呼叫时会自动执行授权检查,如果系统发现某一项目遗漏时,会自动执行调整。

**3. 服务管理模块——在线服务管理功能**

在线服务管理软件,可以扩大各个地区客户服务技术人员的职责范围,使他们不仅单纯地向客户提供服务,而且要将重点放在维护整体的客户关系上。这样,技术人员也要负责销售产品后与客户的沟通,从而为客户提供更好的服务。也可以搜集到公司需要的反馈信息,从而发掘出更多的升级销售和连带销售。

在线服务管理软件配有多种工具,如客户管理、电话及网络安排、客户支持、人员派遣、备件管理、事务汇报等。通过在线服务软件,能确保通过所有通信渠道(包括网络、电子邮件和电话)向客户提供持续稳定的服务,还可以支持移动通信设备,因此,人员可以获取实时信息。通过将在线服务管理同高级调度管理模块一起使用,可有效地向客户提供现场服务。

在线服务管理软件可简化客户支持、现场服务、备件管理等工作,实现服务的低成本、高收益和高效率。

**4. 服务管理模块——网上服务管理**

在很多企业的网站上,客户可以在网上提出维修服务请求,或进行投诉和咨询。有些公司,对这些请求的处理是通过现有服务模式(人工、电话、传真、E-mail)处理的。而有些公司,实现了网站和呼叫中心的集成,把网上服务请求、投诉、咨询等转入CRM系统进行处理。这时,由于各地呼叫中心和服务系统是通过DDN或ISDN相连的,对网上服务请求的处理是通过呼叫中心和服务系统自动完成的。通过把重复性、事务性的工作交给系统完成,服务人员可做一些更具建设性的事情。

## (五) CRM系统及厂商简介

当前,国内市场状况是:一方面,国外CRM软件商开始进入我国,并加大开拓我国市场的力度;另一方面,国内的软件商也已经推出或正在开发CRM软件。就CRM的厂商来讲,市场份额比较分散,而且竞争态势变化很快。

**1. Siebel(希柏)**

作为CRM系统的先驱者和开拓者,Siebel在全球拥有超过300万的实际用户,该公司于2005年被Oracle(甲骨文)公司并购。产品齐全是Siebel的一大优势,其公司的CRM产品几乎涵盖了CRM的所有领域。它提供的CRM解决方案主要有".com"套件、呼叫中心套件、现场销售和服务套件、营销管理套件和渠道管理套件。

(1) Siebel的".com"套件提供的功能有销售管理、营销管理、服务管理、电子邮件应答、电子简报和内容服务。

(2) Siebel的呼叫中心套件包括呼叫中心、服务管理、电话销售三大块。客户服务代表可以使用Siebel Service来跟踪客户服务请求、平衡优先解决方案、快速准确地解决问题、将客户的请求发送到合适的代理处。另外,Siebel Service确保每一项服务请求都在规定的时间内完成。它可以通过一些基本的机会和预测管理、客户管理、联系管理、活动管理、活动跟踪等销售功能帮助电话销售人员提高工作效率,实现销售目标。

(3) Siebel的现场销售和服务套件包括销售管理、现场服务管理、专业化服务、产品配置器、价格配置器和佣金管理等功能模块。

(4) Siebel的营销管理套件包括营销管理、商业分析和商业计划、评估和报告等功能模块。

(5) Siebel还提供渠道管理功能,企业可管理市场开发基金、机会、客户和渠道伙伴的服务请求,并跟踪所有分配的项目的执行情况。渠道伙伴可浏览产品和定价信息、配置方案,生成报价和在线完成订单。

但有人认为,Siebel的内部框架不是互联网友好型的,因为它的产品历史长,定位于高端市场,并提供上述套件的中小企业版本。

**2. Oracle(甲骨文)**

作为世界上最大的数据库公司和第二大软件制造商,Oracle从20世纪80年代开始就领导着数据库行业,并成长为世界500强企业之一。Oracle的CRM产品提供了从ERP到CRM再到电子商务的一体化的解决方案,在CRM市场上对Siebel形成了有力的挑战。

Oracle是模块化的倡导者,其CRM产品按不同的功能分为很细的模块,为用户提供了自由选择、二次开发和根据需要扩充的可能。Oracle 的 CRM 产品可以分为五个主要模块：

（1）销售应用软件。这是一个全面的销售自动化解决方案，其设计目标是提高销售的有效性。销售应用软件具体包含了额度管理、销售力量管理、地域管理和销售佣金管理等功能，并提供电话销售的功能。

（2）市场营销应用软件。CRM 产品利用最先进的技术，帮助公司规划、管理、实施、分析和细化市场营销活动。市场营销应用软件可实现对营销活动进行跟踪，并帮助营销部门管理市场资料。

（3）服务应用软件。该组件包含四个集成的应用软件，他们集中在与客户支持、现场服务和仓库维护相关的商业流程的自动化和优化上。

服务管理可以实现现场服务分配，客户产品生命周期管理，服务技术人员档案、地域管理，合同管理，客户关怀和移动现场服务等功能。

（4）呼叫中心应用软件。

（5）电子商务应用软件。该组件能使企业将其业务扩展到网络上，以便充分地利用电子商务带来的便利。

### 3. Kingdee（金蝶）EAS-CRM

Kingdee EAS-CRM 是金蝶公司开发的 CRM 软件，定位于中高端市场，与它的 K3ERP 是全面集成的。

（1）系统设置。系统设置可进行系统的客户化，包括对象字段的自定义增加和显示的自定义。

（2）销售管理模块。销售管理模块在对客户信息全面管理的基础上，实现了对销售业务全进程的管理，对竞争对手多维度的管理，对销售全程的费用控制和销售基本知识库的全面支持，以及与金蝶企业套件有机地相互集成实现客户销售、库存、代理商销售和财务的协同运作。

（3）服务管理模块。金蝶服务自动化可以共享销售自动化的客户/联系人、商品、合同/订单等信息，其主要具有客户关怀、客户满意度、项目服务、服务请求、客户投诉、产品维修和产品缺陷等服务管理功能，通过服务自动化可实现"一对一"的客户服务，为特定的客户进行个性化服务，对其使用情况进行跟踪，并为其提供预警服务和其他有益的建议，以使顾客能安全、可靠地使用企业产品。同时，服务自动化还可以对客户的信息进行检查，在安排服务或维修之前检查客户是否具有支付服务费用的能力。服务自动化可以全面执行企业的协议服务，它和所有的契约或承诺，如客户服务合同、服务协议和相关担保等关联，与企业的 Web 部署和呼叫中心环境一道，可逐步实现对客户的自助服务，使企业能够以更快的速度和更高的效率来满足其客户的独特需求。

（4）市场管理模块。包括市场活动的策划、预算、执行和分析，客户需求反馈的收集和管理；产品市场定价、竞争对手信息、市场情报和媒体宣传的汇总；对线索客户的搜寻；市场自动化的着眼目标是通过提供设计、执行和评估市场营销行动和其他与营销有关活动的全面框架，赋予营销专业人员以更强大的能力。

（5）商业智能模块。金蝶商业智能模块是以当前金蝶 CRM 系统的原始市场、销售和服务相关业务数据为基础，对企业各级管理人员普遍关心的实际销售经营、市场服务、企业客户资源、产品以及竞争对手等各方面情况进行以定量为主的静态与动态分析，旨在正确评价企业过去的销售业务经营业绩，市场与服务效果以及客户、产品、竞争对手等的综合状态。

同时,它能全面反映企业各环节业务的现状,辅助预测未来销售业务潜力、市场拓展空间、客户服务模式,充分揭示当前业务经营中存在的漏洞和薄弱环节,从而及时地指导企业改进和调整各业务计划,市场、销售、服务及产品开发策略,各级人力资源配备情况等,提高企业各环节的管理和控制水平。

(6) 客户在线模块。金蝶客户在线模块是与CRM系统其他模块紧密集成的,是企业与客户互动的另外一个平台,通过金蝶客户在线模块可更好地实现与客户的"一对一"个性化营销。客户登录网站后,系统提交给客户的是根据客户偏好为其量身定制的信息,从而更好地提升客户的购买欲望。另外,客户可以通过该平台进行在线采购、在线投诉等活动。

(7) 离线应用模块。金蝶离线应用模块是供企业用户离线应用的,通过离线应用模块,企业不必实时在线和主系统连接,在本地离线系统操作完毕后,将数据动态下载到主系统即可。

总体来讲,国外CRM软件商产品具有很强的整体实力,但发展不平衡;国内CRM软件商产品的整体实力相对较差,同时发展也相当不平衡。不同厂商的产品其功能和可实施性不尽相同,企业在选择CRM产品时应根据自己的实际需求进行综合分析。

# 学习单元二　CRM系统与提升客户服务效率

每一个企业都有自己的客户,规模小的时候,一个Excel表格就可以实现有效管理。企业越做越大,客户越来越多,就需要管理,如果不好好分析管理客户,可能的结局就是被市场淘汰。另外,对于老客户,不好好维护和客户的关系,客户同样可能慢慢远离你,而一个公司与客户的接触点可能不止一个,比如售前给客户做了演示,销售给客户报了价,客服给客户做了一些技术支持,那这些跨部门的零散信息如何能统一在一个企业信息库里呢?这就是CRM系统存在的意义。它其实是帮助企业增加效益的一个软件。

## (一) CRM系统的主要作用

**1. CRM系统可以加速企业对客户的响应速度**

CRM系统改变了企业的运作流程,企业应用多种方式与客户直接进行交流,大大缩短了企业对客户的响应时间,企业也可以更敏锐地捕捉到客户的需求,从而为改进企业的业务提供可靠的依据。

**2. CRM系统可以帮助企业改善服务**

CRM系统主动向客户提供关怀,根据销售和服务历史提供个性化的服务,在知识库的支持下向客户提供更专业化的服务,这些都成为企业改善服务的有力保证。

**3. CRM系统可以提高企业的工作效率**

由于CRM客户关系管理系统建立了客户与企业打交道的统一平台,客户与企业一接触就可以完成多项业务,因此办事效率大大提高。另一方面,Front Office自动化程度的提高,使得很多重复性的工作(如批量发传真、邮件)都由计算机系统完成,工作的效率和质量都是人工无法比拟的。

**4. CRM系统可以有效地降低成本**

CRM系统的运用使得团队销售的效率和准确率大大提高,服务质量的提高也使得服务时间和工作量大大降低,这些都在无形中降低了企业的运作成本。

**5. CRM 系统可以规范企业的管理**

CRM 系统提供了统一的业务平台,并且通过自动化的工作流程将企业的各种业务紧密结合起来,这样就将个人的工作纳入到企业规范的业务流程中去,与此同时将发生的各种业务信息存储在统一的数据库(SQL)中,从而避免了重复工作以及人员流动造成的损失。

**6. CRM 系统可以帮助企业深入挖掘客户的需求**

CRM 系统注意收集各种客户信息,并将这些信息存储在统一的数据库中,同时 CRM 客户关系管理系统还提供了数据挖掘工具,可以帮助企业对客户的各种信息进行深入分析和挖掘,使得企业"比客户自己更了解客户"。

## (二) CRM 系统的主要功能

**1. 信息分析功能**

尽管 CRM 系统的主要目标是提高同客户打交道的自动化程度,并改进与客户打交道的业务流程,但强有力的商业情报和分析能力对 CRM 也是很重要的。CRM 系统有大量关于客户和潜在客户的信息,企业应该充分地利用这些信息,对其进行分析,使得决策者所掌握的信息更完整,从而能更及时地做出决策。良好的商业情报解决方案应能使得 CRM 和 ERP 协同工作,这样企业就能把利润创造过程和费用联系起来。

**2. 对客户互动渠道进行集成的功能**

对多渠道进行集成与对 CRM 系统解决方案的功能部件进行集成是同等重要的。不管客户是通过 Web 与企业联系,还是与携带有 SFA(销售自动化)功能的便携电脑的销售人员联系,还是与呼叫中心联系,与客户的互动都应该是无缝的、统一的、高效的。如前所述,统一的渠道还能带来内外部效率的提高。

**3. 支持网络应用的功能**

在支持企业内外的互动和业务处理方面,Web 的作用越来越大,这使得 CRM 系统的网络功能越来越重要。以网络为基础的功能对一些应用(如网络自主服务、自主销售)是很重要的。一方面,网络作为电子商务渠道来讲很重要,另一方面,从基础结构的角度来讲,网络也很重要。为了使客户和企业雇员都能方便地应用 CRM 系统,需要提供标准化的网络浏览器,使得用户只需很少的训练或不需训练就能使用系统。另外,业务逻辑和数据维护是集中化的,这减少了系统的配置、维持和更新的工作量,就基于互联网的系统的配置费用来讲,也可以节省很多。

**4. 作为客户信息仓库的功能**

CRM 系统采用集中化的信息库,这样所有与客户接触的雇员可获得实时的客户信息,而且使得各业务部门和功能模块间的信息能统一起来。

**5. 对工作流进行集成的功能**

工作流是指把相关文档和工作规则自动化地安排给负责特定业务流程中的特定步骤的人。CRM 系统解决方案应该具有很强的功能,为跨部门的工作提供支持,使这些工作能动态地、无缝地完成。

**6. 与 ERP 系统功能的集成**

CRM 系统要与 ERP 系统在财务、制造、库存、分销、物流和人力资源等连接起来,从而提供一个闭环的客户互动循环。这种集成不仅包括低水平的数据同步,而且还应包括业务流程的集成,这样才能在各系统间维持业务规则的完整性,工作流才能在系统间流动。这两者的集成还使得企业能在系统间收集商业情报。

## (三) CRM 系统的发展

### 1. CRM 系统与 ERP 系统的融合

多数 CRM 系统厂商强调黄金客户分析和客户数据挖掘,可以多角度查询、统计客户的发货记录、交易记录、应收账款、客户毛利等。其实,在 ERP 系统或者进销存软件中就能做出这样的分析,但企业为什么需要两套系统呢？客户深度分析和数据挖掘不是独立的 CRM 软件的功能范畴,ERP 系统可以扩展并融合这些功能。但是 ERP 系统对于未交易的客户信息管理、销售团队的管理、售前的营销活动管理还没有一个很好的思路。因此,这才是 CRM 管理的重点。所以,CRM 系统与 ERP 系统或者进销存软件融合的重点是客户基本资料的共享集成,潜在的客户一旦成交,就可以将潜在客户信息自动转入 ERP 系统中,而不用重复输入。

在服务管理方面。现在的 ERP 系统功能中薄弱的是客户服务、维修管理,而为客户提供优质服务、让客户满意是 CRM 系统的精髓。因此,CRM 系统将来会体现以下的服务功能:保存维修记录、客户回访记录等信息,并可以方便地查询;定期提醒客户回访周期及产品保养周期;客户投诉记录在 CRM 系统中,可以反馈给相关部门或者责任人。

### 2. CRM 系统与 E-Commerce 电子商务的融合

企业可以将网上收集的潜在客户的信息、客户询价自动转入 CRM 系统,客户信息经过确认将正式启用;对于询价信息自动生成报价单;企业信息自动发布在网站上。企业可以将自己的动态信息发布到相关网站。当然,前提是要建立信息的行业标准。

### 3. CRM 系统借力云计算

自 20 世纪 90 年代 CRM 系统进入中国以来,它已经成为企业管理内部业务与外部客户管理的核心工具,尤其对中小企业而言,如何充分应用好 CRM 系统,已成为提高企业竞争力的有效途径。在云计算大潮席卷全球的今天,云计算为 CRM 系统提供了更大的发挥空间。通过云计算,可以使企业业务成本降低,并提高企业的敏捷性,并且云计算带来了更多更新的商业模式。

CRM 系统中信息的头号重要来源已经逐渐开始游离于企业之外,当下社交网络及其他外部来源才是信息的真正集散地。而基于云的应用程序在捕捉这类信息方面可谓得心应手,并能够方便地将其转化为具备操作性的实用性情报。

### 4. 电商 CRM:微博交易

作为目前国内的热门领域,电子商务正在深刻影响着传统企业业务模式的转型和经营模式的转变。随着电子商务的社会化,电子商务与 CRM 的融合已经是势不可挡的趋势。这种融合是为了将潜在买家变成买家,把新买家变成老买家。为客户提供优质服务,让客户满意是 CRM 的精髓。因此,CRM 产品具有的整合能力也是厂商能不断提高自身服务功能的关键所在。

由于网络的普及,社交网络的用户越来越多,时下非常流行的微博就集聚了海量网民。若将电子商务与微博相链接,则一方面,从电商企业来讲,可以通过上亿的微博用户直接发布商机信息,或者通过分析工具可以直接找到精准的客户信息。同时也可以直接通过微博来维护现有客户,比如发布私信,或通过微群来发布公告;另外一方面,从微博用户来讲,可以通过微博来了解商家官方信息,并且直接下单。同时还可以将订单通过微博信息发布出来,这对商家而言,起到了广而告之的效果。

当然电子商务的社交 CRM 应用,也存在几个问题有待解决,比如系统间的融合问题、信息安全问题、个人隐私问题等。但不可否认利用微博这种社会化媒体来完成电子商务的客户维护、推广和交易,是不错的发展方向。随着网络的普及和技术的发展,未来 5 年无疑会成为"社交型 CRM"年,而利用这种新型 CRM 系统为企业建立并维护客户关系,无疑将成为企业发展的新思路。

# 学习单元三　实施 CRM 系统

## (一) 实施 CRM 系统的基本需求分析

目前市场营销的核心任务是对客户关系的管理,不仅需要直接在市场上接触,在期刊和互联网上做广告,还需要寻找同客户交流的新的方式。CRM 系统是企业从"以服务为中心模式"向"以客户为中心模式"转移的必然结果。

使用 CRM 的概念和技术,企业能快速搜集、追踪和分析每一个客户的信息,进而了解整个市场走势,并确切地知道谁是客户、客户需要什么、客户需要什么样的产品和服务、如何才能满足客户的要求,以及满足客户要求的一些重要限制因素。CRM 还能观察和分析客户行为对企业收益的影响,使企业与客户的关系及企业盈利都得到最优化。

基于企业的需求,CRM 系统需要实现以下功能:

(1) 不同类型的员工,具有不同的职权来对系统进行相关操作,以避免越权管理。

(2) 系统的客户管理。不同的客户标有不同的客户类型,具有不同的等级,要记录客户的基本信息和业务往来信息等并进行分组管理。

(3) 提供强大的数据库管理系统。划分数据库的类型,实现系统内部的信息集成,使得相关信息可以共享。

(4) 人性化的需求。系统有良好的人机界面,方便管理各种信息,使得操作者有愉快的心情,工作富有激情。

## (二) 实施 CRM 系统的架构分析

### 1. 基于三层体系构架

CRM 系统的体系结构采用多层结构:表现层、数据层、应用层。多层体系结构的设计能方便地实现扩展和升级,从而保证 CRM 系统的可持续发展。在应用层中封装了系统主要功能的组件,这些组件不仅都可以重复用,而且相对独立,通过增加服务组件而使得系统具有极大的可伸缩性。

用户在当前的开发的基础上,可以任意自己扩充功能,而无需重写代码,也无需了解原来系统的设计细节。Web Service 技术可以方便实现与其他应用程序的数据输入、输出,从而实现与第三方系统结合。

### 2. 关联菜单设计

CRM 系统的一个重要特点,就是各项业务不是孤立的,使用关联菜单把相关的信息都通过"主-从关系菜单"集合起来,为用户带来方便。

关联菜单设计,在操作上具有无可比拟的方便性和快捷性。例如:打开某个客户的资料,与该客户相关的联系人、合同、订单、款项、电子邮件、服务记录等相应的链接全部都显示在当前画面的主-从级菜单中;打开一个成员信息,该成员所负责的工作任务、相关消息、人事资料、培训、文档、业务等所有相关的信息都会以主-从级菜单方式显示在相应的链接位置。CRM 系统的关联菜单在各个主要的模块和功能表中都能得到使用。

**3. 技术领先的流程自动化组件**

工作流程就是一组人员为完成某一项业务过程所进行的所有工作与工作转交(交互)过程,企业的所有的业务过程都是工作流程,如项目、任务、订单处理、投诉处理、采购、业务、申请、审批等。工作流程通常由发起者(如文件起草人)发起流程,经过本部门以及其他部门的处理(如签署、会签),最终到达流程的终点(如发出文件、归档、批准)。

**4. 支持标准文档格式和 Office 在线编辑控件**

在企业内部,各种格式类型的文档应用越来越广泛,CRM 系统提供对标准文档格式的广泛支持,实现对于办公文件的统一编写、发布、流转、归档、版本控制、在线调阅、权限管理。

CRM 系统支持 Office 文档(Word、Excel、Powerpoint)文件格式的在线编辑,在线编辑无需将文件下载到本地即可编辑,并可实现痕迹保留等特殊功能。

CRM 系统支持在服务端生成 PDF 文件格式,并可实现 PDF 文件的加密、文档内部权限设置、签字盖章和 CRC 校验,在正式公文场合(如合同、制度),PDF 文件比 Office 文件具有更高的安全性。

CRM 系统支持 Office 文档(Word、Excel、Powerpoint)、PDF 文件、纯文件文件、HTML、Rtf 等常见文件格式的全文索引和全文检索。

CRM 系统支持多种图片文件的服务端处理。

CRM 系统极大地加强了公司内部档案信息的管理,为用户实现知识性管理提供了必要条件,可充分实现内部信息资源最大程度的集中共享。

**5. 目标任务的管理模式**

通过 CRM 系统的工作流程管理功能,企业可以实现工作目标的及时制定、下达、反馈、调整和报告。

管理者对于各项工作的进展情况一目了然,降低了工作实施管理中的潜在风险,提高了对于工作进度与效果的监管力度。

图形化工作进度分布和统计图表显示,可以实时了解项目和任务的状态,同时提供企业员工工作业绩考核的数据依据。

**6. 多种方式协作交流**

CRM 系统的重要特点反映在成员间协作交流功能上,由内部消息、任务协作、实时通信、电子邮件、企业论坛等组成的信息协作交流功能,可以实现用户单位内部各类信息的畅通无阻、实时互动,体现以交流协作为主的理念。

团队协作管理:CRM 系统提供了一个团队协作的平台,能够实现团队的动态的事务协作。

支持即时通信(集成腾讯 RTX 模块):通过 RTX 的互联方案,可以实现企业内外的交流。可以通过语音、视频进行对话,搭建起企业之间、企业与个人之间沟通的桥梁。

实时手机短信(集成腾讯 RTX 模块):支持移动、联通手机短信双向收发,短信群发,个人手机通讯录的导入与导出。

视频会议支持(集成腾讯 RTX 模块):会议预定与定时提醒,文字、语音、视频交流,电子白板,远程协作,完整的会议记录与回放。

电子邮件功能:提供内外部邮件收发管理功能,基于数据库的邮件系统可更好地管理企业的邮件,实现基于邮件的任务管理,同时避免因员工离职造成公务邮件信息的丢失,共享功能可实现团队内的邮件共享,无需转发复制。

内部消息机制:内部消息可用于系统的通知和成员间的消息互动,提供备忘功能,可设置定时提醒自己或他人。

**7. 为企业分析决策提供支持**

CRM 系统的报表、图表和实时查询,提供分析和报告功能,并为企业分析决策提供支持。CRM 系统可以在系统内提供分析处理、数据挖掘、预测分析和报告功能。丰富的报表功能(由报表、图表、图形和相关分析支持),可以根据关键业务目标随时跟踪关键性能指标(KPI)。

**8. 灵活可靠的权限控制组合**

企业信息一般会涉及单位机关的机密,而且不同的成员在不同的时刻对办公信息的处理权限也是不同的,因此可靠安全性控制功能是系统得以投入使用的先决条件。CRM 系统的权限设计功能非常复杂,但应用起来却非常简单,系统的基本权限是基于角色的权限,管理员只需分配用户的角色即可完成权限的分配。企业的应用需要更复杂的权限机制,为了实现更复杂的权限定义,客户关系管理系统在具体的模块和功能上,可以使用部门、项目组、成员、职务、相对职务关系(如上下级关系)、小组、作者等多种方式定义权限,这些权限可以合并组合使用,以满足企业对权限安全的更高要求,同时也更方便管理员操作。

## (三) CRM 系统的核心客户管理功能实现

**1. 客户管理功能**

企业的客户可通过电话、传真、网络等访问企业,进行业务往来。

任何与客户打交道的员工都能全面了解客户关系、根据客户需求进行交易、了解如何对客户进行纵向和横向销售、记录自己获得的客户信息;能够对市场活动进行规划、评估,对整个活动进行 360 度的透视;能够对各种销售活动进行追踪。系统用户可不受地域限制,随时访问企业的业务处理系统,获得客户信息。

拥有对市场活动、销售活动的分析能力,能够从不同角度提供成本、利润、生产率、风险率等信息,并对客户、产品、职能部门、地理区域等进行多维分析。

**2. 客户信息管理**

客户信息管理是企业在与客户交往过程中所形成的客户信息资料、企业自行制作的客户信用分析报告,以及对订购的客户资信报告进行分析和加工后形成的全面反映企业客户资信状况的综合性档案材料。建立合格的客户档案是企业信用管理的起点,属于企业信用管理和档案部门的基础性工作。

客户信息管理的内容包括客户档案信息、交往记录、报价记录、交易记录、联系记录、销售情况、反馈记录等全方位的信息,通过这些信息的整合和分析,使企业多角度地把握客户需求,全面透视客户情况,包括客户的各类基本资料、客户历史交易记录资料、客户历史联系信息、客户个性化信息、客户群的各类基本资料,等等。

客户管理以客户为中心的作业模式,系统提供关系标签的设计,打开一个客户的页面,与该客户所有相关的订单、合同、往来账单、邮件、报价、讨论、投诉、服务等所有相关信息,都可以在画面中显示出相应的链接,方便操作。

**3. 联系人信息管理**

联系人信息记录了客户、供应商的信息资料,包括通信地址、登录账号、生日以及个人爱好等尽可能详细的信息资料。联系人信息可用作通讯簿,方便查询和发送邮件等操作。联系人信息可对收到的邮件自动匹配,并将邮件与相关客户、供应商、相关的项目、订单、任务关联起来。

**4. 潜在客户管理**

潜在客户为对公司产品、服务及其他有需求且合作意向比较大的客户。机构成员通过潜在客户管理,提升发展客户的技巧与能力。通过对潜在客户的跟踪、管理,建立业务往来,直接转化为客户。

**5. 客户关怀管理**

客户关怀的目的是与所选客户建立长期和有效的业务关系,在与客户的每一个"接触点"上都更加接近客户、了解客户,最大限度地增加利润和提高利润占有率。

对客户关怀管理包括客户销售、服务等过程中的关怀:销售过程包括从潜在客户到最终成为成交客户整个过程的关怀,服务过程则包括对客户在售后到产品更新的整个使用周期内的关怀。

企业可以将以往关怀的经验量化并生成系统的关怀值,如关怀时间、关怀方式、关怀条件等,由系统的计时器进行提醒,企业也可根据实际情况,自主设置关怀的类型,如事前关怀、事后关怀等,同时企业还可制定相应的其他关怀政策。

**6. 客户满意度**

客户满意度是企业评价服务质量的重要指标。CRM 系统实施客户管理的整个过程都以客户为中心,通过协调各类业务功能(如销售、市场营销、服务和支持)的过程并将其注意力集中于满足客户的需要上。

客户满意度是通过对客户反馈的及时收集和分析,增加企业对客户的满意度的了解,以便改进工作,提高人员的素质,最终提高客户满意度。

**7. 客户请求及投诉**

客户请求及投诉的处理情况及回访情况管理。

**8. 客户信用评估**

客户信用评估是客户管理的重要环节,通过对客户信息的原始资料进行整理和分析,形成的综合反映客户资信情况的档案材料,有效的信用评估可避免因客户信用问题所造成的重大损失。

客户信用评估的主要内容有:公司的概况、股东及管理层情况、财务状况、银行信用、付款记录、经营情况、实地调查结果、关联企业及关联方交易情况、公共记录、媒体披露及评语、对客户公司的总体评价、给予客户的授信建议等。

使用 CRM 系统中数据库的数据,可利用数据分析的变化和偏差分析技术进行客户信用风险分析和欺诈行为预测,通过评价这些风险的严重性、发生的可能性及控制这些风险的成本,汇总对各种风险的评价结果,在信用风险发生之前对其进行预警和控制,趋利避害,做好信用风险的防范工作。

**7. 在线捕获潜在客户**

CRM 系统可集成电子商务系统,通过电子商务系统,可实现在线捕获潜在客户。CRM

系统可通过分析电子邮件、留言记录、访问日志等数据记录来捕获潜在客户名单。企业也可以从其他渠道获得更多的潜在客户名单，如黄页、互联网或行业门户网站等。

## （四）CRM系统成功实施的六个基本步骤

**1. 拟定实施CRM系统的战略目标**

企业在采用CRM系统之前，首先必须明确目标，其次才是如何实现这一目标。也许有的客户认为："我并不了解CRM系统，我怎么知道它能帮我达到什么目标？"CRM厂商拥有资深的商业战略专家和行业专家，同时还有丰富的实施经验，他们会采取专题讨论的工作方式与客户一起探讨，并依据自身以往的经验及行业标准来协助企业拟定战略目标。定义目标之后，双方还需一起分析找出目标和企业现状之间的差距。

**2. 阶段目标和实施路线**

CRM系统实施作为一个复杂的系统工程，其实施并非一蹴而就，它需要分阶段来实施。在确立实施进程之前，我们首先要定位顾客关心的焦点——对于企业所提供的产品和服务，顾客关心的是什么：是产品的质量、出货的时间、响应速度，还是解决问题的能力？据此拟定CRM实施进程中的阶段目标。

很多企业将实施CRM的目标确定为：提高客户满意度，提高顾客忠诚度，提高企业运营效率……这些目标都很正确但没有量化，很难据此评估CRM项目实施的效果。在这方面CRM厂商会与企业一起为每一个目标进行量化，Index就是一个很好的量化方式——根据客户关心度定义各元素所占的权重。比如：对于顾客满意度，设定产品的质量占30%，当产品合格率达到99.9%时该指标可得30分；出问题时的响应时间占10%，如响应时间不超过5分钟，该指标可得10分……以此类推，我们就可以量化地制定阶段目标。设定好目标，我们还要确定CRM的入口，这需要根据企业具体的情况来决定，有的企业可能从CallCenter入手比较好，有的企业可能从Web网站入手比较合适。

**3. 分析组织结构**

目前商业模式发展的大趋势是：从以前的"产品是企业的主要利润来源""服务是为了让产品卖得更好"逐渐转移到"产品是提供服务的平台""服务是获得利润的主要来源"，即从"以产品为中心"转移到"以客户为中心"。要想完成这样的转移，企业的组织结构就需要做出相应调整。以惠普为例，它将面对客户的前沿部门按照全球客户部、商务客户部、大客户部、新经济客户部和电子销售部划分为五个组织，分别针对企业、商业和消费者市场，负责解决方案的设计、销售和全面实施客户服务模式。客户可以通过一个单一的联系点与惠普打交道，并获得全面解决方案，而不是像以前一样从一个部门只能获取其中的一部分。此外，企业也可根据自己的情况按客户行业、客户所在区域等划分组织结构。这几种方式可以说都是以客户为中心的，就看哪种方式最适于企业的运营特点。

因此，这一阶段的主要工作就是根据行业特性和企业特点，在"以客户为中心"这一根本原则的指导下，分析企业的组织结构，确定要增加哪些机构，哪些机构可以合并，然后再与客户共同分析其每个组织单位的业务流程。以销售流程为例，我们需要分析从销售机会到正式获得订单要经过怎样一个流程以及需要哪些部门的参与。在销售机会分析中，我们既要分析企业的销售机会的来源——是企业的Web网站、电话、销售代表，还是通过其他渠道，同时也要分析各种来源在销售中所占的比例。

经过以上三个步骤的工作，我们对于CRM的总体目标、具体阶段目标和企业的业务流程已皆了然于胸。接下来,就要开始着手设计 CRM 系统的架构了。

**4. 设计 CRM 架构**

一般说来,CRM 的功能可以归纳为三个方面:对销售、营销和客户服务三部分业务流程的信息化;与客户进行沟通所需手段(如电话、传真、网络、E-mail 等)的集成和自动化处理;对上面两部分功能产生的信息进行加工处理,为企业的战略决策提供支持。而对于每个企业,这三个方面功能的实现需要结合企业的业务流程细化为不同的功能模块,然后设计相应的 CRM 架构,包括确定要选用哪些软硬件产品,这些产品要具有哪些功能。

**5. 实施 CRM 系统**

在实施过程中 CRM 厂商会提供系统集成、建设基础架构等服务。此外,CRM 厂商还会根据企业的特性、客户的要求做一些定制化的工作。这一阶段的工作主要由技术人员来完成,包括软件开发人员、技术支持人员、技术顾问等。

**6. 评估实施效果**

这是很重要的一步,同时也是常常被企业所忽视的一步。在 CRM 项目实施完成后,CRM 厂商的专家会协助企业对 CRM 项目的实施效果进行评估,这样做是为了在企业内部顺利推广 CRM。因为事实总是胜于雄辩,让企业内部人员尤其是决策层切切实实地看到 CRM 的成效,可以赢得他们对 CRM 的支持,从而使企业内部人员能够自觉利用 CRM 系统,使企业获得最大化的投入回报比。

要真正从 CRM 获益,绝不是盲目上马,科学的方法可以帮助我们提高 CRM 的成功率和有效率。

## 四、实例研讨

### 案例一 万科的客户服务理念

在地产界流传这样一个现象:每逢万科新楼盘开盘,老业主都会前来捧场,并且老业主的推荐成交率一直居高不下,部分楼盘甚至能达到 50%。据悉,万科在深圳、上海、北京、天津、沈阳等地的销售,有 30%~50% 的客户是已经入住的业主介绍的;在深圳,万科地产每开发一个新楼盘,就有不少客户跟进买入。据万客会的调查显示:万科地产现有业主中,万客会会员重复购买率达 65.3%,56.9% 业主会员将再次购买万科,48.5% 的会员将向亲朋推荐万科地产。这在业主重复购买率一直比较低的房地产行业,不能不说是一个奇迹。

**1. 万科的第五专业**

在设计、工程、营销、物管的基础上,万科经过多年的实践和反思,提出了"房地产第五专业"的理念,即客户关系管理,企业也从原来的项目导向转为客户价值导向。为适应企业对客户关系管理的更高诉求,万科主动引入了信息技术,实现了客户关系管理的信息化。他们建立了客户中心网站和 CRM 系统等信息系统,从多个视角、工作环节和渠道,系统地收集客户的意见建议,及时做出响应,这些意见和建议,还为企业战略战术开发提供了指引。万科的第五专业,成为引领企业持续发展、不断续写传奇的重要动力。

**2. 关注客户体验**

万科素以注重现场包装和展示而闻名,同类的项目,每平方米总要比别人贵几百甚至上千元,有人不理解:我没看出万科楼盘有什么惊人之处,技术、材料、设计都是和别人差不多的。其实,只要客户仔细到万科看看,基本上会被那里浓郁的、具有艺术品位的、温馨的居家氛围和某些细节所打动,他们会发现那里才是理想中的家园,于是就愿意为此多掏很多钱,愿意为瞬间的美好感受、未来的美好遐想而下订单。万科以其产品为道具、以服务为舞台,营造了一个让消费者融入其中、能产生美好想象和审美愉悦的空间环境与人文环境,万科出售的不再仅仅是"商品"和"服务",而是客户体验——客户在其精心营造的审美环境中,通过自身的感悟和想象,得到了一种精神上的愉悦。

**3. 万科独有的"6+2"服务法**

万科有一个称为"6+2"的服务法则,主要是从客户的角度出发,分成以下几步:

第一步:温馨牵手。强调温馨牵手过程中信息透明,让客户阳光购楼。万科要求所有的项目在销售过程中既要宣传有利于客户(销售)的内容,也要公开不利于客户(销售)的内容。

第二步:喜结连理。在合同条款中,要尽量多地告诉业主签约的注意事项,降低业主的无助感,告诉业主跟万科沟通的渠道与方式。

第三步:亲密接触。公司与业主保持亲密接触,从签约结束到拿到住房这一段时间里,万科会定期组织业主参观楼盘,使其了解楼盘建设进展情况,并在平时通过短信、邮件及时将进展情况告诉业主。

第四步:乔迁。业主入住时,万科要举行入住仪式,表达对业主的敬意与祝福。

第五步:嘘寒问暖。业主入住以后,公司要嘘寒问暖,建立客户经理制,跟踪到底,通过沟通平台及时发现、研究、解决出现的问题。

第六步:承担责任。问题总会发生,当问题出现时,特别是伤及客户利益时,万科不会推卸责任,而是"一路同行"。万科建立了忠诚度维修基金,所需资金来自公司每年的利润及客户出资。最后是"四年之约"。每过四年,万科会全面走访一遍客户,看看有什么需要改善的。

**4. 多渠道关注客户问题**

倾听是企业客户关系管理中的重要一环,万科专门设立了一个职能部门——万科客户关系中心。客户关系部门的主要职责除了处理投诉外,还肩负客户满意度调查、员工满意度调查、各种风险评估、客户回访、投诉信息收集和处理等项工作。具体的渠道有:

(1)协调处理客户投诉:各地客户关系中心得到公司的充分授权,遵循集团投诉处理原则,负责与客户的交流,并对相关决定的结果负责。

(2)监控管理投诉论坛:"投诉万科"论坛由集团客户关系中心统一实施监控。规定针对业主和准业主们在论坛上发表的投诉,必须24小时内给予答复。

(3)组织客户满意度调查:由万科聘请第三方公司进行,旨在通过全方位地了解客户对万科产品服务的评价和需求,为客户提供更符合生活需求的产品和服务。

(4)解答咨询:围绕万科和服务的所有咨询或意见,集团客户关系中心都可以代为解答或为客户指引便捷的沟通渠道。

**5. 精心打造企业与客户的互动形式**

随着企业的发展,万科对客户的理解也在不断提升。在万科人的眼里,客户已经不只是房子的买主,客户与企业的关系也不再是"一锤子买卖"。于是在1998年,万科创立了万客会,通过积分奖励、购房优惠等措施,为购房者提供系统性的细致服务。万客会理念不断提升和丰富,从单向施予的服务,到双向沟通与互动,再到更高层次的共同分享,万客会与会员间的关系越来越亲密,从最初的开发商与客户、产品提供方与购买方、服务者与使用者,转变为亲人般的相互信任,朋友般的相互关照。万科没有刻意强调客户关系管理,而是将客户的利益,包括诉求真正放在心上、捧在手里、落实到了行动上。万科深知,对客户利益的关照需要每个子公司、每名员工的贯彻落实,而公司对子公司及员工的考核,是检验公司对客户真实看法的试金石,是引导下属企业及员工言行的指挥棒。目前,面对市场竞争的压力,已经有许多房企开始意识到具有优质的服务才能占领或保住市场,如绿地、保利等品牌房企均倡导以客户服务为服务主题。业内专家表示,从以产品营造为中心到以客户服务为中心,这将是房地产发展的必然路径,与此同时,服务营销的观念也将推动房地产市场走向更加成熟和理性。

**问题:** 这个案例给你带来哪些启发与思考?请分小组利用PPT讲述。

### 案例二 玄讯移动的移动应用铸就恒大冰泉销售神话

**1. 恒大冰泉奇迹**

2013年9月28日,恒大冰泉集团正式成立。

2013年11月9日,恒大足球队亚冠夺冠庆典上,恒大冰泉横空出世,一夜成名。

2014年1月12日,恒大冰泉全国合作伙伴订货会中,3 000多家经销商围抢恒大冰泉代理权。

30天实现日均近2亿订货额,全国签约金额突破57亿元,创造了矿泉水行业的一大奇迹。

**2. 恒大速度背后的"快"与"痛"**

快消行业玩转得最为顺畅的营销模式就是深度分销,深度分销模式的核心在于渠道的整合,终端为王是深度分销模式的灵魂。恒大冰泉最重要的成功秘诀在于"恒大速度",归根到底就是一个字——"快",为了在终端制胜,必须建立一个庞大的能深入终端的营销组织,为此,恒大冰泉以最快的速度搭建了万人营销团队,早在2013年12月,销售人员就已经达到1万人,用短短2个月时间就铺货到全国200万个终端。

"快",迅如闪电!57亿元销售神话的缔造背后也伴随着管理上的"痛"!说到具体管理瓶颈和营销痛点,恒大冰泉负责一线营销管理负责人将其简要归为"人""财""货""数"四点。

(1) 对人的管理,恒大冰泉的营销组织人数庞大,终端覆盖面积广,如何管好手底下数以万计的销售人员成了首要的难题,目前传统的销售人员周期性的拜访管理规范,主要有管地略图、路线和CRC表格等手段,但这些文件信息依靠手工进行,不仅拜访出勤难以举证,拜访执行的质量和效率也难以跟踪。销售员管不好,终端就不可控,不仅人力成本高,工作效率、质量都难以保证。

(2) 由于恒大冰泉走的是以终端直营渠道和现代渠道为主,以特通渠道和经销商渠道为辅的营销体系,销售通路链条长、环节多,数据采集困难、反馈慢成了心头病。销售报表的原始数据收集需要层层上报和统计,完成速度慢而且容易出差错,从各地销售办事处统计完毕交到总部,往往需时超过一个月的时间,严重影响了公司市场决策的时效性和销售管理的有效性。

(3) 对钱的管理,主要表现在总部对地方营销费用的投放、使用缺乏实时掌控,业务员常常谎报费用或多报费用,使得各地费用经常超标且又达不到预期效果。目前各地市场的品牌宣传、促销费用等方案从计划到审批再到验收,费用申请审批流程繁琐、无序,很多费用最终用到了何处,有没有用到关键点上,是否按计划和标准投放,都难以跟踪落实和控制。

(4) 为最快速地实现终端市场的铺货量,恒大冰泉分销体系多样化,渠道层层分隔,终端市场还由经销商、批发商或零售商等经营与管理,导致总部对产品分销的流向、销量难以把控,渠道销售数据和渠道库存情况反馈不及时,容易出现偏差,难以有效预测市场需求和合理安排生产,造成有的产品在渠道商那里形成积压,直接影响经营效益。

**3. 移动信息化助控终端,"通"则不"痛"**

"团队人数巨大,终端覆盖面积广,人员、通路、渠道、费用等管理上都无法得到有效管控,急需借助信息化工具协助管理。

所以,恒大冰泉集团提出的营销管理信息化系统建设的首要需求是:通过系统的搭建,将旗下一万多人的终端销售人员管控起来,能够实现业务流程标准化、规范化,做到拜访管理的高效、有效执行,提高工作效率;加强集团对订单、门店、经销商、人员、财务等的及时、全面、高效的管理,并且做到销售订单的快速收集统计、市场数据的快速反馈。

恒大信息化建设团队首先考虑的是移动应用,原因是:销售人员去巡店的时候,不可能带着电脑去,也不可能带着平板电脑或其他设备,恒大冰泉的信息化部署,要用手机端代替传统PC端。经过严格选型,从需求匹配程度高、经验丰富、系统成熟、开发能力强、售后服务反应迅速及行业排名口碑等几个方面综合考量,恒大冰泉选择了玄武科技,通过玄讯移动CRM移动营销管理平台构建恒大冰泉创新型的营销管理模式。

**4. 恒大冰泉移动营销管理系统关键应用分享**

(1) SFA——管好自己人,终端管控很轻松。恒大冰泉玄讯移动CRM营销管理平台中最重要的一个系统模块——SFA,通过产品管理、终端管理、人员管理、竞品管理、拜访管理、资产管理、订单管理、资讯管理、车销管理等主要功能模块,将终端销售行为的全过程实现了规范化、流程化、标准化管控。

业务人员只需要拿着手机就可以轻松跑店,根据拜访路线提示进行巡访工作,在店面工作的内容和标准,通过系统进行固化步骤和流程,规范化业务人员的拜访动作,实现标准化操作和销售行为的高可复制性,使得业务人员的业务技能和效率不断提升,从而提升人员绩效。

此外,按照终端等级设置拜访频率,编排周期拜访路线计划,量化业务人员的拜访工作指标,实时跟踪、监督业务人员的工作目标达成情况,为业务人员的业绩考核提供有效的凭证。而通过手机也可以方便督导稽查、协同拜访,从而建立一套高效的业务行为督导机制,保证业务人员的执行力和提升工作效率。

(2) DMS——管好经销商,打通渠道分隔。通过基础信息管理、采购订单管理、销售订单管理、信用资金管理、来往对账管理、资讯管理、库存管理几大方面,对恒大冰泉产品分销体系进行合理规划,实现对下属经销商进销存信息的及时掌控及库存、货流和销量等数据信息的快速反馈,防止缺货、窜货等情况发生。渠道阻隔打通了,通路理顺了,经销商管理实现系统化、流程化、自动化,不再无从下手,四处抓瞎。

(3) TFM——一键核销,管好钱。费用管理专员可进入系统后台设置费用投放的方案和金额,挂接具体投放的终端门店,业务员使用手机接收具体终端门店的费用投放提醒,使用手机对费用执行进行拍照和记录举证,如果有计划外的费用投放方案,业务员可以使用手机针对具体终端门店随时新增投放,并同时进行费用执行举证上报,督察员使用手机查询需要稽核的终端门店,实时上报费用执行的稽核结果。

此外,恒大冰泉还可以通过费用管理、费用申请、费用审批、费用核销,实行申请、审批、执行、检查、核销的规范审批,提高费用实投率,切实跟踪、管控渠道终端费用的投放,提高执行力,防止费用虚报和挪用,分析实投率,为费用决策提供依据,规范业务流程。费用核销执行电子化流程,核销资料系统自动完成检查,做到一键核销。

(4) PMS——信息协同,移动办公新体验。恒大速度的构成因素中,便捷沟通、信息共享、高效协同必不可少,该平台在除了以上三大核心业务功能模块的构建外,还特别增加了产品促销陈列管理、销量上报管理、人员考勤管理、工资计算、人才招募等功能,搭建起一个便捷、高效、可移动的企业内外部信息共享平台,让恒大冰泉始终快人一步,信息沟通无阻碍。

目前恒大冰泉的信息化建设采用玄讯移动营销管理系统支撑,在恒大冰泉销售管理中心、特殊渠道、商超渠道、线下广告、财务中心以及各地区省公司、市公司等全线推广使用,从0到57亿元的销售额,足以证明移动信息化的威力巨大。

能以最小的投入获得最大的收益,其实最重要、最关键的一点在于具有前瞻性的信息化建设思维,恒大比别人更早地预见到了移动信息化手段对于企业创新发展的变革意义与价值。移动互联网技术的突飞猛进,使得移动应用不仅仅只局限于满足个人需求的 APP 应用,结合实际业务场景的企业移动应用创新,成为了企业解决管理、营销、效率、成本等众多难题的一把钥匙。与时俱进,利用可移动办公的销售管理工具,快速布局,赢在终端,这才是恒大的秘密武器。

**问题:**请问移动营销系统适合所有类型的公司吗?为什么?请结合具体案例说明。

## 五、学习测评

1. 请问 CRM 系统是什么?有什么作用?
2. 请详细说明三种常见的 CRM 系统。
3. CRM 系统的典型功能有哪些?
4. CRM 系统的主要作用有哪些?
5. 请结合具体的实例,详细说明 CRM 系统如何实施?

# 参 考 文 献

[1] 孙科炎.客户服务技能案例手册2.0[M].北京:机械工业出版社,2013.
[2] 苏昭辉.客户关系管理:客户关系的建立与维护[M].北京:清华大学出版社,2010.
[3] 王鑫.客户服务实务[M].北京:高等教育出版社,2015.
[4] 张慧峰.客户关系管理实务[M].2版.北京:人民邮电出版社,2014.
[5] 郑志丽.客户关系管理实务[M].北京:北京理工大学出版社,2016.
[6] 侯东.客户关系管理[M].北京:教育科学出版社,2016.
[7] 胡英,丁思颖.客户关系管理[M].北京:机械工业出版社,2016.
[8] 邵兵家.客户关系管理[M].2版.北京:清华大学出版社,2010.
[9] 李文龙,徐湘江.客户关系管理实务[M].2版.北京:清华大学出版社,2010.
[10] 杜帅.客户管理必备制度与表格范例[M].北京:中国友谊出版公司,2018.
[11] 苏朝辉.客户关系管理[M].2版.北京:高等教育出版社,2016.
[12] 苏朝辉.客户关系管理建立、维护与挽救[M].北京:人民邮电出版社,2016.
[13] 莱昂纳多·因基莱星,迈卡·所罗门.五星级服务:客户忠诚度实操手册[M].杨波,译.北京:世界图书出版公司,2014.
[14] 胡令,王进.网店客服[M].北京:人民邮电出版社,2015.
[15] 张永红,白洁.客户关系管理[M].北京:北京理工大学出版社,2016.
[16] 庄小将,王水清.客户关系管理[M].北京:教育科学出版社,2013.
[17] 王春凤,曹薇,范玲俐.客户关系管理[M].上海:上海交通大学出版社,2017.
[18] 马修·狄克逊,尼克·托马,瑞克·德里西.新客户忠诚度提升法[M].董幼学,译.北京:电子工业出版社,2015.
[19] 奈杰尔·希尔,吉姆·亚历山大.客户满意度与忠诚度测评手册[M].廉奇志,唐姚辉,译.北京:机械工业出版社,2004.
[20] 李光明,李伟萁.客户管理实务[M].北京:清华大学出版社,2009.
[21] 易发久,白沙.让客户回头[M].北京:电子工业出版社,2009.